U0915800

CNEY

中国核能年鉴

2019年卷

中 国 核 能 行 业 协 会　编

CHINA
NUCLEAR
ENERGY
YEARBOOK

中国原子能出版社

编辑说明

一、《中国核能年鉴》是由中国核能行业协会组织编纂的综合性资料年刊，于2009年创刊。创办此刊旨在如实记载我国核能行业各个领域改革发展的历程和情况，力求全面、系统、详实、准确、权威。《中国核能年鉴》的出版发行，可以为政府有关部门和各级领导科学决策提供支持，为广大会员单位提供丰富的行业信息资源，也为国内外各界人士了解、认识我国核能行业开启一扇窗口。经过多年的探索和实践，年鉴的编辑质量和水平正在不断提高，其史料价值和作用也在不断提升。

二、《中国核能年鉴》2019年卷采用分类编辑法，主体内容分为栏目、分目、条目3个层次，少数条目下设子目。全书除了“编辑说明”“《中国核能年鉴》编委会、编辑部组成人员名单”之外，共设特载、核能行业概况、核能骨干企业、企业风采、大事记、附录等6个栏目。

三、本卷为《中国核能年鉴》2019年卷。文中记述时间截至2018年12月31日。年鉴资料均取自政府有关部门、中国核能行业协会和协会会员单位提供的材料。

四、由于编辑水平有限，缺点错误在所难免，敬请广大读者批评指正。《中国核能年鉴》编辑部将坚持中国核能行业协会的宗旨，不断提高年鉴质量，更好地为政府服务，为企业服务，为我国核能事业的发展服务。

本卷年鉴在编辑出版的过程中，得到了广大会员单位和政府有关部门的大力支持。在此，谨表诚挚的谢意。

《中国核能年鉴》2019年卷 编辑部

《中国核能年鉴》2019 年卷编辑委员会

主　任：余剑锋　张廷克

副主任：俞培根　李定成　高立刚　魏　锁　刘国跃

编　委：（按姓氏笔画为序）

王　森　龙茂雄　杨　波　杨志平　张作义　张　诚　张海权
陈　桦　邵建明　罗　琦　高　峰　高　嵩　潘银生

《中国核能年鉴》2019 年卷编辑部

主　编：张廷克

副主编：龙茂雄　杨　波　杨志平（常务）

特 聘 专 家：马鸿琳

编辑部主任：杨志平（兼）

成　员：（按姓氏笔画为序）

车亚平　王　健　匡志海　刘宇阳　刘金梁　米芙心　杨志平
何　丽　何　玲　张　艳　张　璎　陈　荣　胡君华　姜慧银
晁　平　陶　强　黄亚文　曹春丽　常　冰　蒋　睿　温炳庆
蒲玉波　廖　勇　魏素青

目 录

特 载

核能行业概况

核能骨干企业

企业风采

大事记

附 录

特　　载

党和国家领导人

对发展我国核能事业的关怀及重要指示

习近平与法国总统马克龙为台山核电成为EPR全球首堆工程揭牌

2018年1月9日，国家主席习近平与法国总统马克龙在北京人民大会堂共同为广东台山核电站1号机组成为EPR全球首堆工程揭牌。

习近平见证中法企业签署合作协议

2018年1月9日，在国家主席习近平和法国总统马克龙的共同见证下，国家原子能机构副主任王毅韧签署中法两国核领域合作协议，中核集团和法国新阿海珐集团签署相关协议备忘录，与法国法马通公司签署全球战略合作协议，中国广核集团与法国替代能源与原子能委员会（CEA）签订核研发技术领域合作协议。

习近平见证中俄企业签署合作框架合同

2018年6月8日，在国家主席习近平和俄罗斯总统普京的共同见证下，中核集团与俄罗斯国家原子能集团在人民大会堂签署《田湾核电站7/8号机组框架合同》《徐大堡核电站框架合同》和《中国示范快堆设备供应及服务采购框架合同》。

习近平视察中国一重

2018年9月26日，国家主席习近平到中国一重视察工作。视察期间，习近平来到轧电制造厂、核电制造厂、水压机锻造厂，并参观了重大技术装备首台（套）产品展示区，接见了职工代表，习近平在现场发表了重要讲话。他说，中国是有着近14亿人口、960万平方公里土地的大国，粮食要靠自己，实体经济要靠自己，制造业要靠自己。行百里路半九十，我们实现“两个一百年”目标，没有任何时期比现在更接近，也没有任何时期遇到现在这么多的挑战和困难。国际上，先进技术、关键技术越来越难以获得，单边主义、贸易保护主义上升，逼着我们走自力更生的道路，这不是坏事，中国最终还是要靠自己。习近平充分肯定了装备制造业及一重的地位和作用，指出国家要发展，制造业要发展，装备制造业是重中之重，是现代化大国必不可少的。

习近平见证中国和西班牙企业签署战略合作框架协议

2018年11月28日，在国家主席习近平和西班牙首相桑切斯的共同见证下，国家电投集团与西班牙泰纳通公司签署战略合作框架协议，进一步确认双方在能源领域的合作意向。

李克强见证中国和比利时签署合作谅解备忘录

2018年10月17日，在国务院总理李克强和比利时首相米歇尔的共同见证下，国家原子能机构副主任张建华与比利时王国联邦公共服务经济、中小企业、个体和能源部指导委员会主席德尔波特签署了加强和平利用核能领域合作的谅解备忘录，推动两国核领域合作。

孙春兰率中央代表团到防城港核电基地慰问

2018年12月11日，中共中央政治局委员、国务院副总理、中央代表团副团长孙春兰率中央代表团二分团，前往防城港核电基地看望慰问广大员工，共同庆祝广西壮族自治区成立60周年。

胡春华、李强参观首届中国自主品牌博览会中核集团展台

2018年5月10日，首届中国自主品牌博览会在上海开幕。中央政治局委员、国务院副总理胡春华，中央政治局委员、上海市市委书记李强等出席开幕式，并在会后参观了中核集团展台。

李希到阳江核电现场调研

2018年8月24日，中央政治局委员、广东省委书记李希到阳江核电现场调研。

王勇到广利核公司调研

2018年12月7日，国务委员王勇一行到北京广利核系统工程有限公司调研核电DCS自主化和党的建设等工作。

法律法规

国务院办公厅关于加强核电标准化工作的指导意见

国办发〔2018〕71号

各省、自治区、直辖市人民政府，国务院各部委、各直属机构：

安全高效发展核电是我国能源战略的重要组成部分。核电标准化是支撑我国核电安全和可持续发展的重要保障，是促进核电“走出去”的重要抓手，对推动我国由核电大国向核电强国迈进具有重要意义。为进一步加强我国核电标准化工作，经国务院同意，现提出以下意见。

一、总体要求

（一）指导思想

以习近平新时代中国特色社会主义思想为指导，全面贯彻党的十九大和十九届二中、三中全会精神，按照国务院印发的《深化标准化工作改革方案》部署，立足我国核电长远发展，坚持标准自主化与国际化相结合，凝聚共识，自主创新，加快建设一套自主、统一、协调、先进、与我国核电发展水平相适应的核电标准体系，充分发挥标准的规范、引领和支撑作用，推动核电技术和装备进步，促进我国核电安全和可持续发展。

（二）基本原则

完善机制，强化领导。建立核电标准化工作领导协调机制，明确各相关部门职责分工，在核电标准体系建设、实施、监督、科研、国际合作等方面发挥领导和协调作用。

部门联动，加强实施。制定相关政策和措施，建立相应工作机制，在核电项目核准等环节积极引导和推动我国核电项目采用自主核电标准。

统筹规划，自主统一。全面覆盖我国各压水堆核电机型的技术需求，兼顾其他堆型需求，以自主技术为基础，充分利用核电工程建设经验和研究成果，制定自主统一核电标准，持续完善标准体系，提升自主化水平。

国际合作，助力出口。分层次、有重点地与相关国际标准组织、国家和地区开展核电标准化国际合作与交流，接轨国际，提升核电标准国际影响力，助推核电“走出去”。

二、总体目标

建立政府引导、相关企事业单位广泛参与、协同推进核电标准化工作的体制机制；形成标准技术路线统一、结构完善的核电标准体系，全面支撑核电安全高效发展及核电“走出去”。

到2019年，核电标准体系更加完善，体系框架结构进一步优化，标准技术内容逐步统一，标准自主化水平和协调性显著提高，形成自主统一的、与我国核电发展水平相适应的核电标准体系。

到2022年，标准应用明显加强。国内自主核电项目采用自主核电标准的比例大幅提高，我国核电标准的国际影响力和认可度显著提升。

到2027年，跻身核电标准化强国前列，在国际核电标准化领域发挥引领作用。

三、重点任务

（一）加强自主创新，优化完善核电标准体系

1. 提升标准自主化水平。在充分总结、凝练我国核电工程技术经验、科研成果的基础上，提升我国核电标准的自主化程度。以核岛机械设备领域为切入点，重点开展标准技术路线统一专题研究，统筹考虑我国核电安全性、经济性及工业基础和监管体系，加强试验验证，制定我国自主统一的核岛机械设备标准。

2. 优化标准体系结构。推动建立以通用标准为主、专用标准为辅的标准体系。提高标准体系的协调性、自洽性，加强标准应用的整体性、配套性，编制总目录，分卷汇编，方便使用。

3. 提高标准质量。加快建立能源行业核电标准动态管理机制，梳理分析现有核电标准质量和适用性，加强标准制修订工作，力争标准质量达到国际先进水平，满足实施应用的现实需求。

（二）加强政策引导，推动核电标准广泛应用

4. 完善相关政策。完善核电项目核准、监督的相关制度，将采用自主核电标准的比例作为项目核准的一项重要参考指标。制定相关政策，提高行业研究和应用自主标准的积极性。

5. 推进标准认可。完善与核安全相关标准的认可制度，优化程序，创新模式，提高效率，为我国核电标准的应用和实施创造条件。

6. 加强宣传贯彻实施。通过宣讲培训、技术交流等方式，多渠道、多层次开展核电标准宣传贯彻工作。搭建标准实施反馈平台，优化实施反馈机制，实现标准实施—反馈—提升的良性循环。

（三）深化国际合作，扩大核电标准国际影响

7. 推进与核电贸易国标准化合作。加强对核电贸易国行业政策、监管体系和标准体系的研究，推动建立双边、多边合作机制，强化标准与政策、规则的有效衔接。

8. 加强与国际标准组织合作。积极参与国际标准组织活动，在相关国际标准化工作中发挥更大作用。加强与核电强国的标准技术交流与合作，推动标准互认、标准共建及技术交流等合作，提升我国核电标准国际影响力和认可度。

（四）强化能力建设，支撑核电标准长远发展

9. 提升信息化水平。统筹规划，建立核电标准信息化工作平台，做好与现有平

台的对接，推进核电标准化与信息化融合，提升核电标准化工作效率，提高核电标准共享程度，拓展核电标准服务内容，提升核电标准服务质量。

10. 注重人才队伍建设。加强核电标准化组织建设，积极引进和培育标准化高端人才，广泛吸纳核电技术专家，引进国际高级专业技术人才。对参与核电标准化工作的专业技术人员在待遇提高、职务和职称晋升等方面予以倾斜。

（五）开展配套研究，提升标准自主创新水平

11. 全面开展标准化科研。结合我国工业基础和研究现状，对关键性能指标开展必要的试验研究和验证，提升核电标准自主化水平。分析比对国外先进核电标准，总结我国核电标准与国外先进核电标准的差异，进一步提升我国核电标准自洽性、完整性和先进性。加强科研成果转化，适时将技术创新成果转化为标准，促进新技术的推广和应用。

四、组织实施

（一）建立机制，加强组织落实

建立核电标准化领导协调机制，在政策引导、资源保障、协同推进等方面加强统筹协调和督查落实。根据需要不定期召开会议，研究制定和细化政策措施，提出具体工作计划和年度重点任务，衔接协调核电标准化有关规划、政策、专项、“走出去”工作等，为核电标准化工作提供强有力的组织保障。

（二）政府引导，形成政策合力

政府各有关部门要及时出台政策，组织推动行业形成核电标准化工作合力。能源局要加大对核电标准化工作的支持，加强核电标准顶层设计，推动核电标准统一；在核电项目核准阶段，审核项目采用自主核电标准的比例，推动自主核电标准的实施应用。标准委要积极推进核电标准化体系建设，推动核电标准国际合作，支持打造我国核电标准自主品牌。核安全局要积极支持和鼓励采用自主核电标准，开展与核安全相关标准的认可工作，创新认可方式，提高认可效率。国防科工局、能源局、标准委要根据各自职责推动核电核燃料、乏燃料、核安保、核应急等相关标准的制定。科技部要鼓励和支持核电标准配套研究。财政部要统筹利用现有资金渠道做好核电标准建设经费保障。

（三）企业配套，提升行业能力

核电相关企业、研究机构要将核电标准化作为重点工作进行部署，积极承担标准的制修订和研究任务，积极采用自主核电标准；增加标准化工作在职称评定、绩效考核、评选先进等方面的评价指标权重，鼓励职工积极参与核电标准化工作。

（四）资金支持，保障工作开展

各有关单位要加大核电标准化经费支持，各核电集团要积极配套核电标准化工作经费，引导和鼓励社会力量积极参与核电标准化工作，多渠道落实核电标准化经费，形成对核电标准化工作的有效支持保障。

国务院办公厅

2018年7月23日

国家发展改革委等八部委关于促进首台（套）重大技术装备示范应用的意见

发改产业〔2018〕558号

各省、自治区、直辖市人民政府，国务院有关部委、直属机构：

重大技术装备是国之重器，事关综合国力和国家安全。首台（套）重大技术装备（以下简称“首台套”）是指国内实现重大技术突破、拥有知识产权、尚未取得市场业绩的装备产品，包括前三台（套）或批（次）成套设备、整机设备及核心部件、控制系统、基础材料、软件系统等。党的十八大以来，在以习近平同志为核心的党中央坚强领导下，我国重大技术装备发展取得了显著成就，有力支撑了经济发展和国防建设，但产业基础薄弱、创新能力不强等问题尚未得到根本解决，首台套示范应用不畅成为装备制造业创新发展的瓶颈制约。为贯彻落实党中央、国务院关于推进供给侧结构性改革、实施创新驱动发展战略、建设制造强国的决策部署，以首台套示范应用为突破口，推动重大技术装备水平整体提升，经国务院同意，现提出以下意见。

一、总体要求

（一）指导思想

全面贯彻党的十九大精神，坚持以习近平新时代中国特色社会主义思想为指导，紧紧围绕统筹推进“五位一体”总体布局和协调推进“四个全面”战略布局，坚持新发展理念，认真落实党中央、国务院决策部署，准确把握科技革命和产业变革新趋势，以推进供给侧结构性改革为主线，着力加强协同创新，着力完善政策体系，着力健全保障机制，着力营造良好环境，推动首台套示范应用取得实质性进展，为装备制造业迈向中高端提供坚实保障。

（二）基本原则

坚持政府引导与市场机制相结合。充分发挥政府部门在顶层设计、公共服务和制度供给等方面的作用，努力消除信息不对称引发的市场失灵；坚持企业主体地位，尊重市场规律，充分调动各类市场主体参与重大技术装备创新的积极性。

坚持政策激励与制度保障相结合。加大政策支持力度，加强科技、产业、财政、金融、保险、军民融合等政策衔接，构建有利于首台套示范应用的政策体系；明确招投标等相关法律法规要求，建立有利于首台套示范应用的保障机制，营造鼓励创新、允许试错、宽容失败的氛围。

坚持供给提升与需求牵引相结合。提高重大技术装备研发计划的前瞻性和针对性，补齐检验检测和公共服务短板，提升首台套产品供给能力和市场认可度；围绕国家重大战略，深入分析产业发展趋势和市场需求，加强首台套产品供需对接，形成市场需求与研发示范相互促进、良性互动的格局。

坚持重点突破与协同推进相结合。聚

焦国计民生和国家安全重点领域，确定重大技术装备创新发展和首台套示范应用的主攻方向，实施重点突破；充分发挥地方和行业的积极性，因地制宜，分业施策，在优势和特色领域协同推进首台套示范应用，全面提升重大技术装备对经济发展的支撑能力。

（三）主要目标

到2020年，重大技术装备研发创新体系、首台套检测评定体系、示范应用体系、政策支撑体系全面形成，保障机制基本建立。到2025年，重大技术装备综合实力基本达到国际先进水平，有效满足经济发展和国家安全的需要。

二、完善重大技术装备研发创新体系

（四）确定重大技术装备创新重点领域

根据国家战略需要和应用需求，编制重大技术装备创新目录，确定研发重点和时序。加强目录执行情况跟踪评估，实施动态调整。根据目录确定的重点，抓好国家科技重大专项和重点研发计划涉及重大技术装备现有专项的实施，在科技创新2030—重大项目和重点研发计划待启动专项中，进一步加强重大技术装备研发。

（五）建设重大技术装备研发创新平台

依托大型科技企业集团、重点研发机构，设立重大技术装备创新研究院，面向智能化、绿色化、服务化发展方向，加强重大技术装备创新顶层设计，构建重大技术装备创新体系。以国家重点实验室、工程研究中心、技术创新中心、临床医学研究中心等国家科技创新基地为基础，形成重大技术装备关键共性技术研发平台，聚集相关领域优势资源，增强研发创新能力。

（六）加强重大技术装备研发创新合作

组建由科研院所、制造企业、行业协会等参加的重大技术装备研发创新联盟，增强创新主体实力，推动各类创新主体协同合作。建立优势互补、风险共担、利益共享的产学研用合作机制，紧密围绕应用需求，加强研发与应用衔接，加快创新成果示范应用。支持研发、制造、使用单位合作建立重大技术装备中试基地，搭建产品研制与示范应用之间的桥梁。

（七）健全重大技术装备众创引导机制

编制重大技术装备众创研发指引，面向社会发布研发需求，发挥众创、众筹、众包和虚拟创新创业社区等多种创新模式的作用，聚集各类创新要素，引导中小企业等创新主体参与重大技术装备研发。加强众创成果评定和供需对接，促进成果转化。

（科技部牵头，国家发展改革委、工业和信息化部、国家能源局、国家国防科

工局等参加）

三、健全首台套检测评定体系

（八）规范首台套评定管理

制定首台套评定办法，明确首台套定义、标准、范围，制定申请、受理、评价、公示、发布等评定程序，确保评定过程公开、公平、公正。根据产业发展实际，确定首台套评定有效期，定期发布并动态调整通过评定的首台套产品目录，作为示范应用的依据。

（九）建立首台套评定机构

依托重大技术装备创新研究院、行业协会和检验检测机构等，充分利用现有设施和平台，建立首台套评定机构。评定机构根据首台套评定办法开展工作。制定首台套评定机构管理办法，明确评定机构的职责范围、检测评定能力等方面要求。按照“双随机、一公开”原则，加强事中事后监管，增强评定机构的公信力。

（十）提升首台套检测能力

根据首台套检测评定需求，加强国家重点实验室、工程研究中心、技术创新中心、制造业创新中心、质量检验中心、产业计量测试中心等建设，完善相关标准、计量、检验检测方法和认证制度等，提升检验检测能力。在流程工业等在线检测需求突出的行业，加快建设生产试验线，对首台套产品质量、安全、环保、可靠性等进行全面系统检测。

（国家市场监督管理总局牵头，国家发展改革委、科技部、工业和信息化部、国家能源局、国家国防科工局等参加）

四、构建首台套示范应用体系

（十一）建立首台套示范应用基地

依托重大工程建设和有条件的行业骨干企业等，建立首台套示范应用基地，作为长期承担相关行业首台套示范应用任务的平台。统筹示范应用基地建设与相关领域发展规划实施，优化示范应用基地布局。加强示范应用基地管理和评估，适时对基地布局进行调整。

（十二）组建首台套示范应用联盟

依托行业协会、龙头企业，组建由用户、工程设计、设备成套、研发、制造、检测等单位参加的首台套示范应用联盟，搭建供需对接平台。鼓励组建示范应用联合体，通过合资合作等方式建设示范应用生产线。发挥工程公司、设备成套商的集成作用，结合研制和使用需求，制定实施首台套示范应用方案。

（十三）做好首台套示范效果评价

组织首台套评定机构等单位，按照客观真实、公开透明、科学量化的原则，对首台套示范效果开展评价，总结经验、分析问题、提出改进措施。评价意见可作为标准制修订、保险理赔、评审评比、表彰奖励等依据。

（国家发展改革委牵头，科技部、工

业和信息化部、国家卫生健康委员会、国务院国资委、国家市场监督管理总局、国家能源局、国家国防科工局等参加）

五、推动军民两用技术和装备融合发展

（十四）加快先进适用军用技术转为民用

加强《军用技术转民用推广目录》《国防科技工业知识产权转化目录》与重大技术装备创新目录的衔接，统筹推进“军转民”相关工作。逐步扩大国防科技重点实验室、国防科技工业创新中心等军工科研设施向民口单位开放程度。通过联合孵化、专利转让、技术入股和知识产权托管等方式，加快军工科技成果转化。

（十五）拓宽民口企业参与军品研制渠道

从军品研制实际需求出发，积极稳妥推进“民参军”相关工作，通过军品装备采购体系、定价机制等改革，促进民口企业参与军品研制和配套，鼓励军工企业开展首台套示范应用。

（十六）搭建首台套研发及示范应用合作平台

建立军民两用首台套研发及示范应用会商机制和合作平台，研究推动军民两用技术和装备研发创新、成果转化、交流合作、示范应用等重大问题，组织实施首台套示范应用项目和工程等。

（工业和信息化部、国家国防科工局牵头，国家发展改革委、科技部、财政部、国家知识产权局等参加）

六、加强首台套知识产权运用和保护

（十七）优化知识产权布局

对首台套产品的核心关键专利申请，依法给予优先审查支持，提高审查质量和效率，增强授权及时性和专利权稳定性。加强首台套产品和技术知识产权战略布局，防范知识产权风险。围绕首台套产业链和价值链，加快培育高价值专利。鼓励知识产权专业服务机构加强首台套知识产权服务。

（十八）促进知识产权成果分享

按照风险共担、利益分享的原则，鼓励首台套研制、系统集成、示范应用等企业知识产权成果依法分享。推动重大技术装备专利池建设，在重点领域引导建立知识产权联盟，加强合作交流与协同创新。

（十九）加强知识产权保护

以重大技术装备为重点，根据通过评定的首台套产品目录，进一步加大知识产权执法办案工作力度，严厉打击知识产权侵权假冒行为。完善知识产权纠纷多元解决机制，在重大技术装备等重点领域探索开展知识产权仲裁调解。

（国家知识产权局牵头，工业和信息化部等参加）

七、加大资金支持力度

（二十）加强重大技术装备研发创新支持

通过中央财政科技计划（专项、基金等），统筹支持符合条件的重大技术装备及相关共性技术研发。对于符合重大技术装备众创研发指引，经过评定并达到世界先进水平、填补国内空白的众创成果，鼓励其加快成果转化和应用。

（二十一）重点支持公共平台建设运行

充分利用现有资金渠道，加大对首台套相关公共平台的支持，重点推动重大技术装备创新研究院、关键共性技术研究开发和检测评定机构等平台的建设和运行。

（二十二）积极支持示范应用基地和项目

利用产业投资基金等渠道，支持首台套示范应用基地和示范应用项目建设。对基础设施完备、综合服务规范、运行效果显著的示范应用基地和创新性、重要性突出的首台套示范应用项目，加大支持力度。

（财政部牵头，国家发展改革委、科技部、工业和信息化部等参加）

八、强化税收政策导向

（二十三）落实现行税收优惠政策

对从事重大技术装备研发制造的企业，按现行税收政策规定享受企业所得税税前加计扣除优惠，经认定为高新技术企业的，减按15%税率征收企业所得税。企业购置首台套产品，符合现行税收政策条件的，按规定享受税收抵免、固定资产加速折旧等税收优惠政策。

（二十四）调整相关进口税收政策

根据产业发展情况，调整《产业结构调整指导目录》。根据首台套研发、制造和示范应用情况，兼顾国内产业需求，动态调整《国务院关于调整进口设备税收政策的通知》（国发〔1997〕37号）项下《国内投资项目不予免税的进口商品目录》和《外商投资项目不予免税的进口商品目录》。

（财政部、税务总局、海关总署、国家发展改革委、工业和信息化部、商务部等按职责分工负责）

九、优化金融支持和服务

（二十五）发展融资租赁业务

落实融资租赁业发展要求，大力推广以租代购、分期偿还等方式，完善首台套产品租赁市场化定价机制，通过融资租赁促进首台套示范应用。鼓励有条件的融资租赁、金融租赁公司设立首台套租赁部门或专业子公司，更好地满足首台套等重点领域融资租赁需求。

（二十六）加强银行信贷支持

鼓励有条件的商业银行建立首台套企

业和项目贷款绿色通道，构建内外部评级相结合的专门信用评价体系，优化审批程序，提高审批效率，积极开展专利权质押、应收账款质押等业务。鼓励开发性、政策性金融机构在业务范围内，为符合条件的首台套示范应用项目提供贷款支持。

（二十七）拓宽直接融资渠道

依托多层次资本市场体系，支持符合条件的首台套企业资产证券化。通过企业债券、公司债券、短期融资券、中期票据、永续票据、非公开定向融资工具等方式，满足企业融资需求。对首台套企业申请发行债券，纳入现有政策支持范畴，简化审核流程、提高审核效率。充分发挥先进制造产业投资基金、国家新兴产业创业投资引导基金等作用，积极吸引社会资本参与首台套研发、制造和示范应用。

（人民银行牵头，财政部、商务部、中国银行保险监督管理委员会、证监会、国家发展改革委、工业和信息化部等参加）

十、增强保险“稳定器”作用

（二十八）继续实施首台套保险补偿政策

总结首台套保险补偿试点工作经验，根据国家发展战略和市场需要，细化并动态调整首台套推广应用指导目录。密切跟踪试点进展，做好政策解释和舆论宣传，积极营造良好的政策环境和社会氛围，吸引更多企业参与。

（二十九）优化首台套保险运行机制

优化保险公司共保体的运行模式和机制，完善能进能出的动态调整机制。优化事故责任鉴定流程，建立健全理赔快速通道，积累有关保险数据，不断优化保险方案，提供优质服务。

（三十）鼓励地方和保险机构积极探索

鼓励有条件的地方结合产业基础、行业特点自主研究制定保险补偿政策，并做好与国家首台套保险补偿政策的区分和衔接。鼓励保险机构根据市场需求，在中央和地方首台套保险补偿政策之外，创新险种、扩大承保范围。

（财政部牵头，工业和信息化部、中国银行保险监督管理委员会等参加）

十一、发挥国有企业作用

（三十一）落实国有企业责任

充分发挥国有企业在实施创新驱动发展战略、制造强国战略中的骨干和表率作用，增强对重大技术装备创新发展的保障能力。大力推动和积极支持国有企业参与关键共性技术研发平台、检测评定机构、首台套示范应用基地、示范应用联盟等建设，积极采用首台套产品。

（三十二）完善考核评价制度

在事关国民经济命脉的重要行业和关键领域，加强对国有企业服务国家战略、保障国家安全和发展前瞻性战略性产业以及完成特殊任务的考核。在业绩考核中将首台套研制、示范应用情况等纳入特殊事项清单，作为重要参考依据。

（三十三）建立容错机制

制定首台套示范应用过失宽容政策，合理界定并适当豁免相关企业及负责人的行政、经济、安全等责任，充分调动和保护应用首台套的积极性，营造支持创新的良好环境和氛围。

（三十四）增强创新示范能力

围绕重大技术装备创新链，引导和鼓励国有企业之间或与其他所有制企业，以资本为纽带加快兼并重组，通过强强联合、优势互补，横向拓展、纵向延伸，大力培育集研发制造、工程设计、系统集成和建设运营于一体的大型企业集团，增强重大技术装备创新示范能力。

（国务院国资委牵头，应急管理部、审计署、国家发展改革委等参加）

十二、明确法律规定要求

（三十五）落实保障国家安全相关要求

根据《国家安全法》有关规定，进一步加强重大技术装备创新能力建设，加快发展自主可控的战略高新技术和重要领域核心关键技术。在关系国民经济命脉的重要行业、重大基础设施、重大建设项目等关键领域，积极开展和大力支持首台套研发、制造和示范应用，鼓励使用首台套产品。对影响或者可能影响国家安全的关键技术、装备产品和服务等，加强安全审查，有效预防和化解安全风险。

（三十六）严格执行招标投标法规政策

根据通过评定的首台套产品目录，项目单位在招标采购同类型产品时，按照《招标投标法》第四十一条规定，原则上采用综合评估法进行评标。在首台套产品投标时，招标单位不得提出市场占有率、使用业绩等要求，不得超出招标项目实际需要或套用特定产品设置评价标准、技术参数等。对于已投保的首台套产品，一般不再收取质量保证金。对于招标人、招标代理机构以不合理条件限制或排斥首台套投标的行为，各级行政监督部门根据《招标投标法》第五十一条等规定从严查处，依法追究相应法律责任。

（三十七）加大政府采购等支持力度

健全优先使用创新产品的政府采购政策，对首台套等创新产品采用首购、订购等方式采购，促进首台套产品研发和示范应用。其他使用国有资金的项目参照政府采购要求，鼓励采购首台套产品。

（国务院有关部门、各省级人民政府按职责分工负责）

十三、建立实施保障机制

（三十八）加强组织实施领导

国家发展改革委会同有关部门做好首台套示范应用的统筹协调、组织实施和监督评估等工作。各有关部门按照职责分工，采取切实有效的政策措施，抓好工作任务落实。各省级人民政府结合本地实际，做好本地区首台套示范应用的组织实施。

（三十九）完善配套政策措施

根据首台套示范应用总体要求和重点任务，由相关职能部门牵头，有关部门参加，抓紧完善相关配套政策措施。尽快制定出台推动重大技术装备研发创新、检测评定、示范应用体系建设的实施方案，促进首台套示范应用的军民融合、知识产权、资金、金融、保险、国资监管等实施细则或政策措施，做好国家安全、招标投标等相关法律法规条款释义和解读工作。

（四十）强化监督检查评估

各有关部门要加强对政策落实和执行情况的督查检查、跟踪分析工作，适时开展第三方评估，及时报告重要工作进展、存在问题等情况。对出现的新情况新问题深入调查研究，广泛听取意见，及时提出解决办法，不断完善首台套示范应用政策。

（四十一）建立咨询保障机制

依托有关单位，加强首台套示范应用相关战略规划和政策研究。充分发挥相关行业协会（学会）、咨询机构的作用，做好政策解读和宣传，及时反映示范应用中存在的问题，提出政策建议。利用现代信息、网络技术等手段，搭建首台套示范应用信息服务平台，跟踪和研究国内外重大技术装备发展动态，为相关部门和企业提供信息服务。

（国家发展改革委牵头，国务院有关部门、各省级人民政府按职责分工负责）

国家发展改革委
科技部
工业和信息化部
司法部
财政部
国资委
国家市场监督管理总局
知识产权局
2018年4月11日

国家发展改革委 国家能源局 生态环境部 国防科工局 发布《关于进一步加强核电运行安全管理的指导意见》

发改能源〔2018〕765号

中国核工业集团有限公司、中国广核集团有限公司、国家电力投资集团有限公司、华能集团有限公司：

为贯彻落实党中央、国务院关于安全高效发展核电工作的重要决策部署，宣贯实施《中华人民共和国核安全法》，按照《中共中央国务院关于推进安全生产领域改革发展的意见》等有关要求，在总结核电行业安全管理经验和“核电安全管理提升年”专项行动工作基础上，聚焦核电运行关键环节，进一步加强安全管理，保障核电机组安全稳定运行，促进核电安全高效发展，现提出如下意见。

一、总体要求

（一）指导思想

深入学习贯彻习近平新时代中国特色社会主义思想和党的十九大精神，紧紧围绕“五位一体”总体布局和“四个全面”战略布局，坚持创新、协调、绿色、开放、共享的发展理念，坚持理性、协调、并进的核安全观，坚持安全第一、预防为主、责任明确、严格管理、纵深防御、独立监管、全面保障的原则，加强核安全文化建设，落实安全生产主体责任，将确保安全的方针落实到核电运行管理各个环节各项工作中，确保核电安全万无一失。

（二）基本要求

坚持安全第一。牢固树立安全第一意识，完善核安全文化体系，深入推进核安全文化建设，与安全管理工作深入融合，不断提高全员核安全文化水平。

坚持落实责任。强化落实企业安全生产主体责任，实行全员安全生产责任制，明确企业各层级各部门各岗位安全生产责任，确保责任落到实处。

坚持方法创新。推进信息化、智能化、大数据等新技术在核电运行安全管理中的应用，加强对设备状态的监控和人员行为的评价，提高安全管理水平。

坚持持续改进。充分汲取运行事件经验反馈和国内外同行经验教训，扎实有效开展常态化、机制化的评估、检查和改进行动，追求卓越，持续提高安全绩效。

坚持开放透明。严格执行核电厂运行报告制度，建立开放共享的经验反馈体系，在行业内共享良好实践和经验教训，促进全行业安全管理水平共同提升。

（三）总体目标

核电运行安全始终处于受控状态，运行安全水平始终保持国际前列并持续提升。核电企业安全管理体系更加完善，安全生产责任制全面落实，安全管理水平持续提升。政府安全管理能力不断提高，核电行业安全管理、核安全监管、核应急响应、核安保能力进一步增强。核电安全得到更加充分、全面、有效的保障。

二、加强核安全文化建设

积极培育和建设核安全文化，营造人人敬畏核安全、共同守护核安全的工作氛围，使全体从业人员自觉将安全第一的理念内化于心、外化于行。

（一）充分发挥领导带头示范作用

核电集团和核电厂应制定并公示主要负责人核安全文化行为准则。企业各级负责人，特别是党政负责人，在工作中要率先垂范、带头践行安全第一理念。坚持保守决策，以审慎保守的态度处理安全相关问题。授予安全岗位相适应的权力，确保安全相关人员、物资、资金等资源投入。建立容错机制，鼓励员工主动报告安全问题，并予以及时回应和合理解决。

（二）制定核安全文化建设指导方案和评价指标体系

相关部门会同有关方面，研究制定核安全文化建设指导方案，指导规范企业核安全文化建设活动，将核安全文化的原则和属性转化为具体要求，进一步落实到核电厂安全管理工作中。研究制订定性与定量相结合的评价指标体系，实现核安全文化健康状态可检查、可量化、可评价。核电厂要定期开展核安全文化自评估和同行评估活动，及时查找弱项短板，借鉴良好实践，有针对性地提升核安全文化水平。

三、进一步落实安全生产主体责任

核电厂要严格按照核安全法等法律法规要求，建立健全自我约束、持续改进的内生机制，做到安全生产责任明确、分工有序、人人自觉。

（三）进一步完善企业各部门各岗位安全生产责任

核电厂要落实全员安全生产责任制，按照管业务必须管安全、管生产经营必须管安全的要求，强化企业各相关部门的安全生产职责，明确从主要负责人到基层员工（含承包商、劳务派遣人员）的安全生产责任，清晰界定责任范围和考核标准。通过加强教育培训、强化管理考核和严格奖惩等方式，建立安全生产工作层层负责、人人有责、各负其责的责任体系。

（四）加强对安全履责情况的考核

核电集团对核电厂进行考核时，应加强安全行为导向，指标权重上应统筹生产性和安全性指标，并向机组安全性、可靠性、人员行为规范、信息公开透明的方向倾斜。健全激励约束机制，研究建立以安全绩效为引导的动态薪酬管理制度，将安全履责情况作为干部选拔、任用的考察内容，将安全行为准则纳入员工入职培训、岗前培训、在岗复训内容。实行安全生产绩效与履职评定、职务晋升、奖励惩处挂钩制度。建立安全生产责任追究制度，明确违章操作等红线行为，对弄虚作假、瞒报谎报等不诚信行为零容忍，依法依规追究有关单位和个人的责任。

四、加强核电厂人员行为规范管理

进一步筑牢核电安全的人防屏障，确保正确的人按照正确的方式做正确的事，预防和减少人因失误。

（五）加强新技术新方法在核电运行安全管理中的应用

核电厂要积极探索利用信息化、智能化、大数据等新技术，对核电厂工作人员在厂内重要区域的行为进行事前提示、事中监控和事后分析，提高管理信息化、智能化水平，更简单、更有效地预防人因失误。

（六）持续推进防人因失误工具开发和应用

核电厂要定期检查员工防人因失误工具掌握和使用情况，开发应用电子化规程等防人因失误技术。细化岗位培训基本要求，确保换岗、轮岗人员接受相应培训，掌握岗位所需的防人因失误工具应用技能。积极开展防人因失误工具经验交流。

（七）建立良好工作氛围，提升工作积极性

核电厂要加强组织建设、团队建设，努力创造良好的工作氛围和生活环境，针对反应堆操纵人员等重点岗位优化晋升、薪酬等机制，不断增强员工的归属感和成就感，提升工作积极性和自觉性。

五、加强核电厂设备可靠性管理

构建更加完善的核电安全技防屏障，加强关键设备识别和故障诊断，提升设备运维水平，有效预防和减少设备故障，进一步提高核电厂运行安全性和可靠性。

（八）加强关键设备运行状态监测

核电厂要根据机组设计特点识别关键设备，进行专项标识和运维管控，改进监控技术手段，提高关键设备运行状态监测的全面性、及时性和准确性，实现设备故障的早期预警，优化设备维修策略，推动状态维修技术的发展并同定期维修有机结合，提升设备可靠性。

（九）建立关键设备管理平台

核电集团和核电厂要逐步建立关键设备全寿期管理平台和可靠性数据库，提高设备智能监测、故障诊断、健康评价和寿命预测水平。

（十）开展核电厂动态风险评价

核电厂要逐步应用动态风险评价系统等工具，加强对核电机组运行风险的实时跟踪监测，相应调整管理资源配置，精准提高核电运行安全水平。

六、提高核电厂运行安全保障能力

加强核电运行关键环节管理，提升核电厂电源、冷源可靠性，提高消防安全管理水平，保障核电机组安全稳定运行。

（十一）提高电源保障能力

核电厂要积极协调电网管理部门，确保核电机组外电源线路的冗余性和可靠性。建立厂内应急电源保障相关的监督和评价机制，编制重大缺陷跟踪清单和异常事件处置应急预案，定期开展应急预案的操作演练。提高移动柴油发电机等应急电源的快速接入能力。

（十二）提升冷源保障水平

核电厂要加强可能影响冷源系统安全的外部因素识别和分析，进一步摸清致灾海生物及杂物的种类、形式和形成规律，提高循环水取水口拦截栅格、滤网的拦污和清洁能力，建立有效的监测、预警和响应机制，制定应急预案，提高快速响应能力，保障核电厂冷源可靠性。

（十三）提高消防安全管理水平

核电厂要从确保核安全的高度，充分认识消防安全的重要性。加强消防管理机构建设，落实消防安全责任制。加强消防重点部位管理，严格可燃物控制和动火作业管理。加强消防系统及设施管理，规范专职消防队建设，提高消防培训、演习的针对性和有效性。积极探索应用信息化技术管理消防业务。严格执行消防安全检查制度，加强大修期间的消防安全监督检查。

七、建立开放共享的经验反馈体系

加强运行事件原因分析，提高经验反馈的及时性和有效性，进一步降低核电厂运行事件发生频率，防止类似事件和问题重复发生。

（十四）完善行业经验反馈体系

发挥相关部门、行业组织、企业合力，完善行业经验反馈平台，加强信息共享，实现工程设计、制造、建设与运行之间的纵向反馈，以及各核电厂之间的横向反馈。

（十五）深入开展运行事件分析和经验反馈工作

核电厂应加强运行事件原因分析，切实找准根本原因，采取针对性的改进措施。核电集团应建立统一的经验反馈体系，实现集团内经验反馈信息的互联互通，集团所属技术支持单位应开展经验反馈信息的分析研究，提炼共性问题、关键问题、前瞻性问题，有针对性地开展相关培训和技术支持。相关部门会同有关方面，组织专家对重要运行事件开展独立分析，在行业内进行通报和交流。

（十六）提高评估交流活动实效

核电厂要积极开展同行评估、经验交流等活动并实现规范化、制度化，减少形式，提高实效。积极开展同先进核电国家、国际核电组织的合作，借鉴国际先进经验，进行管理对标和经验交流。

八、加强核电厂网络安全管理

将网络安全纳入核电安全管理体系，加强能力建设，保障核电厂网络安全。

（十七）开展网络安全能力建设

核电厂要建立健全电力监控系统安全防护管理制度，对网络威胁进行评估和风险分析，合理配置网络安全监控工具，建立核电厂防范网络攻击、数据操纵或篡改的能力，定期开展网络安全检查。核电集团和核电厂要加强网络安全能力建设，研究建立核电厂网络安全实验室、工控系统测试平台等基础设施。

（十八）做好网络等级保护测评

核电厂要制定生产控制大区、管理信息大区安全防护总体方案，完成等保定级、备案，并定期进行等级测评，建立网络安全事件应急响应预案并定期进行演练。

（十九）开展网络安全培训及评估工作

支持行业组织开展网络安全相关人员的技术培训，建立网络安全保护规范和协作机制，开展核电厂网络安全同行评估。

九、加强核应急与核安保管理

完善国家核应急协调机制，加强场内外核应急工作合力，提升核应急能力。建设完善全国核材料管理指挥控制中心，加强演习演练，提升核安保突发事件应对能力。

（二十）持续提升核应急工作水平

核电厂应履行核应急主体责任，健全体系、完善机制，促进核应急工作常备不懈、持续改进。加强企业与地方之间的沟通协调，充分发挥场内外核应急工作合力作用，不断提升核应急响应能力。

（二十一）推进核安保模拟演练制度化、规范化

核电厂应以真实检验响应力量保卫能力为目的，开展实兵对抗演练，切实提升实战能力。利用先进仿真软件技术，开展多情景下的模拟对抗演练，检验并提升核安保事件处置预案的科学性、合理性。推进核安保实兵对抗演练与模拟对抗演练制度化、规范化。

（二十二）加强核电厂实物保护系统

核电厂应制定实物保护系统有效性自评估方案。对企业管理、制度、技术措施、响应能力等方面开展常态化核安保专项检查工作，确保实物保护系统正常运行。针对薄弱环节，进一步健全管理制度，开展核电厂实物保护系统能力提升工程。

（二十三）提高核电厂低空空域安全保障能力

核电厂要积极开展防范低空空域飞行物入侵工作，建立有效防范低空空域飞行物入侵的感知、识别、处置、通报管理体系与技术手段，加强对核电厂低空空域的安全保卫能力，建立涵盖核电厂水下、水面、地面、低空的立体全面安全保卫体系，保障核电安全。

十、加强核电行业安全管理和监督检查

巩固“核电安全管理提升年”专项行动经验，加强企业内部安全监督和政府安全管理，把各项安全工作抓实抓好。

（二十四）建立和完善安全隐患排查治理机制

核电厂要建立健全隐患排查治理制度，开展定期检查和专项检查等，实行自查自改闭环管理，严格重大隐患挂牌督办制度。企业主要负责人应亲自带队，定期深入现场，开展巡视检查，督促对重大隐患的整改。相关部门按照核安全法要求，落实核安全监督检查制度，强化隐患排查治理监督检查。

（二十五）完善核电企业安全监督体系

建立完善核电厂自我监督、核电集团监督指导的监督体系，提升企业内部监督的有效性，形成自我检查、整改、提升的

良性循环和长效机制。

（二十六）加强政府核电安全管理

能源局进一步加强核电行业安全管理，从行业规划、产业政策、法规标准、行政许可等方面加强行业安全生产工作，指导督促企业加强安全管理；核安全局以宣贯实施核安全法为抓手，严格核安全独立监管，推进核电行业核安全责任进一步落实，提升核安全管理水平；国防科工局进一步强化国家核应急和核安保管理体系。

国家发展改革委
国家能源局
生态环境部
国防科工局
2018年5月22日

生态环境部关于发布《伴生放射性矿开发利用企业环境辐射监测及信息公开办法（试行）》的公告

国环规辐射〔2018〕1号

为贯彻《国务院关于印发土壤污染防治行动计划的通知》（国发〔2016〕31号）和《国务院关于核安全与放射性污染防治“十三五”规划及2025年远景目标的批复》（国函〔2017〕29号），规范伴生放射性矿开发利用企业环境辐射监测及信息公开工作，我部制定了《伴生放射性矿开发利用企业环境辐射监测及信息公开办法（试行）》，现予公布。

各省级生态环境主管部门应于2019年1月1日前，根据本办法附录一中的相关要求补充完善省级地区国家重点监控企业自行监测信息公开平台。

本办法自2019年1月1日起施行。

特此公告。

附件：伴生放射性矿开发利用企业环境辐射监测及信息公开办法（试行）（略）

生态环境部

2018年7月4日

生态环境部令

第4号

《环境影响评价公众参与办法》已于2018年4月16日由生态环境部部务会议审议通过，现予公布，自2019年1月1日起施行。

生态环境部部长　李干杰

2018年7月16日

环境影响评价公众参与办法

第一条　为规范环境影响评价公众参与，保障公众环境保护知情权、参与权、表达权和监督权，依据《中华人民共和国环境保护法》《中华人民共和国环境影响评价法》《规划环境影响评价条例》《建设项目环境保护管理条例》等法律法规，制定本办法。

第二条　本办法适用于可能造成不良环境影响并直接涉及公众环境权益的工业、农业、畜牧业、林业、能源、水利、交通、城市建设、旅游、自然资源开发的有关专项规划的环境影响评价公众参与，和依法应当编制环境影响报告书的建设项目的环境影响评价公众参与。

国家规定需要保密的情形除外。

第三条　国家鼓励公众参与环境影响评价。

环境影响评价公众参与遵循依法、有序、公开、便利的原则。

第四条　专项规划编制机关应当在规划草案报送审批前，举行论证会、听证会，或者采取其他形式，征求有关单位、专家和公众对环境影响报告书草案的意见。

第五条　建设单位应当依法听取环境影响评价范围内的公民、法人和其他组织的意见，鼓励建设单位听取环境影响评价范围之外的公民、法人和其他组织的意见。

第六条　专项规划编制机关和建设单位负责组织环境影响报告书编制过程的公众参与，对公众参与的真实性和结果负责。

专项规划编制机关和建设单位可以委托环境影响报告书编制单位或者其他单位承担环境影响评价公众参与的具体工作。

第七条　专项规划环境影响评价的公众参与，本办法未作规定的，依照《中华人民共和国环境影响评价法》《规划环境影响评价条例》的相关规定执行。

第八条　建设项目环境影响评价公众参与相关信息应当依法公开，涉及国家秘密、商业秘密、个人隐私的，依法不得公开。法律法规另有规定的，从其规定。

生态环境主管部门公开建设项目环境影响评价公众参与相关信息，不得危及国家安全、公共安全、经济安全和社会稳定。

第九条　建设单位应当在确定环境影响报告书编制单位后7个工作日内，通过其网站、建设项目所在地公共媒体网站或者建设项目所在地相关政府网站（以下统称网络平台），公开下列信息：

（一）建设项目名称、选址选线、建设内容等基本情况，改建、扩建、迁建项目应当说明现有工程及其环境保护情况；

（二）建设单位名称和联系方式；

（三）环境影响报告书编制单位的名称；

（四）公众意见表的网络链接；

（五）提交公众意见表的方式和途径。

在环境影响报告书征求意见稿编制过程中，公众均可向建设单位提出与环境影响评价相关的意见。

公众意见表的内容和格式，由生态环境部制定。

第十条 建设项目环境影响报告书征求意见稿形成后，建设单位应当公开下列信息，征求与该建设项目环境影响有关的意见：

（一）环境影响报告书征求意见稿全文的网络链接及查阅纸质报告书的方式和途径；

（二）征求意见的公众范围；

（三）公众意见表的网络链接；

（四）公众提出意见的方式和途径；

（五）公众提出意见的起止时间。

建设单位征求公众意见的期限不得少于10个工作日。

第十一条 依照本办法第十条规定应当公开的信息，建设单位应当通过下列三种方式同步公开：

（一）通过网络平台公开，且持续公开期限不得少于10个工作日；

（二）通过建设项目所在地公众易于接触的报纸公开，且在征求意见的10个工作日内公开信息不得少于2次；

（三）通过在建设项目所在地公众易于知悉的场所张贴公告的方式公开，且持续公开期限不得少于10个工作日。

鼓励建设单位通过广播、电视、微信、微博及其他新媒体等多种形式发布本办法第十条规定的信息。

第十二条 建设单位可以通过发放科普资料、张贴科普海报、举办科普讲座或者通过学校、社区、大众传播媒介等途径，向公众宣传与建设项目环境影响有关的科学知识，加强与公众互动。

第十三条 公众可以通过信函、传真、电子邮件或者建设单位提供的其他方式，在规定时间内将填写的公众意见表等提交建设单位，反映与建设项目环境影响有关的意见和建议。

公众提交意见时，应当提供有效的联系方式。鼓励公众采用实名方式提交意见并提供常住地址。

对公众提交的相关个人信息，建设单位不得用于环境影响评价公众参与之外的用途，未经个人信息相关权利人允许不得公开。法律法规另有规定的除外。

第十四条 对环境影响方面公众质疑性意见多的建设项目，建设单位应当按照下列方式组织开展深度公众参与：

（一）公众质疑性意见主要集中在环境影响预测结论、环境保护措施或者环境风险防范措施等方面的，建设单位应当组织召开公众座谈会或者听证会。座谈会或者听证会应当邀请在环境方面可能受建设项目影响的公众代表参加。

（二）公众质疑性意见主要集中在环境影响评价相关专业技术方法、导则、理论等方面的，建设单位应当组织召开专家论证会。专家论证会应当邀请相关领域专家参加，并邀请在环境方面可能受建设项目影响的公众代表列席。

建设单位可以根据实际需要，向建设项目所在地县级以上地方人民政府报告，并请求县级以上地方人民政府加强对公众参与的协调指导。县级以上生态环境主管部门应当在同级人民政府指导下配合做好相关工作。

第十五条 建设单位决定组织召开公众座谈会、专家论证会的，应当在会议召开的10个工作日前，将会议的时间、地点、主题和可以报名的公众范围、报名办法，通过网络平台和在建设项目所在地公众易于知悉的场所张贴公告等方式向社会公告。

建设单位应当综合考虑地域、职业、受教育水平、受建设项目环境影响程度等因素，从报名的公众中选择参加会议或者列席会议的公众代表，并在会议召开的5个工作日前通知拟邀请的相关专家，并书面通知被选定的代表。

第十六条 建设单位应当在公众座谈会、专家论证会结束后5个工作日内，根据现场记录，整理座谈会纪要或者专家论证结论，并通过网络平台向社会公开座谈会纪要或者专家论证结论。座谈会纪要和专家论证结论应当如实记载各种意见。

第十七条 建设单位组织召开听证会的，可以参考环境保护行政许可听证的有关规定执行。

第十八条 建设单位应当对收到的公众意见进行整理，组织环境影响报告书编制单位或者其他有能力的单位进行专业分析后提出采纳或者不采纳的建议。

建设单位应当综合考虑建设项目情况、环境影响报告书编制单位或者其他有能力的单位的建议、技术经济可行性等因素，采纳与建设项目环境影响有关的合理意见，并组织环境影响报告书编制单位根据采纳的意见修改完善环境影响报告书。

对未采纳的意见，建设单位应当说明理由。未采纳的意见由提供有效联系方式的公众提出的，建设单位应当通过该联系方式，向其说明未采纳的理由。

第十九条 建设单位向生态环境主管部门报批环境影响报告书前，应当组织编写建设项目环境影响评价公众参与说明。公众参与说明应当包括下列主要内容：

（一）公众参与的过程、范围和内容；

（二）公众意见收集整理和归纳分析情况；

（三）公众意见采纳情况，或者未采纳情况、理由及向公众反馈的情况等。

公众参与说明的内容和格式，由生态环境部制定。

第二十条 建设单位向生态环境主管部门报批环境影响报告书前，应当通过网络平台，公开拟报批的环境影响报告书全文和公众参与说明。

第二十一条 建设单位向生态环境主管部门报批环境影响报告书时，应当附具公众参与说明。

第二十二条 生态环境主管部门受理建设项目环境影响报告书后，应当通过其网站或者其他方式向社会公开下列信息：

（一）环境影响报告书全文；

（二）公众参与说明；

（三）公众提出意见的方式和途径。

公开期限不得少于10个工作日。

第二十三条 生态环境主管部门对环境影响报告书作出审批决定前，应当通过其网站或者其他方式向社会公开下列信息：

（一）建设项目名称、建设地点；

（二）建设单位名称；

（三）环境影响报告书编制单位名称；

（四）建设项目概况、主要环境影响和环境保护对策与措施；

（五）建设单位开展的公众参与情况；

（六）公众提出意见的方式和途径。

公开期限不得少于5个工作日。

生态环境主管部门依照第一款规定公开信息时，应当通过其网站或者其他方式同步告知建设单位和利害关系人享有要求听证的权利。

生态环境主管部门召开听证会的，依照环境保护行政许可听证的有关规定执行。

第二十四条 在生态环境主管部门受理环境影响报告书后和作出审批决定前的信息公开期间，公民、法人和其他组织可以依照规定的方式、途径和期限，提出对建设项目环境影响报告书审批的意见和建议，举报相关违法行为。

生态环境主管部门对收到的举报，应当依照国家有关规定处理。必要时，生态环境主管部门可以通过适当方式向公众反馈意见采纳情况。

第二十五条 生态环境主管部门应当对公众参与说明内容和格式是否符合要求、公众参与程序是否符合本办法的规定进行审查。

经综合考虑收到的公众意见、相关举报及处理情况、公众参与审查结论等，生态环境主管部门发现建设项目未充分征求公众意见的，应当责成建设单位重新征求公众意见，退回环境影响报告书。

第二十六条 生态环境主管部门参考收到的公众意见，依照相关法律法规、标准和技术规范等审批建设项目环境影响报告书。

第二十七条 生态环境主管部门应当自作出建设项目环境影响报告书审批决定之日起7个工作日内，通过其网站或者其他方式向社会公告审批决定全文，并依法告知提起行政复议和行政诉讼的权利及期限。

第二十八条 建设单位应当将环境影响报告书编制过程中公众参与的相关原始资料，存档备查。

第二十九条 建设单位违反本办法规定，在组织环境影响报告书编制过程的公众参与时弄虚作假，致使公众参与说明内容严重失实的，由负责审批环境影响报告书的生态环境主管部门将该建设单位及其法定代表人或主要负责人失信信息记入环境信用记录，向社会公开。

第三十条 公众提出的涉及征地拆迁、财产、就业等与建设项目环境影响评价无关的意见或者诉求，不属于建设项目环境影响评价公众参与的内容。公众可以依法另行向其他有关主管部门反映。

第三十一条 对依法批准设立的产业园区内的建设项目，若该产业园区已依法开展了规划环境影响评价公众参与且该建设项目性质、规模等符合经生态环境主管部门组织审查通过的规划环境影响报告书和审查意见，建设单位开展建设项目环境影响评价公众参与时，可以按照以下方式予以简化：

（一）免予开展本办法第九条规定的公开程序，相关应当公开的内容纳入本办法第十条规定的公开内容一并公开；

（二）本办法第十条第二款和第十一条第一款规定的10个工作日的期限减为5个工作日；

（三）免予采用本办法第十一条第一款第三项规定的张贴公告的方式。

第三十二条 核设施建设项目建造前的环境影响评价公众参与依照本办法有关规定执行。

堆芯热功率300兆瓦以上的反应堆设施和商用乏燃料后处理厂的建设单位应当听取该设施或者后处理厂半径15公里范围内公民、法人和其他组织的意见；其他核设施和铀矿冶设施的建设单位应当根据环境影响评价的具体情况，在一定范围内听取公民、法人和其他组织的意见。

大型核动力厂建设项目的建设单位应当协调相关省级人民政府制定项目建设公众沟通方案，以指导与公众的沟通工作。

第三十三条 土地利用的有关规划和区域、流域、海域的建设、开发利用规划的编制机关，在组织进行规划环境影响评价的过程中，可以参照本办法的有关规定征求公众意见。

第三十四条 本办法自2019年1月1日起施行。《环境影响评价公众参与暂行办法》自本办法施行之日起废止。其他文件中有关环境影响评价公众参与的规定与本办法规定不一致的，适用本办法。

生态环境部公告

2018年 第39号

关于发布国家环境保护标准《核动力厂运行前辐射环境本底调查技术规范》的公告

为贯彻《中华人民共和国环境保护法》《中华人民共和国放射性污染防治法》，规范核动力厂辐射环境本底调查工作，现批准《核动力厂运行前辐射环境本底调查技术规范》为国家环境保护标准，并予发布。

标准名称、编号如下：

《核动力厂运行前辐射环境本底调查技术规范》（HJ 969—2018）。

上述标准自2019年1月1日起实施，由中国环境出版社出版，标准内容可在生态环境部网站（http//www.mee.gov.cn）查询。

特此公告。

生态环境部

2018年9月20日

生态环境部公告

2018年 第48号

关于发布《环境影响评价公众参与办法》配套文件的公告

《环境影响评价公众参与办法》（生态环境部令第4号）已于2018年7月发布，将于2019年1月1日起施行。根据该办法的相关规定，现将《建设项目环境影响评价公众意见表》等2个配套文件予以公告，与该办法一并施行。

附件：1.建设项目环境影响评价公众意见表（略）

2.建设项目环境影响评价公众参与说明格式要求（略）

生态环境部

2018年10月12日

生态环境部公告

2018年 第50号

关于发布《低、中水平放射性固体废物包安全标准》等四项放射性污染防治标准的公告

为贯彻《中华人民共和国环境保护法》《中华人民共和国放射性污染防治法》《中华人民共和国核安全法》，防治放射性废物污染，保障人体健康，现批准《低、中水平放射性固体废物包安全标准》《低、中水平放射性废物高完整性容器——球墨铸铁容器》《低、中水平放射性废物高完整性容器——混凝土容器》《低、中水平放射性废物高完整性容器——交联高密度聚乙烯容器》等4项标准为国家放射性污染防治标准，并由生态环境部与国家市场监督管理总局联合发布。

标准名称、编号如下：

一、低、中水平放射性固体废物包安全标准（GB 12711—2018）；

二、低、中水平放射性废物高完整性容器——球墨铸铁容器（GB 36900.1—2018）；

三、低、中水平放射性废物高完整性容器——混凝土容器（GB 36900.2—2018）；

四、低、中水平放射性废物高完整性容器——交联高密度聚乙烯容器（GB 36900.3—2018）。

按有关法律规定，上述标准具有强制执行效力。

上述标准自2019年3月1日起实施，自实施之日起，《低、中水平放射性固体废物包安全标准》（GB 12711—1991）废止。

上述标准由中国环境科学出版社出版，标准内容可在生态环境部网站（http://www.mee.gov.cn）查询。

特此公告。

(此公告业经国家市场监督管理总局田世宏会签)

生态环境部

2018年10月29日

生态环境部公告

2018年 第60号

关于发布国家环境保护标准《电子加速器辐照装置辐射安全和防护》的公告

为贯彻《中华人民共和国放射性污染防治法》和《放射性同位素与射线装置安全和防护条例》，进一步规范射线装置的辐射安全监管，现批准《电子加速器辐照装置辐射安全和防护》为国家环境保护标准，并予发布。

标准名称、编号如下：

《电子加速器辐照装置辐射安全和防护》（HJ 979—2018）

该标准自2019年3月1日起实施，由中国环境出版社出版，标准内容可在生态环境部网站（http://www.mee.gov.cn）查询。

特此公告。

生态环境部

2018年11月30日

生态环境部关于发布《乏燃料后处理设施安全要求（试行）》的公告

国环规辐射〔2018〕2号

为贯彻落实《民用核设施安全监督管理条例》和《民用核燃料循环设施安全规定》，完善我国核燃料循环设施监管的法规体系，进一步规范和指导乏燃料后处理设施的选址、设计、建造、调试、运行和退役，我部组织制定了《乏燃料后处理设施安全要求（试行）》（见附件），现予公布。

特此公告。

附件：乏燃料后处理设施安全要求（试行）（略）

生态环境部

2018年12月18日

生态环境部公告

2018年 第67号

关于发布国家环境保护标准《辐射环境空气自动监测站运行技术规范》的公告

为贯彻《中华人民共和国环境保护法》《中华人民共和国放射性污染防治法》，规范辐射环境空气自动监测站运行维护和质量保证工作，现批准《辐射环境空气自动监测站运行技术规范》为国家环境保护标准，并予发布。

标准名称、编号如下。

《辐射环境空气自动监测站运行技术规范》（HJ 1009—2019）。

以上标准自2019年3月1日起实施，由中国环境出版集团出版，标准内容可在生态环境部网站（http：//www.mee.gov.cn）查询。

特此公告。

生态环境部

2018年12月24日

生态环境部办公厅 海关总署办公厅 关于规范放射性同位素与射线装置豁免备案管理工作的通知

环办辐射〔2018〕49号

各省、自治区、直辖市生态环境厅（局），各直属海关：

为深入贯彻落实国务院“放管服”改革要求，根据分级分类监管的原则，将极低风险的放射性同位素与射线装置纳入豁免管理，切实减轻企业负担。各省级生态环境部门应进一步规范核技术利用领域放射性同位素与射线装置豁免备案管理工作，并与海关协调配合，共同做好放射性同位素进出口的有关工作。现将有关要求通知如下。

一、办理方式

根据《放射性同位素与射线装置安全和防护管理办法》和《电离辐射防护与辐射源安全基本标准》（GB 18871—2002，以下简称《基本标准》），核技术利用领域放射性同位素与射线装置豁免备案应按如下方式办理：

（一）符合《基本标准》豁免水平的放射性同位素和射线装置，其国内生产单位或者进口产品的国内总代理单位（以下简称进口总代理单位）及其使用单位可填写《放射性同位素与射线装置豁免备案表》（见附件1，以下简称《豁免备案表》），报所在地省级生态环境部门备案。

（二）《基本标准》中未列出豁免水平的放射性核素，可参考国际原子能机构《国际辐射防护和辐射源安全基本安全标准》（一般安全要求第三部分）中规定的豁免水平申报豁免备案。

（三）符合《基本标准》有条件豁免要求的含Ⅴ类放射源设备（以下简称有条件豁免含源设备），其国内生产单位或进口总代理单位可填写《含源设备有条件豁免备案申报表》（见附件2），向生态环境部申报备案。经审核确认设备用途正当并符合有条件豁免要求的，生态环境部予以备案，并明确其豁免条件。

二、豁免范围及效力

（一）符合《基本标准》豁免水平的放射性同位素和射线装置以及有条件豁免要求的含源设备，在生产单位或进口总代理单位完成豁免备案后，该产品的销售、使用活动可免于辐射安全监管（销售或使用较大批量放射性同位素产品的除外），其他销售、使用单位无需逐一办理豁免备案手续；由使用单位完成备案的，仅该单位的使用活动可免于辐射安全监管。

（二）年销售量超过豁免水平100倍（有条件豁免含源设备100台）或者持有量超过豁免水平10倍（有条件豁免含源设备10台）的单位，属于销售或者使用较大批量豁免放射性同位素产品的单位，应当办理辐射安全许可证，并接受辐射安全监管。

（三）仅从事免于辐射安全监管的活动的单位，无需办理辐射安全许可证，原持有的辐射安全许可证申请注销。

（四）省级生态环境部门应将完成备案的《豁免备案表》抄报生态环境部，经生态环境部公告后在全国有效。

三、有条件豁免含源设备的监管

生产单位或进口总代理单位，在购买有条件豁免含源设备中的放射源（或直接进口已装入放射源的设备）时，应办理放射性同位素转让（或进口）手续，将放射源列入其台账；向使用单位（含代理销售单位）销售有条件豁免含源设备时，无需办理放射性同位素转让审批和备案手续，但应对设备中放射源的去向进行跟踪管理。

有条件豁免含源设备中放射源如发生个别丢失、被盗，不作为辐射事故处理，但使用单位应告知设备的生产单位或进口总代理单位。设备报废后，设备中的放射源应按废旧放射源有关规定返回原生产单位或者送交有资质的放射性废物收贮单位贮存，相关责任由设备的生产单位或进口总代理单位承担。

四、豁免放射性同位素的进出口管理

符合《基本标准》豁免水平的放射性同位素在进出口时，进出口单位应主动向海关提供经省级生态环境部门备案的《豁免备案表》，以办理有关手续。

有条件豁免含源设备中的放射源，在进口和出口时应按照《放射性同位素与射线装置安全和防护条例》及《放射性同位素与射线装置安全许可管理办法》有关规定办理进出口手续。

附件：1.放射性同位素与射线装置豁免备案表（略）

2. 含源设备有条件豁免备案申报表（略）

生态环境部办公厅
海关总署办公厅
2018年12月24日

住房和城乡建设部公告

2018年 第209号

住房和城乡建设部关于发布国家标准《核电厂建构筑物维护及可靠性鉴定标准》的公告

现批准《核电厂建构筑物维护及可靠性鉴定标准》为国家标准，编号为GB/T 51323—2018，自2019年3月1日起实施。

本标准在住房城乡建设部门户网站（www.mohurd.gov.cn）公开，并由住房城乡建设部标准定额研究所组织中国计划出版社出版发行。

住房和城乡建设部

2018年9月11日

住房和城乡建设部公告

2018年 第287号

住房和城乡建设部关于发布国家标准《核电站钢板混凝土结构技术标准》的公告

现批准《核电站钢板混凝土结构技术标准》为国家标准，编号为GB/T 51340—2018，自2019年5月1日起实施。

本标准在住房城乡建设部门户网站（www.mohurd.gov.cn）公开，并由住房城乡建设部标准定额研究所组织中国计划出版社出版发行。

住房和城乡建设部

2018年11月8日

国家能源局综合司 关于开展核电重大专项科研设施及验证平台开放共享试点工作的通知

国能综通核电〔2018〕16号

中国核工业集团有限公司、中国核建集团限公司、国家电力投资集团有限公司、中国华能集团公司、中国广核集团有限公司，清华大学核能与新能源技术研究院：

根据《国务院关于国家重大科研基础设施和大型科研仪器向社会开放的意见》（国发〔2014〕70号）、《国家重大科研基础设施和大型科研仪器开放共享管理办法》（国科发基〔2017〕289号）相关规定，结合核能研究现状，拟对核电重大专项支持的大型科研设施及验证平台（以下简称“设施及平台”）进行共享，促进优质产能及科研成果对行业开放使用，促进核能科技创新发展。现将有关事宜通知如下。

一、总体原则

为深入贯彻落实党的十九大精神，以新发展理念为引领，以增强核电重大专项成果的转化和利用为目标，设施及平台开放共享将按照“成本补偿、合同管理、绩效评价、信息公开”的方案实施，充分释放核电科研平台服务潜能，提高重大设施设备使用效率。

二、申请条件

（一）设施及平台所依托的法人单位是开放共享的责任主体，作为管理单位配合开展开放共享服务工作，应具备较好的技术服务实力。

（二）由核电重大专项支持且主要由中央财政预算资金投入建设和购置的设施及平台，原则上应当自设施及平台完成安装使用验收后，对行业开放共享。企事业单位投资建设和购置的用于核电技术装备研制开发和试验验证的设施及平台，可自愿申报开放共享。

（三）开放共享的设施及平台应具备较强的代表性和示范性，技术水平行业领先，能够充分发挥典型示范和辐射带动作用，有助于探索形成开放共享的管理经验，相关申请材料应确保真实有效。

三、申请程序

（一）申请流程。各单位应尽快梳理符合开放共享条件的设施及平台信息，于2018年1月31日前，将申请表一式三份（另附电子版文档光盘）通过邮寄等方式报至联系人，申请表模版见附件。

（二）评估流程。我局核电司会同中国核电发展中心将根据信息申报情况，结合设施及平台功能、用户需求及核电自主化要求，选取2～3个设施及平台先行试点，在取得经验的基础上逐步推开。

四、支持措施

（一）鼓励资金补偿。管理单位提供开放共享服务可按照成本补偿和非盈利原则收取费用，收费标准应以适当方式向行业公布。

（二）开展示范推广。我局将加强对设施及平台开放共享试点工作及先进经验的梳理总结，并通过集中组织宣传、择优推荐至科研设施与仪器国家网络管理平台等方式，加大对开放共享工作的推广力度。

（三）实施政策支持。对于具备产业化应用特征且开放共享效果较好的设施及平台，推动建设成为国家级试验验证平台，打造符合我国自主核电标准规范要求的设备技术认证体系。

五、组织保障

（一）明确主体责任。管理单位对开放共享应当与用户订立合同，约定服务内容、知识产权归属、保密要求、损害赔偿、违约责任、争议处理等事项。

（二）加强监督考核。核电重大专项实施管理办公室依据国家科研设施开放共享有关管理办法制定配套绩效评价管理办法，监督指导管理单位的开放共享工作，并对效果进行评价考核。

特此通知。

附件：核电重大专项科研设施与验证平台信息表（略）

联系人：李政昕、詹文辉

电话：010-68555874、68531872

邮箱：zdzx_hd@126.com

地址：北京西城区月坛南街34号

邮编：100045

国家能源局综合司

2018年1月22日

国家能源局公告

2018年 第2号

依据《国家能源局关于印发〈能源领域行业标准化管理办法（试行）〉及实施细则的通知》（国能局科技〔2009〕52号）有关规定，经审查，国家能源局批准《应用于核电厂的一级概率安全评价 第11部分：功率运行内部事件》等74项行业标准，现予以发布。

上述标准中，NB/T 20037.11—2018至NB/T 20511—2018由原子能出版社出版发行，NB/T 25078—2018至NB/T 25083—2018中国电力出版社出版发行。

附件：行业标准目录

国家能源局

2018年3月22日

附件

行业标准目录

序号	标准编号	标准名称	代替标准	采标号	批准日期	实施日期
1	NB/T 20037.11—2018RK	应用于核电厂的一级概率安全评价 第11部分：功率运行内部事件	NB/T 20037.1—2011		2018-03-22	2018-09-01
2	NB/T 20355—2018	核电厂建设工程核岛建筑安装工程费用定额	NB/T 20355—2015		2018-03-22	2018-09-01
3	NB/T 20357—2018	核电厂施工机械台班费用定额	NB/T 20357—2015		2018-03-22	2018-09-01
4	NB/T 20358.1—2018	核电厂建设工程预算定额 第1部分：核岛建筑工程	NB/T 20358.1—2015		2018-03-22	2018-09-01
5	NB/T 20358.2—2018	核电厂建设工程预算定额 第2部分：核岛装饰工程	NB/T 20358.2—2015		2018-03-22	2018-09-01
6	NB/T 20358.3—2018	核电厂建设工程预算定额 第3部分：核岛钢结构工程	NB/T 20358.3—2015		2018-03-22	2018-09-01
7	NB/T 20358.4—2018	核电厂建设工程预算定额 第4部分：核岛工艺设备安装工程	NB/T 20358.4—2015		2018-03-22	2018-09-01
8	NB/T 20358.5—2018	核电厂建设工程预算定额 第5部分：核岛工艺管道安装工程	NB/T 20358.5—2015		2018-03-22	2018-09-01
9	NB/T 20358.6—2018	核电厂建设工程预算定额 第6部分：核岛通风空调安装工程	NB/T 20358.6—2015		2018-03-22	2018-09-01
10	NB/T 20358.7—2018	核电厂建设工程预算定额 第7部分：核岛电气设备安装工程	NB/T 20358.7—2015		2018-03-22	2018-09-01
11	NB/T 20358.8—2018	核电厂建设工程预算定额 第8部分：核岛自动化控制仪表安装工程	NB/T 20358.8—2015		2018 03 22	2018-09-01
12	NB/T 20358.9—2018	核电厂建设工程预算定额 第9部分：核岛通信设备安装工程	NB/T 20358.9—2015		2018-03-22	2018-09-01

续表

序号	标准编号	标准名称	代替标准	采标号	批准日期	实施日期
13	NB/T 20358.10—2018	核电厂建设工程预算定额 第10部分：核岛防腐、保温工程	NB/T 20358.10—2015		2018-03-22	2018-09-01
14	NB/T 20037.9—2018	应用于核电厂的一级概率安全评价 第9部分：功率运行其他外部灾害			2018-03-22	2018-09-01
15	NB/T 20005.18—2018	压水堆核电厂用碳钢和低合金钢 第18部分：主蒸汽隔离阀阀体用铸件			2018-03-22	2018-09-01
16	NB/T 20005.39—2018	压水堆核电厂用碳钢和低合金钢 第39部分：安全壳机械贯穿件用15Mn锻件			2018-03-22	2018-09-01
17	NB/T 20005.40—2018	压水堆核电厂用碳钢和低合金钢 第40部分：安全级设备用低合金钢板			2018-03-22	2018-09-01
18	NB/T 20005.41—2018	压水堆核电厂用碳钢和低合金钢 第41部分：安全级设备用低合金钢管			2018-03-22	2018-09-01
19	NB/T 20006.40—2018	压水堆核电厂用合金钢 第40部分：一体化堆顶组件用锻件			2018-03-22	2018-09-01
20	NB/T 20006.41—2018	压水堆核电厂用合金钢 第41部分：反应堆压力容器螺栓、螺母和垫圈用钢棒			2018-03-22	2018-09-01
21	NB/T 20006.42—2018	压水堆核电厂用合金钢 第42部分：安全级设备用合金钢锻件			2018-03-22	2018-09-01
22	NB/T 20006.43—2018	压水堆核电厂用合金钢 第43部分：安全级设备用合金钢板			2018-03-22	2018-09-01
23	NB/T 20007.49—2018	压水堆核电厂用不锈钢 第49部分：安全级设备用冷作硬化不锈钢棒			2018-03-22	2018-09-01
24	NB/T 20325.4—2018	压水堆核电厂安全壳预应力技术规程 第4部分：监测			2018-03-22	2018-09-01

续表

序号	标准编号	标准名称	代替标准	采标号	批准日期	实施日期
25	NB/T 20476.5—2018	核电厂运行许可证延续 第5部分：环境影响评价			2018-03-22	2018-09-01
26	NB/T 20477.1—2018	核电厂用爆破阀 第1部分：阀门设计			2018-03-22	2018-09-01
27	NB/T 20477.2—2018	核电厂用爆破阀 第2部分：阀门鉴定			2018-03-22	2018-09-01
28	NB/T 20477.3—2018	核电厂用爆破阀 第3部分：驱动装置设计			2018-03-22	2018-09-01
29	NB/T 20477.4—2018	核电厂用爆破阀 第4部分：驱动装置鉴定			2018-03-22	2018-09-01
30	NB/T 20478.1—2018	压水堆核电厂反应堆压力容器密封环技术规范 第1部分：O型密封环			2018-03-22	2018-09-01
31	NB/T 20478.2—2018	压水堆核电厂反应堆压力容器密封环技术规范 第2部分：C型密封环			2018-03-22	2018-09-01
32	NB/T 20479.1—2018	核电厂结构模块和机械模块焊缝无损检测 第1部分：超声检测			2018-03-22	2018-09-01
33	NB/T 20479.2—2018	核电厂结构模块和机械模块焊缝无损检测 第2部分：射线检测			2018-03-22	2018-09-01
34	NB/T 20479.3—2018	核电厂结构模块和机械模块焊缝无损检测 第3部分：渗透检测			2018-03-22	2018-09-01
35	NB/T 20479.4—2018	核电厂结构模块和机械模块焊缝无损检测 第4部分：磁粉检测			2018-03-22	2018-09-01
36	NB/T 20479.5—2018	核电厂结构模块和机械模块焊缝无损检测 第5部分：目视检测			2018-03-22	2018-09-01
37	NB/T 20480—2018	压水堆核电厂核回路冲洗技术要求			2018-03-22	2018-09-01
38	NB/T 20481—2018	压水堆核电厂反应堆冷却剂主管道设计制造规范			2018-03-22	2018-09-01
39	NB/T 20482—2018	压水堆核电厂钢制安全壳设计建造规范			2018-03-22	2018-09-01
40	NB/T 20483—2018	核电厂工程物探技术规范			2018-03-22	2018-09-01

续表

序号	标准编号	标准名称	代替标准	采标号	批准日期	实施日期
41	NB/T 20484—2018	压水堆核电厂核蒸汽供应系统热平衡试验			2018-03-22	2018-09-01
42	NB/T 20485—2018RK	核电厂应急柴油发电机组设计和试验要求			2018-03-22	2018-09-01
43	NB/T 20486—2018	核电厂用水过滤器滤芯通用技术条件			2018-03-22	2018-09-01
44	NB/T 20487—2018	核电厂内部火灾概率安全评价开发方法			2018-03-22	2018-09-01
45	NB/T 20488—2018	核设施结构基于性能抗震设计方法			2018-03-22	2018-09-01
46	NB/T 20489—2018	核电厂事件根本原因分析方法			2018-03-22	2018-09-01
47	NB/T 20490—2018	压水堆核电厂停堆检修期间活化腐蚀产物沉积源项监测要求			2018-03-22	2018-09-01
48	NB/T 20491—2018	压水堆核电厂辅助管道和设备保温			2018-03-22	2018-09-01
49	NB/T 20492—2018	核电用焊接材料储存、烘干及使用管理			2018-03-22	2018-09-01
50	NB/T 20493—2018	核电厂安全重要热电偶温度计鉴定			2018-03-22	2018-09-01
51	NB/T 20494—2018	核电厂建构筑物变形监测技术规程			2018-03-22	2018-09-01
52	NB/T 20495—2018	核电厂建筑设计规程			2018-03-22	2018-09-01
53	NB/T 20496—2018	核电厂现场大型起重运输机械管理规定			2018-03-22	2018-09-01
54	NB/T 20497—2018	核电厂雨水排水设计技术规程			2018-03-22	2018-09-01
55	NB/T 20498—2018	核电工程现场大型生产设施管理规定			2018-03-22	2018-09-01
56	NB/T 20499—2018	核电厂窗式泄爆装置设计技术规程			2018-03-22	2018-09-01
57	NB/T 20500—2018	压水堆核电厂管道保温安装及验收技术规程			2018-03-22	2018-09-01
58	NB/T 20501—2018	核电厂结构模块制造及验收技术规程			2018-03-22	2018-09-01
59	NB/T 20502—2018	压水堆核电厂人员闸门、设备闸门安装及验收技术规程			2018-03-22	2018-09-01
60	NB/T 20503—2018	核电厂混凝土用建筑骨料调查技术规程			2018-03-22	2018-09-01
61	NB/T 20504—2018	核电厂核岛工程微网测量技术规程			2018-03-22	2018-09-01

续表

序号	标准编号	标准名称	代替标准	采标号	批准日期	实施日期
62	NB/T 20505—2018	核电厂预应力混凝土安全壳结构在役检查要求			2018-03-22	2018-09-01
63	NB/T 20506—2018	核电厂核岛机械设备螺纹衬套技术要求			2018-03-22	2018-09-01
64	NB/T 20507—2018	压水堆核电厂启动给水系统设计准则			2018-03-22	2018-09-01
65	NB/T 20508—2018	蒸汽发生器传热管胀管轮廓涡流检测			2018-03-22	2018-09-01
66	NB/T 20509—2018	压水堆核电厂机组负荷扰动试验			2018-03-22	2018-09-01
67	NB/T 20510—2018	压水堆核电厂核燃料组件管理数据元			2018-03-22	2018-09-01
68	NB/T 20511—2018	核电技术成熟度评价规范			2018-03-22	2018-09-01
69	NB/T 25078—2018	压水堆核电厂常规岛金属材料选用导则			2018-03-22	2018-09-01
70	NB/T 25079—2018	核电厂常规岛设备和管道防腐蚀工程质量验收规范			2018-03-22	2018-09-01
71	NB/T 25080—2018	核电厂水泵定期试验规范	DL/T 1072—2007		2018-03-22	2018-09-01
72	NB/T 25081—2018	核电站管道系统振动测试与评估	DL/T 1103—2009		2018-03-22	2018-09-01
73	NB/T 25082—2018	核电厂设备构件超音速火焰喷涂修复技术规范			2018-03-22	2018-09-01
74	NB/T 25083—2018	核电厂汽轮发电机组隔振基础测试技术导则			2018-03-22	2018-09-01

国家能源局公告

2018年 第7号

依据《国家能源局关于印发〈能源领域行业标准化管理办法（试行）〉及实施细则的通知》（国能局科技〔2009〕52号）有关规定，经审查，国家能源局批准NB/T 47013.2—2015《承压设备无损检测 第2部分：射线检测》等3项能源行业标准修改通知单，现予以发布。

附件：行业标准修改通知单（略）

国家能源局

2018年5月14日

国家能源局关于促进能源领域首（套）重大技术装备示范应用的通知

国能发科技〔2018〕49号

各省、自治区、直辖市及计划单列市发展改革委（能源局），新疆生产建设兵团发展改革委，各有关中央企业、行业协会和有关科研机构：

为深入贯彻落实习近平总书记在三峡视察时的重要讲话精神，全面做好经国务院同意、由国家发展改革委会同有关部门联合印发的《关于促进首台（套）重大技术装备示范应用的意见》（以下简称《意见》）要求的各项工作，加快推进能源领域首台（套）重大技术装备示范应用，现通知如下。

一、大力推动能源领域首台（套）重大技术装备突破

（一）各单位要按照建设清洁低碳、安全高效能源体系的要求，组织推动和加快突破一批能源领域瓶颈制约性的重大技术装备，要加强首台（套）重大技术装备创新合作，强化研发与应用的衔接。我局将组织能源企业、装备制造企业、有关研发机构加强对接，加快创新成果的示范应用。

（二）各地方发展改革委（能源局）、有关中央企业要做好能源领域首台（套）重大技术装备组织申报工作。我们将依托重大技术装备创新研究院、行业协会、检验检测机构以及能源研发中心、评定中心等设施和平台，按照《意见》要求开展首台（套）重大技术装备评定，做好首台套产品目录发布以及示范效果评价等。

（三）我局将结合能源发展规划和有关项目建设，设立示范项目，落实首台（套）重大技术装备示范任务。各地方发展改革委（能源局）、能源企业要结合自身实际，积极承担示范任务和主动申报示范项目。

（四）经评价示范成功的首台（套）重大技术装备列入“能源重大技术装备推广应用指导目录”，在后续能源项目建设中推广应用。

二、综合施策支持能源领域首台（套）重大技术装备示范应用

（一）承担首台（套）重大技术装备示范任务的能源项目优先纳入相关规划并由各级投资主管部门按照权限核准或审批。首台套研制、示范应用情况等按照《意见》要求纳入特殊事项清单，作为项目审批和考核评价的重要参考依据。

（二）能源领域首台（套）重大技术装备招投标按照《意见》第三十六条“严格执行招标投标法规政策”开展，经报行业主管部门批准，可采用单一来源采购、竞争性谈判等方式以保障示范任务落实。

（三）承担首台（套）重大技术装备示范任务的能源项目根据实际需要，在设立示范项目时明确并享有燃料供应、发电

并网、运行调度等方面的适当优惠政策。

（四）建立能源领域首台（套）容错机制。对承担首台（套）重大技术装备示范任务的项目，根据实际情况明确示范应用过失宽容政策，综合考虑非人为责任、认知不足等因素，减轻或豁免相关企业及负责人的行政、经济、安全、运行考核等责任。

（五）能源领域首台（套）重大技术装备除享受《意见》明确的知识产权、资金、税收、金融、保险等支持政策外，鼓励地方根据实际情况进一步制定细化支持政策。

特此通知。

联系人：国家能源局能源节约和科技装备司

张彦文 010-68505550，贺涛 010-68505468

国家能源局

2018年6月5日

国家能源局公告

2018年 第8号

依据《国家能源局关于印发〈能源领域行业标准化管理办法（试行）〉及实施细则的通知》（国能局科技〔2009〕52号）有关规定，经审查，国家能源局批准《煤层气定向井井身质量控制要求》等87项行业标准，其中能源标准（NB）47项、电力标准（DL）40项，现予以发布。

附件：行业标准目录（摘录与核能相关标准）

国家能源局

2018年6月6日

附件

行业标准目录（摘录与核能相关标准）

序号	标准编号	标准名称	代替标准	采标号	出版机构	批准日期	实施日期
37	NB/T 42158—2018	核电厂用UPS设备技术要求			中国电力出版社	2018-06-06	2018-10-01
55	DL/T 1856—2018	核级阴离子交换树脂中氯型、碳酸型、硫酸型基团含量测定方法			中国电力出版社	2018-06-06	2018-10-01
83	DL/T 5547—2018	核电厂汽轮发电机组系统及布置设计规范			中国计划出版社	2018-06-06	2018-10-01

国家能源局公告

2018年 第9号

依据能源领域推荐性行业标准中复审工作结论，国家能源局决定废止JJG（石油）07—1999《机械式井下压力计检定规程》等204项能源领域推荐性行业标准，中止《750 kV及以上变电站二次设备抗干扰试验规程》等99项能源领域推荐性行业标准计划。现予以公布。

附件：1.废止的能源领域推荐性行业标准一览表（摘录与核能相关标准）

2. 中止的能源领域推荐性行业标准计划一览表（摘录与核能相关标准）

国家能源局

2018年8月24日

附件1

废止的能源领域推荐性行业标准一览表（摘录与核能相关标准）

序号	标准编号	标准名称	废止时限
171	DL/T 1142—2009	核电厂反应堆控制系统软件测试	即行废止
180	DL/T 5409.1—2009	核电厂工程勘测技术规程 第1 部分：地震地质	即行废止
181	DL/T 5409.2—2010	核电厂工程勘测技术规程 第2 部分：岩土工程	即行废止
182	DL/T 5409.3—2010	核电厂工程勘测技术规程 第3 部分：水文气象	即行废止
184	NB/T 20223—2013	核电厂安全重要机械设备维修指南	即行废止
187	NB/T 20253—2013	压水堆核电厂安装/调试期间的系统清洗	即行废止
188	NB/T 20285—2014	压水堆核电厂反应堆系统设计总要求	即行废止

附件2

中止的能源领域推荐性行业标准计划一览表（摘录与核能相关标准）

序号	标准编号	标准名称	废止时限
14	能源20090350	1000 MW 核电汽轮机转子锻件技术条件	即行废止
15	能源20090351	超超临界汽轮机缸体用大型球墨铸铁件技术条件	即行废止
33	能源2010ZH039	核电厂运营信息化管理通用要求	即行废止
34	能源2010ZH157	压水堆核电厂装料前冷态性能试验要求	即行废止
40	能源20110116	核电厂安全系统的电气设备质量鉴定	即行废止
99	能源20150699	压水堆核电厂用不锈钢 第×部分：核级支吊架用不锈钢板	即行废止

国家能源局综合司关于印发《大型先进压水堆及高温气冷堆核电站重大专项档案管理实施细则》的通知

国能综通核电〔2018〕132号

中国核工业集团公司、中国华能集团公司、国家电力投资集团公司、中国广核集团有限公司、清华大学、华能山东石岛湾核电有限公司、中核能源科技有限公司：

为规范核电重大专项档案管理，确保专项档案的安全性、真实性、可靠性、完整性和可用性，促进国家科技信息资源长期保存和有效共享。依据《国家科技重大专项（民口）档案管理规定》《国家科技重大专项（民口）验收管理办法》《国家科技重大专项（民口）课题财务验收办法》《大型先进压水堆及高温气冷堆核电站科技重大专项实施管理办法》和国家相关保密法规，我们组织编制了《大型先进压水堆及高温气冷堆核电站重大专项档案管理实施细则》，现印发给你们，请遵照执行。

国家能源局综合司

2018年9月6日

附件：大型先进压水堆及高温气冷堆核电站重大专项档案管理实施细则（略）

国家能源局公告

2018年 第13号

依据《国家能源局关于印发〈能源领域行业标准化管理办法（试行）〉及实施细则的通知》（国能局科技〔2009〕52号）有关规定，经审查，国家能源局批准《核电厂常规岛焊接工艺评定规程》等15项行业标准（详见附件），现予以发布。

上述标准由中国电力出版社出版发行。

附件：行业标准目录

2018年11月21日

国家能源局

附件

行业标准目录

序号	标准编号	标准名称	代替标准	采标号	批准日期	实施日期
1	NB/T 25084—2018	核电厂常规岛焊接工艺评定规程	DL/T 1117—2009		2018-11-21	2019-04-01
2	NB/T 25085—2018	核电厂常规岛焊接技术规程	DL/T 1118—2009		2018-11-21	2019-04-01
3	NB/T 25086—2018	核电厂常规岛焊接工程质量验收规程			2018-11-21	2019-04-01
4	NB/T 25087—2018	核电厂水处理用离子交换树脂动力学性能试验方法			2018-11-21	2019-04-01
5	NB/T 25088—2018	压水堆核电厂凝汽器真空系统调试导则			2018-11-21	2019-04-01
6	NB/T 25089—2018	核电厂常规岛闭式冷却水换热器技术条件			2018-11-21	2019-04-01
7	NB/T 25090—2018	核电厂常规岛闭式循环冷却水泵技术条件			2018-11-21	2019-04-01
8	NB/T 25091—2018	核电厂常规岛水压试验规范			2018-11-21	2019-04-01
9	NB/T 25092—2018	核电厂实物保护系统调试技术导则			2018-11-21	2019-04-01

续表

序号	标准编号	标准名称	代替标准	采标号	批准日期	实施日期
10	NB/T 25093—2018	核电厂汽轮机数字电液控制系统调试导则			2018-11-21	2019-04-01
11	NB/T 25094—2018	核电厂汽水管道与支吊架维修调整导则	DL/T 982—2005		2018-11-21	2019-04-01
12	NB/T 25095—2018	核电厂海工构筑物防腐蚀施工及验收规范			2018-11-21	2019-04-01
13	NB/T 25096—2018	核电厂用离子交换树脂有机溶出物的测定方法			2018-11-21	2019-04-01
14	NB/T 25097—2018	核电厂用离子交换树脂中金属杂质含量的测定方法			2018-11-21	2019-04-01
15	NB/T 25098—2018	压水堆核电厂二回路水汽化学监督导则			2018-11-21	2019-04-01

国家能源局公告

2018年 第14号

依据《国家能源局关于印发〈能源领域行业标准化管理办法（试行）〉及实施细则的通知》（国能局科技〔2009〕52号）有关规定，经审查，国家能源局批准《核电厂建设工程常规岛建筑安装工程费用定额》等42项行业标准（详见附件），现予以发布。

上述标准由原子能出版社出版发行。

附件：行业标准目录

国家能源局

2018年12月10日

附件

行业标准目录

序号	标准编号	标准名称	代替标准	采标号	批准日期	实施日期
1	NB/T 20356—2018	核电厂建设工程常规岛建筑安装工程费用定额	NB/T 20356—2015		2018-12-10	2019-04-01
2	NB/T 20358.11—2018	核电厂建设工程预算定额 第11部分：常规岛建筑工程	NB/T 20358.11—2015		2018-12-10	2019-04-01
3	NB/T 20358.12—2018	核电厂建设工程预算定额 第12部分：常规岛热力设备安装工程	NB/T 20358.12—2015		2018-12-10	2019-04-01
4	NB/T 20358.13—2018	核电厂建设工程预算定额 第13部分：常规岛电气设备安装工程	NB/T 20358.13—2015		2018-12-10	2019-04-01
5	NB/T 20007.50—2018	压水堆核电厂用不锈钢 第50部分：安全级设备用奥氏体不锈钢锻件			2018-12-10	2019-04-01
6	NB/T 20007.51—2018	压水堆核电厂用不锈钢 第51部分：安全级设备用奥氏体不锈钢板			2018-12-10	2019-04-01
7	NB/T 20007.52—2018	压水堆核电厂用不锈钢 第52部分：安全级设备用奥氏体不锈钢棒和型钢			2018-12-10	2019-04-01

续表

序号	标准编号	标准名称	代替标准	采标号	批准日期	实施日期
8	NB/T 20008.34—2018	压水堆核电厂用其他材料 第34部分：蒸汽发生器用NS3105合金U形管			2018-12-10	2019-04-01
9	NB/T 20008.35—2018	压水堆核电厂用其他材料 第35部分：非能动余热排出热交换器用NS3105合金C形管			2018-12-10	2019-04-01
10	NB/T 20009.32—2018	压水堆核电厂用焊接材料 第32部分：低合金钢气体保护焊焊丝			2018-12-10	2019-04-01
11	NB/T 20009.36—2018	压水堆核电厂用焊接材料 第36部分：钢制安全壳用气体保护焊焊丝			2018-12-10	2019-04-01
12	NB/T 20512.1—2018	核电厂运行许可证延续 第1部分：老化管理审查对象筛选和时限老化分析识别			2018-12-10	2019-04-01
13	NB/T 20512.2—2018	核电厂运行许可证延续 第2部分：机械设备老化管理审查			2018-12-10	2019-04-01
14	NB/T 205123—2018	核电厂运行许可证延续 第3部分：电气和仪控设备老化管理审查			2018-12-10	2019-04-01
15	NB/T 205124—2018	核电厂运行许可证延续 第4部分：构筑物和构筑物构件老化管理审查			2018-12-10	2019-04-01
16	NB/T 205131—2018	核电厂定期安全审查指南 第1部分：通用要求			2018-12-10	2019-04-01
17	NB/T 20514—2018	核级板式热交换器设计制造规范			2018-12-10	2019-04-01
18	NB/T 20515—2018	压水堆核电厂乏燃料组件湿法贮存临界安全分析准则			2018-12-10	2019-04-01
19	NB/T 20516—2018	轻水堆核电厂假想管道破损事故防护设计准则			2018-12-10	2019-04-01
20	NB/T 20517—2018	核电厂培训领域业绩目标和评估准则			2018-12-10	2019-04-01

续表

序号	标准编号	标准名称	代替标准	采标号	批准日期	实施日期
21	NB/T 20518—2018	核电厂钢制安全壳老化管理指南			2018-12-10	2019-04-01
22	NB/T 20519—2018	核电厂设备老化机理分析技术要求			2018-12-10	2019-04-01
23	NB/T 20520—2018	核电厂用金属软管通用技术条件			2018-12-10	2019-04-01
24	NB/T 20521—2018	核电厂老化与寿命管理设备筛选和分级指南			2018-12-10	2019-04-01
25	NB/T 20522—2018	核电厂堆芯中子通量测量指套管涡流检测			2018-12-10	2019-04-01
26	NB/T 20523—2018	核电文件档案管理要求			2018-12-10	2019-04-01
27	NB/T 20524—2018	压水堆核电厂安全停堆设计准则			2018-12-10	2019-04-01
28	NB/T 20525—2018	堆焊层重叠区域的低合金钢焊接热影响区评价试验要求			2018-12-10	2019-04-01
29	NB/T 20526—2018	压水堆蒸汽发生器出厂水压试验要求			2018-12-10	2019-04-01
30	NB/T 20527—2018	重水堆核电厂一回路管道流动加速腐蚀管理指南			2018-12-10	2019-04-01
31	NB/T 20528—2018	压水堆核电厂压力管道破前漏声发射监测			2018-12-10	2019-04-01
32	NB/T 20529—2018	压水堆核电厂辐射防护设计准则			2018-12-10	2019-04-01
33	NB/T 20530—2018	压水堆核电厂运行状态设计基准源项分析准则			2018-12-10	2019-04-01
34	NB/T 20531—2018	核电厂主控室可居留性评价用大气弥散因子分析方法			2018-12-10	2019-04-01
35	NB/T 20532—2018	核电厂消防系统调试技术导则			2018-12-10	2019-04-01
36	NB/T 20533—2018	核电厂蒸汽旁路系统调试技术导则			2018-12-10	2019-04-01
37	NB/T 20534—2018	压水堆核电厂核燃料装卸料系统调试技术导则			2018-12-10	2019-04-01

续表

序号	标准编号	标准名称	代替标准	采标号	批准日期	实施日期
38	NB/T 20535—2018	核电厂一回路钝化技术导则			2018-12-10	2019-04-01
39	NB/T 20536—2018	用作乏燃料贮运设备核临界控制的含硼金属基中子吸收材料			2018-12-10	2019-04-01
40	NB/T 20537—2018	压水堆核电厂燃料组件临界热流密度实验要求			2018-12-10	2019-04-01
41	NB/T 20538—2018	压水堆核电厂燃料包壳用锆合金管材			2018-12-10	2019-04-01
42	NB/T 20539—2018	核电厂异型预制混凝土蜗壳安装技术规程			2018-12-10	2019-04-01

国家能源局公告

2018年 第15号

依据国家能源局关于印发《能源行业标准英文版翻译出版工作管理办法（试行）的通知》（国能科技〔2016〕44号）有关规定，国家能源局批准《Carbon steel and low alloy steel for pressurized water reactor nuclear power plants— Part 1: Class 1, 2 and 3 forgings》（《压水堆核电厂用碳钢和低合金钢 第1部分：1、2、3级锻件》）等5项能源行业核电标准英文版，现予以发布。

附件：行业标准英文版目录

国家能源局

2018年12月10日

附件

行业标准英文版目录

序号	标准编号	标准名称	行业标准英文名称	出版机构
1	NB/T 20005.1—2010	压水堆核电厂用碳钢和低合金钢 第1部分：1、2、3级锻件	Carbon steel and low alloy steel for pressurized water reactor nuclear power plants— Part 1: Class 1, 2 and 3 forgings	原子能出版社
2	NB/T 20007.1—2010	压水堆核电厂用不锈钢 第1部分：1、2、3级奥氏体不锈钢锻件	Stainless steel for pressurized water reactor nuclear power plants—Part1：Class 1, 2 and 3 austenitic stainless steel forgings	原子能出版社
3	NB/T 20007.5—2010	压水堆核电厂用不锈钢 第5部分：1、2、3级奥氏体不锈钢钢板	Stainless steel for pressureized water reactor nuclear power plants—Part 5: Class 1,2 and 3 austenitic stainless steel plates	原子能出版社
4	NB/T 20007.14—2010	压水堆核电厂用不锈钢 第14部分：1、2、3级奥氏体不锈钢锻、轧棒	Stainless steel for pressurized water reactor nuclear power plants—Part 14: Class 1, 2, 3 austenitic stainless steel forged or rolled bars	原子能出版社
5	NB/T 20008.12—2010	压水堆核电厂用其他材料 第12部分：1、2、3级设备螺栓、螺母用锻、轧棒	Other material for pressurized water reactor nuclear power plants—Part 12: forged or rolled bars for class 1, 2, and 3 bolts and nuts	原子能出版社

国家能源局关于印发《核电厂初步设计消防专篇内容及深度规定》《核电厂消防工程竣工验收管理办法》和《运行核电厂消防安全管理实施细则》的通知

国能发核电〔2018〕82号

中国核工业集团有限公司、中国广核集团有限公司、国家电力投资集团有限公司、中国华能集团有限公司：

为进一步加强核电厂消防安全管理，规范核电厂消防工程初步设计、竣工验收和运行管理工作，根据《中华人民共和国消防法》《核电厂消防安全监督管理暂行规定》，我局制定了《核电厂初步设计消防专篇内容及深度规定》《核电厂消防工程竣工验收管理办法》和《运行核电厂消防安全管理实施细则》，现印发你们。上述文件自印发之日起实施，请遵照执行。

特此通知。

国家能源局

2018年12月11日

附件：

1. 核电厂初步设计消防专篇内容及深度规定（略）
2. 核电厂消防工程竣工验收管理办法（略）
3. 运行核电厂消防安全管理实施细则（略）

国家能源局综合司关于印发《能源行业市场主体信用信息应用清单（2018版）》的通知

国能总通资质〔2018〕196号

各司，各派出能源监管机构，各直属事业单位：

为进一步推动实现守信激励和失信惩戒，根据《国家能源局关于印发〈能源行业市场主体信用信息归集和使用管理办法〉的通知》（国能资质〔2016〕388号）等文件要求，我们编制形成《能源行业市场主体信用信息应用清单（2018）版》，现印发你们，请在开展以信用为基础的监管工作中使用参考。

国家能源局

2018年12月21日

附件：能源行业市场主体信用信息应用清单（2018版）（略）

国家核安全局
关于做好贯彻实施
《中华人民共和国核安全法》
有关工作的通知

国核安发〔2018〕14号

各核设施营运单位：

《中华人民共和国核安全法》（以下简称《核安全法》）已于2018年1月1日正式施行。《核安全法》是国家安全法律体系的重要组成部分，是核安全领域的根本法。《核安全法》的发布实施，对于保障核安全，预防与应对核事故，安全利用核能，保护公众和从业人员的安全与健康，保护生态环境，促进经济社会可持续发展，具有十分重要的意义。为做好《核安全法》的贯彻实施工作，现将有关事项通知如下：

一、充分认识贯彻实施《核安全法》的重要意义，深入学习《核安全法》，全面贯彻《核安全法》的各项要求，细化核安全管理制度，严格落实核安全责任，积极培育和建设核安全文化，切实保证核设施的建造质量和运行安全。

二、《核安全法》明确核设施营运单位对核安全负全面责任，并规定了核设施营运单位应当具备的能力和符合的条件。请各核设施营运单位严格对照《核安全法》，进一步健全安全管理制度，强化相应的安全评价、资源配置和财务能力，必要的技术支撑、持续改进的能力以及应急响应能力和核损害赔偿财务保障能力等，从而保证核安全责任落到实处。

三、《核安全法》优化了核设施安全许可制度，取消了原有的核设施首次装投料许可。为妥善处理过渡期相关事宜，对于2018年1月1日前受理的首次装料申请，将继续其许可流程，具备条件后颁发首次装料批准书；2018年1月1日起，国家核安全局不再受理首次装料（或投料）批准书相关申请事项；请已获得首次装料（或投料）批准书但未获得运行许可证的核设施营运单位及时提交《质量保证大纲（运行阶段）》，并申请将首次装料（或投料）批准书变更为运行许可证。

四、《核安全法》新增了放射性废物处理设施单位资质许可。按照《中华人民共和国立法法》有关规定，国家核安全局正在编制配套的实施办法，在实施办法出台后将正式受理此类申请。

五、为优化核安全监管流程，进一步发挥地区核与辐射安全监督站的职能作用，国家核安全局委托地区核与辐射安全监督站负责开展核电厂正常换料大修后反应堆首次临界前核安全检查和控制点释放工作。请各核电厂营运单位直接向本单位所在地区核与辐射安全监督站提出相关申请，并抄送国家核安全局。

特此通知。

国家核安全局

2018年1月16日

国家核安全局关于发布核安全导则《核设施实物保护》的通知

国核安发〔2018〕52号

环境保护部各核与辐射安全监督站、核与辐射安全中心，中国核工业集团有限公司，中国广核集团有限公司，中国华能集团公司，国家核电技术公司，清华大学核能与新能源技术研究院，深圳大学：

为进一步完善我国核与辐射安全法规体系，提高我国核安全监管水平，我局组织修定了核安全导则《核设施实物保护》（HAD 501/02—2018），现予发布，自发布之日起实施。

原《核设施实物保护（试行）》（HAD 501/02—1998）自新导则发布之日起停止适用。

附件：核设施实物保护（略）

国家核安全局

2018年2月11日

国家核安全局关于印发《民用核安全设备核安全1级铸锻件制造单位资格条件（试行）》等两份文件的通知

国核安发〔2018〕162号

各有关单位：

根据《民用核安全设备监督管理条例》和《民用核安全设备设计制造安装和无损检验监督管理规定》（HAF601）的有关要求，我局组织制订了《民用核安全设备核安全1级铸锻件制造单位资格条件（试行）》《民用核安全设备核安全2、3级泵设计和制造单位资格条件（试行）》，现予公布，于公布之日起试行一年。

附件：1. 主送单位名单（略）

2.民用核安全设备核安全1级铸锻件制造单位资格条件（试行）（略）

3.民用核安全设备核安全2、3级泵设计和制造单位资格条件（试行）（略）

国家核安全局

2018年6月15日

核能行业概况

综 述

2018年，是深入贯彻党的十九大精神的开局之年，也是我国核能行业“十三五”系列发展规划实施的承上启下之年。发展核能是优化我国能源结构、建设美丽中国、应对全球气候变化的战略选择。中国已经成为全球核电发展最快的国家，核能产业发展进入以三代核电技术为主的新时期。2018年，我国运行核电机组继续保持安全、稳定运行，取得了良好业绩。

在运核电机组安全稳定运行

2018年，我国核电机组继续保持安全稳定运行，没有发生1级及以上运行事件，主要运行技术指标保持国际前列。全年核能发电量为2865.01亿千瓦时[1]，比2017年同期上升了15.78%，约占全国全年总发电量的4.22%。与燃煤发电相比，核能发电相当于减少燃烧标准煤约8824.23万吨，减少二氧化碳排放约23 119.48万吨、二氧化硫排放约75.01万吨、氮氧化物排放约65.30万吨。截至2018年12月底，我国商运核电机组44台（海阳核电2号机组2018年并网但未投入商运，不计入此数据内），装机容量达到4464.516万千瓦，装机容量在我国电源结构中占比为2.35%。

自2017年开始，在多方面因素推动下，我国核电设备平均利用小时数实现连续两年提高，2018年核电平均利用小时数为7498.96小时，核电设备平均利用率为85.60%，其中26台核电机组设备利用率超过平均值。

截至2018年12月底，我国商运的44台核电机组累积商运时间达到301.02堆•年。秦山核电基地（包括秦山核电厂、秦山第二核电厂、秦山第三核电厂和方家山核电厂）累积运行时间已经超过100堆•年。2018年，我国具有商运核电机组的8个东部沿海省份，广东省核电发电量和上网电量最多，分别为866.36亿千瓦时和819.62亿千瓦时；其次，分别是福建省、浙江省、辽宁省、江苏省、广西壮族自治区、海南省和山东省。福建、海南、广东三省的核电发电量在本省份总发电量中的占比均超过全球电力结构中核电发电量平均占比(2017年，10.3%)。

2018年，各运行核电厂严格控制机组的运行风险，继续保持安全稳定运行，未发生国际核事件分级（INES）一级及以上运行事件，各运行核电厂未发生较大及以上安全生产事件、环境事件、辐射污染事件，未发生火灾爆炸事故，未发生职业病危害事故。运行核电基地周围实时连续空气吸收剂量率未监测到因核电厂运行引起的异常。核设施周围环境电离辐射水平总体无明显变化；环境电磁辐射水平总体

1 中国核能行业协会《2018年1—12月全国核电运行情况》修正后数据；中电联《2018—2019年度全国电力供需形势分析预测报告》统计数据为：2018年核能发电量为2944亿千瓦时，同比增长约为18.96%。

情况较好，电磁辐射发射设施周围环境电磁辐射水平总体无明显变化。核电厂运行对公众造成的辐射剂量均低于国家规定的限值。

与世界核电运营者协会（WANO）规定的性能指标对照，2018年我国运行机组80%的指标优于中值水平，其中70%的指标达到先进值。2018年，全球满足WANO综合指数计算条件的391台机组中，53台机组的综合指数为满分100分，其中我国有12台获得满分（我国共有36台机组满足WANO综合指数计算条件），分别是：大亚湾核电厂1、2号机组，秦山第二核电厂4号机组，岭澳核电厂2、4号机组，田湾核电厂2号机组，方家山核电厂1、2号机组，红沿河核电厂1、2号机组，宁德核电厂3号机组，阳江核电厂4号机组。

在建核电机组继续保持先进性

2018年，我国核电建设取得了突破性进展，三代核电AP1000和EPR全球首堆建成投产，自主三代核电技术“华龙一号”示范工程建设进展顺利。2018年，我国在建核电工程整体上稳步推进，各在建核电项目安全、质量、进度、投资、技术、环境保护等方面均得到有效控制。2018年，全国首次并网的核电机组有8台，其中7台机组投入商运。投运的7台机组分别是：田湾核电厂3、4号机组，阳江核电厂5号机组，三门核电厂1、2号机组，海阳核电厂1号机组和台山核电厂1号机组。海阳核电厂2号机组2018年并网但当年未投入商运。其中三门核电1号机组、台山核电1号机组分别是AP1000全球首堆和EPR全球首堆。

随着三代核电首批项目建成，系统设计、关键设备制造、施工建造、调试等各阶段的技术、工艺流程均得到验证和固化，后续三代核电的关键设备国产化、标准化具备了良好的基础；同时国内外6台“华龙一号”机组工程建设经验持续反馈，后续工程设计不断优化，近期批量化建设的三代核电项目造价可大幅降低，远期规模化建设的三代核电项目在单位造价和上网电价上能够逐步接近二代改进型核电的水平。

截至2018年12月底，我国在建核电机组13台，总装机容量1403万千瓦。在建的核电机组包括红沿河核电厂5、6号机组，福清核电厂5、6号机组，阳江核电厂6号机组，海阳核电厂2号机组，台山核电厂2号机组，防城港核电厂3、4号机组，田湾核电厂5、6号机组，石岛湾核电厂高温气冷堆核电站示范工程和霞浦示范快堆工程。

核电自主创新能力迈上新台阶

我国一直重视核能科技研发工作。2018年，大型先进压水堆及高温气冷堆核电重大专项在试验验证和设备制造方面取得重要成果，“华龙一号”在设备研制、工程创新方面取得重要进展，小型反应堆的研发和应用积极推进，第四代核能系统的研发与落地正在加紧布局，聚变堆研发取得一定突破。

2018年，国家重大科技专项CAP1400完成15个重大专项课题立项，完成18个重大专项课题正式验收。其中，“CAP1400非能动堆芯冷却系统性能试验和验证研究”“CAP1400熔融物堆内滞留（IVR）研究及试验”和“CAP1400非能动安全壳冷却系统性能研究及试验”等3个试验验证课题通过了国家能源局组织的正式验收，至此，压水堆专项六大试验课题全部通过正式验收。2018年度，国家重大科技专项CAP系列技术（包括AP）获得46项专利（包含发明专利和实用新型）授权。

2018年，高温气冷堆核电重大专项启动“高温堆示范工程可靠运行技术研究”“高温堆示范工程调试关键技术研究”“高温堆示范工程关键设备老化防腐措施技术研究”等3个科研项目，完成主蒸汽隔离阀制造技术与炭堆内构件制造技术等2项课题正式验收。2018年度，高温气冷堆核电重大专项获发明专利授权2项，实用新型专利授权6项。

2018年，“华龙一号”在新型堆内构件、新型棒控棒位系统、主泵新型复合材料推力轴承、一体化堆顶结构等设备研制方面取得新的进展；DCS研发获得重要突破，和睦系统DCS平台拟用于英国核电项目，龙鳞系统DCS平台通过鉴定并正式发布；“华龙一号”海外示范工程创新施工方法，反应堆厂房采用开顶主设备预引入法，提前实现结构封顶。

2018年，其他研发项目取得明显成绩。小型反应堆方面，“玲龙一号”示范工程初设审查完成，NHR200-Ⅱ低温供热堆示范项目积极推进，其他小型堆型号研发也都取得积极进展；先进堆方面，钍基熔盐堆科研进展顺利、铅基快堆研发取得成果；聚变堆方面，东方超环（EAST）首次实现1亿度运行，国际热核聚变实验堆（ITER）采购包按期交付。

核燃料循环产业取得新进展

2018年，我国核燃料产业生产运行保持稳定，部分环节产业能力进一步增强，市场化、国际化步伐进一步加大，科技研发取得积极进展，核燃料产业科研生产活动安全、受控。

截至2018年年底，我国已查明铀矿资源分布于新疆、内蒙古和江西等23个省（自治区），已经落实了6个万吨至十万吨级铀矿资源基地。已探明的大型及以上规模铀矿床的资源量约占全国已查明铀矿资源量的近60%。2018年，我国基本形成了以北方绿色地浸砂岩矿山为主体、南方硬岩矿山为补充的产业发展格局，中国本土铀矿供应能力逐渐提升。2018年，各铀矿采冶工程项目按计划保持安全稳定生产运行，为国内铀资源保障奠定了基础，地浸采铀不断迈向精细化，数字化矿山建设取得新进展。

2018年，核燃料加工能力进一步加强。随着二七二铀业铀转化工程项目顺利通过现场竣工验收，我国“一南一北”两个铀纯化转化基地中的南方基地正式建成；具有完全自主知识产权的我国新一代铀浓缩离心机大型商用示范工程通过国家竣工验收，标志着我国铀浓缩离心机实现了升级换代；国内在运核燃料加工生产线保持安全稳定运行，保障了我国核电发展需求；自主品牌核燃料组件正在加快发展，压水堆燃料组件CF3进入第三循环考验、STEP-12正在开展第二循环考验、

SAF-14正开展入堆先导组件制造和入堆安全评价工作；先进燃料元件方面，同步开展环形燃料元件和ATF燃料元件的研究工作，目前均已圆满完成第一阶段研究工作。

核燃料循环后段积极推进。截至2018年年底，我国具备湿法贮存能力1300 tHM，正在建设湿法贮存能力1200 tHM。2018年，我国已实施乏燃料后处理科研专项，支持乏燃料后处理关键技术、设备和工艺研发，首批项目正在实施。近年来，我国要求新建核电项目要配套建设低放废物处置设施，有力地推动了处置能力的建设；已经开始研究建设中等深度废物处置场，相关工作正在推进中；高放废物地质处置地下实验室项目申报审批已经取得重要进展。

核电装备制造自主化水平得到新提升

2018年，我国核电装备的自主化和国产化能力不断提升，关键制造技术创新和重大工程装备制造成果丰硕。一批具有自主知识产权的关键设备成功完成制造及验收，包括全球首台“华龙一号”福清核电5号堆内构件、稳压器、汽轮机和发电机，首台出口海外的“华龙一号”卡拉奇2号汽轮机和发电机，中广核“华龙一号”示范项目防城港核电3号蒸汽发生器等；国家科技重大专项、全球首台球床模块式高温气冷堆蒸汽发生器和主氦风机等。国家科技重大专项CAP系列核电设备研制方面，CAP1400主管道制造完成、首台国产化AP1000屏蔽主泵制造成功。核电装备用大锻件、U型管和焊材等原材料制造技术水平也不断提高，均已基本实现了国产化目标。

2018年国内核电主设备交付49台套，以二代加和“华龙一号”为主，占比90%。

核电国际合作开创新局面

中国核能市场的大门始终对外敞开，与俄罗斯、法国等世界核能先进国家的国际合作贯穿着我国核电发展的历史进程，大亚湾核电1、2号机组，岭澳核电1、2号机组和田湾核电1—4号机组都是我国核能市场对外开放合作的重要标志。

2018年，在坚持“互利共赢”合作原则的基础上，我国核能市场国际合作又取得了重大成果。在两国元首见证下，中俄双方签署了田湾核电7、8号机组、徐大堡新厂址、示范快堆等一揽子合作政府和企业间共7份文件，项目金额超过200亿元人民币，总造价超千亿人民币。我国与巴基斯坦新签署1台“华龙一号”核电机组出口合同（巴基斯坦C5项目），标志着“华龙一号”再次落地海外。“华龙一号”在英国的通用设计审查（GDA）正式进入第三阶段，为后续部署于布拉德维尔B项目奠定基础。

在产业链国际合作方面，中国与德国、法国等国家开展放射性废物处置、商用后处理大厂项目等合作；核电装备企业一方面以海外核电项目为依托，积极推动高端核电装备“走出去”，另一方面积极扩展与法国法马通、美国西屋、韩国斗山、西班牙恩萨等国际知名核电企业在核电设备方面的国际供货合作，实现优势互补；我国企业积极谋划海外优质铀资源布局，中广核集团在中亚、北美、澳洲、非洲等全球富铀地区完成了资源布局，中核集团加强与纳米比亚、澳大利亚、加拿大、哈萨克斯坦优质项目洽谈合作，完成罗辛项目并购。

2018年，我国不断拓展核安全国际合作广度，参加《乏燃料管理安全与放射性废物管理安全联合公约》缔约方第六次审议大会，圆满完成履约任务，7项良好业绩获得国际社会充分肯定；践行大国承诺，支持并完成尼日利亚微堆低浓化改造；大力促进国际合作，核安保示范中心的国际影响力不断提高；拓展核应急国家交流与合作，与巴基斯坦签署《中国国家原子能机构和巴基斯坦原子能委员会关于在核应急管理系统与应急准备和响应领域开展合作的谅解备忘录》；加强核电运行国际合作，WANO上海中心阶段方案获得理事会通过，上海中心建设获得各方认同和支持。

核电

发展现状

2018年，我国运行核电机组继续保持安全、稳定运行，取得了良好业绩。全年共向国家核安全局上报40起运行事件，均为国际核事件分级表（INES）0级运行事件。核电厂人员的个人剂量和集体剂量均保持较低水平，放射性流出物排放总量低于国家监管部门批准排放年限值，环境空气吸收剂量率在当地本底辐射水平正常涨落范围之内，没有发生影响环境与公众健康的事件。

截至2018年年底，我国运行核电机组数量达到45台（注：《中华人民共和国核安全法》规定，核设施首次装投料前，核设施营运单位应当向国务院核安全监督管理部门提出运行申请，并提交核设施运行申请书等材料。本报告将我国已进行首次装料的机组列入运行机组进行统计，已开工但未进行首次装料的机组列入在建机组进行统计），总装机容量为4589.52万千瓦，总运行为313.75堆•年，机组数量及装机容量均列世界第三。2018年，我国运行核电机组发电量为2947.99 亿千瓦时，同比增长18.63%；上网电量为2761.85亿千瓦时，同比增长18.74%；核电装机容量约占全国电力总装机容量的2.35%，发电量占全国总发电量的4.33%；与燃煤发电相比，核能发电相当于减少燃烧标准煤约9079.81万吨[1]，减少排放二氧化碳约23 789.10万吨、二氧化硫约77.18万吨、氮氧化物约67.19万吨。

截至2018年年底，其中我国在建核电机组达到11台（本数据不包含霞浦示范快堆工程），总装机容量为1218.06 万千瓦，世界在建核电机组共55台，总装机容量为6078.76万千瓦，在建机组数量及装机容量继续保持世界第一。全年共有7台机组首次并网，其中台山核电厂1号机组成为全球首台并网的EPR机组，AP1000三代核电自主化依托项目——三门核电厂1、2号机组和海阳核电厂1、2号机组全部实现首次并网。此外，“华龙一号”全球首堆示范工程——福清核电厂5号机组安装工作进展顺利，质量和进度总体受控；高温气冷堆核电站示范工程取得核材料许可证，为首次装料和顺利投产创造了良好条件。

（说明：本文中所指的中国核电情况均未包括中国台湾地区的核电情况。）

1 国家能源局2019年1月18日发布信息显示，2018年我国火电供电煤耗为308克标准煤/千瓦时。减排计算方法来源于国家统计局网站，按照工业锅炉每燃烧一吨标准煤产生二氧化碳2620千克，二氧化硫8.5千克，氮氧化物7.4千克计算。

一、2018 年全国发电量统计

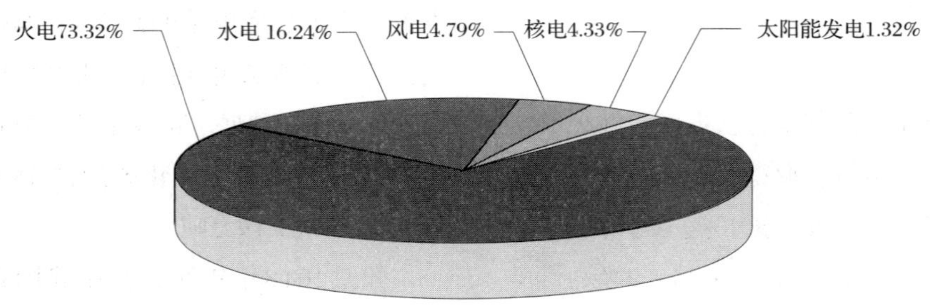

二、2009—2018 年中国核电机组数量统计

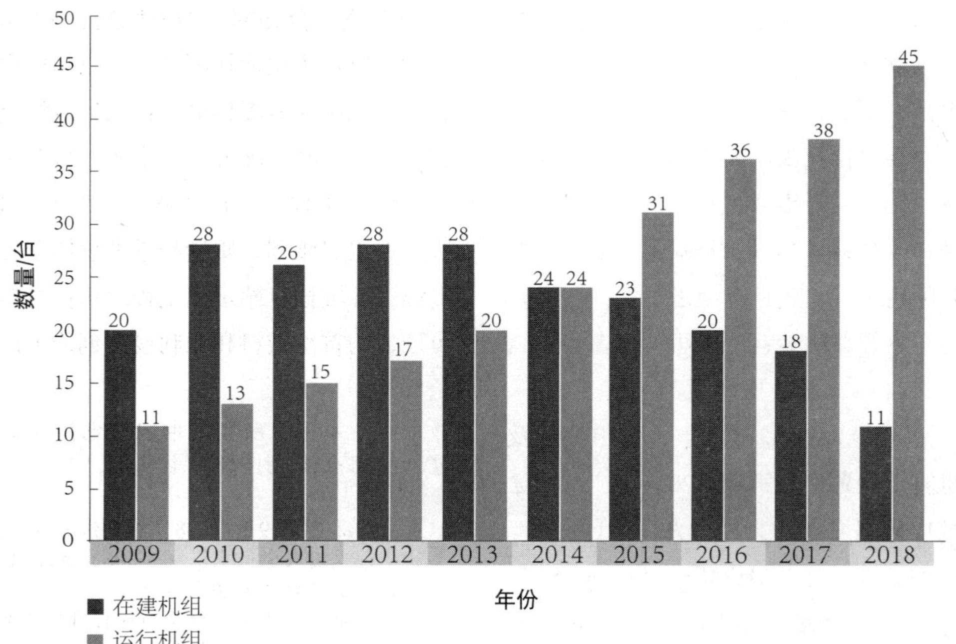

三、2009—2018 年中国核电装机容量统计

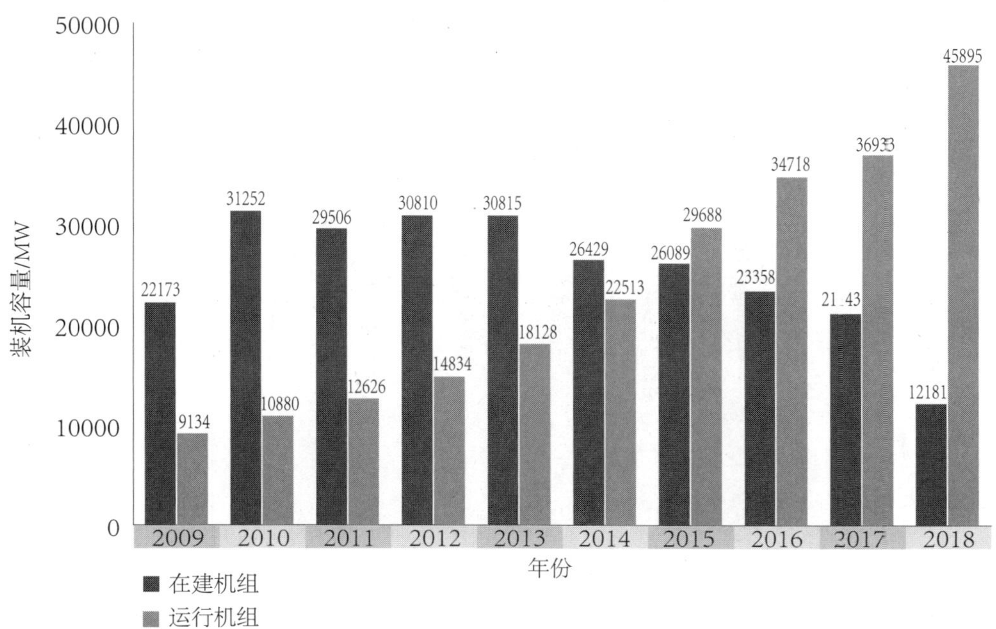

四、2009—2018 年中国核电发电量和上网电量统计

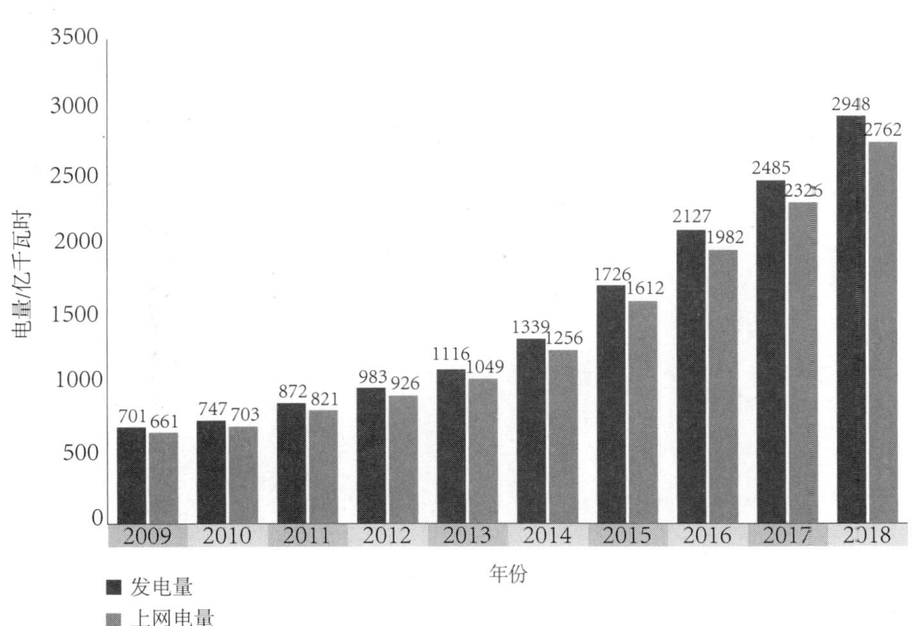

五、2018 年中国大陆运行、在建核电厂分布图

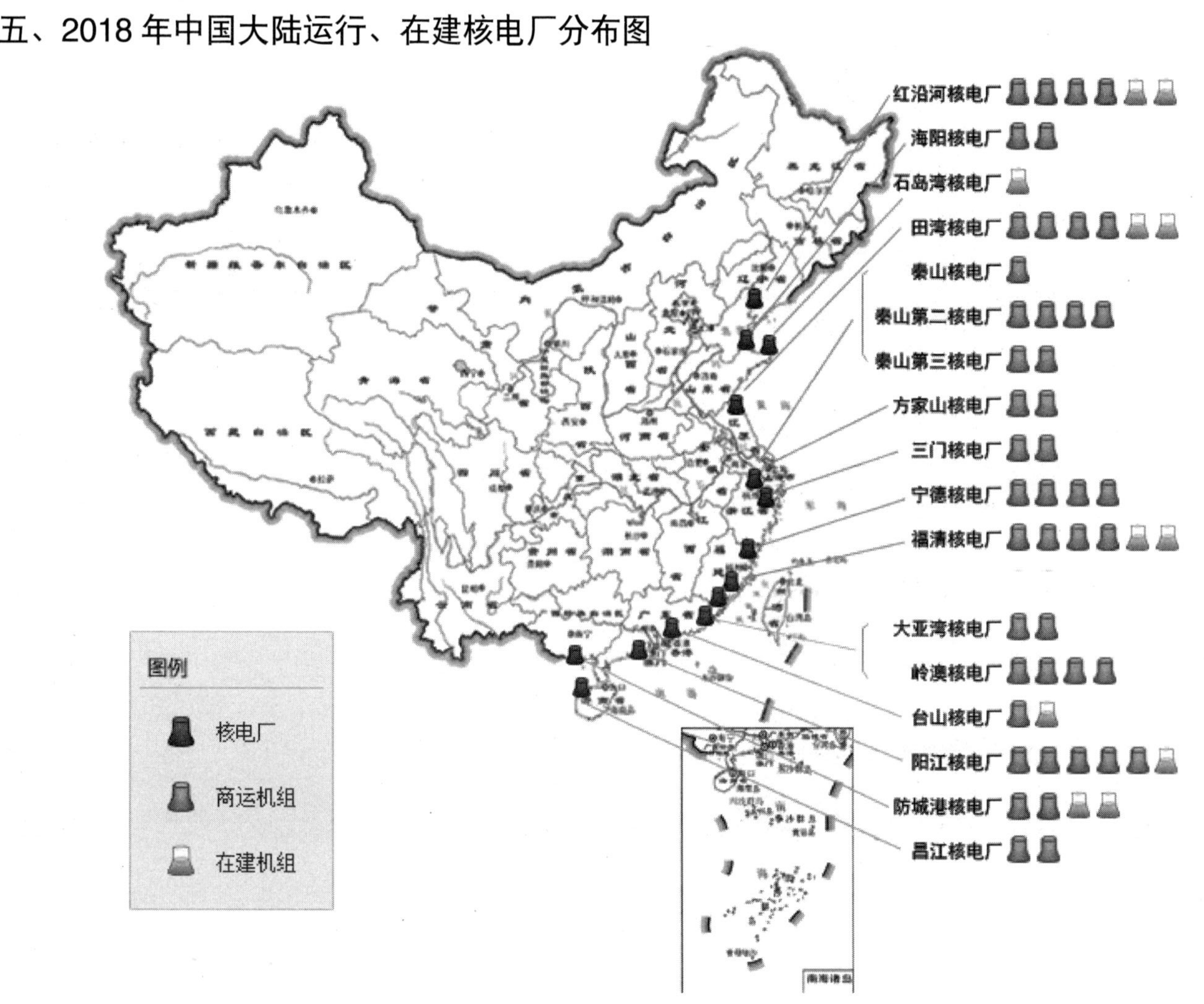

六、2018年中国核电厂名录（截至2018年12月31日）

状态	核电厂 / 机组		机组CN号	隶属集团	堆型	额定电功率/MW	开工日期	首次装料日期	首次并网日期	商业运行日期
运行中	秦山核电厂	1号机组	CN-01	中核集团	压水堆	310	1985-03-20	1991-08-02	1991-12-15	1994-04-01
	大亚湾核电厂	1号机组 2号机组	CN-02 CN-03	中国广核集团	压水堆	2×984	1987-08-07 1988-04-07	1993-06-01 1993-11-26	1993-08-31 1994-02-07	1994-02-01 1994-05-06
	秦山第二核电厂	1号机组 2号机组	CN-04 CN-05	中核集团	压水堆	2×650	1996-06-02 1997-04-01	2001-10-09 2004-01-29	2002-02-06 2004-03-11	2002-04-15 2004-05-03
		3号机组 4号机组	CN-14 CN-15			2×660	2006-04-28 2007-01-28	2010-05-30 2011-10-21	2010-08-01 2011-11-25	2010-10-05 2011-12-30
	岭澳核电厂	1号机组 2号机组	CN-06 CN-07	中国广核集团	压水堆	2×990	1997-05-15 1997-11-28	2001-12-08 2002-07-15	2002-02-26 2002-09-14	2002-05-28 2003-01-08
		3号机组 4号机组	CN-12 CN-13			2×1086	2005-12-15 2006-06-15	2010-04-21 2011-01-05	2010-07-15 2011-05-03	2010-09-15 2011-08-07
	秦山第三核电厂	1号机组 2号机组	CN-08 CN-09	中核集团	重水堆	2×728	1998-06-08 1998-09-25	2002-07-18 2003-03-16	2002-11-19 2003-06-12	2002-12-31 2003-07-24
	田湾核电厂	1号机组 2号机组	CN-10 CN-11	中核集团	压水堆	2×1060	1999-10-20 2000-09-20	2005-10-18 2007-03-16	2006-05-12 2007-05-14	2007-05-17 2007-08-16
		3号机组 4号机组	CN-45 CN-46			2×1126	2012-12-27 2013-09-27	2017-08-18 2018-08-25	2017-12-30 2018-10-27	2018-02-15 2018-12-22
	红沿河核电厂	1号机组 2号机组 3号机组 4号机组	CN-16 CN-17 CN-26 CN-27	中国广核集团 国家电投	压水堆	4×1118.79	2007-08-18 2008-03-28 2009-03-07 2009-08-15	2012-11-26 2013-09-03 2014-09-18 2016-01-18	2013-02-17 2013-11-23 2015-03-23 2016-04-01	2013-06-06 2014-05-13 2015-08-16 2016-06-08

续表

状态	核电厂 / 机组		机组 CN 号	隶属集团	堆型	额定电功率 /MW	开工日期	首次装料日期	首次并网日期	商业运行日期
运行中	宁德核电厂	1号机组	CN-18	中国广核集团	压水堆	4 × 1089	2008-02-18	2012-09-29	2012-12-28	2013-04-15
		2号机组	CN-19				2008-11-12	2013-11-08	2014-01-04	2014-05-04
		3号机组	CN-34				2010-01-08	2015-01-29	2015-03-21	2015-06-10
		4号机组	CN-35				2010-09-29	2015-12-31	2016-03-29	2016-07-21
	福清核电厂	1号机组	CN-20	中核集团	压水堆	4 × 1089	2008-11-21	2014-05-30	2014-08-20	2014-11-22
		2号机组	CN-21				2009-06-17	2015-05-15	2015-08-06	2015-10-16
		3号机组	CN-42				2010-12-31	2016-04-01	2016-09-07	2016-10-24
		4号机组	CN-43				2012-11-17	2017-06-13	2017-07-29	2017-09-17
	阳江核电厂	1号机组	CN-22	中国广核集团	压水堆	5 × 1086	2008-12-16	2013-10-25	2013-12-31	2014-03-25
		2号机组	CN-23				2009-06-04	2015-01-25	2015-03-10	2015-06-05
		3号机组	CN-40				2010-11-15	2015-09-08	2015-10-18	2016-01-01
		4号机组	CN-41				2012-11-17	2016-11-21	2017-01-08	2017-03-15
		5号机组	CN-47				2013-09-18	2018-04-17	2018-05-23	2018-07-12
	方家山核电厂	1号机组	CN-24	中核集团	压水堆	2 × 1089	2008-12-26	2014-09-01	2014-11-04	2014-12-15
		2号机组	CN-25				2009-07-17	2014-12-03	2015-01-12	2015-02-12
	三门核电厂	1号机组	CN-28	中核集团	压水堆	2 × 1250	2009-04-19	2018-04-25	2018-06-30	2018-09-21
		2号机组	CN-29				2009-12-15	2018-07-04	2018-08-24	2018-11-05
	海阳核电厂	1号机组	CN-30	国家电投	压水堆	2 × 1250	2009-09-24	2018-06-21	2018-08-17	2018-10-22
		2号机组	CN-31				2010-06-20	2018-08-08	2018-10-13	2019-01-09
	台山核电厂	1号机组	CN-32	中国广核集团	压水堆	1 × 1750	2010-04-15	2018-04-10	2018-06-29	2018-12-13
	昌江核电厂	1号机组	CN-36	中核集团	压水堆	2 × 650	2010-04-25	2015-08-26	2015-11-07	2015-12-25
		2号机组	CN-37				2010-11-21	2016-05-06	2016-06-20	2016-08-12
	防城港核电厂	1号机组	CN-38	中国广核集团	压水堆	2 × 1086	2010-07-30	2015-09-06	2015-10-25	2016-01-01
		2号机组	CN-39				2010-12-23	2016-05-17	2016-07-15	2016-10-01
合计		45台				45 895.16				

续表

状态	核电厂 / 机组		机组 CN 号	隶属集团	堆型	额定电功率 /MW	开工日期	首次装料日期	首次并网日期	商业运行日期
建设中	台山核电厂	2号机组	CN–33	中国广核集团	压水堆	1750	2010–04–15			
	石岛湾核电厂	高温气冷堆核电站示范工程	CN–44	华能集团	模块式球床型高温气冷堆	211	2012–12–09			
	田湾核电厂	5号机组 6号机组	CN–53 CN–54	中核集团	压水堆	2 × 1118	2015–12–27 2016–09–07			
	阳江核电厂	6号机组	CN–48	中国广核集团	压水堆	1 × 1086	2013–12–23			
	红沿河核电厂	5号机组 6号机组	CN–49 CN–50	中国广核集团、国家电投	压水堆	2 × 1118.79	2015–03–29 2015–07–24			
	福清核电厂	5号机组 6号机组	CN–51 CN–52	中核集团	压水堆	2 × 1150	2015–05–07 2015–12–22			
	防城港核电厂	3号机组 4号机组	CN–55 CN–56	中国广核集团	压水堆	2 × 1180	2015–12–24 2016–12–23			
合计		11台				12 180.58				

说明：

1.表中各集团公司名称均为简称，中核集团全称中国核工业集团有限公司，中国广核集团全称中国广核集团有限公司，国家电投全称国家电力投资集团有限公司，华能集团全称中国华能集团有限公司。

2.机组CN号为国际原子能机构核动力堆信息系统（IAEA—PRIS）对我国核电机组的统一编号。

在役核电厂运行情况

2018年，我国运行核电机组继续保持良好的安全运行记录。45台运行核电机组共计上报国家核安全监管部门40起运行事件，均为INES 0级运行事件。核电厂运行期间，工作人员接受的辐射剂量、放射性流出物的排放量均低于国家核安全监管部门批准限值；环境监测表明，核电厂的运行对周围环境没有造成不良影响。

一、发电量和上网电量[2]

2018年，中国核电45台运行核电机组全年发电量2947.99亿千瓦时，上网电量2761.85亿千瓦时，较2017年发电量增加18.63%，上网电量增加18.74%。

2009—2018年核电厂发电量和上网电量

核电厂	年度	发电量/亿千瓦时	上网电量/亿千瓦时
秦山核电厂	2009	23.62	21.95
	2010	23.24	21.69
	2011	24.98	23.33
	2012	28.44	26.59
	2013	23.03	21.59
	2014	26.23	24.41
	2015	25.71	23.94
	2016	25.80	23.97
	2017	28.14	26.16
	2018	16.25	15.09
大亚湾核电厂	2009	163.74	156.62
	2010	157.04	150.15
	2011	160.18	153.36
	2012	159.30	152.51
	2013	148.95	142.41

2 自机组并网后开始统计发电量及上网电量。

续表

核电厂	年度	发电量/亿千瓦时	上网电量/亿千瓦时
大亚湾核电厂	2014	151.40	144.97
	2015	154.25	147.75
	2016	151.72	145.26
	2017	164.33	157.20
	2018	164.81	157.51
秦山第二核电厂	2009	99.41	92.86
	2010	119.41	110.69
	2011	146.03	135.86
	2012	201.62	188.90
	2013	203.70	191.12
	2014	202.35	189.79
	2015	202.85	190.06
	2016	208.06	195.01
	2017	211.59	198.57
	2018	208.67	195.86
岭澳核电厂	2009	154.67	148.25
	2010	176.59	168.47
	2011	265.09	251.54
	2012	315.13	298.62
	2013	315.48	299.15
	2014	325.53	308.85
	2015	322.78	306.03
	2016	321.30	304.33
	2017	316.09	299.38
	2018	320.37	303.86
秦山第三核电厂	2009	117.23	108.53
	2010	114.12	105.58
	2011	115.01	106.53
	2012	116.27	107.55
	2013	119.17	110.31
	2014	116.88	108.18

续表

核电厂	年度	发电量/亿千瓦时	上网电量/亿千瓦时
秦山第三核电厂	2015	112.35	103.82
	2016	108.63	100.30
	2017	109.77	101.41
	2018	112.56	104.14
田湾核电厂	2009	142.67	132.81
	2010	157.02	146.71
	2011	160.72	150.16
	2012	162.41	151.90
	2013	166.86	156.10
	2014	167.67	156.92
	2015	166.17	155.61
	2016	153.73	143.54
	2017	172.83	160.73
	2018	242.18	223.91
红沿河核电厂	2013	63.71	58.57
	2014	119.61	110.57
	2015	144.66	131.88
	2016	199.83	183.23
	2017	235.98	218.62
	2018	301.57	282.70
宁德核电厂	2013	75.19	69.48
	2014	125.33	116.15
	2015	202.32	187.47
	2016	247.46	228.37
	2017	305.08	284.69
	2018	338.26	317.32

续表

核电厂	年度	发电量/亿千瓦时	上网电量/亿千瓦时
福清核电厂	2014	15.69	14.27
	2015	87.77	80.69
	2016	161.66	149.08
	2017	255.01	238.01
	2018	305.42	286.29
阳江核电厂	2014	79.23	74.15
	2015	140.70	131.88
	2016	230.43	215.83
	2017	323.71	303.53
	2018	377.92	355.10
方家山核电厂	2014	8.80	8.20
	2015	155.31	145.81
	2016	161.15	151.52
	2017	161.06	151.50
	2018	182.90	172.34
三门核电厂	2018	66.56	60.53
海阳核电厂	2018	39.03	34.92
台山核电厂	2018	33.36	30.56
昌江核电厂	2015	4.37	0.65
	2016	60.10	51.09
	2017	74.59	68.28
	2018	77.17	70.90
防城港核电厂	2015	6.61	6.01
	2016	97.59	90.14
	2017	126.81	117.82
	2018	160.96	150.82
合计	2018	2947.99	2761.85

二、机组能力因子和负荷因子

2009—2018年机组能力因子和负荷因子

核电厂/机组	项目/年份	机组能力因子/%										机组负荷因子/%									
		2009	2010	2011	2012	2013	2014	2015	2016	2017	2018	2009	2010	2011	2012	2013	2014	2015	2016	2017	2018
秦山核电厂	1号机组	87.43	83.35	88.04	99.94	81.61	92.69	90.92	91.38	99.97	56.46	86.98	83.99	89.11	101.19	82.17	96.58	91.74	91.80	103.62	59.84
大亚湾核电厂	1号机组	91.23	89.08	99.98	83.94	86.83	99.66	78.83	86.58	99.98	89.25	90.20	88.90	99.67	83.86	86.76	100.02	79.65	87.48	101.23	90.34
	2号机组	99.99	92.80	86.56	99.97	85.93	75.58	98.65	87.42	88.74	99.72	99.76	93.29	86.17	100.45	86.04	75.62	99.30	88.05	89.41	100.87
秦山第二核电厂	1号机组	82.66	91.70	73.71	85.24	85.79	83.53	88.93	90.45	99.52	87.00	84.46	93.45	75.17	84.66	86.80	85.60	89.31	88.34	100.00	88.16
	2号机组	88.21	86.64	90.95	79.68	88.74	85.01	90.84	82.96	88.83	97.66	90.12	88.71	93.27	81.05	90.02	86.59	91.27	84.64	89.86	99.35
	3号机组	/	/	81.60	90.10	93.50	92.00	85.60	99.81	88.42	87.93	/	/	83.12	90.65	94.63	91.14	83.53	96.92	87.96	87.99
	4号机组	/	/	/	95.81	84.28	89.77	90.65	92.39	90.62	88.16	/	/	/	96.77	84.56	89.27	89.49	91.60	90.40	88.26
岭澳核电厂	1号机组	90.38	93.71	91.39	93.59	82.94	90.44	86.80	99.81	89.15	87.52	89.05	92.93	91.05	91.87	82.38	88.59	86.37	99.11	84.59	84.19
	2号机组	91.09	91.12	94.05	91.25	88.58	94.55	93.64	88.65	96.32	92.09	89.30	90.52	93.12	89.70	87.28	93.46	91.01	83.94	93.22	87.61
	3号机组	/	98.60	72.06	88.45	90.11	89.42	90.10	91.62	86.99	89.32	/	98.75	71.14	86.30	88.78	87.88	88.90	89.23	84.19	88.21
	4号机组	/	/	99.58	80.60	88.95	90.31	90.29	87.84	91.33	98.34	/	/	98.78	78.52	88.18	88.35	88.69	80.72	85.97	91.94
秦山第三核电厂	1号机组	91.93	89.73	92.53	96.26	89.91	96.16	83.17	94.91	79.83	99.98	93.88	91.92	94.87	97.43	88.64	94.79	80.67	92.76	76.97	97.07
	2号机组	95.37	92.07	91.02	90.46	99.86	90.14	97.47	79.28	99.96	82.62	97.30	94.19	92.69	91.67	98.23	88.48	95.50	77.12	95.16	79.44
田湾核电厂	1号机组	74.12	87.02	86.55	86.78	90.70	89.83	91.07	81.87	92.05	90.05	77.84	86.92	86.16	86.72	90.60	89.64	90.81	81.59	91.10	82.29
	2号机组	80.70	82.28	87.05	87.77	89.14	91.11	88.22	87.23	99.90	92.50	85.02	82.18	86.92	87.71	89.10	90.94	88.15	85.09	95.00	89.23
	3号机组	/	/	/	/	/	/	/	/	/	99.04	/	/	/	/	/	/	/	/	/	79.50
	4号机组	/	/	/	/	/	/	/	/	/	/	/	/	/	/	/	/	/	/	/	97.81
红沿河核电厂	1号机组	/	/	/	/	99.90	70.04	87.75	87.19	88.92	99.98	/	/	/	/	96.33	67.13	82.57	66.36	79.41	95.96
	2号机组	/	/	/	/	/	75.69	65.53	87.49	98.08	89.80	/	/	/	/	/	74.80	39.26	57.56	63.77	84.04
	3号机组	/	/	/	/	/	/	100.00	94.90	83.07	91.17	/	/	/	/	/	/	24.44	59.90	61.46	71.13
	4号机组	/	/	/	/	/	/	/	99.98	85.76	85.16	/	/	/	/	/	/	/	49.02	36.14	56.57

续表

核电厂/机组	项目/年份	机组能力因子/%										机组负荷因子/%									
		2009	2010	2011	2012	2013	2014	2015	2016	2017	2018	2009	2010	2011	2012	2013	2014	2015	2016	2017	2018
宁德核电厂	1号机组	/	/	/	/	99.95	57.31	88.22	98.13	83.66	88.50	/	/	/	/	98.51	56.70	85.93	76.44	79.86	84.48
	2号机组	/	/	/	/	/	99.83	80.73	86.38	98.80	89.13	/	/	/	/	/	98.66	73.72	65.46	91.11	86.30
	3号机组	/	/	/	/	/	/	94.37	80.08	95.62	92.54	/	/	/	/	/	/	81.67	68.91	88.20	89.54
	4号机组	/	/	/	/	/	/	/	99.98	84.38	99.99	/	/	/	/	/	/	/	92.47	60.63	94.27
福清核电厂	1号机组	/	/	/	/	/	/	74.08	99.31	89.46	87.56	/	/	/	/	/	/	69.05	75.84	83.69	84.23
	2号机组	/	/	/	/	/	/	99.06	81.55	86.73	85.47	/	/	/	/	/	/	89.11	69.11	82.20	82.17
	3号机组	/	/	/	/	/	/	/	/	83.01	86.27	/	/	/	/	/	/	/	/	66.36	78.14
	4号机组	/	/	/	/	/	/	/	/	100.00	78.22	/	/	/	/	/	/	/	/	99.93	75.62
阳江核电厂	1号机组	/	/	/	/	/	99.93	79.45	81.56	99.61	88.23	/	/	/	/	/	98.78	78.86	79.16	97.10	86.09
	2号机组	/	/	/	/	/	/	99.64	77.68	87.97	99.98	/	/	/	/	/	/	99.94	77.29	84.17	99.72
	3号机组	/	/	/	/	/	/	/	91.24	86.49	91.61	/	/	/	/	/	/	/	85.11	83.00	88.58
	4号机组	/	/	/	/	/	/	/	/	90.00	82.42	/	/	/	/	/	/	/	/	89.41	73.79
	5号机组	/	/	/	/	/	/	/	/	/	99.60	/	/	/	/	/	/	/	/	/	95.05
方家山核电厂	1号机组	/	/	/	/	/	/	83.68	91.23	89.52	99.60	/	/	/	/	/	/	80.03	87.11	84.98	97.54
	2号机组	/	/	/	/	/	/	93.10	86.88	85.72	98.08	/	/	/	/	/	/	89.24	81.36	83.86	94.18
三门核电厂	1号机组	/	/	/	/	/	/	/	/	/	99.98	/	/	/	/	/	/	/	/	/	98.60
	2号机组	/	/	/	/	/	/	/	/	/	83.84	/	/	/	/	/	/	/	/	/	83.88
海阳核电厂	1号机组	/	/	/	/	/	/	/	/	/	94.28	/	/	/	/	/	/	/	/	/	94.12
	2号机组	/	/	/	/	/	/	/	/	/	/	/	/	/	/	/	/	/	/	/	/
台山核电厂	1号机组	/	/	/	/	/	/	/	/	/	/	/	/	/	/	/	/	/	/	/	94.97
昌江核电厂	1号机组	/	/	/	/	/	/	100.00	93.96	79.25	87.39	/	/	/	/	/	/	65.95	70.24	65.19	73.23
	2号机组	/	/	/	/	/	/	/	/	87.78	73.85	/	/	/	/	/	/	/	/	65.80	61.83
防城港核电厂	1号机组	/	/	/	/	/	/	/	99.02	76.19	89.60	/	/	/	/	/	/	/	81.21	59.05	83.32
	2号机组	/	/	/	/	/	/	/	99.95	80.70	99.98	/	/	/	/	/	/	/	84.12	74.25	85.87

说明：

1.能力因子自机组商运后的下一季度开始统计，如机组在第1季度商运，则能力因子自第2季度开始统计；负荷因子自机组并网后开始统计。

2.“/”为机组当年未投入商运或因不满足统计要求，无数据。

三、非计划自动紧急停堆情况

2009—2018年核电机组非计划自动紧急停堆次数统计

核电厂/机组（年度）		2009	2010	2011	2012	2013	2014	2015	2016	2017	2018
秦山核电厂	1号机组	1	3	0	0	1	0	0	0	0	0
大亚湾核电厂	1号机组	0	0	0	0	0	1	0	0	0	0
	2号机组	0	0	0	0	0	0	0	0	0	1
秦山第二核电厂	1号机组	0	0	1	0	0	0	1	0	1	0
	2号机组	0	1	0	0	1	1	1	0	0	1
	3号机组	/	4	0	2	1	0	0	0	0	0
	4号机组	/	/	1	0	0	0	0	0	0	0
岭澳核电厂	1号机组	0	0	0	0	0	0	0	0	0	0
	2号机组	0	0	0	0	0	1	0	1	0	0
	3号机组	/	0	0	0	0	0	0	0	0	0
	4号机组	/	/	0	0	0	0	0	0	0	0
秦山第三核电厂	1号机组	0	0	1	0	0	0	0	0	0	0
	2号机组	0	0	1	0	0	0	0	0	0	0
田湾核电厂	1号机组	2	0	0	0	0	0	0	0	1	0
	2号机组	0	0	0	0	0	0	1	1	0	0
	3号机组	/	/	/	/	/	/	/	/	0	2
	4号机组	/	/	/	/	/	/	/	/	/	0

续表

核电厂/机组 年度		2009	2010	2011	2012	2013	2014	2015	2016	2017	2018
红沿河核电厂	1号机组	/	/	/	/	4	1	0	0	0	0
	2号机组	/	/	/	/	1	1	0	0	0	0
	3号机组	/	/	/	/	/	1	2	0	1	0
	4号机组	/	/	/	/	/	/	0	0	0	0
宁德核电厂	1号机组	/	/	/	/	2	0	0	0	0	0
	2号机组	/	/	/	/	/	1	0	0	0	0
	3号机组	/	/	/	/	/	/	3	0	0	1
	4号机组	/	/	/	/	/	/	/	0	0	0
福清核电厂	1号机组	/	/	/	/	/	0	2	0	0	0
	2号机组	/	/	/	/	/	/	1	1	1	0
	3号机组	/	/	/	/	/	/	/	0	0	0
	4号机组	/	/	/	/	/	/	/	/	0	1
阳江核电厂	1号机组	/	/	/	/	0	2	0	0	0	0
	2号机组	/	/	/	/	/	/	1	0	1	0
	3号机组	/	/	/	/	/	/	1	0	0	0
	4号机组	/	/	/	/	/	/	/	0	1	0
	5号机组	/	/	/	/	/	/	/	/	/	0
方家山核电厂	1号机组	/	/	/	/	/	2	0	0	0	1
	2号机组	/	/	/	/	/	/	0	0	0	0

续表

核电厂/机组 年度		2009	2010	2011	2012	2013	2014	2015	2016	2017	2018
三门核电厂	1号机组	/	/	/	/	/	/	/	/	/	0
	2号机组	/	/	/	/	/	/	/	/	/	1
海阳核电厂	1号机组	/	/	/	/	/	/	/	/	/	0
	2号机组	/	/	/	/	/	/	/	/	/	0
台山核电厂	1号机组	/	/	/	/	/	/	/	/	/	9
昌江核电厂	1号机组	/	/	/	/	/	/	2	0	1	1
	2号机组	/	/	/	/	/	/	/	3	1	1
防城港核电厂	1号机组	/	/	/	/	/	/	0	0	0	0
	2号机组	/	/	/	/	/	/	/	1	0	0
合计		3	8	4	2	10	11	15	7	8	19

说明：

1. 非计划自动紧急停堆次数自机组临界后开始统计，“/”表示机组当年未临界，不适用统计。
2. 秦山第二核电厂2号机组：2018年11月7日，机组因1号蒸汽发生器管道压力低与1号蒸汽发生器管道流量高，触发安注、安全壳A阶段隔离以及主蒸汽管道隔离信号，反应堆自动停堆。
3. 大亚湾核电厂2号机组：2018年3月19日，机组因SIPⅢ组保护机柜失电，导致蒸汽发生器给水调节回路出现异常，2号蒸汽发生器低水位信号叠加汽水失配信号触发反应堆自动停堆。
4. 田湾核电厂3号机组：2018年2月28日，机组在进行主给水泵沿再循环管线充水在线时，因泵出口管线上流量计出现超出主给水泵过载限流值的虚假信号，导致4台蒸汽发生器液位降低。2台蒸汽发生器液位同时低于额定液位0.5米时，触发反应堆自动停堆。
5. 田湾核电厂3号机组：2018年3月29日，机组在功率运行状态下因3号蒸汽发生器液位低于额定液位0.65米，触发反应堆自动停堆。
6. 宁德核电厂3号机组：2018年4月11日，专业人员进行汽轮机调节控制器B的更换工作，期间误触发汽轮机跳闸反馈信号，造成给水除气器系统（ADG）供水流量大幅下降，触发所有电动主给水泵跳闸，蒸汽发生器失去正常给水，反应堆自动停堆。
7. 福清核电厂4号机组：2018年1月2日，3号机组在第1次换料大修期间执行安全注入和安全壳隔离阶段A的综合试验时，因数字化仪控系统链接错误，触发4号机组蒸汽发生器主给水隔离阀误关闭，4号机组反应堆自动停堆。

8. 方家山核电厂1号机组：2018年7月12日，机组进行S系列交换机升级时，一对控制器切网时短时离线，造成2台循环水泵电机同时跳闸。汽轮机真空触发汽轮机保护系统动作，汽轮机自动停机，反应堆自动停堆。
9. 三门核电厂2号机组：2018年12月22日，机组主泵2B变频器输出发生接地故障，导致主泵2B失电停运，反应堆自动停堆。
10. 台山核电厂1号机组：2018年6月27日，机组因误碰发电机和输电保护系统中间继电器（T1GPA1103XB-），触发厂辅变切换，引起反应堆自动停堆。
11. 台山核电厂1号机组：2018年7月13日，机组二回路主给水泵切换试验期间蒸汽发生器液位高，触发反应堆自动停堆。
12. 台山核电厂1号机组：2018年7月26日，机组汽轮发电机跳闸后发变组出口断路器拒动导致厂辅切换，引起反应堆紧急停堆。
13. 台山核电厂1号机组：2018年8月9日，机组跳机不跳堆试验期间蒸汽发生器二次侧压力高，触发反应堆自动停堆。
14. 台山核电厂1号机组：2018年8月17日，机组60%功率平台线性负荷变化试验期间，蒸汽发生器二次侧水位高，触发反应堆自动停堆。
15. 台山核电厂1号机组：2018年8月29日，机组10%功率平台蒸汽发生器液位扰动试验期间，蒸汽发生器液位高，触发反应堆自动停堆。
16. 台山核电厂1号机组：2018年9月22日，机组80%功率平台焓平衡计算一回路流量试验期间，一台主泵跳闸，触发反应堆自动停堆。
17. 台山核电厂1号机组：2018年10月26日，机组停运循环水泵后，预期凝汽器真空升高并触发反应堆自动停堆。
18. 台山核电厂1号机组：2018年11月13日，机组满功率失去一台APA泵试验期间蒸汽发生器液位低，触发反应堆自动停堆。
19. 昌江核电厂1号机组：2018年9月15日，机组因1RPN024MA异常闪发高计数率而自动停堆。
20. 昌江核电厂2号机组：2018年4月7日，机组因大量海藻等海生物涌入取水口，造成鼓网压差升高而降功率运行。降功率过程中，1、2号循环水泵先后因对应的鼓网压差高自动跳闸，反应堆自动停堆。

四、职业照射

国家标准《电离辐射防护与辐射源安全基本标准》（GB 18871—2002）中规定了工作人员职业照射的剂量限值：连续5年的年平均有效剂量不超过20 mSv，任何一年中的有效剂量不超过50 mSv。2009—2018年，我国运行核电厂工作人员所受到的照射剂量均远低于国家标准规定的限值。

2009—2018年核电厂工作人员职业照射情况

项目（单位） 核电厂名称	年份	年人均有效剂量/mSv	年度最大个人剂量/mSv	年度集体有效剂量/(人·Sv)	归一化集体有效剂量[人·mSv/(GWh)]
秦山核电厂	2009	0.336	4.257	0.453	0.192
	2010	0.265	4.814	0.401	0.172
	2011	0.282	5.106	0.421	0.169
	2012	0.041	3.681	0.038	0.013
	2013	0.281	6.073	0.495	0.215
	2014	0.143	4.035	0.253	0.096
	2015	0.201	4.278	0.405	0.157
	2016	0.133	3.439	0.281	0.109
	2017	0.029	2.135	0.042	0.015
	2018	0.272	5.687	0.764	0.470
大亚湾核电厂	2009	0.283	5.194	0.715	0.044
	2010	0.343	10.843	0.946	0.060
	2011	0.327	8.434	0.993	0.062
	2012	0.413	8.116	1.235	0.078
	2013	0.549	13.345	1.769	0.119
	2014	0.462	6.906	1.512	0.100
	2015	0.331	7.140	1.035	0.067
	2016	0.303	8.277	1.032	0.068
	2017	0.242	6.756	0.712	0.043
	2018	0.260	5.114	0.753	0.046

续表

项目（单位） 核电厂名称	年份	年人均有效剂量 /mSv	年度最大个人剂量 /mSv	年度集体有效剂量 /(人·Sv)	归一化集体有效剂量 [人·mSv/(GWh)]
秦山第二核电厂	2009	0.345	7.899	0.710	0.071
	2010	0.145	4.940	0.440	0.042
	2011	0.330	11.707	1.217	0.083
	2012	0.428	9.389	1.229	0.061
	2013	0.385	8.726	1.177	0.058
	2014	0.336	8.948	1.111	0.055
	2015	0.204	7.914	0.683	0.034
	2016	0.307	7.171	1.092	0.052
	2017	0.251	7.639	0.941	0.044
	2018	0.295	9.730	1.149	0.055
岭澳核电厂1、2号机组	2009	0.495	10.586	1.531	0.099
	2010	0.346	10.490	0.925	0.076
	2011	0.419	8.326	1.392	0.087
	2012	0.297	6.059	0.947	0.060
	2013	0.887	13.696	3.238	0.220
	2014	0.300	7.731	0.858	0.054
	2015	0.502	8.505	1.619	0.105
	2016	0.348	6.071	1.117	0.070
	2017	0.301	6.610	0.917	0.059
	2018	0.517	10.323	1.623	0.109
岭澳核电厂3、4号机组	2011	0.208	5.665	0.747	0.071
	2012	0.286	6.644	0.929	0.059
	2013	0.188	5.660	0.577	0.034
	2014	0.185	4.098	0.624	0.037
	2015	0.193	5.261	0.597	0.035
	2016	0.305	6.834	1.028	0.063
	2017	0.332	7.668	1.200	0.074
	2018	0.223	5.247	0.628	0.037

续表

项目（单位） 核电厂名称	年份	年人均有效剂量/mSv	年度最大个人剂量/mSv	年度集体有效剂量/(人·Sv)	归一化集体有效剂量[人·mSv/(GWh)]
秦山第三核电厂	2009	0.327	6.415	0.748	0.064
	2010	0.329	5.430	0.727	0.064
	2011	0.361	14.637	0.832	0.072
	2012	0.316	8.661	0.689	0.059
	2013	0.324	6.362	0.630	0.053
	2014	0.342	7.192	0.721	0.062
	2015	0.366	4.964	0.804	0.072
	2016	0.474	7.167	1.009	0.093
	2017	0.303	6.033	0.702	0.064
	2018	0.355	6.801	0.855	0.076
田湾核电厂	2009	0.243	3.199	0.548	0.038
	2010	0.174	2.156	0.426	0.027
	2011	0.223	3.788	0.604	0.038
	2012	0.345	4.232	1.014	0.062
	2013	0.177	2.615	0.467	0.028
	2014	0.180	2.994	0.497	0.030
	2015	0.169	2.866	0.520	0.031
	2016	0.297	6.032	1.010	0.066
	2017	0.126	2.140	0.326	0.019
	2018	0.107	3.074	0.600	0.026
红沿河核电厂	2013	0.016	1.112	0.033	0.005
	2014	0.329	8.076	1.002	0.084
	2015	0.295	5.623	1.028	0.071
	2016	0.274	5.404	0.905	0.045
	2017	0.486	7.803	1.697	0.072
	2018	0.435	7.601	1.530	0.051
宁德核电厂	2013	0.012	1.272	0.026	0.004
	2014	0.311	6.064	0.783	0.068
	2015	0.497	12.008	1.841	0.094
	2016	0.399	7.537	1.487	0.060
	2017	0.514	8.624	1.965	0.064
	2018	0.369	7.998	1.448	0.043

续表

项目（单位） 核电厂名称	年份	年人均有效剂量/mSv	年度最大个人剂量/mSv	年度集体有效剂量/(人·Sv)	归一化集体有效剂量[人·mSv/(GWh)]
福清核电厂	2014	0.016	3.323	0.028	0.017
	2015	0.258	6.072	0.787	0.094
	2016	0.241	8.763	0.930	0.057
	2017	0.362	8.007	1.599	0.056
	2018	0.387	9.999	1.768	0.058
阳江核电厂	2013	0.002	1.571	0.004	N/A
	2014	0.008	1.023	0.017	0.002
	2015	0.176	6.715	0.669	0.048
	2016	0.443	13.078	2.124	0.092
	2017	0.256	7.889	0.974	0.030
	2018	0.265	8.112	1.473	0.039
方家山核电厂	2014	0.012	2.528	0.016	0.039
	2015	0.389	6.904	1.102	0.071
	2016	0.234	6.595	0.723	0.045
	2017	0.352	8.503	1.168	0.073
	2018	0.034	0.984	0.074	0.004
三门核电厂	2018	0.005	0.246	0.009	0.001
海阳核电厂	2018	0.003	0.232	0.008	0.002
台山核电厂	2018	0.007	0.288	0.014	0.004
昌江核电厂	2015	0.005	1.157	0.008	0.018
	2016	0.011	0.945	0.018	0.031
	2017	0.320	5.890	0.842	0.113
	2018	0.221	4.335	0.549	0.071
防城港核电厂	2015	0.005	0.540	0.009	0.013
	2016	0.011	0.432	0.022	0.002
	2017	0.431	8.034	1.377	0.109
	2018	0.135	3.588	0.298	0.019

五、放射性流出物的排放和环境监测

按照国家环境保护法规和环境辐射监测标准，依据国家监管部门批准的排放限值，我国核电厂对放射性流出物的排放进行了严格控制，对核电厂周围环境进行了有效监测。2018年环境监测结果表明，各核电厂运行期间放射性流出物的排放量均低于国家监管部门批准的排放限值。

2018年核电厂放射性流出物排放及放射性固体废物产生情况

核电厂名称 \ 放射性废物种类		气态流出物/Bq					液态流出物/Bq			固体废物/m^3
		氚	碳-14	惰性气体	卤素	气溶胶	氚	碳-14	其余核素	
秦山核电厂	年累计排放量	3.08E+12	1.10E+11	7.40E+11	2.46E+06	2.15E+06	4.84E+12	1.56E+08	1.96E+08	78.44
	国家监管部门批准排放年限值	7.08E+14	5.10E+12	2.40E+15	8.00E+10	2.00E+11	8.04E+14	6.00E+11	2.00E+11	N/A
	占国家监管部门批准排放年限值的比例	0.435%	2.157%	0.031%	0.003%	0.001%	0.602%	0.026%	0.098%	N/A
大亚湾核电厂	年累计排放量	1.86E+12	4.74E+11	1.13E+12	1.19E+07	3.98E+06	3.92E+13	1.45E+10	1.81E+08	78.80
	国家监管部门批准排放年限值	2.40E+13	2.20E+12	7.00E+14	2.50E+10	3.80E+09	2.25E+14	3.00E+11	1.30E+11	N/A
	占国家监管部门批准排放年限值的比例	7.730%	21.540%	0.161%	0.047%	0.105%	17.430%	4.830%	0.139%	N/A
秦山第二核电厂	年累计排放量	2.24E+12	3.80E+11	6.38E+11	1.01E+07	1.12E+07	8.84E+13	6.00E+09	3.90E+08	194.98
	国家监管部门批准排放年限值	7.08E+14	5.10E+12	2.40E+15	8.00E+10	2.00E+11	8.04E+14	6.00E+11	2.00E+11	N/A
	占国家监管部门批准排放年限值的比例	0.316%	7.451%	0.027%	0.013%	0.006%	10.995%	1.000%	0.195%	N/A
岭澳核电厂 1、2号机组	年累计排放量	3.48E+12	5.44E+11	1.16E+12	7.85E+06	4.99E+06	3.33E+13	1.97E+10	1.30E+08	89.00
	国家监管部门批准排放年限值	2.40E+13	2.20E+12	7.00E+14	2.50E+10	3.80E+09	2.25E+14	3.00E+11	1.30E+11	N/A
	占国家监管部门批准排放年限值的比例	14.490%	24.710%	0.165%	0.031%	0.131%	14.790%	6.570%	0.100%	N/A
岭澳核电厂 3、4号机组	年累计排放量	1.19E+12	3.39E+11	1.65E+12	3.92E+07	3.83E+06	5.72E+13	1.56E+10	1.42E+08	80.80
	国家监管部门批准排放年限值	2.40E+13	2.20E+12	7.00E+14	2.50E+10	3.80E+09	2.25E+14	3.00E+11	1.30E+11	N/A
	占国家监管部门批准排放年限值的比例	4.940%	15.400%	0.236%	0.157%	0.101%	25.420%	5.210%	0.109%	N/A

续表

核电厂名称		放射性废物种类	气态流出物/Bq					液态流出物/Bq			固体废物/m^3
			氚	碳-14	惰性气体	卤素	气溶胶	氚	碳-14	其余核素	
秦山第三核电厂		年累计排放量	8.07E+13	4.94E+11	1.94E+12	6.58E+05	2.79E+06	8.33E+13	3.48E+09	73.48	
秦山第三核电厂		国家监管部门批准排放年限值	7.08E+14	5.10E+12	2.40E+15	8.00E+10	2.00E+11	8.04E+14	2.88E+11		N/A
秦山第三核电厂		占国家监管部门批准排放年限值的比例	11.398%	9.686%	0.081%	0.001%	0.001%	10.361%	1.208%		N/A
田湾核电厂	1、2号机组	年累计排放量	5.80E+11	1.60E+11	1.97E+12	1.70E+06	9.97E+05	3.79E+13	6.38E+09	2.37E+08	103.50
田湾核电厂	1、2号机组	国家监管部门批准排放年限值	6.40E+12	6.00E+11	7.63E+13	3.70E+08	1.20E+08	6.60E+13	3.00E+10	7.40E+09	N/A
田湾核电厂	1、2号机组	占国家监管部门批准排放年限值的比例	9.063%	26.650%	2.586%	0.460%	0.831%	57.424%	21.267%	3.212%	N/A
田湾核电厂	3、4号机组	年累计排放量	2.65E+11	1.83E+11	2.22E+12	1.88E+06	1.28E+06	1.21E+13	4.16E+09	1.36E+08	103.50
田湾核电厂	3、4号机组	国家监管部门批准排放年限值	6.16E+12	6.00E+11	7.63E+13	3.70E+08	1.20E+08	6.16E+13	3.00E+10	7.40E+09	N/A
田湾核电厂	3、4号机组	占国家监管部门批准排放年限值的比例	4.302%	30.500%	2.910%	0.508%	1.067%	19.643%	13.867%	1.838%	N/A
红沿河核电厂		年累计排放量	1.08E+12	6.45E+11	1.47E+12	3.18E+07	7.60E+06	8.31E+13	1.52E+10	1.64E+08	159.60
红沿河核电厂		国家监管部门批准排放年限值	1.40E+13	1.48E+12	7.06E+14	1.01E+10	6.12E+09	1.26E+14	2.00E+11	8.00E+10	N/A
红沿河核电厂		占国家监管部门批准排放年限值的比例	7.750%	43.580%	0.210%	0.320%	0.120%	65.960%	7.620%	0.210%	N/A
宁德核电厂		年累计排放量	7.86E+11	4.79E+11	3.33E+12	8.92E+06	4.88E+06	1.08E+14	2.87E+10	2.39E+08	136.80
宁德核电厂		国家监管部门批准排放年限值	1.94E+13	1.48E+12	1.10E+15	1.18E+10	6.20E+09	1.75E+14	2.00E+11	8.00E+10	N/A
宁德核电厂		占国家监管部门批准排放年限值的比例	4.050%	32.340%	0.300%	0.080%	0.080%	61.920%	14.330%	0.300%	N/A
福清核电厂	1、2号机组	年累计排放量	7.64E+11	2.92E+11	5.02E+11	9.28E+06	1.37E+06	4.26E+13	3.64E+09	8.99E+08	80.00
福清核电厂	1、2号机组	国家监管部门批准排放年限值	9.90E+12	7.81E+11	1.37E+14	1.18E+09	1.31E+08	9.90E+13	5.87E+10	5.56E+10	N/A
福清核电厂	1、2号机组	占国家监管部门批准排放年限值的比例	7.720%	37.370%	0.370%	0.790%	1.050%	43.070%	6.200%	1.620%	N/A
福清核电厂	3、4号机组	年累计排放量	4.78E+11	1.74E+11	2.10E+12	4.89E+07	6.05E+06	2.64E+13	3.31E+09	3.89E+08	80.00
福清核电厂	3、4号机组	国家监管部门批准排放年限值	5.63E+12	7.65E+11	9.11E+13	6.45E+08	7.14E+07	6.30E+13	5.62E+10	4.00E+10	N/A
福清核电厂	3、4号机组	占国家监管部门批准排放年限值的比例	8.490%	22.760%	2.310%	7.580%	8.470%	41.890%	5.890%	0.970%	N/A

续表

核电厂名称	放射性废物种类	气态流出物/Bq					液态流出物/Bq			固体废物/m^3
		氚	碳-14	惰性气体	卤素	气溶胶	氚	碳-14	其余核素	
阳江核电厂	年累计排放量	8.49E+11	5.39E+11	3.90E+12	1.90E+07	1.23E+07	8.88E+13	2.36E+10	3.43E+08	44.82
	国家监管部门批准排放年限值	2.91E+13	2.22E+12	1.65E+15	1.78E+10	9.18E+09	2.62E+14	3.00E+11	1.20E+11	N/A
	占国家监管部门批准排放年限值的比例	2.920%	24.290%	0.240%	0.110%	0.130%	33.900%	7.850%	0.290%	N/A
方家山核电厂	年累计排放量	6.53E+11	8.24E+10	7.09E+11	1.14E+07	7.29E+06	5.93E+13	1.11E+09	3.21E+08	29.20
	国家监管部门批准排放年限值	7.08E+14	5.10E+12	2.40E+15	8.00E+10	2.00E+11	8.04E+14	6.00E+11	2.00E+11	N/A
	占国家监管部门批准排放年限值的比例	0.092%	1.616%	0.030%	0.014%	0.004%	7.376%	0.185%	0.161%	N/A
三门核电厂	年累计排放量	3.02E+10	3.62E+10	2.27E+12	5.71E+06	1.69E+06	4.74E+12	9.42E+08	5.73E+07	0
	国家监管部门批准排放年限值	9.46E+12	6.40E+11	2.36E+14	1.28E+10	1.91E+10	8.52E+13	7.10E+10	2.28E+10	N/A
	占国家监管部门批准排放年限值的比例	0.320%	5.650%	0.960%	0.040%	0.010%	5.560%	1.330%	0.250%	N/A
海阳核电厂	年累计排放量	5.66E+10	3.46E+10	5.61E+12	8.97E+05	3.08E+06	6.67E+12	2.16E+09	7.47E+07	3.00
	国家监管部门批准排放年限值	9.46E+12	6.40E+11	2.36E+14	1.28E+10	1.91E+10	8.52E+13	7.10E+10	2.28E+10	N/A
	占国家监管部门批准排放年限值的比例	0.600%	5.400%	2.380%	0.010%	0.020%	7.830%	3.040%	0.330%	N/A
台山核电厂	年累计排放量	9.18E+09	9.30E+09	7.83E+11	2.70E+06	2.18E+06	3.07E+12	3.20E+09	8.96E+07	20.50
	国家监管部门批准排放年限值	1.56E+13	1.48E+12	1.45E+14	1.38E+09	5.14E+08	1.41E+14	1.12E+11	1.27E+10	N/A
	占国家监管部门批准排放年限值的比例	0.059%	0.628%	0.540%	0.195%	0.424%	2.179%	2.855%	0.705%	N/A
昌江核电厂	年累计排放量	1.90E+11	2.06E+11	2.24E+12	2.47E+07	1.66E+07	1.68E+13	3.24E+09	3.91E+08	62.00
	国家监管部门批准排放年限值	5.49E+12	5.42E+11	1.45E+14	9.00E+08	1.09E+08	5.49E+13	4.00E+10	1.37E+10	N/A
	占国家监管部门批准排放年限值的比例	3.460%	37.990%	1.540%	2.750%	15.250%	30.630%	8.100%	2.850%	N/A
防城港核电厂	年累计排放量	2.40E+11	2.81E+11	1.90E+12	4.47E+6	3.83E+6	3.70E+13	1.81E+10	1.72E+8	64.60
	国家监管部门批准排放年限值	9.70E+12	7.40E+11	5.50E+14	5.92E+9	3.06E+9	8.74E+13	1.00E+11	4.00E+10	N/A
	占国家监管部门批准排放年限值的比例	2.470%	38.020%	0.350%	0.080%	0.130%	42.340%	18.120%	0.430%	N/A

说明：

1. 放射性固体废物包含可压缩废物、不可压缩废物、废树脂、水滤芯、水泥固化物、浓缩液、有机废物等，国家监管部门未对核电厂放射性固体废物的产生量设置年限值。
2. 根据国家标准《核动力厂环境辐射防护规定》（GB 6249—2011），重水堆液态流出物的“碳-14”和“其余核素”合并在一起设定控制值。秦山核电基地的放射性流出物的国家监管部门批准排放年限值中，液态流出物的“碳-14”和“其余核素”排放年限值为7台压水堆机组共享（秦山第三核电厂2台重水堆机组将“碳-14”和“其余核素”合并在一起单独设定了排放年限值），其他所有的排放年限值为9台机组共享。
3. 大亚湾核电厂、岭澳核电厂的气态流出物及液态流出物的国家监管部门批准排放年限值为大亚湾核电基地6台机组共享。
4. 红沿河核电厂、宁德核电厂、阳江核电厂、昌江核电厂、防城港核电厂统计气态流出物时，卤素一项实际统计为碘、气溶胶一项实际统计为粒子。
5. 福清核电厂、三门核电厂、台山核电厂统计气态流出物时，卤素一项实际统计为碘、气溶胶一项实际统计为粒子。田湾核电厂气态流出物中的卤素实际统计为碘。
6. 福清核电厂（1—4号机组）2018年固体废物产生量为80立方米。台山核电厂2018年固体废物产生量为处理后预估量。

六、机组大修

2018年，我国核电机组按计划共进行了30台•次大修。田湾核电厂1号机组第11次换料大修实际工期为26.72天，创造了世界VVER-1000型核电机组年度大修最优工期纪录。红沿河核电厂4号机组第1次换料大修实际工期为52.73天，创造了国内核电机组首次（十年）大修最短工期记录。

2018年商运核电机组大修情况

核电厂	机组	大修轮次	起止日期	实际工期
秦山核电厂	1号机组	18	2018-02-26—2018-08-16	171.47天
大亚湾核电厂	1号机组	19	2018-04-05—2018-05-10	35.83天
	2号机组		未安排大修	
秦山第二核电厂	1号机组	14	2018-04-10—2018-05-24	44.49天
	2号机组		未安排大修	
	3号机组	7	2018-11-04—2018-12-11	36.96天
	4号机组	6	2018-02-14—2018-03-28	41.64天
岭澳核电厂	1号机组	15	2018-04-27—2018-06-08	42.73天
	2号机组	14	2018-02-14—2018-03-13	27.14天
	3号机组	8	2018-09-28—2018-11-04	37.30天
	4号机组		未安排大修	
秦山第三核电厂	1号机组		未安排大修	
	2号机组	9	2018-04-05—2018-06-04	60.00天
田湾核电厂	1号机组	11	2018-12-07—2019-01-03	26.72天
	2号机组	10	2018-03-12—2018-04-07	26.86天
	3号机组		未安排大修	
	4号机组		未安排大修	
红沿河核电厂	1号机组		未安排大修	
	2号机组	3	2018-02-12—2018-03-19	35.60天
	3号机组	2	2018-03-31—2018-05-01	30.64天
	4号机组	1	2018-08-20—2018-10-11	52.73天
宁德核电厂	1号机组	4	2018-11-20—2019-01-05	46.11天
	2号机组	3	2018-02-13—2018-03-19	34.26天
	3号机组	2	2017-12-16—2018-01-25	40.66天
	4号机组		未安排大修	

续表

核电厂	机组	大修轮次	起止日期	实际工期
福清核电厂	1号机组	3	2018-02-01—2018-03-17	44.08天
	2号机组	3	2018-10-01—2018-11-10	39.89天
	3号机组	1	2017-10-31—2018-01-14	74.90天
		2	2018-11-30—2019-01-14	45.27天
	4号机组	1	2018-07-18—2018-09-30	74.30天
阳江核电厂	1号机组	3	2018-01-27—2018-03-08	40.47天
	2号机组		未安排大修	
	3号机组	2	2018-05-26—2018-06-23	28.46天
	4号机组	1	2018-02-14—2018-04-13	58.76天
	5号机组		未安排大修	
方家山核电厂	1号机组		未安排大修	
	2号机组	3	2017-12-01—2018-01-04	33.90天
三门核电厂	1号机组		未安排大修	
	2号机组		未安排大修	
海阳核电厂	1号机组		未安排大修	
	2号机组		未安排大修	
台山核电厂	1号机组		未安排大修	
昌江核电厂	1号机组	2	2018-01-03—2018-02-10	38.47天
	2号机组	1	2017-11-20—2018-02-18	90.72天
		2	2018-11-23—2019-01-05	43.51天
防城港核电厂	1号机组	2	2018-09-05—2018-10-09	33.89天
	2号机组		未安排大修	

2009—2018年核电机组大修用时统计

核电厂	用时/年度	2009	2010	2011	2012	2013	2014	2015	2016	2017	2018
		大修用时/天									
秦山核电厂	1号机组	37.23	56.29	40.83	/	68.30	18.12	31.76	29.37	/	171.47
大亚湾核电厂	1号机组	29.36	36.91	/	55.53	44.93	/	75.30	46.40	/	35.83
	2号机组	/	23.46	46.29	/	48.13	88.87	2.51	43.11	39.19	/
秦山第二核电厂	1号机组	88.58	/	65.67	51.71	47.33	56.21	35.85	32.78	/	44.49
	2号机组	39.08	41.58	31.08	39.71	35.29	45.80	/	59.62	38.70	/
	3号机组	/	/	63.92	32.67	21.33	28.80	28.80	/	39.26	36.96
	4号机组	/	/	/	/	55.50	31.50	32.30	27.36	27.21	41.64
岭澳核电厂	1号机组	29.92	19.70	28.65	20.79	59.17	31.78	46.00	/	37.84	42.73
	2号机组	29.53	27.02	19.88	28.06	39.83	16.46	19.92	38.36	/	27.14
	3号机组	/	/	79.03	35.93	30.99	35.85	30.64	27.76	45.50	37.30
	4号机组	/	/	/	68.13	36.68	32.88	33.20	42.17	29.98	/
秦山第三核电厂	1号机组	/	32.36	31.58	/	24.70	/	61.18	/	73.40	/
	2号机组	37.96	/	31.73	29.40	/	35.13	/	75.20	/	60.00
田湾核电厂	1号机组	55.37	46.55	48.04	47.90	33.39	36.32	31.81	63.26	27.11	24.08
	2号机组	50.17	44.09	39.2	44.24	29.10	31.75	29.38	43.92	/	26.86
	3号机组	/	/	/	/	/	/	/	/	/	/
	4号机组	/	/	/	/	/	/	/	/	/	/
红沿河核电厂	1号机组	/	/	/	/	/	80.79	39.54	37.62	37.29	/
	2号机组	/	/	/	/	/	27.29	149.01	45.58	5.57	35.60
	3号机组	/	/	/	/	/	/	/	/	59.63	30.64
	4号机组	/	/	/	/	/	/	/	/	/	52.73
宁德核电厂	1号机组	/	/	/	/	/	91.03	40.05	/	44.06	41.85
	2号机组	/	/	/	/	/	/	67.25	46.91	/	34.26
	3号机组	/	/	/	/	/	/	/	70.80	15.82	24.84
	4号机组	/	/	/	/	/	/	/	/	54.20	/

续表

核电厂 \ 年度 \ 用时		大修用时/天									
		2009	2010	2011	2012	2013	2014	2015	2016	2017	2018
福清核电厂	1号机组	/	/	/	/	/	/	88.30	/	36.60	44.08
	2号机组	/	/	/	/	/	/	/	64.13	36.25	39.89
	3号机组	/	/	/	/	/	/	/	/	61.15	45.42
	4号机组	/	/	/	/	/	/	/	/	/	74.30
阳江核电厂	1号机组	/	/	/	/	/	/	73.93	65.68	/	40.47
	2号机组	/	/	/	/	/	/	/	78.53	39.52	/
	3号机组	/	/	/	/	/	/	/	31.84	42.38	28.46
	4号机组	/	/	/	/	/	/	/	/	/	58.76
	5号机组	/	/	/	/	/	/	/	/	/	/
方家山核电厂	1号机组	/	/	/	/	/	/	56.70	30.19	35.44	/
	2号机组	/	/	/	/	/	/	22.56	41.12	49.87	3.10
三门核电厂	1号机组	/	/	/	/	/	/	/	/	/	/
	2号机组	/	/	/	/	/	/	/	/	/	/
海阳核电厂	1号机组	/	/	/	/	/	/	/	/	/	/
	2号机组	/	/	/	/	/	/	/	/	/	/
台山核电厂	1号机组	/	/	/	/	/	/	/	/	/	/
昌江核电厂	1号机组	/	/	/	/	/	/	/	/	71.25	38.47
	2号机组	/	/	/	/	/	/	/	/	42.00	87.72
防城港核电厂	1号机组	/	/	/	/	/	/	/	/	81.75	33.89
	2号机组	/	/	/	/	/	/	/	/	63.76	/

说明：

1. “/”表示该年度机组未并网或未安排大修。
2. 田湾核电厂1号机组第11次换料大修跨2018年、2019年，其中2018年内大修用时为24.08天。
3. 宁德核电厂1号机组第4次换料大修跨2018年、2019年，其中2018年内大修用时为41.85天。
4. 宁德核电厂3号机组第2次换料大修跨2017年、2018年，其中2018年24.84天。
5. 福清核电厂3号机组第1次换料大修跨2017年、2018年，其中2018年13.75天；第2次换料大修跨2018年、2019年，其中2018年31.67天。机组2018年大修合计用时45.42天。
6. 方家山核电厂2号机组第3次换料大修跨2017年、2018年，其中2018年内大修用时为3.10天。
7. 昌江核电厂2号机组第1次换料大修跨2017年、2018年，其中2018年内大修用时为48.72天；第2次换料大修跨2018年、2019年，其中2018年内大修用时为39.00天。机组2018年大修合计用时87.72天。

七、WANO业绩指标

2018年运行核电机组WANO业绩指标达标情况

机组	达到先进值水平指标数量	介于先进值、中值水平之间指标数量	未达到中值指标数量(名称)
秦山核电厂1号机组	9	1	4（UCF、SP1、SP2、CRE）
大亚湾核电厂1号机组	10	3	1（CRE）
大亚湾核电厂2号机组	10	2	2（UA7、US7）
秦山第二核电厂1号机组	7	3	4（UCF、SP5、ISA、CISA）
秦山第二核电厂2号机组	6	0	8（UCLF、FLR、UA7、US7、SP1、SP5、ISA、CISA）
秦山第二核电厂3号机组	9	2	3（UCLF、FLR、SP5）
秦山第二核电厂4号机组	11	2	1（SP5）
岭澳核电厂1号机组	10	3	1（CRE）
岭澳核电厂2号机组	12	1	1（CRE）
岭澳核电厂3号机组	12	1	1（CRE）
岭澳核电厂4号机组	12	0	2（UCLF、FLR）
秦山第三核电厂1号机组	11	0	3（SP1、SP5、CISA）
秦山第三核电厂2号机组	7	1	6（UCF、FLR、SP1、SP5、CRE、CISA）
田湾核电厂1号机组	9	2	3（UCLF、FLR、GRLF）
田湾核电厂2号机组	11	2	1（GRLF）
田湾核电厂3号机组	11	1	2（FLR、GRLF）
红沿河核电厂1号机组	13	0	1（SP5）
红沿河核电厂2号机组	11	1	2（SP5、CRE）
红沿河核电厂3号机组	10	1	3（SP5、FRI、CRE）
红沿河核电厂4号机组	11	0	3（UCF、SP5、CRE）
宁德核电厂1号机组	11	1	2（CRE、CISA）
宁德核电厂2号机组	9	3	2（CRE、CISA）
宁德核电厂3号机组	6	4	4（GRLF、UA7、US7、CISA）
宁德核电厂4号机组	13	0	1（CISA）
福清核电厂1号机组	12	2	0
福清核电厂2号机组	8	1	5（UCF、UCLF、FLR、CPI、CRE）
福清核电厂3号机组	8	4	2（UCF、UCLF）
福清核电厂4号机组	5	2	7（UCF、UCLF、FLR、UA7 、US7 、SP2、CRE、）
阳江核电厂1号机组	12	1	1（CRE）

续表

机组	达到先进值水平指标数量	介于先进值、中值水平之间指标数量	未达到中值指标数量(名称)
阳江核电厂2号机组	13	0	1（FRI）
阳江核电厂3号机组	10	4	0
阳江核电厂4号机组	12	0	2（UCF、CRE）
方家山核电厂1号机组	9	2	3（UA7、US7、SP2）
方家山核电厂2号机组	11	2	1（SP2）
昌江核电厂1号机组	5	4	5（FLR、GRLF、SP5、CPI、CISA）
昌江核电厂2号机组	4	1	9（UCF、UCLF、FLR、GRLF、UA7、US7、SP1、SP5、CISA）
防城港核电厂1号机组	12	2	0
防城港核电厂2号机组	14	0	0

说明：

1. 指标英文缩写含义如下：
   UCF，机组能力因子；
   UCLF，非计划能力损失因子；
   FLR，强迫损失率；
   GRLF，电网相关损失因子；
   UA7，临界7000小时非计划自动停堆次数；
   US7，临界7000小时非计划停堆次数；
   SP1，高压安注系统性能；
   SP2，辅助给水系统性能；
   SP5，应急交流电系统性能；
   FRI，燃料可靠性；
   CPI，化学性能；
   CRE，集体辐照剂量；
   ISA，工业安全事故率；
   CISA，承包商工业安全事故率。
2. 田湾核电厂4号机组、阳江核电厂5号机组、三门核电厂1号机组、三门核电厂2号机组、海阳核电厂1号机组、海阳核电厂2号机组、台山核电厂1号机组不满足WANO指标年度周期数据统计要求，故未统计2018年的各项WANO指标数据。2018年实际可统计WANO 性能指标的机组数量为38台。
3. 核算各机组达到WANO先进值、中值单项指标数量时，单机组的应急交流电系统性能、工业安全事故率、承包商工业安全事故三项指标使用电厂值（或双机组值）。

2018年运行核电机组单项WANO业绩指标统计

核电厂 / 机组号（性能指标）		机组能力因子/%	非计划能力损失因子/%	强迫损失率/%	电网相关损失因子/%	临界7 000小时非计划自动停堆次数	临界7 000小时非计划停堆次数	高压安注系统	辅助给水系统	应急交流电系统	燃料可靠性/（Bq/g）	化学性能	集体辐照剂量/（人·Sv）	工业安全事故率	承包商工业安全事故率
秦山核电厂	1号机组	56.46	0.00	0.00	0.00	0.00	0.00	0.001 4	0.000 8	0.000 1	0.037	1.00	764.11	0.00	0.00
大亚湾核电厂	1号机组	89.25	0.38	0.42	0.00	0.00	0.00	0.000 0	0.000 0	0.000 0	0.037	1.00	660.48	0.00	0.00
	2号机组	99.72	0.27	0.27	0.00	0.80	0.80	0.000 0	0.000 0		0.037	1.00	92.32		
秦山第二核电厂	1号机组	87.00	0.14	0.16	0.00	0.00	0.00	0.000 0	0.000 0	0.001 1	0.037	1.00	381.51	0.14	0.13
	2号机组	97.66	2.29	2.29	0.00	0.82	0.82	0.000 5	0.000 0		0.037	1.00	36.35		
	3号机组	87.93	1.41	1.57	0.00	0.00	0.00	0.000 0	0.000 0	0.001 4	0.037	1.00	389.40	0.00	0.00
	4号机组	88.16	0.00	0.00	0.00	0.00	0.00	0.000 0	0.000 0		0.037	1.00	341.93		
岭澳核电厂	1号机组	87.52	1.27	0.28	0.00	0.00	0.00	0.000 0	0.000 0	0.000 0	0.037	1.00	1099.07	0.00	0.00
	2号机组	92.09	0.00	0.01	0.00	0.00	0.00	0.000 0	0.000 0		0.037	1.00	524.30		
	3号机组	89.32	0.01	0.01	0.00	0.00	0.00	0.000 0	0.000 0	0.000 0	0.037	1.00	590.05	0.00	0.00
	4号机组	98.34	1.65	1.65	0.00	0.00	0.00	0.0000	0.000 0		0.037	1.00	38.25		
秦山第三核电厂	1号机组	99.98	0.00	0.00	0.00	0.00	0.00	0.001 2	0.000 0	0.000 8	0.037	1.00	75.02	0.00	0.12
	2号机组	82.62	0.78	0.94	0.00	0.00	0.00	0.001 3	0.000 0		0.037	1.00	779.89		
田湾核电厂	1号机组	90.05	3.30	3.54	4.14	0.00	0.00	0.000 0	0.000 0	0.000 0	0.037	1.00	323.11	0.00	0.00
	2号机组	92.50	0.06	0.07	0.86	0.00	0.00	0.000 0	0.000 0		0.037	1.00	258.25		
	3号机组	99.04	0.96	0.96	1.67	0.00	0.00	0.000 0	0.000 0	0.000 0	0.037	1.00	11.48	0.00	0.00

续表

核电厂 / 机组号 \ 性能指标		机组能力因子/%	非计划能力损失因子/%	强迫损失率/%	电网相关损失因子/%	临界7 000小时非计划自动停堆次数	临界7 000小时非计划停堆次数	高压安注系统	辅助给水系统	应急交流电系统	燃料可靠性/（Bq/g）	化学性能	集体辐照剂量/（人·Sv）	工业安全事故率	承包商工业安全事故率
红沿河核电厂	1号机组	99.98	0.00	0.00	0.00	0.00	0.00	0.000 0	0.000 0	0.005 0	0.037	1.00	34.96	0.00	0.00
	2号机组	89.80	0.00	0.00	0.00	0.00	0.00	0.000 0	0.000 0		0.037	1.00	586.83		
	3号机组	91.17	0.00	0.00	0.00	0.00	0.00	0.000 0	0.000 0		3.038	1.00	391.74		
	4号机组	85.16	0.03	0.03	0.00	0.00	0.00	0.000 0	0.000 0		0.037	1.00	516.28		
宁德核电厂	1号机组	88.50	0.00	0.00	0.00	0.00	0.00	0.000 0	0.000 0	0.000 0	0.037	1.00	671.89	0.00	0.04
	2号机组	89.13	0.37	0.41	0.00	0.00	0.00	0.000 0	0.000 0		0.037	1.00	459.89		
	3号机组	92.54	0.20	0.22	0.04	0.85	1.70	0.000 0	0.000 0		0.037	1.00	283.11		
	4号机组	99.99	0.00	0.00	0.00	0.00	0.00	0.000 0	0.000 0		0.037	1.00	33.55		
福清核电厂	1号机组	87.56	0.03	0.03	0.00	0.00	0.00	0.000 0	0.000 0	0.000 0	0.037	1.00	374.16	0.00	0.00
	2号机组	85.47	2.74	3.11	0.00	0.00	0.00	0.000 2	0.000 0		0.037	1.12	523.22		
	3号机组	86.27	2.04	0.48	0.00	0.00	0.00	0.000 1	0.000 0	0.000 1	0.037	1.00	286.60	0.00	0.00
	4号机组	78.22	2.27	1.04	0.00	1.01	1.01	0.000 1	0.000 5		0.037	1.00	584.47		
阳江核电厂	1号机组	88.23	0.00	0.00	0.00	0.00	0.00	0.000 0	0.000 0	0.000 0	0.037	1.00	455.22	0.00	0.00
	2号机组	99.98	0.00	0.00	0.00	0.00	0.00	0.000 0	0.000 0		175.750	1.00	47.67		
	3号机组	91.61	0.20	0.22	0.00	0.00	0.00	0.000 0	0.000 0		0.037	1.00	288.48		
	4号机组	82.42	0.01	0.01	0.00	0.00	0.00	0.000 0	0.000 0		0.037	1.00	656.54		

续表

核电厂 / 机组号（性能指标）		机组能力因子/%	非计划能力损失因子/%	强迫损失率/%	电网相关损失因子/%	临界7 000小时非计划自动停堆次数	临界7 000小时非计划停堆次数	高压安注系统	辅助给水系统	应急交流电系统	燃料可靠性/（Bq/g）	化学性能	集体辐照剂量/（人·Sv）	工业安全事故率	承包商工业安全事故率
方家山核电厂	1号机组	99.60	0.39	0.39	0.00	0.80	0.80	0.000 0	0.000 2	0.000 0	0.037	1.00	36.51	0.00	0.00
	2号机组	98.08	0.47	0.48	0.00	0.00	0.00	0.000 0	0.000 1		0.037	1.00	36.51		
昌江核电厂	1号机组	87.39	1.16	1.31	0.17	0.00	0.00	0.000 2	0.000 0	0.002 6	0.037	1.01	219.95	0.00	0.11
	2号机组	73.85	2.24	1.63	0.16	1.05	1.05	0.001 7	0.000 0		0.037	1.00	328.86		
防城港核电厂	1号机组	89.60	0.01	0.01	0.00	0.00	0.00	0.000 0	0.000 0	0.000 0	0.037	1.00	283.06	0.00	0.00
	2号机组	99.98	0.01	0.01	0.00	0.00	0.00	0.000 0	0.000 0		0.037	1.00	14.85		
WANO中值		87.28	1.29	0.83	0.00	0.00	0.00	0.000 2	0.000 0	0.000 4	0.253	1.00	391.37	0.00	0.00
WANO先进值		92.95	0.10	0.08	0.00	0.00	0.00	0.000 0	0.000 0	0.000 0	0.037	1.00	185.61	0.00	0.00

说明：

1. 表中WANO单项指标的中值、先进值，为2019年度值，根据2019年3月WANO网站发布的文件《2019_WANO_PIData_Rev》计算得到。
2. WANO单项指标中，除机组能力因子数值越高表示业绩越好外，其余指标均是数值越低表示业绩越好（燃料可靠性最小值为0.037 Bq/g、化学性能最小值为1.00）。表中各机组的WANO性能指标数据的精度与WANO惯例保持一致，进行了四舍五入。
3. 表中浅灰色■表示该指标没有达到WANO中值，中灰色■表示该指标达到WANO中值但没有达到先进值，深灰色■表示该指标达到WANO先进值。

在建核电项目进展情况

截至2018年年底，我国共有11台在建核电机组。2018年共有7台核电机组首次并网，其中台山核电厂1号机组成为全球首台并网的EPR机组，AP1000三代核电自主化依托项目——三门核电厂1、2号机组和海阳核电厂1、2号机组全部实现首次并网。

“华龙一号”工程进展顺利，全球首堆示范工程——福清核电厂5号机组泵房进水提前实现，全部30个里程碑节点已按计划完成20个。福清核电厂6号机组反应堆压力容器成功吊装就位，首台蒸汽发生器引入反应堆。

防城港核电厂3号机组土建工程接近尾声，设备安装陆续展开，反应堆压力容器顺利卸船。

高温气冷堆核电站示范工程进入安装调试高峰，已取得核材料许可证，工程质量和进度总体受控。

一、三门核电厂1、2号机组

<table>
<tr><td colspan="4">一、基本情况</td></tr>
<tr><td>业主单位</td><td colspan="3">三门核电有限公司</td></tr>
<tr><td>主要股东</td><td colspan="3">中国核能电力股份有限公司（51%）、浙江浙能电力股份有限公司（20%）、中电投核电有限公司（14%）、华电福新能源股份有限公司（10%）、中核投资有限公司（5%）</td></tr>
<tr><td>厂址</td><td colspan="3">浙江省三门县健跳镇猫头山半岛</td></tr>
<tr><td>机组堆型</td><td colspan="3">AP1000</td></tr>
<tr><td>设计电功率</td><td colspan="3">1250 MW</td></tr>
<tr><td rowspan="3">开工日期及完工日期</td><td>机组</td><td>开工日期</td><td>完工日期</td></tr>
<tr><td>1号机组</td><td>2009–04–19</td><td>2018–09–30</td></tr>
<tr><td>2号机组</td><td>2009–12–15</td><td>2018–11–17</td></tr>
<tr><td colspan="4">二、建设亮点</td></tr>
<tr><td colspan="4">2018年，三门核电充分利用1号机组等待装料的时间，完成BOSS头焊缝返修；及时对1号机组热试经验进行总结，有效反馈至2号机组，保障其热试顺利完成；解决ADS（自动泄压系统）第4级 D列管道振动高等问题，首堆试验和重大风险瞬态试验一次成功，装料后启动试验期间未发生非计划停堆停机、违反技术规格书、重大/一般性人员伤害和设备损坏事件；1、2号机组分别于2018年9月21日、11月5日投入商运。</td></tr>
</table>

三门核电厂1、2号机组里程碑完成情况

序号	里程碑	完成日期	
		1号机组	2号机组
1	框架性合同签订	2007–03–01	2007–03–01
2	钢衬建造合同授权	2008–06–30	2008–06–30
3	主合同签订	2007–07–24	2007–07–24
4	主合同生效	2007–09–24	2007–09–24
5	授权开工日	2007–12–31	2007–12–31
6	初步安全分析报告提交给业主	2008–02–27	2008–02–27
7	核岛开始负挖	2008–02–26	2008–02–26
8	模块预制厂	2008–05–30	2008–05–30
9	建造许可证	2009–03–26	2009–03–26
10	大吊车可用	2009–05–21	2009–05–21
11	核岛FCD（浇注第一灌混凝土）	2009–04–19	2009–12–15
12	CA20模块就位	2009–06–29	2010–06–27
13	CV（钢制安全壳容器）底封头就位	2009–12–21	2010–06–13
14	常规岛FCD	2009–07–21	2010–05–16
15	CA01模块就位	2010–03–26	2010–12–26
16	CV1号环就位	2010–03–18	2010–11–16
17	CV2号环就位	2010–05–31	2011–03–30
18	CV3号环就位	2010–09–12	2011–07–18
19	汽机厂房吊车可用	2011–02–28	2012–05–24
20	反应堆压力容器到货	2011–07–29	2014–08–20
21	汽轮机区域开始安装	2011–05–30	2012–03–31
22	凝汽器到货	2011–04–18	2013–02–28
23	发电机到货	2011–08–22	2013–12–25
24	蒸汽发生器到货	2012–10–26	2015–03–05

续表

序号	里程碑	完成日期	
		1号机组	2号机组
25	汽轮机到货	2012–10–15	2013–12–25
26	CV顶封头就位	2013–01–29	2015–07–06
27	厂用电母线送电	2012–03–23	2015–08–25
28	核岛环吊可用	2013–04–22	2015–09–19
29	除盐水可用	2012–03–20	2015–12–18
30	仪控用压缩空气可用	2014–06–08	2015–12–20
31	最终安全分析报告	2012–01–31	2012–01–31
32	反应堆冷却泵到货	2016–02–08	2016–12–10
33	操作员模拟机可用	2012–06–28	2012–06–28
34	反应堆冷却系统移交	2016–04–09	2017–08–28
35	反应堆穹顶完工	2014–04–26	2016–04–01
36	主控室可用	2014–03–03	2015–11–25
37	冷态试验	2016–05–24	2017–08–31
38	凝汽器抽真空	2016–06–04	2017–08–26
39	汽机准备冲转	2016–07–20	2017–08–26
40	热态试验	2016–07–30	2017–11–15
41	漏泄率试验结束	2015–11–06	2017–05–31
42	颁发装料许可证	2018–04–25	2018–07–04
43	开始装料	2018–04–25	2018–07–05
44	首次临界	2018–06–21	2018–08–17
45	首次并网	2018–06–30	2018–08–24
46	性能试验结束	2018–09–30	2018–11–17

说明：CA01、CA20为核岛组装模块代号。

二、台山核电厂1、2号机组

<table>
<tr><td colspan="4">一、基本情况</td></tr>
<tr><td>业主单位</td><td colspan="3">台山核电合营有限公司</td></tr>
<tr><td>主要股东</td><td colspan="3">中国广核电力股份有限公司（51%）、法国电力公司（30%）、广东省能源集团有限公司（19%）</td></tr>
<tr><td>厂址</td><td colspan="3">广东省台山市赤溪镇</td></tr>
<tr><td>机组堆型</td><td colspan="3">EPR</td></tr>
<tr><td>设计电功率</td><td colspan="3">1750 MW</td></tr>
<tr><td rowspan="4">开工日期及计划完工日期</td><td>机组</td><td>开工日期</td><td>计划完工日期</td></tr>
<tr><td>1号机组</td><td>2009–11–18</td><td>2018–12–13</td></tr>
<tr><td>2号机组</td><td>2010–04–15</td><td>2019–10–15</td></tr>
<tr><td colspan="3">备注：1号机组计划完工日期为实际完工日期。</td></tr>
<tr><td colspan="4">二、建设亮点</td></tr>
<tr><td colspan="4">2018年4月10日，1号机组开始首次装料，之后接连实现临界、并网等重大里程碑，于2018年12月13日具备商业运行条件。1号机组率先突破EPR三代核电技术难关，后发先至成为EPR全球首堆工程；2号机组充分吸取1号机组的经验反馈，进展顺利，较计划提前完成冷试、热试目标。</td></tr>
</table>

台山核电厂1、2号机组里程碑完成情况

序号	里程碑	完成日期	
		1号机组	2号机组
1	核岛设计采购合同签订	2007–11–26	2007–11–26
2	汽轮发电机组供应合同签订	2008–02–28	2008–02–28
3	核岛FCD	2009–10–26	2010–04–15
4	常规岛FCD	2009–09–01	2010–03–13
5	泵房（HPX）FCD	2009–11–26	2010–02–04
6	汽轮机基座开始施工	2010–01–15	2010–09–01
7	核岛安装开始（HL*管道）	2010–11–01	2011–08–30
8	穹顶吊装	2011–10–23	2012–09–12
9	除盐水生产系统调试开始	2011–06–15	2011–06–15
10	主行车可用	2011–12–27	2012–12–29
11	环吊可用	2012–04–23	2013–06–19
12	汽轮机LP1模块到货	2011–10–10	2013–09–15
13	反应堆压力容器到货	2011–10–28	2014–10–29
14	发电机定子到货	2013–10–05	2014–12–08
15	海底隧道完工	2012–11–04	2013–02–03
16	泵站进水	2014–10–30	2017–12–14
17	500 kV可用	2014–08–15	2018–06–21
18	安全壳试验	2016–06–24	2018–10–19
19	核回路管道冲洗开始	2013–12–17	2017–12–26
20	冷试开始	2015–12–30	2018–07–03
21	热试开始	2018–04–01	2018–12–10
22	燃料组件到货	2017–04–03	2018–12–07
23	颁发装料许可证	2018–04–10	2019–04–10
24	装料开始	2018–04–10	2019–04–12
25	首次核临界	2018–06–06	2019–05–30
26	首次并网	2018–06–29	2019–06–23
27	具备商业运行条件	2018–12–13	

三、阳江核电厂5、6号机组

<table>
<tr><th colspan="4">一、基本情况</th></tr>
<tr><td>业主单位</td><td colspan="3">阳江核电有限公司</td></tr>
<tr><td>主要股东</td><td colspan="3">中国广核电力股份有限公司（34%）、广东核电投资有限公司（25%）、广东省粤电集团有限公司（17%）、中电核电（阳江）有限公司（17%）、中广核一期产业投资基金有限公司（7%）</td></tr>
<tr><td>厂址</td><td colspan="3">广东省阳江市东平镇沙环村</td></tr>
<tr><td>机组堆型</td><td colspan="3">CPR1000</td></tr>
<tr><td>设计电功率</td><td colspan="3">1086 MW</td></tr>
<tr><td rowspan="4">开工日期及
计划完工日期</td><td>机组</td><td>开工日期</td><td>计划完工日期</td></tr>
<tr><td>5号机组</td><td>2013–09–18</td><td>2018–07–12</td></tr>
<tr><td>6号机组</td><td>2013–12–23</td><td>2019–09–15</td></tr>
<tr><td colspan="3">备注：5号机组计划完工日期为实际完工日期。</td></tr>
<tr><th colspan="4">二、建设亮点</th></tr>
<tr><td colspan="4">5号机组是国内首次采用ACPR1000技术路线、首次应用自主研发和睦系统、首次引进新核岛安装承包商全面承担核岛主体安装工程的机组，装料至临界为26天，装料至商运为83天，创造了集团内新建机组启动阶段最短工期纪录，启动期间零跳机、跳堆。在装料准备阶段，三废系统创造了集团内最短调试工期记录，其中固体废物处理系统（TES）首次实现装料前固化体性能检测合格；MTU柴油机创造了同类型机组调试用时42天的最短工期，MAN柴油机（首次应用）创造了43天的最短调试工期；发电机气密试验一次成功。
6号机组落实5 号机组建设经验反馈，顺利实现冷试、核回路冲洗、安全壳打压试验。2019年1月7日，机组安全壳打压试验顺利结束，用时170.5小时，创建造阶段安全壳打压试验最优工期。</td></tr>
</table>

阳江核电厂5、6号机组里程碑完成情况

序号	里程碑	完成日期	
		5号机组	6号机组
1	核岛FCD	2013–09–18	2013–12–23
2	常规岛FCD	2013–12–30	2014–05–13
3	核岛安装开始	2015–03–12	2015–11–11
4	核岛穹顶吊装	2015–06–12	2016–01–27
5	常规岛安装开始	2016–01–10	2016–08–01
6	核岛环吊可用	2015–10–14	2016–06–02
7	汽轮机首台低压缸模块到货	2016–04–17	2017–03–03
8	发电机到货	2016–11–06	2017–08–14
9	泵站进水	2016–11–30	2017–07–18
10	反应堆压力容器与蒸汽发生器全部到货	2016–09–30	2017–09–06
11	核岛主回路冷试开始	2017–07–21	2018–10–23
12	核岛主回路热试开始	2017–12–08	
13	开始装载核燃料	2018–04–20	
14	首次核临界	2018–05–20	
15	首次并网	2018–05–23	
16	具备商业运行条件	2018–07–12	

四、 田湾核电厂3—6号机组

一、基本情况			
业主单位	江苏核电有限公司		
主要股东	中国核能电力股份有限公司（50%）、上海禾曦能源投资有限公司（30%）、江苏省国信资产管理集团有限公司（20%）		
厂址	江苏省连云港市连云区田湾		
机组堆型	VVER（3、4号机组）、M310改进型（5、6号机组）		
设计电功率	1126 MW（3、4号机组）、1118 MW（5、6号机组）		
开工日期及计划完工日期	机组	开工日期	计划完工日期
	3号机组	2012–12–27	2018–02–15
	4号机组	2013–09–27	2018–12–22
	5号机组	2015–12–27	2020–12–31
	6号机组	2016–09–07	2021–10–31
	备注：3、4号机组计划完工日期为实际完工日期。		
二、建设亮点			
2018年，江苏核电紧密围绕3、4号机组调试中心任务，克服500 kV线路建设严重滞后等不利影响，通过提前介入调试、系统中间移交等方式，实现3、4号机组提前具备商业运行条件。2018年5、6号机组进入土建转安装施工阶段的关键时期，江苏核电统一协调各项资源，确保在设备到货后具备立即安装条件；强化对工程公司和监理公司履行职责情况的监督检查，确保施工安全可控、质量进度符合要求。5号机组核岛压力容器吊装就位提前46天完成，三台蒸汽发生器和主泵泵壳已完成安装； 6号机组穹顶吊装专项计划顺利实施，核岛压力容器保温支架焊接完成，压力容器支承环已引入厂房20 m平台，为压力容器吊装就位做好了准备。			

田湾核电厂3、4号机组里程碑完成情况

序号	里程碑	完成日期	
		3号机组	4号机组
1	建造许可证颁发	2012–12–26	2012–12–26
2	核岛FCD	2012–12–27	2013–09–27
3	常规岛FCD	2013–04–21	2014–02–21
4	UJA厂房内部结构至34 m板完成	2014–11–11	2015–08–09
5	反应堆厂房穹顶焊接完成	2014–12–29	2015–10–24
6	环吊可用	2015–01–20	2015–11–03
7	反应堆压力容器开始安装	2015–02–20	2015–12–12
8	主管道开始安装	2015–06–10	2016–04–13
9	汽轮机安装开始	2015–07–05	2016–07–13
10	除盐水可用	2015–12–14	2015–12–14
11	220 kV倒送电	2016–02–20	2017–01–07
12	预应力张拉完成	2016–03–26	2017–01–17
13	循环冷却（海）水供水	2016–06–05	2017–04–07
14	主控室投用	2016–07–29	2017–05–16
15	500 kV可用	2016–12–04	2017–09–10
16	主回路冷试开始	2016–11–27	2017–11–16
17	主回路热试开始	2017–03–06	2018–03–27
18	首次装料	2017–08–18	2018–08–25
19	首次临界	2017–09–29	2018–09–30
20	首次并网	2017–12–30	2018–10–27
21	商业运行	2018–02–15	2018–12–22

田湾核电厂5、6号机组里程碑完成情况

序号	里程碑	完成日期	
		5号机组	6号机组
1	长周期设备采购合同重启	2015–08–31	2015–08–31
2	项目核准	2015–12–22	2015–12–22
3	获取项目建造许可证	2015–12–23	2015–12–23
4	核岛FCD	2015–12–27	2016–09–07
5	常规岛FCD	2016–04–29	2016–10–29
6	泵房（PX）FCD	2016–06–21	2016–06–21
7	核岛安装开始（NX厂房安装开始）	2017–08–02	2018–03–15
8	穹顶吊装	2017–09–26	2018–05–05
9	常规岛主行车可用	2018–02–05	2018–11–22
10	环吊完全可用	2018–02–06	2018–11–30
11	龙门吊完全可用	2018–04–16	2018–12–13
12	汽机安装开始（低压缸安装开始）	2018–06–10	
13	压力容器吊装	2018–07–10	
14	燃料厂房水池可用	2018–12–12	
15	主管道焊接开始	2018–07–27	
16	220 kV倒送电	2018–04–13	
17	泵房（PX）进水		
18	主控室可用		
19	主泵到货（第三台水力部件及电机）		
20	500 kV可用		
21	安全壳密封性试验完成		
22	冷试开始		
23	汽机盘车可用		
24	热试开始		
25	燃料到场		
26	获取装料许可证		
27	装料开始		
28	首次临界		
29	首次并网		
30	商业运行		

五、红沿河核电厂5、6号机组

<table>
<tr><td colspan="4">一、基本情况</td></tr>
<tr><td>业主单位</td><td colspan="3">辽宁红沿河核电有限公司</td></tr>
<tr><td>主要股东</td><td colspan="3">中广核核电投资有限公司（45%）、中电投核电有限公司（45%）、大连市建设投资集团有限公司（10%）</td></tr>
<tr><td>厂址</td><td colspan="3">辽宁省瓦房店市红沿河镇东岗村</td></tr>
<tr><td>机组堆型</td><td colspan="3">CPR1000</td></tr>
<tr><td>设计电功率</td><td colspan="3">1118.79 MW</td></tr>
<tr><td rowspan="3">开工日期及计划完工日期</td><td>机组</td><td>开工日期</td><td>计划完工日期</td></tr>
<tr><td>5号机组</td><td>2015–03–29</td><td>2021–01–31</td></tr>
<tr><td>6号机组</td><td>2015–07–24</td><td>2021–08–31</td></tr>
<tr><td colspan="4">二、建设亮点</td></tr>
<tr><td colspan="4">2018年，二期工程（5、6号机组）进入安装高峰期，主要设备陆续交付现场，现场安装总体进展基本正常。受海域使用权证办理的影响，海工工程受到明显制约，进度相比原计划产生较大延误，成为制约项目总进度目标的关键因素。为最大限度降低其对总进度的影响，工程先后采取调整排水口虹吸井至陆地区域并增设陆域防渗墙、提前开始虹吸井施工、增设临时取水管线、调整厂内循环水构筑物结构边界、提前实现泵站进水等措施，使5号机组核岛工艺系统调试按原计划开展，有效缓解了工期压力。</td></tr>
</table>

红沿河核电厂5、6号机组里程碑完成情况

序号	里程碑	完成时间	
		5号机组	6号机组
1	取得建造许可证	2015–03–13	2015–03–13
2	核岛FCD	2015–03–29	2015–07–24
3	常规岛FCD	2015–05–15	2015–08–04
4	泵房FCD	2015–08–12	2015–08–12
5	BOP安装开始	2016–08–15	2016–08–15
6	核岛安装开始	2016–11–30	2017–08–07
7	穹顶吊装	2017–04–12	2017–09–08
8	反应堆厂房环吊可用	2017–10–31	2018–09–02
9	常规岛安装开始	2017–08–25	2018–01–19
10	反应堆压力容器到货	2018–03–18	2018–11–23
11	汽轮机首台低压缸到货	2017–12–22	2018–09–17
12	发电机到货	2018–06–13	
13	泵站进水	2019–04–12	
14	500 kV可用		
15	冷试开始		
16	热试开始		
17	核燃料组件运到现场		
18	取得装料许可证		
19	装料开始		
20	首次临界		
21	汽轮机冲转		
22	首次并网		
23	具备商运条件		

六、福清核电厂5、6号机组

一、基本情况			
业主单位	福建福清核电有限公司		
主要股东	中国核能电力股份有限公司（51%）、华电福新能源股份有限公司（39%）、福建省投资开发集团有限责任公司（10%）		
厂址	福建省福州市福清市三山镇前薛村		
机组堆型	HPR1000		
设计电功率	1150 MW		
开工日期及计划完工日期	机组	开工日期	计划完工日期
	5号机组	2015–05–07	2020–07–08
	6号机组	2015–12–22	2021–04–30
二、建设亮点			
“华龙一号”首堆工程以创新发展为指引，以华龙大团队“同一事业、同一项目、同一团队、同一目标、同一文化、同一行动”为理念，建立了全过程管控、全方位覆盖、多层级协同、多维度参与的工作机制，完成“华龙一号”管理标准体系研究，开发20项标准化管理产品，“华龙一号”2项管理优化项目获中核集团2018年度管理创新成果奖。管理创新有力推动了“华龙一号”示范工程首堆建设，2018年工程建设所有里程碑节点均如期或提前实现。			

福清核电厂5、6号机组里程碑完成情况

序号	里程碑	完成时间	
		5号机组	6号机组
1	获取项目建造许可证	2015–05–06	2015–05–06
2	核岛FCD	2015–05–07	2016–02–28
3	常规岛FCD	2015–10–30	2016–08–24
4	泵房FCD	2015–11–06	2015–11–06
5	反应堆厂房内筒体砼施工开始	2015–10–18	2016–07–12
6	核岛安装开始	2016–09–20	2017–08–06
7	内穹顶吊装	2017–05–25	2018–03–21
8	BOP安装开始	2017–04–06	2018–09–01
9	环吊可用	2017–10–12	2018–08–21
10	常规岛安装开始	2017–09–17	2019–01–29
11	反应堆压力容器到场	2018–01–16	2018–10–22
12	反应堆压力容器安装完成	2018–02–14	2018–12–20
13	最后一台蒸发器到场	2017–12–24	
14	DCS全部到场	2018–04–25	
15	汽机安装开始	2018–07–25	
16	220 kV倒送电	2018–03–02	
17	主泵全部到场	2018–08–29	
18	主管道焊接完成	2018–07–24	
19	主控室部分可用	2018–08–04	
20	泵房进水	2018–09–11	
21	500 kV可用		
22	冷试开始		
23	汽机盘车可用		
24	燃料到场		
25	热试开始		
26	获取装料许可证		
27	装料开始		
28	首次临界		
29	首次并网		
30	具备商运条件		

七、防城港核电厂3、4号机组

<table>
<tr><td colspan="4">一、基本情况</td></tr>
<tr><td>业主单位</td><td colspan="3">广西防城港核电有限公司</td></tr>
<tr><td>主要股东</td><td colspan="3">中国广核集团有限公司（61%）、广西投资集团有限公司（39%）</td></tr>
<tr><td>厂址</td><td colspan="3">广西壮族自治区防城港市光坡镇红沙澫</td></tr>
<tr><td>机组堆型</td><td colspan="3">HPR1000</td></tr>
<tr><td>设计电功率</td><td colspan="3">1180 MW</td></tr>
<tr><td rowspan="3">开工日期及
计划完工日期</td><td>机组</td><td>开工日期</td><td>计划完工日期</td></tr>
<tr><td>3号机组</td><td>2015–12–24</td><td>2021–10–31</td></tr>
<tr><td>4号机组</td><td>2016–12–23</td><td>2022–10–31</td></tr>
<tr><td colspan="4">二、建设亮点</td></tr>
<tr><td colspan="4">2018年，3号机组建设克服了核岛土建承包商施工经验不足、穹顶吊装时间紧迫等问题，顺利完成机组穹顶吊装里程碑节点；4号机组核岛、常规岛及BOP施工全面展开。</td></tr>
</table>

防城港核电厂3、4号机组里程碑完成情况

序号	里程碑	完成日期	
		3号机组	4号机组
1	核岛负挖工程开工	2015–02–08	2016–01–11
2	反应堆压力容器、蒸汽发生器合同签订	2015–05–23	2015–05–23
3	常规岛FCD	2016–09–28	2017–05–26
4	核岛FCD	2015–12–24	2016–12–23
5	数字化仪控系统（DCS）合同签订	2016–02–23	2016–02–23
6	泵房FCD	2016–11–28	2017–01–11
7	核岛安装开始	2017–10–16	2018–08–09
8	安全壳穹顶吊装	2018–05–23	
9	常规岛安装开始	2018–11–29	
10	首个单系统（SDA）调试开始	2018–08–28	2018–08–28
11	反应堆厂房环吊可用	2018–10–24	
12	汽轮机首个低压缸模块到货		
13	发电机定子到货		
14	反应堆压力容器和蒸汽发生器全部到货		
15	泵站进水		
16	500 kV可用		
17	核岛主回路冷试开始		
18	核岛主回路热试开始		
19	装料		
20	首次临界		
21	首次并网		
22	具备商业运行条件		

八、海阳核电厂 1、2 号机组

<table>
<tr><td colspan="4">一、基本情况</td></tr>
<tr><td>业主单位</td><td colspan="3">山东核电有限公司</td></tr>
<tr><td>主要股东</td><td colspan="3">国家电力投资集团有限公司（65%）、山东发展投资控股集团有限公司（10%）、烟台蓝天投资控股有限公司（10%）、中国国电集团公司（5%）、中国核能电力股份有限公司（5%）、华能核电开发有限公司（5%）。</td></tr>
<tr><td>厂址</td><td colspan="3">山东省海阳市大辛家</td></tr>
<tr><td>机组堆型</td><td colspan="3">AP1000</td></tr>
<tr><td>设计电功率</td><td colspan="3">1250 MW</td></tr>
<tr><td rowspan="3">开工日期及完工日期</td><td>机组</td><td>开工日期</td><td>完工日期</td></tr>
<tr><td>1号机组</td><td>2009–09–24</td><td>2018–10–22</td></tr>
<tr><td>2号机组</td><td>2010–06–20</td><td>2019–01–09</td></tr>
<tr><td colspan="4">二、建设亮点</td></tr>
<tr><td colspan="4">2018年，海阳核电建立了生产、调试联合计划管理模式，推动设计、采购制造、施工、调试工作按计划进行；1、2号机组均顺利完成装料、临界、并网等关键里程碑节点，并分别于2018年10月22日、2019年1月9日具备商业运行条件，海阳核电一期工程实现全面投产。</td></tr>
</table>

海阳核电厂1、2号机组里程碑完成情况

序号	里程碑	完成日期	
		1号机组	2号机组
1	框架协议签订	2007–03–01	2007–03–01
2	主合同签字	2007–07–24	2007–07–24
3	主合同生效	2007–09–24	2007–09–24
4	授权开工（ATP）	2007–12–31	2007–12–31
5	最初安全分析报告提交业主	2007–12–01	2007–12–01
6	授予模块预制合同	2008–11–13	2008–11–13
7	开始核岛负挖	2008–07–29	2008–08–31
8	重型吊车可用	2009–12–31	2009–12–31
9	获得建造许可证	2009–09–24	2009–09–24
10	核岛FCD	2009–09–24	2010–06–20
11	常规岛FCD	2010–05–15	2010–09–16
12	CA20模块就位	2010–01–30	2010–12–21
13	安全壳底封头就位	2010–04–09	2010–10–30
14	CA01模块就位	2010–09–27	2011–04–06
15	安全壳1号环就位	2010–07–01	2011–03–13
16	安全壳2号环就位	2010–10–12	2011–04–28
17	安全壳3号环就位	2010–11–29	2011–10–30
18	安全壳4号环就位	2011–09–22	2012–05–13
19	冷凝器到货	2011–11–10	2013–08–13
20	压力容器交付至现场	2011–11–09	2014–09–10
21	发电机到货	2012–05–21	2014–05–30
22	电站设施母线受电	2012–12–28	2014–12–23
23	两台蒸汽发生器交付至现场	2012–12–11	2015–03–31
24	除盐水可用	2012–12–21	2012–12–21
25	最终安全分析报告提交	2012–08–31	2012–08–31
26	模拟机可用于运行培训	2013–05–03	2013–05–03
27	安全壳顶封头就位	2013–03–29	2015–08–04
28	核岛环吊可用	2013–06–29	2015–10–30
29	核岛反应堆外穹顶完工	2013–03–29	2015–08–04
30	主控室可用	2015–05–25	2016–05–28
31	汽轮机具备受汽条件	2015–12–23	2016–12–16
32	开始热试	2016–08–31	2018–02–25
33	装料许可发布	2018–06–21	2018–08–08
34	开始装料	2018–06–21	2018–08–08
35	首次临界	2018–08–08	2018–09–29
36	首次并网	2018–08–17	2018–10–13
37	性能试验结束	2018–11–10	2019–01–20

说明：CA01、CA20为核岛组装模块代号。

九、石岛湾核电厂高温气冷堆核电站示范工程

<table>
<tr><td colspan="4">一、基本情况</td></tr>
<tr><td>业主单位</td><td colspan="3">华能山东石岛湾核电有限公司</td></tr>
<tr><td>主要股东</td><td colspan="3">中国华能集团公司（47.5%）、核建高温堆控股有限公司（32.5%）、清华控股有限公司（20%）</td></tr>
<tr><td>厂址</td><td colspan="3">山东省荣成市石岛管理区宁津街道办事处辖区</td></tr>
<tr><td>机组堆型</td><td colspan="3">高温气冷堆</td></tr>
<tr><td>设计电功率</td><td colspan="3">211 MW</td></tr>
<tr><td rowspan="2">开工日期及计划完工日期</td><td>开工日期</td><td>计划完工日期</td><td>合同规定完工日期</td></tr>
<tr><td>2012–12–09</td><td>2020年10月</td><td>2024–05–31</td></tr>
<tr><td colspan="4">二、建设亮点</td></tr>
<tr><td colspan="4">2018年，高温气冷堆核电站示范工程进入安装调试高峰，提前年度计划完成首台蒸汽发生器制造，顺利取得核材料许可证，为首次装料和投产创造了前提条件。设备制造、土建安装、调试稳步推进，工程质量和进度总体受控。</td></tr>
</table>

石岛湾核电厂高温气冷堆核电站示范工程里程碑完成情况

序号	里程碑	完成日期
1	建造许可证获颁	2012–12–04
2	核岛第一罐混凝土开始浇注	2012–12–09
3	反应堆厂房 ± 0.00 m板施工完成	2014–03–28
4	常规岛第一罐混凝土浇筑	2014–09–07
5	反应堆厂房28.05 m板施工完成	2015–04–20
6	汽轮机厂房封顶	2015–10–24
7	常规岛厂房主行车可用	2015–11–12
8	上报装料许可证申领文件（最终安全分析报告等）	2015–12–17
9	反应堆厂房大厅吊车可用	2016–03–06
10	模拟机可用	2015–12–20
11	2号压力容器吊装	2016–03–20
12	汽机台板就位	2016–07–10
13	110 kV倒送电	2016–10–16
14	2号反应堆陶瓷堆内构件安装开始	2016–11–25
15	主控室可用	2016–12–29
16	汽机扣缸	2017–03–31
17	消防水生产稳压系统投用	2017–03–30
18	汽轮机油循环结束	2017–05–31
19	220 kV倒送电	2017–06–19
20	汽轮机具备盘车条件	2017–07–31
21	获颁核材料许可证	2018–12–20
22	2号蒸汽发生器到货	2019–01–29
23	2号反应堆三壳组装完成	
24	2号反应堆冷试开始	
25	循环水系统通水	
26	2号反应堆热试开始	
27	首批燃料元件到场	
28	辐射控制区建立	
29	高温堆海工工程具备正式通水条件	
30	获颁运行许可证	
31	2号反应堆装料开始	
32	2号反应堆空气氛下初始临界	
33	2号反应堆氦气氛下首次临界	
34	汽轮机调速静态试验结束	
35	汽机核冲转	
36	首次并网	
37	2号反应堆满功率试验结束	
38	100小时满功率运行试验结束	

核燃料循环

发展现状

2018年，我国核燃料产业生产运行保持稳定，部分环节产业能力进一步增强，市场化、国际化步伐进一步加大，科技研发取得积极进展，核燃料产业科研生产活动安全、受控。

截至2018年年底，我国已查明铀矿资源分布于新疆、内蒙古和江西等23个省（自治区），已经落实了6个万吨至十万吨级铀矿资源基地。已探明的大型及以上规模铀矿床的资源量约占全国已查明铀矿资源量的近60%。2018年，国内铀矿勘查以北方盆地砂岩型铀矿为主攻类型，以伊犁盆地南缘、鄂尔多斯盆地东北部、二连盆地中东部和松辽盆地西南部等铀矿资源大基地为重点，全年共完成钻探工作量约50万米，新发现工业铀矿孔217个。我国基本形成了以北方绿色地浸砂岩矿山为主体、南方硬岩矿山为补充的产业发展格局，中国本土铀矿供应能力逐渐提升。2018年，各铀矿采冶工程项目按计划保持安全稳定生产运行，为国内铀资源保障奠定了基础，地浸采铀不断迈向精细化，数字化矿山建设取得新进展。

2018年，核燃料加工能力进一步加强。随着二七二铀业铀转化工程项目顺利通过现场竣工验收，我国“一南一北”两个铀纯化转化基地中的南方基地正式建成；具有完全自主知识产权的我国新一代铀浓缩离心机大型商用示范工程通过国家竣工验收，标志着我国铀浓缩离心机实现了升级换代；国内在运核燃料加工生产线保持安全稳定运行，保障了我国核电发展需求；自主品牌核燃料组件正在加快发展，压水堆燃料组件CF3进入第三循环考验、STEP-12正在开展第二循环考验、SAF-14正开展入堆先导组件制造和入堆安全评价工作；先进燃料元件方面，同步开展环形燃料元件和ATF燃料元件的研究工作，均已圆满完成第一阶段研究工作。

2018年，核燃料循环后段积极推进。截至2018年年底，我国具备湿法贮存能力1300 tHM，正在建设湿法贮存能力1200 tHM。2018年，国家确定了联运主通道，明确了红沿河核电站核电码头作为海铁中转码头，各核电站码头作为节点码头；正在成立由专业船运公司与核工业企业合资合作的乏燃料运输专业船公司，基本完成乏燃料运输专用船舶设计工作。目前，我国已实施乏燃料后处理科研专项，支持乏燃料后处理关键技术、设备和工艺研发，首批项目正在实施。近年来，我国要求新建核电项目要配套建设低放废物处置设施，有力地推动了处置能力的建设；已经开始研究建设中等深度废物处置场，相关工作正在推进中；高放废物地质处置地下实验室项目申报审批已经取得重要进展。

铀矿勘查与采冶

一、中国核工业集团有限公司

2018年，中国铀业有限公司以习近平新时代中国特色社会主义思想和党的十九大精神为指导，坚持创新发展理念，按照高质量发展要求，积极落实中核集团党组的各项决定决议，积极应对内外部环境变化，迎难而上、扎实工作，各项工作稳步推进。2018年，中国铀业全年主营业务同比增长16%，经济指标均完成集团公司下达的考核任务。

经济效益实现平稳增长。全年实现主营业务同比增长16%；集团外营业收入同比增长18%；利润总额同比增长8.1%；EVA同比增加1亿元。经济指标均完成集团下达的考核任务。

铀矿勘察开发步伐加快。全年完成钻探工作量50余万米，新发现工业铀矿孔近220个。哈达图、巴彦乌拉等重点靶区铀矿床规模持续扩大。新疆伊犁大基地、内蒙古大基地建设积极推进。铀转化项目通过现场验收，纯化转化生产线稳定运行。

产供销一体化开端良好。在集团公司的强力推动下，中国铀业与中国核能电力股份有限公司、中国原子能工业有限公司大力协同，各项工作积极推进。新开拓了俄罗斯天然铀贸易渠道。

重大产业项目进展顺利。中国铀业集中力量、发挥优势，全力推进一批引领产业发展的优势项目落地和建设。湖南独居石项目获准，项目建设进展顺利。

“走出去”工作取得重大突破。与沙特合作的铀钍资源合作一期项目稳步推进。柬埔寨援外水井工程一期项目顺利完成。埃塞俄比亚航测项目、老挝钾盐项目、巴基斯坦油气服务项目顺利实施。

科技创新成果丰硕。全年实施95项科研项目，新落实11项重大科研项目。22项行业标准通过国防科工局发布。获得28项发明专利权。获国防科技一等奖1项、获中核集团科技成果特等奖1项。

二、中国广核集团有限公司

中广核湖山铀矿超额完成年度生产任务

2018年，中广核纳米比亚湖山铀矿生产稳步爬坡，超额完成年度生产任务。

2018年10月16日，国务院国资委党委副书记、主任肖亚庆赴湖山铀矿调研。肖亚庆充分肯定中广核在纳米比亚的投资成绩，表示将“全力支持中广核发展，全力支持湖山项目的进一步发展”，并强调要按照世界一流企业的标准和要求建设运营湖山铀矿，守住标杆地位，为各类企业“走出去”树立长期榜样。

核燃料生产

一、中国核工业集团有限公司

2018年，中国原子能公司与中国核燃料有限公司合并后的中国原子能工业有限公司，成为一家集产、供、销、研和进出口于一体的中核集团直属专业化公司，承担核燃料生产、技术研发、工程建设、技术服务、运输仓储和铀产品、核燃料循环设备、核电技术设备进出口以及招标服务等业务，是我国核燃料生产商、供应商、服务商。

新时代，中国原子能公司进入了新的发展阶段。面对机遇和挑战，中国原子能公司积极谋划，明确了“打造世界一流核燃料产业”的发展目标，坚持“以核燃料为本、产供销一体化、保障核电燃料供应”的方针，奋力推进核燃料产业的高质量发展。

1.完成年度任务，取得新发展，创造新业绩

2018年，中国原子能公司坚持以习近平新时代中国特色社会主义思想为指引，深入贯彻落实党的十九大精神，全面加强党的建设，稳步推进两公司合并工作，调整优化战略规划，突出抓好科技创新和降本增效，优化完善运营模式，切实强化基础管理，巩固国内市场，开拓国际市场，全面完成了年度经营指标任务，取得了新时期的新发展，创造了新时期的新业绩。

2018年，预计年营业收入同比增长26.84%，集团外营业收入同比增长10.40%，利润同比增长26.24%，实现经济增加值同比增长30.80%。

2.强化国际、国内两个市场开拓，确保核燃料安全、稳定供应

充分发挥合并后产供销及贸易服务一体化优势，确立“巩固发展国内、开拓开发国际”的市场原则，强化国际、国内两个市场的开拓。圆满完成核燃料供应合同计划，确保了对国内外核电用户核燃料安全、稳定供应；响应国家核能“走出去”战略，积极支持配合集团公司“华龙一号”出口；完成尼日利亚微堆低浓铀新燃料出口和高浓铀的回收工作等。

3.实现机构、制度与战略融合目标

深化改革按计划实施推进。按照中核集团业务管理调整优化的要求，平稳顺利完成合并工作，实现了机构、制度与战略融合的目标。“三供一业”分离移交及企业办社会剥离改革，成立了专项改革领导小组，配齐配强工作机构，全面完成了国资委、集团公司下达的年度专项改革任务。

4.科研体制机制取得新成就

在降本增效方面提出成本领先战略，坚持成本管控，促进企业转型升级，构建了核燃料加工全产业链成本管控体系与标准，确立目标、编制方案、分解责任、推行实施。

科研体制机制迈出新步伐。具有完全自主知识产权的我国新一代铀浓缩离心机大型商用示范工程通过国家验收，对促进我国铀浓缩产业从“并跑”进入“局部领跑”的跨越式发展具有重大意义。中核集团核燃料与材料研发中心挂牌成立，是集团公司核燃料元件和材料研发、生产单位的各项资源汇聚中心。具有自主知识产权的N36锆合金首次实现规模化生产并通过验收，为“华龙一号”“走出去”提供了有力的支撑。拥有完全自主知识产权的我国全套全尺寸压水堆环形燃料组件试验件成功下线并通过验收，标志着我国压水堆环形燃料组件制造所有关键环节已基本打通，为我国环形核燃料组件后续工程化应用奠定了坚实的基础。

二、中国广核集团有限公司

1.核燃料生产方面

中哈合资组件厂是国家“一带一路”和哈萨克斯坦“光明之路”的标志性项目，也是中广核核燃料产业布局的重大战略项目。2018年，中哈组件厂完成设计及所有主工艺设备采购，于年底进入实体化实施阶段并启动厂房土建施工，施工拟2019年8月结束，随后启动设备安装调试，预计2019年底竣工，具备生产线鉴定条件。

2.乏燃料和放射性废物处理、处置的情况

（1）大亚湾乏燃料贮存设施改造工程示范项目

大亚湾乏燃料贮存设施改造工程示范项目作为国内首个压水堆乏燃料干法贮存项目，于2018年10月22日实现主体工程开工，首批4台乏燃料金属贮罐完成制造，同时中广核已与欧安诺完成技术转让合同签订，正全力推进设备的国产化与自主化。

（2）北龙处置场运行与管理

2018年，北龙处置场运行状况良好，未发生人员超剂量照射和放射性物质失控事件，所接收和处置的放射性废物未对周边环境产生任何可探测到的辐射影响。

（3）放废处理领域的其他生产活动

2018年4月，在广东大亚湾核电环保有限公司的牵头和组织下，中广核与中核404厂签订核电厂可燃放射性废物焚烧处理合同。截至2018年年底，大亚湾、红沿河等核电厂已将第一批可燃放射性废物送交中核404厂进行焚烧减容处理。

核能科研

国家科技重大专项

一、大型先进压水堆核电站

2018年，国家重大科技专项CAP1400完成15个重大专项课题立项，18个重大专项课题通过正式验收。其中，“CAP1400非能动堆芯冷却系统性能试验和验证研究”“CAP1400熔融物堆内滞留（IVR）研究及试验”和“CAP1400非能动安全壳冷却系统性能研究及试验”等3个试验验证课题通过了国家能源局组织的正式验收，至此，压水堆专项六大试验课题全部通过正式验收。2018年度，国家重大科技专项CAP系列技术（包括AP）获得46项专利（包含发明专利和实用新型专利）授权。

二、高温气冷堆核电站示范项目

2018年，高温气冷堆核电重大专项启动“高温堆示范工程可靠运行技术研究”“高温堆示范工程调试关键技术研究”“高温堆示范工程关键设备老化防腐措施技术研究”等3个科研项目，主蒸汽隔离阀制造技术与炭堆内构件制造技术等2项课题通过正式验收。2018年度，高温气冷堆核电重大专项获发明专利授权2项，实用新型专利授权6项。

核能科研开发成果

一、中国核工业集团有限公司

2018年中核集团科技创新取得优异成绩。在代表我国科技最高水平的国家科技进步奖方面获得历史性突破；问鼎代表我国工业发展最高水平的中国工业大奖；获得国防科技奖39项，一等奖4项；授予集团科技奖128项。全年专利申请首次突破3000件，2件专利获中国专利优秀奖，在国资委的排名持续上升；3家单位/个人获中国质量奖提名奖，5个质量管理小组获国际金奖；4项标准获国际标准化组织（ISO）立项；3个项目获军民两用技术应用创新大赛银奖。

二、中国广核集团有限公司

2018年，中广核多项重大科研项目包括“华龙一号”“先进燃料组件”“和睦系统”等，取得可喜成果，集中推动提升集团科技能力，助力集团实现建设世界一流清洁能源企业目标。

承担国家科研项目方面，2018年中广核牵头的多项国家级重点项目获批并正式启动，包括科技部重点研发计划“金属增材制造的高频超声检测技术及装备”与“水下超声、电磁、射线综合无损检测系统开发与应用”、国防科工局核能开发项目“电子束处理环境污染关键技术装置研发及产业化应用示范”、国防科工局核设施退役及放射性废物治理专项“岩洞处置工程技术研究”与“激光去污技术工程化应用研究及专用设备研制”等。同时，一批国家项目正式通过了验收。其中，国家发改委高技术产业发展项目“核电工程总体进度精确测量与量化技术和模块化技术研究”“核电站数字化仪控系统设计验证和调试装置研发”通过验收。核电工程总体进度精确测量与量化技术相关课题成果，实现了对核电项目作业级过程监控与工程总体进展的精确量化管理，对推动后续核电建设项目业务与进度管控的全面集成提供了有效手段，依托课题研究开发形成了实用的核电工程模块化三维设计系统，模块化技术成果依托阳江核电项目实现了核岛安全壳钢衬里模块化的实际应用；核电站数字化仪控系统设计验证和调试装置研发相关成果在阳江、台山核电项目开展了示范应用，形成了相应的标准化、专业化设计验证及调试应用技术导则，应用效果显著。

核能研发平台建设方面，2018年集团积极开展8个国家级研发中心、1个国家重点实验室和6个集团级研发中心的建设，在研发能力、国家与省部级奖项等方面取得较大的成绩。其中，国家能源核电站数字化仪控系统研发中心二期项目通过国家能源局正式验收，“核级DCS平台和睦系统研发及产业化应用”荣获第五届中国工业大奖，“安全级数字化控制保护系统平台研制及产业化应用”荣获2018年度中国仪器仪表学会科学技术奖一等奖，“高性能乏燃料贮存中子吸收材料及应用关键技术研究”荣获中国机械工业科学技术奖一等奖。

三、国家电力投资集团有限公司

先进能源技术研发成果显著。首台国产化AP1000主泵研制成功，“国和一号”非能动安全系统试验、数字化仪控系统工程样机研制等18项课题通过验收。推进海洋核动力堆研发设计，完成国防科工局6项课题申报，CAP50T初步设计通过评审。研究确定核能产业“三个拓展”关键技术研发方向，制定实施计划。加强对四代堆、熔盐堆等前沿技术跟踪研究。全年获得电力、核能行业科技奖23项，获得中国专利授权275件，其中发明专利82件，技术秘密360项，软件著作权80件。

科技创新体系进一步完善。整合科技资源，打造创新生态系统，初步构建了由先导层、核心层、支持层组成的“宝塔型”研发体系。确定科技创新“跨越计划”17个重点项目。牵头组建核能供热产业联盟、国家重型燃机材料研发及产业联盟。双创平台获批工信部2018年制造业“双创”试点示范项目。

四、中国华能集团有限公司

2018年，中国华能集团认真贯彻落实国家科技工作相关文件精神，深入学习领会实施创新驱动发展战略，切实根据关于“大众创业、万众创新”指导意见开展科技管理工作，科技创新领域具体在重大专项课题管理、科技管理和知识产权管理方面开展工作。

（一）重大专项课题管理

2018年，作为国家科技重大专项高温气冷堆分项的牵头实施单位之一，在重大专项管理体系、课题立项和执行等方面开展工作，具体情况如下：（1）体系建设方面，通过《重大专项课题立项与执行管理》《重大专项课题验收管理》等管理程序的发布和实施，建立了针对牵头承担重大专项课题从申报立项到执行报告调整，直至最后结题验收全过程的管理职责分工，确定具体工作流程及工作要求。（2）重大专项课题立项管理方面，2018年组织申报并获准立项重大专项课题3项，分别为“高温堆示范工程可靠运行技术研究”“高温堆示范工程调试关键技术研究”“高温堆示范工程关键设备老化防腐措施技术研究”。（3）对重大专项课题执行管理方面有关问题进行及时调整。（4）重大专项课题验收管理方面，2018年完成了“主蒸汽隔离阀制造技术研究”课题档案验收、正式验收；完成“炭堆内构件制造技术研究”课题财务预验收、档案验收、正式验收；完成“高温气冷堆核电站1E级低压开关成套设备的研制”课题任务、财务预验收；完成“高温气冷堆乏燃料贮存系统地车设计与制造技术研究”“高温气冷堆核电站示范工程燃料元件生产线建设”课题任务、财务预验收。

（二）科技管理

在科技管理体系建设方面：发布了《科技管理大纲》程序，升版了《技术委员会章程》《论文审查管理》《科技项目管理》《公司知识产权管理》《科技类知识产权管理》等管理程序。集团科技项目方面：2018年度科技项目整体预算执行率95%；组织申报并获准立项集团总部设立科技项目4项，分别为“高温气冷堆氦气系统阀门维修技术研究”“高温气冷堆地车维修技术研究”“HTR-PM核级电缆老化研究”“HTR-PM技术监督标准及实施大纲的研究开发”；完成“高温气冷堆示范工程调试关键技术研究”项目变更调整；组织完成了高温气冷堆前瞻性技术风险问题征集、以及10项任务书编制与审查等工作。

（三）知识产权管理

知识产权方面，截至2018年年底，已申请30件专利，包括18件发明、12件实用新型，已授权3件发明、9件实用新型。完成3次发明专利资助资金申请办理。

核电工程设计、建造与管理

发展现状

2018年，阳江核电厂5号机组、台山核电厂1号机组、三门核电厂1号机组、海阳核电厂1号机组、三门核电厂2号机组、海阳核电厂2号机组、田湾核电厂4号机组等7台机组陆续并网。截至2018年年底，我国在建核电机组达到11台，总装机容量为1218.06 万千瓦，在建机组数量及装机容量继续保持世界第一。台山核电厂1号机组成为全球首台并网的EPR机组，AP1000三代核电自主化依托项目——三门核电厂1、2号机组和海阳核电厂1、2号机组全部实现首次并网。此外，“华龙一号”全球首堆示范工程——福清核电厂5号机组安装工作进展顺利，质量和进度总体受控。高温气冷堆核电站示范工程取得核材料许可证，为首次装料和顺利投产创造了良好条件。

核电工程设计与管理

一、中国核工业集团有限公司

177堆芯、双层安全壳、能动与非能动安全系统、抗震能力、抗商用大飞机撞击能力，这些关键词共同构成了“华龙一号”这一中国自主核电堆型“画像”。其中，能动与非能动相结合是“华龙一号”设计团队基于日本福岛核电事故的经验反馈提出的革新性创新思路。

非能动安全壳热量导出系统(PCS)是能动和非能动技术的重要组成部分，PCS试验取得成果也是“华龙一号”全球首堆装料的必要条件。

中国核电工程有限公司PCS系统研发设计团队首次开发非能动系统，针对非能动系统重点关注的自然循环的建立和运行特性开展了反复迭代及论证分析，并搭建了PCS系统性能验证试验装置，最终在我国首次完成了非能动安全壳热量导出系统的研发。“华龙一号”示范工程开工，研究工作并未结束，由于尚未在工程上实际应用，因此，开展PCS系统综合性能研究，进一步验证系统功能的有效性和可信性，被确定为取得开工许可证的前提条件。

研发团队经历8年，伴随着大型安全壳综合试验装置的建成，于2018年10月底完成全部11组工况试验并向国家核安全局提交试验报告，为“华龙一号”全球首堆福清核电5、6号机组顺利装料奠定了基础。

PCS设计团队研发的专利“一种非能动安全壳热量导出系统”及“一种核电站能动与非能动结合的堆芯剩余热量排出系统”连续两年荣获国家知识产权局评选“中国专利奖”；团队成为中核工程科技

创新领域的领军力量。

非能动安全壳热量导出系统性能验证试验装置和大型安全壳综合试验台架的建成及成功研发的经验，为中核工程研发中心“科技创新平台、科技成果转化和产业化创新平台”规划的实现奠定了技术基础。

二、中国广核集团有限公司

（一）设计平台建设

2018年，中广核工程有限公司设计院深入推进设计平台建设，并加强平台建设与项目需求的关联性，稳步提升设计信息化管理能力。持续完善系统、布置设计平台，核心软件升级后的系统设计平台已在惠州和GDA项目上首次应用；深入推进设备、电气、土建设计平台建设，设备设计平台二期按期完成，制定电气、仪控设计平台的融合方案，完成土建设计平台PW系统开发；自主开发总体、辐屏、技经设计平台，总体设计平台功能进一步扩展，辐屏设计平台二期完成，技经设计平台一期按期上线，覆盖技经中心设计任务的管控和设计成果的出版，支持各种角色的在线协同设计；聚焦项目需求，为华龙首堆新增了设计进度控制系统、法律法规模块、文件校审细则功能，优化了提资、设计变更功能；全力推进以“五平台一中心”为核心的信息化架构落地惠州项目，逐步实现“全周期、全专业、全业务流程”的“在线设计”，并按计划完成了25项开发需求。

（二）工程设计

（1）红沿河二期工程

2018年是红沿河二期工程土建高峰年和安装高峰年，设计院以高效的出图效率保障了工程建设的顺利推进。5、6号机组核岛土建施工图出版约98%，常规岛土建及安装施工图基本完成。

（2）阳江项目

完成5、6号机组施工图设计工作。

（3）“华龙一号”示范工程

2018年，设计基本退出建设关键路径。设计图纸出版满足现场施工需求。

（4）台山项目

工程设计方面，CIEP合同内设计基本收尾，合同接口全部关闭，合同内设计全部完成。BOPEP合同内设计工作已基本完成。现场设计问题处理任务全部完成。

核电工程建筑安装与管理

一、中国核工业集团有限公司

中核集团和中国核建集团重组后，管理融合工作有效推进。中国核建提高站位，主动担责，确保重组后的平稳过渡。完成了中国核建董事会、监事会、管理层的换届工作，确保了上市公司规范运作。迅速融入集团公司管理体系，公司制度建设得以进一步完善。

继续围绕管理提升和降本增效开展核电工程建设，全年14台核电机组在建，累计实现重大里程碑节点13个。国际核电市场开发取得新进展，重点跟踪阿根廷第五座核电项目。2018年，中国核建收入利润均创历年新高，全面完成年度目标任务。

以“双百企业”申报为抓手，中核二三、中核华兴成功入选双百企业名单，两家企业改革方案通过了国资委审核备案，重点围绕“五突破一加强”推动股权多元化和混合所有制改革。通过调整企业功能界定与分类，中国核建启动了原有的商业二类调整为商业一类的工作。探索通过资产重组等方式提升企业竞争力，提升中国核建整体盈利水平及资产质量，推进集团公司资产证券化率水平。妥善解决历史遗留问题，营造创新改革新氛围。

中国核建启动了可转债的发行工作，目前已通过中国证监会初审会审核。对所属单位2018年的经营业绩考核中，增加了“重点治理事项”考核内容。通过明确带息负债总额控制目标，将企业负债中需要承担利息的债务、类永续债等均纳入考核范围，进一步加大降负债、控风险的力度。加快资金融通，融资渠道进一步拓宽。首次在上海证券交易所发行应收账款证券化（ABS）产品。启动发行可续期公司债工作，已获得上海证券交易所无异议函。

落实巡视要求，结合巡视整改工作方案中涉及选人用人工作方面的意见建议，保质保量地全力完成整改工作。出台了《内部人才流动管理暂行办法》，对规范内部人才流动，提升人力资源配置效率起到了积极作用。优化工资总额管控，差异化分配制度得到落实。

公司全年在项目相对集中的三大区域（华中、西南和西北）先后共组织了三期一线安全监管人员培训，共计313人参加。这是近几年来中国核建首次直接对安全职系人员开展大规模培训，取得较好效果。通过扎实开展“安全生产专项提升”活动，2018年安全生产各项控制目标全面受控。

二、中国广核集团有限公司

2018年，中广核共有6台机组在建（2台机组处于土建施工阶段、2台机组处于安装施工阶段、2台机组处于调试阶段）。2018年，中广核实现2台机组商运。

（一）红沿河二期工程

2018年，红沿河项目二期工程实现5号机组压力容器就位，主管道焊接开始，6号机组常规岛安装开始、环吊可用、主行车可用等重大里程碑节点。施工二级里程碑按期完成率为98.7%。

设备供货方面，到货主设备22台套，仪控类设备31台套，其他设备约29 000台套。其中，完成5号机组RPV、SG、稳压器、RVI、CRDM、主泵、支撑、发电机、应急柴油发电机组、DCS、模拟机、核级泵、鼓网等设备供货及6号机组SG、主管道、主泵泵壳、TG低压转子/气缸/发电机、应急柴油发电机组等设备的供货，有效保障了项目进度。积极响应红沿河二期项目管理转型要求，进一步做好采购与施工进度联动，推进“零库存”管理，优化设备服务运作模式。

（二）阳江项目

2018年7月12日，阳江项目5号机组投入商运。全年内，阳江项目实现5号机组装料、热试、冷试、商运，6号机组冷试等重大里程碑节点。施工二级里程碑按期完成率为97.6%

设备供货方面，到货仪控类设备61台套，其他设备约1800台套。

（三）“华龙一号”示范工程（防城港核电3号机组）

2018年，“华龙一号”示范工程实现3号机组核岛安装开始、穹顶吊装、环吊可用等重大里程碑节点。施工二级里程碑按期完成率为93.6%。

设备供货方面，到货主设备8台套，仪控类设备5台套，其他设备约19 000台套。其中，核岛主要设备供货全线突破，RPV制造实现国内外百万千瓦级核电机组压力容器最短制造工期，防城港二期项目3号机组主设备到货进度整体上满足工程关键路径推进安排，各项新增采购项目快速完成。

（四）台山项目

2018年12月13日，EPR全球首堆台山核电1号机组具备商运条件。2号机组于2018年年底进入热试阶段。设备采购与制造方面，相关工作已经完成。

核设备制造

发展现状

2018年，我国核电装备的自主化和国产化能力不断提升，关键制造技术创新和重大工程装备制造成果丰硕，一批具有自主知识产权的关键设备成功完成制造及验收，包括全球首台“华龙一号”福清核电5号堆内构件、稳压器、汽轮机和发电机，首台出口海外的“华龙一号”卡拉奇核电2号汽轮机和发电机，中广核“华龙一号”示范项目防城港核电3号蒸汽发生器等；国家科技重大专项、全球首台球床模块式高温气冷堆蒸汽发生器和主氦风机等。国家科技重大专项CAP系列核电设备研制方面，CAP1400主管道制造完成、首台国产化AP1000屏蔽主泵制造成功。核电装备用大锻件、U型管和焊材等原材料制造技术水平也不断提高，均已基本实现了国产化目标。

2018年，国内核电主设备交付49台套，以二代加和“华龙一号”为主，占比90%（二代加占比51%，“华龙一号”占比39%）。此外，高温堆和AP/CAP1000各占比4%，CAP1400占比2%。

设备自主化研制生产

一、哈尔滨电气集团有限公司

（一）哈电集团（秦皇岛）重型装备有限公司（“哈电重装公司”）

哈电重装公司主导产品包括AP1000系列核岛主设备、“华龙一号”系列核岛主设备、高温气冷堆核岛主设备，核电常规岛汽水分离再热器等。

哈电重装公司是由哈电集团投资建设的集百万级核电机组、大型燃气轮机、百万千瓦核电发电机等产品的生产和海运为一体的大件加工生产和运输基地。拥有一支专业扎实、科研能力强的科技人才队伍，并建立以技术专家为核心，以岗位专家为骨干，以储备人才为辅助的人才系统。拥有具有国际水平焊接、装配、热处理、探伤、理化检验等全套核电生产设备以及百万千瓦大型电机生产试验设备。

哈电重装公司以核安全文化为灵魂，凭借大量新产品开发，逐渐掌握不同技术类型、不同产品的关键制造技术。目前已掌握了二代改进、三代AP1000、“华龙一号”等堆型的蒸汽发生器、稳压器，四代高温气冷堆蒸汽发生器等核岛主设备的制造技术。已获得授权知识产权167项，包括48项发明、115项实用新型，4项软件著作权。有21项成果通过科技成果鉴定。

其中首台国产AP1000蒸汽发生器经鉴定达到国际先进水平。共获得中国核能行业协会科学技术奖一等奖1项、二等奖1项、三等奖5项；市级科技进步二等奖1项，三等奖1项。“华龙一号”ZH-65型蒸汽发生器关键制造工艺研究项目获得中国能源研究会技术创新一等奖。

（二）哈尔滨电气动力装备有限公司（“哈电动装公司”）

哈电动装公司的主导产品为核主泵等核岛主设备。哈电动装公司引进第三代核主泵技术，取得了轴封泵组和屏蔽泵电机的民用核安全设备设计及制造资质，是国内唯一同时具有轴封型核主泵及其主泵电机、三代核电屏蔽型主泵电机设计及生产制造能力的骨干企业。

哈电动装公司引进美国EMD公司技术，历时9年时间，通过18个模拟件的制造和两台追加泵的制造，全面掌握了“AP1000”主泵电机的制造技术。通过完成CAP1400屏蔽泵电机的结构设计、计算校核、样机制造及试验验证，形成具有自主知识产权的大型先进压水堆CAP1400屏蔽泵电机技术。

哈电动装公司拥有300 MW反应堆冷却剂泵、1000 MW轴封式反应堆冷却剂泵的自主知识产权。自主研制的恰希玛C3、C4项目300 MW反应堆冷却剂泵，获得中国核能行业协会科学技术奖一等奖。

（三）哈尔滨电气集团佳木斯电机股份有限公司（“佳电股份”）

佳电股份的主导核电产品为电压等级380 ~ 10 000 V，功率等级0.55 ~ 11 600 kW区间的各个规格的核级、非核级三相异步电动机，以及屏蔽电机、屏蔽泵等。

佳电股份承继了佳木斯电机厂全部优质资产，延续了80余年生产电动机的历史，是我国大中型、特种电机的创始厂和主导厂，在国内第一个获得了核级电机设计、制造许可证，先后取得了民用核安全电气设备设计、制造和机械设备设计、制造许可证。

佳电股份承制的国家重大专项高温气冷堆项目核心关键设备——主氦风机项目、核用K1类电机研发项目，填补了国内空白。

佳电股份在核电领域首次全部实现了RRA、ASG、RCV、EAS、RIS、RRI、SEC、ETY等系统配套电机的国产化。完成了国内首台余热排出泵配套电机产品的研发和制造，打破了国外厂家对余热排出泵配套电机的技术、供货、定价和售后条款的垄断，为我国核电事业的发展作出了突出贡献。

二、东方电气股份有限公司

（一）东方电气所属主要核设备制造企业概况

1.东方电气集团东方汽轮机有限公司(简称东方汽轮机)

东方汽轮机是我国从事电站动力设备和新能源领域开发与制造的国有大型骨干企业之一，在核电设备方面主要产品为核岛控制棒驱动机构及常规岛汽轮机。

2.东方电气集团东方电机有限公司(简

称东方电机)

东方电机是国内发电设备制造大型骨干企业之一，主要从事水轮发电机组、热能发电机（燃煤、燃气、核能）、交（直）流电机、电站控制系统及军工产品的研发、设计、制造和服务，在核设备方面主要产品为常规岛发电机及核电主泵电机等。

3.东方电气（广州）重型机器有限公司（简称东方重机）

东方重机是我国大型核承压设备国产化的专业制造基地之一，主要生产核电反应堆压力容器、蒸汽发生器、汽水分离再热器、非能动余热排出热交换器、稳压器等核电站核岛及常规岛主设备。

4.东方电气集团东方锅炉股份有限公司(简称东方锅炉)

东方锅炉是我国大型发电设备制造和出口基地之一，在核电方面主要产品为核岛稳压器、硼注箱、安注箱、重型支撑、堆顶结构等。

5.东方法马通核泵有限责任公司(简称东方法马通)

东方法马通核泵有限责任公司，原名为东方阿海珐核泵有限责任公司，因股东方名字变更，于2018年11月更名为东方法马通。由法国法马通集团和中国东方电气集团于2005年投资兴建。公司的经营范围包括设计、制造、销售核反应堆冷却剂泵、核反应堆冷却剂泵的驱动电机、备品、备件，相关产品改造、维修及售后服务。

6.东方电气（武汉）核设备有限公司(简称东方武核)

东方武核是民用核电堆内构件设备制造商，主要制造各种堆型反应堆堆内构件、各种容器设备等。

（二）核设备制造能力、业绩

设备制造能力表

	设备名称	年产能
核岛设备	反应堆压力容器RPV	4～6台
	蒸汽发生器SG	12～18台
	堆内构件RVI	4套
	控制棒驱动机构CRDM	4～6套
	一回路主泵RCP	12～18套
	稳压器PRZ	6～8台
	余热排出热交换器PRHR	6～8台
常规岛设备	汽轮发电机组TG Package	6～8套

东方电气核电业绩表（截至2018年12月31日）

堆型	出力范围	投运机组	东方电气供货
二代加	1000 MW	岭澳核电二期2台	核岛主设备：2号机组蒸汽发生器、反应堆压力容器、反应堆主冷却剂泵；1、2号机组稳压器、安注箱、硼注箱、重型支撑等； 常规岛：1、2号机组汽轮发电机组
		红沿河核电一期4台	核岛主设备：2—4号机组蒸汽发生器、反应堆压力容器；1—4号机组反应堆主冷却剂泵、稳压器、重型支撑；4号机组控制棒驱动机构；1—3号机组安注箱；1—3号机组硼注箱等。 常规岛：1—4号机组汽轮发电机组
		宁德核电一期4台	核岛主设备：1号机组蒸汽发生器、反应堆压力容器；1、2号机组稳压器；1—4号机组反应堆主冷却剂泵、安注箱、硼注箱、重型支撑等； 常规岛：1—4号机组汽轮发电机组
		阳江核电4台	核岛主设备：1号机组蒸汽发生器；2、4号反应堆压力容器；2号机组稳压器；4号机组控制棒驱动机构、堆内构件；1—4号主泵、安注箱、硼注箱、重型支撑等
		福清核电4台	核岛主设备：1—4号机组蒸汽发生器、重型支撑等； 常规岛：1—4号机组汽轮发电机组
		方家山核电2台	常规岛：1、2号机组汽轮发电机组
		防城港核电一期2台	核岛主设备：1、2号机组蒸汽发生器、反应堆压力容器、主泵、稳压器、重型支撑；1号机组反应堆压力容器；2号堆内构件
		台山核电一期1台	常规岛：1号机组汽轮发电机组； 核岛：重型支撑
共计		23台	其中，17台汽轮发电机组和21台套核岛主设备由东方电气供货

三、上海电气集团股份有限公司

上海电气已形成国内配套最全的核电设备制造产业链，所提供的核电产品包括核岛的反应堆压力容器、蒸汽发生器、堆内构件、控制棒驱动机构、主泵、稳压器、核二三级泵、核二三级容器、燃料输送设备、核级阀门，到常规岛的汽轮机、汽轮发电机、辅机、常规泵，以及大型铸锻件、核级风机、配套电机、仪控仪表、现场服务及备品备件等。

上海电气的核电产品几乎覆盖了国内的所有核电站。已成功实现了二代加，三代AP1000、EPR、“华龙一号”及四代高温气冷堆核电主设备产品的批量化、配套化交付；正在开发和研制三代“国和一号”、四代快堆、钍基熔盐堆等关键设备；同时，响应国家核电装备“走出去”战略发展要求，与法国Framatome集团合作承制的南非Koeberg核电站6台更换蒸汽发生器正在制造中。

上海电气建有临港和闵行两大核电制造专业化基地。临港基地是新建的特大、特重、超限的装备制造基地，聚焦核岛和常规岛主设备的制造，一期工程于2008年投产，二期扩能工程于2011年完工，使上海电气的核电关键设备的制造满足年产10套堆内构件和控制棒驱动机构、6套压力容器和蒸汽发生器、12台核电主泵、50台/套核二三级泵、6套常规岛半速汽轮发电机机组的能力。

闵行基地以满足超大、超重、高技术发展的大型铸锻件需求为主，能提供最大铸锻件钢锭600吨、最大铸件450吨、最大锻件350吨，实现年产1000 MW级核岛容器类重型设备（压力容器、蒸发器、稳压器和主管道）的配套锻件6套和1000 MW反应堆堆内构件锻件10套的目标。

适用于整个组织和所有雇员的核电质量保证体系在上海电气涉核企业中严格实施，以确保所有活动符合相关的和具体的质量保证监管要求，而这将通过程序性的纪律和遵守国际和国内公认的质量标准予以保证，通过持续改进质量管理体系的有效性，致力于集团核电产业发展目标的实现。

四、中国一重集团有限公司

（一）设备制造能力及产出

2018 年，中国一重共完成5台核反应堆压力容器的制造任务。其中，田湾核电5号机组RPV，在其他公司制造进度不能满足现场要求、严重影响项目建安工程主线的情况下，将原田湾核电6号机组RPV调配为田湾核电5号，经过精心组织、科学筹划，不断缩短制造周期，创造了二代改进型反应堆压力容器从水压试验到交货最短时间的新纪录。同时，交付16台主泵泵壳，其中卡拉奇核电2、3号机组泵壳6台，福清核电5、6号机组泵壳6台，田湾核电5号机组泵壳3台以及田湾核电6号机组泵壳1台。交付了3台阳江核电6号机组蒸汽发生器，用于红沿河核电5号机组。

2018年9月26日，在习近平总书记视察中国一重的当天，中国一重核电石化公司成功举行了中广核“华龙一号”示范工程防城港核电3号机组核反应堆压力容器的水压试验，创造了周期最短和质量最好的世界制造纪录。11月29日，举办了防城港核电3号机组核反应堆压力容器设备制造完工总结活动。

（二）核电产品科研开发

2018年，中国一重加快核电产品科技创新步伐，承担着3项国家核电重大专项课题取得新进展。其中“CAP1400反应堆压力容器研制”和“CAP1400蒸汽发生器研制”两个项目已完成技术、财务等终验收，项目的实施有力促进了国家掌握核电大型锻件设计、制造工艺技术，解决了国家核电自主知识产权问题。此外，完成了“ SA-508MGr.1壳法兰锻件研制”“CAP1400 RPV一体化底封头制造技术研究”“CAP1400一体化接管段制造技术研究”等3个核电重大专项后补助指南的联合申报工作；成功申报2018年工业强基工程项目“基于大型铸锻件洁净钢平台的第三代核电一回路均质化封头锻件制造技术”等课题。核电站中低放固体废物超压线在台山核电取得首台套突破；中国首台示范快堆项目堆容器设备正式开工建造，为后续实现快堆商业化奠定基础。

在核电重大项目科研开发方面，中国一重以“核电锻件关键制造技术研究”为题进行立项研发工作，主要针对海南昌江示范工程RPV关键锻件进行研制开发，已完成一体化接管段等主体锻件投料工作。同时，“华龙一号”主管道项目首次实现不锈钢主管道热加工全流程制造工艺突破。

在先进核能技术研发方面，中国一重与中国核建合作推进高温气冷堆产业化，已完成项目初步设计和压力容器、金属堆内构件的初步制造方案，正开展蒸发器换热管对接焊接、环焊缝热丝TIG焊等研究工作。

在核能研发平台建设方面，中国一重始终贯彻“不为我有，但为我用”的发展理念，积极探索创新产学研合作模式，不断深化与高等院校、科研院所的产学研合作。与上海核工程院策划筹建核电大型铸锻件联合研究中心，联合开发“海洋核动力紧凑式直连结构小堆接管段锻件制造关键技术研究”等项目，小堆接管段锻件已完成制造技术方案评审和试制件投料。

（三）质量管理提升

一是制造资质得到保持和提升。完成了ASME U U2、特种设备制造许可证（压力容器）换证、快堆项目取证工作；通过了福清核电6号RPV发货前的役前检查，检测质量居国内同行业之首。

二是深入开展核安全文化建设。开展了《核安全法》的宣贯工作，下发了《核安全文化政策声明》，制定了《核安全文化建设实施方案》，强化了核安全文化建设的长效机制。

三是加强核电产品质量改进工作。制定了质量管理体系改进计划，整理、总结操作细则“十确认”（技术交底确认、见证活动确认、机床精度确认、人员资格确认、文件资料确认、尺寸余量确认、数控程序确认、质量问题确认、产品防护确认、紧急预案确认）内容，进行了36次核电项目质保监督，有效降低了产品污染、文件管理、焊接温度、磕碰划伤等问题的发生，提高了核电产品制造质量。

四是质量风险防范成果显著。认真贯彻“按章办事、按规操作，一次将事情做好”原则，注重制造过程质量控制，全年提出风险问题195项，制定预防措施546项，风防有效率达到了98.8%。

五是产品检验保障生产。组织见证了8900余个核电项目见证点、16台核电设备的水压试验及21台核电设备完工文件的编制工作。核电产品主焊缝检验合格率达到99.81%以上。

五、二重（德阳）重型装备有限公司

（一）设备制造能力及产出

在主管道及波动管设备方面完成了：

1.巴基斯坦卡拉奇核电K3机组主管道完成全项目验收交付。

2.中国核动力研究设计院福清核电6号机组完成全部验收并交付。

3.中广核工程有限公司防城港核电3号机组6件波动管完工并提前2个月完成用户验收。

在核岛大型锻件方面完成了：

1.“华龙一号”示范工程福清核电5号反应堆冷却剂泵壳锻件2件完成制造。

2.防城港核电3、4号机组蒸汽发生器锻件上封头、上筒体各1件完成制造。

3.国内首台国产化CPR1000铸造泵壳——红沿河核电5号机组CPR1000铸造泵壳完成精加工交付用户。

4.中广核工程有限公司惠州核电站一期1号机组RPV锻件顶盖法兰、进口接管、上封头、下封头等锻件完成制造。

5.ACPR50S实验堆RPV主锻件上封头、下封头锻件完成制造。

此外，在核电新产品研发方面加快推进以百万千瓦核电低压焊接转子、“华龙一号”及海上浮动实验堆关键锻件等为代表的核电新型产品研制，取得了重要突破。

（二）核电产品科研开发

全年承担的国家级、省级重大核电科研专项课题包括：

1.2018年，承担了国拨课题3项，省级课题3项，国机重大专项2项，国机长线产品项目及集团公司项目9项，技术改进和提升项目6项。参与和组织完成国家项目立项2项，获得2项发明专利授权，新申报发明专利2项，实用新型专利7项。

2.“核电大型复杂管件关键制造工艺及应用研究”课题通过验收，保证了二重装备核电主管道制造技术始终处于行业领先地位。“华龙一号”（ACP1000）主泵泵壳完成了产品研制并实现了部分交货；高放废液玻璃固化罐试制件完成产品制造及灌装试验。AP系列稳压器研制完成关键制造技术突破，具备承制稳压器设备的业绩条件。

3.CAP1400主管道作为五大核岛关键设备之一，研制进度受到国家能源局重点关注。二重装备顺利完成国核压水堆示范工程1号机组CAP1400主管道研制，为国核压水堆示范工程的建设提供了保障。

4.在锻件研发方面，加快推进以百万千瓦核电低压焊接转子、海上浮动实验堆关键部件等为代表的核电新型产品研发，取得了重要突破。同时围绕工序难点开展专项工艺优化与攻关工作。依托于AP1000水室封头开展的带向心与非向心混合接管的异形封头全仿形锻造工艺研究，提高了材料利用率，机加周期大幅缩短。首次攻克整体式锻件泵壳内部腹腔球面和沉孔加工难题。

（三）核电质量保证体系建设

2018年，二重装备按照公司“提质量、降成本”的工作要求，在核安全设备制造过程中，严格遵循核安全设备许可证条件，根据组织机构变化情况组织实施了质量保证体系文件及相关制度的修订工作，发布修订企业内部《民用核安全设备制造质量保证大纲》和《民用核安全设备制造质量保证体系程序文件》，开展了民用核安全设备制造许可证书公司名称及法定代表人变更的工作，于2018年5月获得了国家核安全局的认可。为公司开展核安全设备制造提供了资质保证，确保了公司民用核安全设备制造活动与现行法律法规的符合性。在总结2017年质量工作的基础上，对质量体系建设、质量提升、重点项目质量控制等工作进行了安排和部署。

六、中国核工业集团有限公司

2018年上海浦原有限公司采取多种举措提升经济效益，积极开拓市场，加强质量管控，强化资金链管理，专业化公司上下联动，开展“瘦身健体”、降本增效，改善资产使用效率，营收和利润同比增长超过20%和54%。

开展安全生产监督检查23次，整改关闭安全隐患518项，风险管控和隐患排查治理总体有效，实现年度安全生产管理“零死亡”“零重伤”“零（质量）事故”目标。

围绕集团发展战略、装备制造产业规划布局，研究形成《装备制造上市公司资本运作框架方案》，发挥中核科技上市平台作用，通过资本运作促进装备制造产业整合和加快发展。

西核公司“处僵治困”取得阶段性成果，实现了主辅分离、精干主业、轻装上阵，历史遗留问题得到初步解决，企业生产经营平稳有序。各单位全面完成“三供一业”分离移交，为后续发展奠定了良好基础。

健全科技创新管理体系，加大科研经费投入力度，积极推进新产品开发和科技成果转化，全年申请专利39项，已获取7项。中核科技开展快堆示范工程纳阀等关键阀门研制，CAP1000、CAP1400三代压水堆核电站核安全一级爆破阀样机通过鉴定。西核公司签订首个国产化乏燃料运输容器供货合同，开启乏燃料运输容器产业化进程；为受控磁约束核聚变项目研制的环流2号主机真空室顺利通过出厂验收。

浦原贸易公司拓展新贸易业务，增加营业收入超4亿元，连续五年荣获“上海百强企业”称号，成为集团公司民品贸易的重要品牌。

持续优化专业化公司管控体系，健全制度管理体系，全年新增、修订专业化公司层级制度96项。专题分析存在问题，研究解决方案，细化行动项目，促进经济指标落实和重点任务完成。着力提升干部领导力和执行力，组织开展两期干部领导力培训。发挥地处上海的区位优势，积极参与央地融合平台建设，推进对外合作。承担集采信息化平台的建设和维护工作，保障电子商务平台、物资编码平台和评标专家库稳定运行。

七、中国广核集团有限公司

（一）材料基因工程关键技术与支撑平台重点专项项目

2018年，由苏州热工研究院有限公司牵头的国家重点研发计划材料基因工程关键技术与支撑平台重点专项项目“核电关键材料服役行为的高通量评价与预测技术（2017YFB0702200）”开发辐照环境下RPV材料服役行为高通量评价平台—离子束遮蔽装置，形成单次辐照实验获得阶梯增/减辐照注量样品（2组，≥3个注量/样品）的能力，借助后续测试分析从一次辐照实验获得多个辐照注量材料微结构和力学性能的高通量评价数据，可将辐照实验效率提升3倍及以上。开发核电厂典型高温高压水环境应力腐蚀和环境疲劳一体化高通量评价装置，利用该装置进行材料的应力腐蚀和环境疲劳裂纹萌生和扩展性能评价试验，效率与传统方法相比可提升4～12倍。

（二）燃料组件修复不锈钢替换棒国产化研发及应用

2018年7月26日，中广核核电运营有限公司燃料组件修复不锈钢替换棒国产化研制出厂验收项目通过专家评审组评审，由中广核研究院燃料中心出具《不锈钢棒材技术评估报告》。8月9日，首批国产化不锈钢替换棒在国内核电站首次成功应用，中广核核电运营有限公司采用首根国产化不锈钢替换棒顺利修复1组辐照燃料组件，各项性能指标优于设计标准，填补国产核级燃料替换棒材生产及堆芯运行的空白。

（三）安全壳表面缺陷远程扫描检测系统

2018年7月21日，由中广核核电运营有限公司自主研发的“安全壳表面缺陷远程扫描检测系统”研制成果鉴定会在武汉举行。中铁第四勘察设计院集团有限公司、中冶集团武汉勘察研究院有限公司、长江空间信息技术工程有限公司、武汉市测绘研究院、武汉大学派出资深专家参与鉴定。

专家组认真听取项目成果报告，审查项目相关资料，见证安全壳表面缺陷远程扫描检测系统工作流程，经过充分讨论一致认为：系统达到国际领先水平。该系统为安全壳内外观检查设备的补充系统，可极大提高安全壳内外观检查质量与效率，对核电站安全壳表面检测工作具有重要意义。

核安全监管和核事故应急

核与辐射安全监管

一、综述

2018年，我国民用核设施的运行安全和建造质量处于良好状态，运行核电厂、研究堆、核燃料循环设施、放射性废物贮存和处理处置设施以及放射性物品运输活动均未发生国际核事件分级表（INES）2级及以上的安全事件或事故，核设施的运行事件和建造事件得到妥善处理。

2018年，全国辐射环境质量总体良好。环境电离辐射水平处于本底涨落范围内，核设施周围环境电离辐射水平总体无明显变化；环境电磁辐射水平总体情况较好，电磁辐射发射设施周围环境电磁辐射水平总体无明显变化。

（一）核安全法实施

2018年1月1日，《中华人民共和国核安全法》正式实施。开展“核安全法实施年”活动，加强法治宣传，完善配套制度，强化依法从严监管，落实核安全责任。

（二）核安全规划中期评估

开展《核安全与放射性污染防治“十三五”规划及2025年远景目标》实施情况中期评估工作，设计技术指标体系，开展摸底核查，编制评估报告，推动规划目标落实。

（三）能力建设

生态环境部（国家核安全局）稳步推进国家核与辐射安全监管技术研发基地建设。基地建设工程一期约9.5万平方米现场施工已基本完成，基地能力建设项目申报工作取得重大突破。生态环境部（国家核安全局）强化管理体系建设，持续提升核与辐射安全监管规范化制度化水平。结合我国监管实践及发展需求，组织完成中国核与辐射安全管理体系《总论》及49份工作指南和技术管理大纲文件制修订，完善中国核与辐射安全管理体系，并面向核与辐射安全监管系统骨干人员，举办4期核与辐射安全监管程序制度专项培训班，对管理体系进行宣贯推广，进一步提升监管工作系统化、科学化、法治化、信息化和精细化水平。

（四）强化监管

截至2018年12月底，我国共有44台商业运行核电机组、12台在建核电机组、19座民用研究堆（临界装置）。我国核电厂报告40起执照运行事件，11起建造事件；研究堆报告14起执照运行事件。总体上，运行核电机组和研究堆状态正常，三道安全屏障完整，未发生危及公众和环境安全的放射性事件。

2018年，生态环境部（国家核安全局）批复三门核电厂1、2号机组，海阳核电厂1、2号机组，太平岭核电厂1、2号机组，宁德核电厂5、6号机组的环境影响报告书。颁发宁德核电厂5、6号机组，太平岭核电厂1、2号机组的场址选择审查意见书。颁发台山核电厂1号机组，三门核电厂1、2号机组，海阳核电厂1、2号机组，田湾核电厂4号机组的首次装料批准书。

经验反馈体系有效运转，经验反馈力度不断加强。生态环境部（国家核安全局）持续深入推动概率安全分析（PSA）试点工作，积极推进风险指引型监管，先后批复在相关核电厂运行技术规范优化、定期试验监督要求修改、在线维修中的应用；升版《核电厂设备可靠性数据采集指南》，发布2018年《中国核电厂设备可靠性数据报告》。继续开展核电厂概率安全分析、严重事故管理以及核安全文化同行评估，有效推动营运单位相关工作的提高。开展改进核电厂维修有效性试点工作，成立核电厂维修规则工作组，统筹规范国内维修规则相关工作的实施。进一步规范秦山核电厂运行许可证有效期限延续相关活动的核安全监督，印发《秦山核电厂1 号机组运行许可证有效期限延续相关活动核安全监督检查大纲》。

（五）核安全文化建设

生态环境部（国家核安全局）组织翻译国际原子能机构（IAEA）安全文化相关技术文件，汇编国际核安全监管机构自身核安全文化建设良好实践，加强对国际核安全文化成果的借鉴吸收。

生态环境部（国家核安全局）组织研究核安全文化建设方法，指导和深入参与行业核安全文化建设和经验交流，总结核安全文化建设经验，推动核安全文化建设与企业管理深度融合，落实企业主体责任。

二、政策与法规

（一）核安全法

《中华人民共和国核安全法》于2018年1月1日起实施。生态环境部（国家核安全局）全面推进核安全法实施年活动，推动核安全法宣贯实施。编制实施年工作方案，举办媒体座谈、专题讲座，举办核与辐射安全依法行政培训班，开展核与辐射安全法规专项培训，编制学习读本，开展知识竞赛，结合日常监管推动核安全法宣贯实施，提升核安全监管法治化能力和水平。

（二）核安全法规标准

落实《中华人民共和国核安全法》要求，完善核与辐射安全法规标准体系。生态环境部（国家核安全局）编制《核安全法配套法规文件制修订总体方案》，完善《核与辐射安全法规标准制修订“十三五”规划》。推动法规标准制修订工作，组织召开法规标准审查会10次，审议法规标准63项次，发布法规标准18项。研提《原子能法（草案）》意见，加强与核安全法的衔接。开展涉核部门规章与规范性文件清理工作。

（三）核安全规划

推进《核安全与放射性污染防治“十三五”规划及2025年远景目标》全面落实。生态环境部（国家核安全局）开展规划中期评估，编制中期评估方案，梳理100余项评估指标体系；全面开展评估培训和调研摸底，对31个省（自治区、直辖市）环境保护厅（局）及相关企事业单位人员开展评估培训，对各领域10余家重点单位开展中期评估现场核查；完成中期评估技术报告和国家报告。

（四）核安全政策

生态环境部（国家核安全局）推动国家核安全体系研究项目在国家高端智库联盟立项。定期组织开展核与辐射安全监管形势分析，为核与辐射安全监管决策提供有力支撑，保障核与辐射安全监管科学化、高效化。

三、核材料管制与核设施实物保护

2018年，生态环境部（国家核安全局）依据《中华人民共和国核安全法》《中华人民共和国放射性污染防治法》《民用核设施安全监督管理条例》《核材料管制条例》等相关法律法规，履行核设施核材料管制和实物保护监督管理、技术审评、核材料许可证核准等工作职责，持续加强相关法规标准导则的制修订工作，发布核安全导则《核设施实物保护》。

（一）核材料许可证核准

对国核铀业发展有限公司、华能山东石岛湾核电有限公司、西安冠能中子探测技术有限公司、中国科学院合肥物质科学研究所、中科瑞华原子能源技术有限公司的核材料许可证申请文件，国家原子能机构核材料管制办公室的评审意见进行了技术审核和现场检查，完成核准程序。

（二）核设施实物保护审评和监督

组织开展对秦山核电厂扩建项目（方家山核电厂）、福清核电厂实物保护系统升级改造的审评。

四、民用核安全设备监管

（一）行政许可

2018年，生态环境部（国家核安全局）全年受理并立项审查的民用核安全设备许可证申请单位共87家；批准了120家单位的许可证申请，其中新取证单位16家，延续许可证单位39家，变更许可证单位65家。截至2018年年底，国内持有民用核安全设备设计、制造、安装和无损检验许可证的单位共计205家。

生态环境部（国家核安全局）受理并立项审查的进口民用核安全设备注册登记申请单位共53家，批准30家。截至2018年年底，持有民用核安全设备设计、制造和无损检验注册登记确认书的境外单位共计190家。

（二）进口设备安全检验

生态环境部（国家核安全局）依法开展进口民用核安全设备的安全检验工作，进一步规范和优化安全检验工作流程。安检申报单位共提交安全检验申报材料（含口岸和开箱文件）527批次，其中机械设备303批次，电气设备224批次。审查放行479批次，退回48批次，参加开箱见证73批次。

（三）监督检查

生态环境部（国家核安全局）依据监督检查大纲和工作计划，对国内单位实施了50次综合性检查和7次专项检查，对境外单位实施了1次专项检查。对监督检查中发现的问题及时提出整改要求，组织专家对影响核安全的重大不符合项进行了审评和专项检查。2018年度民用核安全设备设计、制造、安装和无损检验活动的质量基本处于受控状态。

五、辐射环境监测

生态环境部（国家核安全局）加强项目组织管理，大力推动监测能力建设，新建成辐射环境空气自动监测站96个，在建110个。推进吉林、湖北、湖南、山西等4省顺利通过辐射环境监测能力评估，除西藏外，其余省级辐射环境监测机构的辐射环境监测能力全部达标。强化国控网运行管理，制修订《辐射环境空气自动监测站运行技术规范》等技术标准，完善数据报送通报机制，自动站实时数据获取率稳定在98%以上，采样分析数据获取率由86%提升至91%。加强核设施监督性监测，完成红沿河、海阳、三门核电厂监督性监测系统最终验收，实施雄安新区、东北边境地区本底调查，研究规范核设施流出物监督性监测，组织开展海洋放射性监测调研。

（一）电离辐射环境监测

2018年，全国环境电离辐射水平处于本底涨落范围内。实时连续空气吸收剂量率和累积剂量处于当地天然本底涨落范围内。空气中天然放射性核素活度浓度处于本底水平，人工放射性核素活度浓度未见异常。长江、黄河、珠江、松花江、淮河、海河、辽河七大流域及浙闽片河流、西北诸河、西南诸河和重点湖泊（水库）中天然放射性核素活度浓度处于本底水平，人工放射性核素活度浓度未见异常。城市集中式饮用水水源地水及地下饮用水中总α和总β活度浓度低于《生活饮用水卫生标准》（GB 5749—2006）规定的指导值。近岸海域海水和海洋生物中天然放射性核素活度浓度处于本底水平，人工放射性核素活度浓度未见异常，其中海水中人工放射性核素活度浓度远低于《海水水质标准》（GB 3097—1997）规定的限值。土壤中天然放射性核素活度浓度处于本底水平，人工放射性核素活度浓度未见异常。

（二）民用研究堆周围电离辐射环境监测

2018年，清华大学和深圳大学等民用研究堆营运单位周围环境γ辐射空气吸收剂量率，气溶胶、沉降物、水和土壤中人工放射性核素活度浓度未见异常。中国原子能科学研究院和中国核动力研究设计院生产科研场区周围部分环境介质中检出微量的人工放射性核素钴-60和碘-131。评估结果表明，上述民用研究堆对公众造成的辐射剂量均远低于国家规定的限值。

（三）核燃料循环设施和废物处置设施周围电离辐射环境监测

2018年，中核兰州铀浓缩有限公司、中核陕西铀浓缩有限公司、中核北方核燃料元件有限公司、中核建中核燃料元件有限公司和中核四〇四有限公司等核燃料循环设施营运单位，以及西北低中放固体废物处置场和广东低中放固体废物北龙处置场周围环境γ辐射空气吸收剂量率处于当地天然本底涨落范围内，环境介质中与上述企业活动相关的放射性核素活度浓度未见异常。

（四）铀矿冶设施周围电离辐射环境监测

2018年，铀矿冶设施周围辐射环境质量总体稳定。周围环境γ辐射空气吸收剂量率、空气中氡活度浓度、气溶胶中总铀和总α浓度、地表水及土壤中总铀和镭-226浓度处于历年涨落范围内，周边饮用水中总铀、铅-210、钋-210和镭-226浓度低于《铀矿冶辐射防护和环境保护规定》（GB 23727—2009）的相应限值。

（五）电磁辐射环境监测

2018年，直辖市和省会城市环境电磁辐射水平远低于《电磁环境控制限值》（GB 8702—2014）规定的公众曝露控制限值。监测的广播电视发射设施、移动通信基站天线周围电磁环境敏感目标的电磁辐射水平、输电线和变电站周围电磁环境敏感目标的工频电场强度和磁感应强度均低于《电磁环境控制限值》（GB 8702—2014）规定的公众曝露控制限值。

六、人员资质管理

生态环境部（国家核安全局）落实《中华人民共和国核安全法》要求，贯彻国务院“放管服”改革精神，组织制修订核设施操纵人员和核安全设备焊接和无损检验人员资格管理办法，厘清监管职责、简化审批流程、强化事中事后监管、压实企业主体责任，深入推进核安全特种人员资格管理优化改革。组织开展核动力厂操纵人员有关运行事件经验反馈，推进风险指引型监管。依法吊销中国能源建设集团广东火电工程有限公司3名无损检验人员和1名焊工的资格证书，进一步强化从严监管。加强核安全文化建设研究和对国际核安全文化成果的借鉴，推动核安全文化建设取得实效。完善核与辐射安全监管业务培训顶层设计，加强业务培训基础能力建设，发布2018年度业务培训计划，优化业务培训体系。

（一）民用核设施操纵人员资质管理

2018年，生态环境部（国家核安全局）共组织召开4次民用核设施反应堆操纵人员资格核准委员会会议，颁发12批民用核设施操纵人员执照，共计1399人，其中核动力厂操纵人员1289人，民用研究堆操纵人员110人。

截至2018年12月，共计2616人持有核动力厂操纵人员执照，其中1403人持有高级操纵员执照，1213人持有操纵员执照；共计283人持有研究堆操纵人员执照，其中161人持有高级操纵员执照，122人持有操纵员执照。

（二）民用核安全设备无损检验人员资质管理

生态环境部（国家核安全局）2018年发布2批民用核安全设备无损检验人员考

核计划，组织全国5家无损检验人员考核单位举行100批次考核活动，颁发8批民用核安全设备无损检验人员资格证书，共批准1877人，2437项。截至2018年12月，共计6194人持有13 329 张民用核安全设备无损检验资格证书，其中高级（Ⅲ级）证书300张，中级（Ⅱ级）证书11 123张，初级（Ⅰ级）证书1906张。

依据监督检查大纲和工作计划，对5家民用核安全设备无损检验人员考核单位实施3次综合性检查，9次现场见证点检查，对监督检查中发现的问题及时提出整改要求。

（三）民用核安全设备焊工焊接操作工资质管理

生态环境部（国家核安全局）2018年发布2批民用核安全设备焊工焊接操作工考试计划，组织全国15家民用核安全设备焊工焊接操作工考核单位举行17批次基本理论知识考试，153批次项目考试，全年颁发10批民用核安全设备焊工焊接操作工资格证书，共批准2979人，8094项。截至2018年12月，共计9669人持有23 304张民用核安全设备焊工焊接操作工资格证书。

依据监督检查大纲和工作计划，对15家民用核安全设备焊工焊接操作工考核单位实施3次综合性检查，18次现场见证点检查，对监督检查中发现的问题及时提出整改要求。

（四）注册核安全工程师资质管理

2018年，共有1825人报名参加注册核安全工程师执业资格全国统一考试，1174人实际参考，251人取得注册核安全工程师执业资格。全年共完成三批次注册核安全工程师注册登记，批准547人的注册申请，其中注册281人，延续注册264人，变更注册领域2人。

截至2018年12月，全国共计4293人获得注册核安全工程师执业资格证书，2137名注册核安全工程师在246家单位执业。全年共举办核安全专业技术培训班10期，共计培训948人，其中2期核质量保证与核安全文化培训，203人参加；3 期辐射防护培训，311人参加；3期核应急与核安保培训，250人参加；2期核安全法培训，184人参加培训。

（五）核与辐射安全监督检查人员培训

生态环境部（国家核安全局）优化监管系统业务培训工作，进一步发挥核与辐射安全中心全面技术支持作用，完善顶层设计，加强资源整合。组织录制了业务培训课程视频，开通了国家核安全局知识管理系统培训信息模块，提高培训信息化水平，加强培训基础能力建设。

2018年举办国家核安全局核安全初任业务培训班和核电培训班（核与辐射安全中级培训）各1期，参加培训人员63人。截至2018年12月，举办9期国家核安全局核安全初任业务培训班，共461人参加培训并取得结业证书；举办10期核电培训班（核与辐射安全中级培训），共313人参加培训并取得结业证书；举办9期省级辐射安全监管人员培训班，共306人参加培训并取得结业证书；与清华大学联合举办6期核能与核技术工程领域辐射防护与环境保护方向工程硕士研究生班，学员共计

162人。

核与辐射事故应急

2018年，全国各级核应急组织认真贯彻习近平新时代中国特色社会主义思想，全面推进规划计划落实，成果丰硕、亮点纷呈。新一届国家核事故应急协调委员会调整完成，圆满完成多项核与辐射应急响应任务，《“十三五”国家核应急工作规划》重点任务有序开展，中国核应急救援队等军民融合国家核应急救援力量建设进展顺利，各级核应急演习、预案、培训、科研等工作不断加强，重大会议、重要活动等核应急值班备勤工作稳妥有效。全国核应急工作扎实推进，核应急事业实现新进步。

一、国家核应急活动

1月8日，粤澳核应急合作座谈会在珠海召开。粤澳双方共同签署了《广东核电站核事故应急粤澳合作共识》。根据共识，双方将遵循“一国两制”制度和维护澳门繁荣稳定大原则，支持中央政府对澳政策和国家核能发展大局，重点开展核电事故事件信息通报、场外应急支援等方面合作，进一步加强沟通协调、技术交流、演习培训等工作。

5月11日，国防科工局在京组织召开汶川地震核应急响应经验交流会。国家核应急响应技术支持中心领导作了《汶川地震核应急响应实践研究》报告。汶川地震十年来，在全系统的大力支持和团结努力下，全国核应急工作不断进展。汶川地震和福岛核事故的积极有效应对增强了全系统核安全核应急意识，促进了核能事业发展，为做好核安全核应急工作积累了宝贵经验。这些应对实践充分体现了社会主义制度集中力量办大事的优越性，充分体现了国家核应急协调机制的重要性，充分体现了一线单位应急处置的关键性作用，应当认真加以总结，指导好当前和今后一段时间的核安全核应急工作。

6月18—22日，由国家核应急办牵头组成的中国代表团，参加在维也纳举办的国际原子能机构及早通报和紧急援助公约国家主管当局第九次会议。来自85个国家和2个国际组织的177名代表参加会议。

7月18日，国家核应急办在辽宁省葫芦岛市徐大堡核电现场组织召开徐大堡核电厂池式供热堆示范工程厂址区域核应急方案专家评审会。这是我国首个在核电厂址区域内建设的池式供热堆示范工程。专家评审组认为该方案编制依据充分，内容覆盖全面，基本满足国家核事故应急协调委员会有关要求。

7月27日—8月1日，国家核应急办领导带队对北京、四川、陕西的重点军工核设施单位的汛期安全防范和抢险救灾工作进行督查、检查。

11月26日，国防科工局在福建宁德核电站成功举办“风暴—2018”核安保综合演练。

11月29—30日，国家核应急办组织国家评估团，对广东省第十次核事故应急演习进行现场评估。演习以台风恶劣天气造成核电厂失去所有外部电源，引发3号机组一回路突发中破口事故，放射性物质向环境释放为演习情景，重点演练阳江市和核电站应急力量，检验各核应急指挥场所之间的协调性和场外应急预案的有效性，场内外应急响应、信息通报和支援协作机制，阳江市政府在核事故情况下指挥协调、撤离安置、现场管制、辐射防护、信息发布和舆情管控能力，探索军队体制改革后军队对地方核应急实施支援的新机制。本次演习参演单位40个，参演人员1700余人，演习车船200辆（艘）。国家评估团一致认为，本次演习充分展示了广东省和阳江市核应急响应能力，满足国家核应急相关法规对演习的要求，达到了演习预期目的。

12月4日，在国家核应急办指导下，国家核应急响应技术支持中心在北京与国际原子能机构应急中心联合举行了ConvEx-2e国际公约演习。本次演习是我国首次作为东道国承办的国际公约演习。演习依托广东省第十次核事故应急演习(阳江核电厂场内外联合应急演习)情景，采取无脚本形式，持续4个小时。演习展示了我国负责任核大国形象，检验了国际通报和援助工作程序，锻炼了队伍和能力，取得圆满成功。

12月8日，嫦娥四号月球探测器成功实施发射。国家核应急办圆满完成了核应急任务，实现了“万无一失、备而不用”的既定目标。按照既定计划和方案，13名现场核应急分队（中国辐射防护院）人员、3台应急车辆、86台（套）应急设备全部在西昌发射场完成集结，重点完成了4项任务。

生态环境部（国家核安全局）圆满完成2018 年上合青岛峰会、首届中国国际进口博览会等重大活动的核与辐射应急安保备勤任务。

二、地方核应急活动

3月28日，福建省核应急办在省核应急中心举办公众开放日活动。本次活动通过网上报名和特邀，共有普通市民、高校学生、环保志愿者、非政府组织代表、媒体记者等近80人参加。

5月9日，福建省委党校“突发事件应急处置与舆情引导专题研讨班”在省核应急指挥中心开展现场教学活动。

5月19日，在2018全国科技工作者日、全国科技活动周暨江苏省第三十届科普宣传周活动中，江苏省核应急办启动核应急科普知识竞赛活动。

6月23—25日，以“携手核安全，共创美丽家园”为主题的海南省首届大学生核安全知识演讲比赛总决赛在海口举行。本届比赛由海南省核应急办、海南省教育厅、海南省科协联合主办。来自全省18所高校的50名大学生进入总决赛环节。

8月24日，浙江省核应急办与福建省核应急办在浙江省苍南县签订了核事故应急合作补充协议。福建省福鼎市和浙江省苍南县相互毗邻，分别拥有在运的宁德核电厂和拟建的苍南三澳核电厂。明确进一步健全两省合作机制，共同提升核应急准备和应对能力，合力保障核与辐射环境安全，提出要建立“省际邻县”核应急合作机制，打造全国省际核应急合作样板。

11月9日，闽、粤、桂、琼四省（区）核应急合作第五次联席会议在海南三亚召开。会议总结了5年来四省（区）核应急合作开展情况，增加浙江省为核应急合作成员单位，共同签署了闽、粤、桂、浙、琼五省（区）核应急专家共享实施细则。

11月13日，广东/岭澳核电站事故场外应急事宜粤港合作年会在广州召开。粤港双方按照共同签署的有关共识文件和合作协议，卓有成效地开展了核应急合作，建立了粤港核事故应急数据交换管理系统，顺利完成了辐射测量比对第六周期合作项目，妥善应对了3起核电站发生的0级事件，进行了13次核应急直接通信测试，粤港核应急合作进一步深化。

12月20—21日，由海南省委宣传部和海南省核应急办共同举办的以“携手核安全，共创美丽山海黎乡”为主题的第四届核安全文化媒体行活动在海南昌江举行。来自中央驻琼媒体、省内媒体共约30名记者参加了本次核电深度体验活动。

三、核设施应急准备工作监督管理

生态环境部（国家核安全局）完成台山核电厂首次装料前场内核事故应急专项检查和综合应急演习监督评估，针对专项检查和监督评估中发现的问题，进行系统整理，提出核安全管理要求。完成对阳江核电厂、红沿河核电厂、田湾核电厂、海阳核电厂、三门核电厂、大亚湾核电厂、宁德核电厂、秦山核电基地、福清核电厂等9 个核电基地和中国原子能科学研究院、中核四〇四有限公司、中核建中核燃料元件有限公司、中核二七二铀业有限公司等核设施营运单位的场内综合应急演习监督评估。

四、场内应急计划（预案）批复

生态环境部（国家核安全局）完成大亚湾核电厂、阳江核电厂、台山核电厂、中核建中核燃料元件有限公司、中核四〇四有限公司、中核兰州铀浓缩有限公司、红华工程二期、中核北方核燃料元件有限公司等民用核设施场内应急计划（预案）复审并批复。

五、能力建设

1月，福建省核应急办高度重视涉核舆情应对，不断建立健全相关机制，扎实推进防范化解涉核风险攻坚战。一是建立舆情应对方案。二是加强场内场外信息沟通。三是强化上下联动。四是加强公众核安全科普宣传。2017年度，以核电厂周边公众为重点，基本实现应急计划区内各行政村科普宣传全覆盖。2018年，福建省核应急办贯彻落实《国家核应急舆情引导管理办法》，稳步做好相关工作。

1月，核工业总医院围绕我国核应急医学保障的需求，经过多年的探索，基于中期分裂相自动扫描系统和染色体畸变自动分析软件的双着丝粒自动分析技术，建立了国内第一条“双着丝粒染色体自动分析剂量效应曲线”；创新采用特殊扫描法、细胞周期控制法、制片质量稳定法，从细胞收获、标本制备到双着丝粒的自动分析，成功地解决了大规模核事故生物剂量估算的技术障碍。

4月，江苏省完成核应急机动指挥所建设。机动指挥所由改装的越野车和大巴组成，具有辐射防护、数据采集、传输、远程视频会议等功能，通过北斗、4G、超短波、无线数字集群及单兵通信系统可实现与省核应急指挥中心的互联互通，在应急状态下，可满足在烟羽应急计划区内机动指挥的要求。机动指挥所的建成，标志着江苏省已实现省基本指挥所、市前沿指挥所、现场机动指挥所三位一体的统一指挥体系，大大提升了应急响应能力。

7月，为推动核应急“十三五”规划重点任务有效落实，甘肃省核应急办启动了甘肃省核应急指挥中心平台功能性建设，成立了核应急指挥中心项目部，明确项目人员组成，提出依法依规实施、项目全过程受控、各节点合理运作、资金管理到位和资料归档齐全等5项工作要求，为按期保质完成项目建设奠定基础。

7月，山东核电承担了国家压水堆重大专项课题《严重事故分析及应急决策支持技术研究》之子课题《应急决策支持技术在核电厂应用研究》。研究过程中，总结工作实践与成果，编著了《核电厂核事故场外辐射后果评价的基本模型和方法》，并于7月初正式出版。

10月30日，2018年度国防科技成果鉴定会在苏州召开。由核工业总医院联合江苏省疾病预防控制中心及无锡市康复医院的科技成果“核工业企业突发职业危害卫生应急关键技术研究与应用”整体达到了国际先进水平，部分达到了国际领先水平；核工业总医院独家研究的成果“大规模核事故快速高通量生物剂量评价及伤员分类”填补了我国大规模核事故后高通量快速生物剂量估算的技术空白，达到了国内领先水平。这两项研究成果对国防科技工业的医疗保障具有重大意义和广阔的应用前景。

11月，江苏省核应急办认真贯彻落实国家核应急靠前指挥的要求，完成核应急场外机动指挥所建设。机动指挥所由大客车改装成指挥方仓，配备越野车作为辅助，具有信息采集、信息处理、指挥控制、通讯保障等多种功能，实现了现场机动指挥所与省核应急指挥中心互联互通，有效提高了应急响应指挥能力。

11月9日，江苏省质量技术监督局批准发布了由江苏省核应急办组织编制的DB32/T 3437—2018《核应急指挥信息平台建设规范》，并于11月30日正式实施。标准从核应急指挥信息平台的术语定义、建设总则、技术指标、平台架构、核应急数据库系统、核应急响应系统、核应急管理系统和运维管理八个方面作了规定。

六、统筹指导省级生态环境部门辐射事故应急演练

生态环境部（国家核安全局）协调并指导地区监督站督导浙江、湖南、辽宁、宁夏、四川、天津等6个省（区、市）生态环境系统实施辐射事故综合应急演习。通过演习增进了地方政府对辐射事故应急工作的重视，落实了地方政府辐射应急工作主体责任，锻炼了人员队伍，检验了应急预案和设施设备，提高了应急响应与处置能力，进一步推动了辐射安全监管工作。同时，通过现场和视频评估，强化了各省间的应急经验交流，取得了以演代训、以点带面、示范引领、互学互鉴的效果。

七、应急响应能力有效维持

生态环境部（国家核安全局）持续做好核与辐射事故应急响应工作，实行24小时应急值班制度，确保核与辐射应急响应体系有效运转和通信渠道畅通。整合核与辐射事故应急决策支持与指挥调度系统和应急监测调度平台。科学开展生态环境部核与辐射安全应急培训。

八、培训

3月19日，湖北咸宁核电公司在咸宁市委党校组织《核安全法》讲座活动。咸宁市委党校春季班200余名县处级、科级干部，以及咸宁市核电办、通山县核电办、咸宁核电公司相关人员参加讲座。

3月22日，《核应急准备通讯》第四次通讯员会议及培训在京召开。

3月27—30日，吉林省分别在长春市和集安市举办省、市两级核应急专题培训班。全省核应急委成员单位联络员和各级核应急办、相关市（州）、县（市、区）工作人员近300人参加。

4月13—23日，河南省国防科工局开展了为期11天的《核安全法》宣贯活动。

4月27日，全国人大环资委、国家核应急办、河北省核应急办共同组织召开《核安全法》宣贯暨核应急培训会议。

5月29日—6月7日，受国家核应急办委托，国家核应急响应技术支持中心联合国家行政学院应急管理培训中心举办的第三期涉核突发事件应急管理干部培训班在国家行政学院举行。

6月10日，山东核电开展《核安全法》宣贯活动，公司单位领导、各部门人员及项目参建单位共1000余人参加。

7月12—13日，山东省核应急办在海阳市举办2018年全省核应急工作培训。

10月24—26日，由国家核应急办主办，国家核应急响应技术支持中心、湖北省核应急办、中船重工七一九研究所联合承办的第七期全国核应急管理干部培训班在湖北武汉顺利举行。来自国家核应急协调委员成员单位、省级核应急组织、涉核集团（院）、核设施营运单位、国家级核应急技术支持中心和救援分队等单位的

220余名学员参训，其中包括4名港澳核应急领域官员和专家。

10月29日，福建省核应急办联合苏州热工研究院、国家核应急医学救援培训基地（核工业总医院）举办全省核应急骨干培训班。

12月17—21日，为促进军地核应急合作，提升部队核应急支援能力，福建省核应急办会同驻闽某防化旅、宁德和福清核电厂组织开展了部队核应急人员现场培训。

九、演习

2月1日，阳江核电厂5号机组首次装料前场内核事故综合应急演习顺利举行，本次演习历时5.5小时，共计200余人参加。演习模拟了5号机组小破口，叠加高低压安注失效的状况下，阳江核电厂应急响应组织协调处理机组故障、应对舆情危机的全过程。演习检验了应急人员福岛改进项的应用（移动注水泵注水）、环境监测、舆情应对、严重事故管理等响应行动。

2月2日，中核建中核燃料元件有限公司开展了某项目装投料前核应急综合演习。演习采用盲演方式，模拟可燃气体爆炸人身伤害事故叠加核临界事故情景而开展应急响应行动，事故场景覆盖了该项目的主要事故类型。中核建中100余人参加了此次演习。

6月，海南省核应急办在昌江组织了2018年核应急桌面推演活动。推演采用无脚本推演，推演时间不压缩。推演模拟了昌江核电厂1号机组主变压器B相电源在带额定功率运行时突然发生故障起火，由于事故未得到有效控制，核电厂由应急待命、厂房应急、场区应急进入到场外应急，省核应急委按照规定相应启动Ⅳ级、Ⅲ级、Ⅱ级和Ⅰ级响应。在省核应急委统一指挥下，各应急队伍按执行程序展开推演，各参演人员对应急响应流程中有可能会出现的各类问题进行了充分讨论，并提出了有针对性的解决措施。

6月7日，辽宁红沿河核电厂举行2018年度场内综合应急演习。本次演习模拟红沿河核电4号机组由应急待命逐步发展至场外应急状态，三道安全屏障逐步丧失并最终进入严重事故，同时叠加山火响应、福岛改进项应用、舆情应对、集团支援、应急人员交接班等响应行动。演习过程中，场内应急组织全面启动和响应，设置两班应急人员合计182人轮换交接，共计约750余人参与调动。最终应急状态终止，演习持续时间约7小时。

7月，浙江省核应急办组织开展了三门核电厂事故场外应急无脚本桌面演练。此次演练模拟了核电厂进入厂房应急状态后，省、县两级核应急办按照核应急预案启动Ⅲ级应急响应程序。

7月，福建省卫生计生委在福州举办“健康使命—2018”全省核事故卫生应急桌面推演。演练以核电厂堆芯熔毁为事故背景，模拟核事故发生发展全过程，采用多媒体视频演示、问答等方式，从应急响应、组织指挥、碘片发放、医疗救护、辐射防护、心理干预等卫生应急处置环节进行推演，检验参演人员应对核事故卫生应急处置能力。

8月，福建省民政厅在宁德核电厂所在地举办了核应急人员撤离安置桌面推演。演习根据核事故发展进程，推演了各级核应急响应情况下人员安置组的应对措施，并针对实际安置过程中可能出现的保障物资不足、人员失散、心理焦虑、擅自返乡等问题进行研究讨论。

9月21日，辽宁省核应急办会同辽宁省通信管理局组织开展2018年辽宁省核应急通信保障演习。本次演习以大连市瓦房店红沿河镇遭受台风强降雨影响，辽宁红沿河核电站周边基站、传输线路等通信基础设施严重受损，核电站与外界通信中断，成为信息孤岛作为演习模拟背景，以支援核电站尽快恢复与外界通信畅通，抢修受损基站为演习模拟任务。60余人参加了演习，历时近2小时，完成了视频连通与信息报送、应急通信保障队伍集结、应急通信保障、应急通信抢修等演习科目。

10月22—23日，山东省核应急办参加了海军国家核应急海上去污洗消队的海上监测救援演习。演习情景为海阳核电厂发生事故，响应由四级到一级，演习开展了任务传达、组织动员、辐射监测、去污洗消等响应行动。

10月25日，江苏核电举行了2018年场内综合应急演习。本次演习为无预通知演习，应急组织根据模拟机触发情景以及应急程序规定进行自主响应，200余人参加，共持续约6小时。主要演练了应急状态分级、运行控制、设备抢修、地震响应、应急通讯、灭火响应、医疗急救、移动应急电源车接入、严重事故管理导则进入与退出、舆情应对等30余个场景动作，对电站场内应急准备与响应工作进行了全面检验。

12月1日，秦山核电举行了国内首次以多机组严重事故为情景的场内综合应急演习。本次演习模拟方家山核电1号机组丧失全部厂外电源叠加应急柴油发电机组故障及反应堆冷却剂系统大破口，逐级满足进入应急待命、厂房应急、场区应急和场外应急状态的条件，并进入严重事故管理；同时秦三厂1号机组BUA母线和BUF母接地故障叠加慢化剂泄漏，主热传输系统堆芯入口集管破口及两台应急堆芯冷却泵失效，满足应急待命、场区应急及场外应急状态的条件并进入严重事故管理。根据多机组事故应急响应程序，秦山核电逐级进入相应的应急状态。演习事故序列在全范围模拟机上逐步展开，在事故情景引导下，各级应急人员自主响应，重点检验了多机组事故应急状态的判断、医疗急救（首次采用直升机进行救援）、事故诊断与预测、应急通知与启动、电厂现场指挥部与应急控制中心的接口、机组状态评价及堆芯损伤评价、车载移动设备的调用、严重事故管理、应急抢修、应急保卫、集团应急支援请求、公众信息与舆情监控、场内外辐射监测、环境后果评价及部分非应急人员的集合清点、撤离等应急响应行动，同时验证了与场外应急管理部门、上级部门的接口。本次演习首次在非工作日举行，历时约7小时，700余人参演。

12月4日，大亚湾核电运营有限公司组织场内应急队伍开展核应急演习。演习历时近6小时，模拟岭澳一期1号机组发生事故，随着山火导致机组失去全部外电源，暴徒闯入核电基地（被阻在厂前安保区外），恐怖分子潜入泵站实施破坏活动（迅速被围堵），失去应急柴油机供电（采用移动电源车供电），主泵轴封失水导致轴封破口，应急状态由应急待命逐步经历厂房应急、场区应急进入场外应急。本次演习中，首次在情景设计中引入了山火、外电网失电、冲击厂前安保区、恐怖袭击等极端外部事件，率先动用无人机、机器人实际开展火情侦察、探测泄露点、辐射巡测，利用直升机实现伤员快速转运等应急响应业务，并首次在要害区厂房内安排了反恐演习。

12月6日，山东核电组织开展了2018年场内综合应急演习。演习持续时间近6小时，参演人员达300余人。本次演习从启动厂房应急开始，逐步达到最高响应级别场外应急，通过有效的响应行动，减轻了事故后果，事故得到全面控制，并终止应急状态。

十、国际合作与动态

2月2—6日，国家原子能机构组团访问沙特，出席第12届国际地球科学大会。期间，团组与沙特能源、工业和矿产资源部部长，沙特核能与可再生能源城以及沙特地质调查局，就铀钍资源勘查以及核电领域等合作项目交换了意见。

3月，国际原子能机构发布了《关于终止核或辐射紧急情况安排的安全导则》。作为全面应急准备的一部分。它为“终止核或辐射紧急情况以及随后从紧急暴露情况过渡到计划暴露情况或现有暴露情况”提供了指导和建议。《导则》指出，大多数国家特别注意确保为有效应对核或辐射紧急情况做好充分准备，以便在应对的早期保护人类的生命、健康、财产和环境。然而，在准备阶段对处理与终止紧急情况和过渡到“新的正常状态”有关挑战的实际安排却较少注意。

4月17日，中美第三次核安全对话在北京举行。外交部、公安部、生态环境部、海关总署、国家原子能机构、国家核安保技术中心、中国军控与裁军协会与美国国务院、白宫国安会、能源部、核监管委员会等部门及美国驻华使馆官员与专家参加了本次对话。双方积极评价两国核安全交流与合作进展，同意在国际原子能机构等多边框架下加强协调，在微堆改造、放射源安全、核辐射探测等领域加强合作，充分利用两国共建的国家核安全示范中心，为全球和地区核安全做出贡献。

6月4日，国际原子能机构6月理事会会议在维也纳召开。国家原子能机构组团出席会议，与国际原子能机构签署了《中国国家原子能机构与国际原子能机构关于初级专业人员的协议》。与尼日利亚原子能委员会签署了尼日利亚微堆高浓铀返还谅解备忘录。

9月17日，国家原子能机构与国际原

子能机构在维也纳签署《关于在应急准备与响应领域开展教育、培训、知识网络构建和管理及人力资源开发合作的实际安排》。按照安排，中国将建设IAEA核与辐射应急准备与响应能力建设中心（CBC-EPR），这也是国际原子能机构继日本、韩国和奥地利后第4个CBC-EPR。目前美国、俄罗斯、巴西、西班牙、埃及等十余个国家也正在积极筹备申请加入。

10月17日，在国务院总理李克强和比利时首相米歇尔共同见证下，国家原子能机构副主任张建华与比利时王国联邦公共服务经济、中小企业、个体和能源部指导委员会主席德尔波特签署了加强和平利用核能领域合作的谅解备忘录，推动两国核领域合作。

（本部分材料由国家核安全局和国家核应急响应技术支持中心提供。）

核专业人才培养和职工培训

中国核工业集团有限公司

2018年，在干部选拔任用方面，全面梳理了集团公司干部队伍现状，探索开展了职业经理人市场化选聘试点，并在两个方面进行了深耕细作：一是更加注重年轻干部培养。2018年在全系统集中选拔30名43岁以下的年轻干部，安排到基层单位一线担当。二是更加突出“强军守责”。选派三批年轻优秀干部到重大军工专项上工作和挂职锻炼，明确有关待遇和生活保障措施，激励引导优秀人才向军工专项、艰苦一线柔性流动。

在干部监督管理方面，为抓好巡视整改，组建了7个检查组，对38家重点单位开展选人用人及薪酬管控工作专项检查，形成逾16万字的专项检查报告，对检查的情况在全集团进行了通报，对问题较多的单位党政主要领导进行约谈，形成了震慑，为营造风清气正用人环境打下良好基础。

在总部队伍建设方面，以加强作风建设为目标，以双向挂职锻炼为抓手，促进干部职工转作风、接地气，提升员工能力素质，盘活员工发展通道，真正实现总部干部员工队伍“一池活水”。

2018年加强顶层设计，深入研究形成《集团公司人才发展战略研究》；科技领军人才推荐和培养取得新成绩，8人分获国防科技工业杰出人才、中华技能大奖、全国技术能手称号，2人入选国家“万人计划”，再次选拔、选聘出10名首席专家、20名科技带头人、10名首席技师，集团培养的高层次人才队伍达到上百人；技能人才推荐取得新成效，推选1人获中华技能大奖，6人获全国技术能手称号，2个国家级大师工作室获批，在中央企业名列前茅；教育培训工作取得新进展。加强国际高校、科研机构合作，多次组织举办境外培训，同时加大各业务领域的培训和指导，全年共办班120余次，培训人员11 000人•次。

中国广核集团有限公司

2018年，中广核员工合计学习时间为461万小时，同比增加5.5%；人均学习时间为108小时，其中核电板块的人均学时为179学时。

一、重大培训项目

2018年，中广核大学（党校）对部分培训项目进行了优化升级，成功举办一系列重大培训项目。

（一）党校培训

2018年，推出并实施中广核党员领

导干部“强根固魂”系列培养项目——“红鹭计划”，对党员领导干部进行系统化培养。持续加强集团公司党委管理干部党性教育，2018年开设“三大攻坚战、意识形态、领导干部政德修养”等三大主题课程，举办4期培训，实现党委管理干部党性教育全覆盖。全年组织实施“红鹭计划”培训20期，其中，“红鹭—破壳计划”培训3期（针对新党员、入党积极分子），“红鹭—助跑计划”培训7期（针对党支部委员），“红鹭—展翅计划”10期（针对党支部书记），累计参训学员800余人。坚持“开放办学、开门办学”，2018年在进一步加强与中央党校、江西干部学院、广东省委党校、深圳市委党校等单位良好合作关系基础之上，在古田干部学院设立了集团第二个党员干部党性教育基地，进一步拓展了集团党校培训的外部办学资源。

（二）长湾领导力论坛

2018年9月29日，举办“中广核纪念改革开放40周年”长湾领导力论坛。本次论坛以“总结经验，乘势而上，我们再出发”为主题，回顾总结集团40年发展历程和经验，整理行装再出发，为集团下一步发展积蓄力量、凝聚共识。

2018年4月26日，集团2018年度长湾领导力论坛主题为“强基础、促发展、创一流——让核安全持续提升”，连续第三年围绕“核电安全管理提升”展开深入讨论。在促进集团设备管理水平持续提升方面取得了积极的成效，尤其是在统一思想认识、明确各单位设备管理责任、促进内部协同方面发挥了重要的作用。

（三）EDP（集团高管系统化培训）项目

围绕“创新发展”和“深化改革”实施2018年高层管理者EDP培训，围绕战略制定和执行，进行外部环境趋势及内部经营对标的导入，通过具体业务研讨，明确后续关键任务及相应匹配的组织资源及条件，为集团“十三五”规划的进一步落地及2019年战略制定执行进行有效输入，凝聚共识。

（四）“白鹭—飞翔计划”、“白鹭—启翔计划”

举办定位于高管储备的“白鹭—飞翔计划”“白鹭—启翔计划”第二期培养班，共75人参加，在中国延安干部学院完成第一个学习模块培训。

（五）白鹭计划

以中广核经营管理者系列培养项目——“白鹭计划”系列培养项目为依托，促进新任基层、中层、高层管理干部转型培养。2018年举办“白鹭—助跑计划”培养班9期（针对新任基层管理者），共248人参训；举办“白鹭—展翅计划”培养班5期（针对新任中层管理者），共136人参训。2018年度，全集团各公司总计有1405名新员工参加“白鹭—破壳计划”培养，加速新员工角色转变和对中广核的认同和融入。

（六）国际化人才培养

配合集团“国际化”战略，推进实施中广核国际化人才系列培养项目——“鹭越重洋计划”，2018年启动了集团第四期国际化人才储备班的人员选拔和实施，选拔出的31名青年业务骨干正在国内接受英语等强化培训，计划2019年出国留学；完成三期国际化人才定向班、两期国际化人才语言班、两期国际化人才高管班等项目实施，累计培养国际化人才600多人。

（七）核电专业人才培养

2018年，中广核各基地共培养操纵员（RO）156名，培养高级操纵员（SRO）157名，满足了各核电厂对执照人员数量的需求。各基地已累计培养操纵员（RO）1895名，累计培养高级操纵员（SRO）1169名。

为适应集团核电工程建设的战略发展和当前工程建设的要求，在打造完整人才培养体系的基础上，重点围绕“华龙一号”、项目管理人才、经营商务人才、工程控制人才、国际化人才等开展了多批次的专项人才培养。

二、优化师资队伍建设

中广核建立骨干员工担任兼职教员的制度，促进了组织知识的有效传承。截至2018年，全集团拥有教员1198名，其中专职教员人员209人，兼职教员853名。认证铜牌教员246名，银牌教员17名，金牌教员3名。管理干部参与授课，分享知识与经验，2018年公司管理干部平均授课时间为7小时。

三、夯实培训基础

加强课程研发推广，加大培训设施的投入。目前，全集团已有各类课程达到15 710门。其中，网络课程超过4700门。集团公司相关部门积极参与课程开发，促成管理经验、知识的沉淀和分享。

目前，中广核拥有核电站全范围模拟机13台，各类其他模拟机24台，培训相关建筑面积达13.34万平方米，全集团培训设施总投资达35亿元。

四、2018 年主要荣誉

中广核人才培养工作得到业界的高度认可，人才培养已成为中广核的一张名片。2018年3月30日，中广核高票连任中国企业高管培训发展联盟轮值主席单位，彰显中广核的品牌影响。

2018年3月，中广核荣获“中国企业高管培训发展联盟年度最佳贡献奖”（按贡献积分排名第一），中广核大学（党校）荣获“2017年度先进企业大学”。2018年4月，在由新华报业集团《培训》杂志主办的“2018（第十四届）中国企业培训与发展年会”上，中广核荣获“中国人才发展最佳企业奖”，连续四年获此奖项。2018年9月，中广核大学（党校）入选中国企业大学50强，排名第二。

东方电气股份有限公司

2018年，东方电气在核电人才队伍建设上强化员工培训，努力提升核电人才队伍整体水平。核电员工培训紧紧围绕“完善机制、加强管理，提高素质”为中心开展工作，通过完善培训机制，优化培训开展流程，改进培训效果评估方法，重点在核安全文化、技术技能、核质保体系、核电ASME规范、核电纠正措施等方面开展培训。

中国一重集团有限公司

中国一重始终高度重视核电设备制造人才的培养和岗位培训工作，在年初制定的培训计划中，突出了《中华人民共和国核安全法》、核法规、核质量保证手册及程序文件、核文化等方面的培训内容，保证了培训质量和培训效果。2018年，一重共举办核体系责任人员培训班91期，参训员工达5600人次。

（1）在核文化、核质量与安全知识培训方面，围绕核安全文化建设，培育全员核安全意识，坚持“安全第一”根本方针，杜绝“违规操作、弄虚作假”，确保民用核安全设备制造质量等内容，制定系统培训学习计划。举办了《中华人民共和国核安全法》宣贯等相关培训，全面提升员工的综合技能，注重法规标准、管理要求和核安全文化的培训宣贯，不断持续增强全员的学习氛围。

（2）在核电项目质保大纲培训方面，开展了漳州核电1号、2号蒸发器项目等多个核电项目质保大纲和程序培训。坚持将核电项目紧密结合生产制造进度确定培训重点，注重把项目制造过程中出现的问题、采取的解决措施等方面内容补充进来，保证培训质量和效果，公司各相关单位以培训为契机，认真总结和改进不足，不断提高核电产品质量。

（3）在核电人才培养方面，一重紧密结合公司核电产品当前生产工作实际和未来发展需要，不断加大核电人才培养力度，突出对无损检验、焊接、理化试验、计量等国家规定需持证上岗人员培训和取证工作力度，严格执行持证上岗。同时，积极选派业务骨干参加核能行业质量保证监查员培训班等外部高水平的培训，不断增强安全质量意识，汲取先进的管理理念和实践经验。

国际合作和两岸交流

政府方面

一、多边领域

（一）与国际原子能机构（IAEA）合作交流情况

3月27日，国家原子能机构副主任王毅韧会见国际原子能机构副总干事兼核安全与核安保司司长兰蒂赫，双方就核能发展、核安全和核安保等议题深入交换意见。

3月27日，生态环境部副部长、国家核安全局局长刘华在北京会见国际原子能机构副总干事胡安•卡洛斯•兰蒂赫先生，双方就核安全等共同关心的话题进行了交流。

2018年5月，生态环境部副部长、国家核安全局局长刘华率中国政府代表团出席《乏燃料管理安全与放射性废物管理安全联合公约》缔约方第六次审议大会，我国7项工作被认定为良好业绩，值得在国际同行中推广；国际原子能机构联约通讯特别报道我国“开创企业、高校、科研院所三位一体的人才培养模式”。组建新一届《核安全公约》国家报告编审委员会，积极筹备下一轮审议。

5月23日，生态环境部副部长、国家核安全局局长刘华在维也纳会见国际原子能机构副总干事胡安•卡洛斯•兰蒂赫先生，双方就公约履约等内容交换了意见。

6月4日，国际原子能机构六月理事会会议在维也纳召开。中国国家原子能机构副主任、国际原子能机构理事会中国理事王毅韧率团出席会议，并在年度报告审议中阐述中方立场。期间，王毅韧会见了国际原子能机构总干事天野之弥，见证签署了《中国国家原子能机构与国际原子能机构关于初级专业人员的协议》。

8月31日，国际原子能机构理事会中国理事王毅韧会见国际原子能机构副总干事楚达科夫先生一行，就进一步深化中国与国际原子能机构合作等问题交换意见。

9月10日，国际原子能机构中国理事王毅韧率团出席国际原子能机构九月理事会，并在机构计划执行报告、核安保、核安全等议题下发言，评述机构工作、阐述中方政策主张。

9月17—18日，国家原子能机构主任张克俭率团出席在奥地利维也纳召开的国际原子能机构第62届大会。期间，张克俭会见了国际原子能机构代理总干事海沃德并见证签署核应急响应能力建设实际安排，共同参观国家原子能机构组织举办的展览。

2018年，生态环境部（国家核安全局）出席国际原子能机构大会及核安全监管高官会，完成安全标准委员会及分委会委员的换届，参与全球及亚洲核安全与安保网络、监管合作论坛等各类重要机制，在国际原子能机构安全标准制定、能力建设以及技术领域发挥积极作用。全年生态环境部50人出访参加国际原子能机构活动28次。落实国家推送优秀人才到国际组织工作的政策，2名人员在国际原子能机构工作一年。

（二）与经合组织核能署合作方面

2月26日，环境保护部副部长、国家核安全局局长刘华在北京会见经合组织核能署总干事麦格伍德，双方就核安全合作等共同关心的话题进行了交流。

2月26日，国家能源局副局长刘宝华在北京会见经济合作与发展组织核能署总干事麦克伍德，双方就进一步加强合作进行了深入交流，并探讨了推动核能领域谅解备忘录框架下的合作有关事宜。

2月26日，国家原子能机构副主任王毅韧在京会见经济合作与发展组织核能署总干事麦格伍德一行。双方就世界核能发展形势，以及中国与核能署合作等事宜深入交换了意见。

4月18—20日，国家原子能机构官员受邀出席了经合组织核能署成立六十周年高级别会议和核能署指导委员会会议并作专题报告，介绍了我国核电、核燃料循环、放射性废物管理、核不扩散及核安保等政策和情况。

9月12日，国家原子能机构主任张克俭在巴黎会见经合组织核能署总干事麦格伍德，就进一步深化中国与核能署合作等议题交换了意见。

11月7日，国家原子能机构主任张克俭在京会见经济合作与发展组织核能署总干事麦格伍德，就加强中国与经合组织核能署在核能领域合作交换意见。

2018年，经合组织核能署总干事两次拜访国家核安全局；生态环境部（国家核安全局）出席核电厂多国设计评价机制政策组会议；完成核监管活动委员会与核设施安全委员会委员换届；承办AP1000、EPR工作组会，深度参与各工作组活动，全年生态环境部（国家核安全局）41人出访参加核能署及核电厂多国设计评价机制活动15次。

（三）中日韩合作

2018年，生态环境部（国家核安全局）保持中日韩区域核安全合作机制，出席中日韩核安全高官会，持续跟踪朝核问题及福岛事故后续事宜。

二、双边合作

（一）中美合作

生态环境部（国家核安全局）参与中美第三次核安全对话、“打击核恐怖主义全球倡议”会议等重要机制，主办中美和平利用核技术框架下第五工作组会议及活动，积极宣传、推广我国核安全监管体系和放射源安全监管成果。

7月24日，国家原子能机构主任张克俭会见美国驻华大使布兰斯塔德一行，就中美核安保合作事宜交换了意见。

11月1日，国家能源局副局长刘宝华在北京会见美国联邦参议院拉马•亚历山大率领的参、众两院访华代表团，双方就深化中美两国在煤炭、天然气、核能、风电、光伏等领域的合作交换了意见。

（二）中俄合作

1月30日，国家原子能机构副主任王毅韧会见俄罗斯国家原子能集团公司副总经理斯巴斯基一行，就中俄核领域合作交换了意见。

3月12—15日，国家原子能机构副主任王毅韧率团访问俄罗斯，并会见俄罗斯国家原子能集团公司副总经理斯巴斯基。

5月24日，国家原子能机构副主任王毅韧会见俄罗斯国家原子能集团公司副总经理斯巴斯基一行，就中俄核领域合作交换了意见。

6月7日，国家原子能机构副主任王毅韧会见俄罗斯国家原子能集团公司副总经理斯巴斯基一行，就中俄核领域合作交换了意见。

6月8日，在国家主席习近平和俄罗斯总统普京见证下，中俄双方签署了核领域一揽子合作4个项目7份文件，确定在示范快堆、田湾核电站7、8号机组、徐大堡核电站两台机组以及同位素热源供货等重大项目上开展合作。中俄核领域合作是两国全面战略协作伙伴关系的重要组成部分。本次达成的一揽子合作项目是中俄两国务实合作的重要成果，也是两国核领域最大的合作项目。

9月9日，中俄总理定期会晤委员会核问题分委会第二十二次会议在北京举行。国家原子能机构主任张克俭与俄罗斯国家原子能集团公司总经理利哈乔夫共同主持会议。双方充分肯定了中俄核领域合作进展，就下一步合作意向达成共识，并签署了会议纪要。

11月6日，中国国际进口博览会期间，国家原子能机构主任张克俭会见俄罗斯国家原子能集团公司总经理利哈乔夫，并共同见证中俄两国企业签署《中国示范快堆设备供应及服务采购执行合同》《中国示范快堆设计鉴定执行合同》《中国示范快堆软件执行合同》《田湾核电站7、8号机组技术设计合同》等多项核能领域合作文件。

（三）中英合作

5月31日，国家原子能机构副主任王毅韧在伦敦会见了英国核退役管理局局长戴维·佩迪，就中英放射性废物处理处置和核设施退役等领域的合作深入交换意见。

5月31日，国家原子能机构副主任王毅韧在伦敦会见了英国商务、能源与产业战略部常务秘书长阿莱克斯·齐泽姆，就中英核燃料循环全产业链合作、核研发与创新、核出口控制等领域的合作深入交换意见，并见证签署中英核联合研发中心合作协议。

8月23日，国家原子能机构主任张克俭在京会见英国国际贸易大臣利亚姆·福克斯一行。双方就中英核领域合作交换了意见。

10月24日，生态环境部副部长、国家核安全局局长刘华在北京出席中英核安全合作指导委员会会议并致辞，会议就加强中英核安全监管合作及“华龙一号”审评等议题进行了交流。

（四）中法合作

1月9日，国家主席习近平与法国总统马克龙在北京人民大会堂共同为广东台山核电站1号机组成为EPR全球首堆工程揭牌。环境保护部副部长、国家核安全局局长刘华出席揭牌仪式。

1月9日，在习近平主席和法国总统马克龙的见证下，国家原子能机构副主任王毅韧签署中法两国核领域合作协议。

1月10日，环境保护部副部长、国家核安全局局长刘华在北京会见法国阿海珐核电集团首席执行官方特纳先生，双方就核安全等共同关心的话题进行了交流。

1月10日，国家能源局副局长刘宝华在北京会见法国阿海珐核电集团首席执行官方特纳，双方就阿海珐核电重组情况、台山EPR项目最新进展以及法马通公司与中国企业的合作等进行了深入交流。

5月23日，生态环境部副部长、国家核安全局局长刘华在维也纳会见法国核安全局局长弗兰克•谢维先生，双方就中法核安全合作等内容交换了意见。

6月25日，国家能源局副局长刘宝华在北京会见法国电力集团董事长兼总裁乐维。双方就核电、海上风电、太阳能发电及电力市场改革等事宜深入交换了意见。

7月11日，中法核燃料循环后端双边高级别委员会第三次会议在北京召开，国家原子能机构主任张克俭和法国原子能与替代能源委员会主席弗朗索瓦·雅克共同主持会议。双方回顾了中法核燃料循环后端领域合作进展，讨论了下一步工作。国家原子能机构副主任王毅韧，中国核工业集团有限公司、中国广核集团有限公司、法国欧安诺集团代表参加了会议。

9月13日，国家原子能机构主任张克俭率团访问法国，在巴黎会见法国电力公司高级执行副总裁泽维尔与法马通公司首席执行官方特纳，并参观法国原子能委员会萨克莱研究中心。

9月14日，国家原子能机构主任张克俭在法国瑟堡会见欧安诺集团总裁顾菲，并参观阿格后处理厂。

9月25—29日，国家能源局副局长刘宝华率团访问法国，分别会见法国外交部副部长顾山、法国生态可持续发展和能源部能源和气候署署长洛朗•米歇尔、法马通公司总裁伯纳德•方特纳、法电高级执行副总裁泽维尔•乌萨特以及经合组织核能署署长威廉•麦格伍德，就加强我国与各方在核电领域合作事宜进行了深入交流。在法期间，刘宝华还调研了国际热核聚变实验反应堆（ITER）、法国核能和替代能源委员会（CEA）下属核能实验堆研究中心。

12月3—8日，第六次中法高级别经济财金对话在法国举行，国家能源局局长章建华、国家原子能机构副主任张建华出席会议。章建华与法国生态转型部能源与气候署署长洛朗·米歇尔共同主持召开第二次中法能源对话。会议期间，双方代表就两国能源发展政策、核能、天然气、可再生能源等议题展开深入交流，国家能源局与法国生态转型部共同签署了《第二次中法能源对话会议纪要》。

（五）中欧合作

3月28日，生态环境部副部长（国家核安全局）与外交部共同主办亚欧会议第五届核能安全研讨会。生态环境部副部长、国家核安全局局长刘华，国家原子能机构副主任王毅韧出席会议并致辞。20个亚欧成员国200余人与会。

10月9日，国家原子能机构副主任张建华会见欧洲铀浓缩公司首席执行官海博勒一行，就铀浓缩服务合作交换了意见。

10月15—17日，张建华考察了比利时访问了欧盟总部，会见欧盟科研创新总司副总司长柴尔德，推动双方在核科技研发、核保障与核安保等领域合作。

生态环境部副部长（国家核安全局）有效执行中欧核安全合作二期项目，双方技术人员密切交流互动，取得预期成果；中欧三期顺利启动，形成共赢新局面。

（六）其他双边合作

1月8日，国家能源局副局长刘宝华与泰国能源部副常秘蓝迪卡·唐苏帕尼在北京共同主持召开中泰和平利用核能合作联委会第一次会议。双方回顾了两国核能合作取得的积极进展，明确了联委会各项工作机制，并就下一步深化合作深入交换了意见。

2月2—6日，国家原子能机构副主任王毅韧率团访问沙特，出席第12届国际地球科学大会，并会见沙特能源、工业和矿产资源部部长、沙特核能与可再生能源城首席原子能官以及沙特地质调查局局长，就铀钍资源勘查以及核电领域等合作项目交换了意见。

2月9日，国家能源局副局长刘宝华在北京会见土耳其能源与自然资源部副次长雅马奇，双方就两国在核电领域的务实合作等深入交换了意见。

3月27日，生态环境部副部长、国家核安全局局长刘华在北京会见巴基斯坦核监管局主席扎希尔•阿尤布•拜格先生，双方就中巴（基斯坦）核安全监管合作等共同关心的话题进行了交流。

3月28日，国家原子能机构副主任王毅韧在北京出席伊核问题全面协议民用核合作研讨会并致辞。会议期间，王毅韧会见了伊朗原子能组织副主席卡玛万迪，就中伊核领域合作以及伊朗阿拉克重水堆改造项目交换了意见。

3月29日，生态环境部副部长、国家核安全局局长刘华在北京会见越南科技部副部长范公凿先生，双方就中越核安全监管合作等共同关心的话题进行了交流。

5月3日，国家原子能机构副主任王毅韧会见土耳其能源与自然资源部部长阿尔巴伊拉克先生一行，就加强中土两国民用核工业合作等问题交换了意见。

5月9日，国家原子能机构副主任王毅韧在京会见尼日利亚原子能委员会主席马拉姆一行，就加强中尼两国核领域合作及尼日利亚微堆低浓化改造等事宜交换了意见。

5月11日，生态环境部副部长、国家核安全局局长刘华在北京会见德联邦环境、自然保护和核安全部核设施、辐射防护、核燃料循环安全管理司负责人沃尔夫冈•克鲁斯特斯先生，双方就中德核安全监管等共同关心的话题进行了交流。

5月22日，生态环境部副部长、国家核安全局局长刘华在维也纳会见阿联酋核监管局副主席哈马德•阿尔卡比并签署中阿核安全合作谅解备忘录。

5月25日，生态环境部副部长、国家核安全局局长刘华在布拉格出席中捷核安全监管合作会议，双方就中捷核安全合作等内容进行了交流并确定了未来的合作重点。

6月4日，国家原子能机构副主任王毅韧在参加国际原子能机构六月理事会会议期间，会见了尼日利亚原子能委员会主席马拉姆，签署了尼日利亚微堆高浓铀返还谅解备忘录。

6月11—12日，国家能源局副局长刘宝华率团访问巴西，会见了巴西矿产和能源部副部长马尔西奥•菲利克斯，就两国在电力、核电、可再生能源等领域的合作交换了意见。

7月11日，生态环境部副部长、国家核安全局局长刘华在北京会见越南核安全局局长阮俊凯先生，双方就加强中越核安全合作等问题进行了交流。

7月13日，国家原子能机构副主任王毅韧在京会见沙特地质调查局局长侯赛因·欧托比一行，就中沙铀矿资源勘探合作深入交换意见。

8月23日，国家原子能机构主任张克俭在京会见加拿大驻华大使麦家廉，就中加核领域合作交换意见。

8月30日，国家原子能机构主任张克俭在京会见印尼原子能机构主席贾洛特·威斯努布罗托一行，就双方核领域合作交换了意见。

9月12日，国家能源局副局长刘宝华在北京会见加纳能源部副部长威廉•艾多，双方就进一步拓展核能合作深入交换了意见。

9月17—18日，国家原子能机构主任张克俭在出席国际原子能机构第62届大会期间，分别会见了伊朗副总统兼原子能组织主席萨利希、哈萨克斯坦能源部长波祖姆巴耶夫、法国原委会主席雅克、巴基斯坦原委会主席纳伊姆、英国外交和联邦事务部欧洲和美洲国务部长邓肯，就共同关心的问题交换了意见。

9月19日，国家原子能机构副主任张建华会见加拿大萨斯喀彻温省长斯科特•莫尔一行，就中国与加拿大核领域合作交换了意见。

10月17日，在国务院总理李克强和比利时首相米歇尔共同见证下，国家原子能机构副主任张建华与比利时王国联邦公共服务经济、中小企业、个体和能源部指导委员会主席德尔波特签署了加强和平利用核能领域合作的谅解备忘录，推动两国核领域合作。10月15—17日，张建华考察了比利时核研究院，高放废物地质处置地下实验室以及核废物处理公司，与比利时核研究院院长范瓦勒就有关合作项目交换了意见。

10月18—20日，国家原子能机构副主任张建华率团访问瑞典，会见了瑞典辐射安全管理局副局长哈瑟尔、瑞典核燃料与废物管理国际公司总裁霍尔姆及瑞典斯杜斯维克公司总裁霍夫隆德，考察了瑞典高放废物地下处置实验室以及高放废物罐制造实验室，推动两国在核废物处理处置、核科技研发等领域合作。

2018年，生态环境部（国家核安全局）赴巴基斯坦出席第十次指导委员会，接收英国、巴基斯坦、捷克监管人员来华交流，扎实推动协议落实，为推广我国核安全监管体系发挥积极作用。

企业方面

一、中国核工业集团有限公司

2018年中核集团的全球影响力不断增强，尤其是对俄合作取得重大突破。2018年6月8日，在两国元首的见证下，中俄双方签署了田湾核电7、8号机组，徐大堡新厂址，示范快堆，同位素热源等一揽子政府和企业间合作共7份文件，项目金额超过40亿美元，推动中俄核能合作达到历史新高度。此外，对法合作总体进展顺利，签署后处理大厂的小合同。中核集团出口巴基斯坦核电项目建设进展顺利，K3项目实现穹顶吊装。天然铀海外并购与国际贸易稳步实施，组织签署罗辛铀矿股权购买协议，获取了优质铀资源及其高产能。尼日利亚微堆低浓化改造顺利完成，这是落实习近平总书记在核安全峰会上承诺的重要项目，相关工作获得国际社会高度肯定。

1月9日，在国家主席习近平和法国总统马克龙共同见证下，中核集团与法国阿海珐集团签署备忘录，与法国法马通公司签署了全球战略合作协议。

3月16日，中核集团董事长王寿君会见约旦原子能委员会主席图甘。王寿君与图甘分别代表中核集团与约旦原子能委员会签署了《“华龙一号”合作谅解备忘录》和《高温气冷堆合作谅解备忘录》。

5月14—16日，中核集团参加第十届俄罗斯国际核工业展。

5月31日，中核集团与中国国家原子能机构，英国商务、能源与产业战略部在伦敦签署通过中英联合研发与创新中心开展民用核研发合作谅解备忘录。

6月26—28日，中核集团在巴黎参加主题为“开启核能发展新时代”的法国世界核工业展。

6月29日，我国首次获得国际核天体物理大会举办权，第十六届国际核天体物理大会将由中核集团原子能院在2020年举办。

7月，核动力院牵头制订的《压水堆核电厂一回路系统主设备及管道保温层设计规范》，中核运行牵头制订的《核电厂冰塞冷冻隔离技术导则》和《红外光谱法测量重水浓度》三项核电国际标准在国际标准化组织（ISO）成功立项。

11月6日，上海进博会期间，中核集团与俄罗斯原子能公司签署多项核能合作文件，标志中俄核能合作项目进入执行阶段。

二、中国广核集团有限公司

（一）核电海外市场开发

1.英国一揽子核电项目

HPC项目建设总体按计划推进，合同采购总体处于收尾阶段；现场施工方面，12月4日，完成了1号机组核岛筏基浇筑第一罐混凝土的里程碑计划。SZC项目和BRB项目前期准备工作正在按计划推进。

2018年11月15日，英国核监管当局宣布“华龙一号”GDA第二阶段工作完成，正式进入第三阶段。按照目前进度推算，预计5年左右完成全部审查，为后续正式部署于BRB项目奠定坚实基础。

在促进中国产业链参与英国核电项目方面，截至目前，在HPC项目上，共计21家中国企业通过资格预审，还有25家企业正在资格审查中，12家企业获得HPC合同或者分包。中英法企业共计签署约10份合作备忘录或框架合作协议。

2.与泰国的核能合作

2018年1月，中广核与泰国电力公司（EGAT）作为中泰核能合作联委会工作组成员，参加国家能源局与泰国能源部举行的中泰核能合作联合委员会第一次会议。

（二）国际合作

1.全力配合国家外交大局，参加重要外交外事活动

（1）中法、中英企业家委员会

1月9日，法国总统马克龙对中国进行国事访问期间，中法企业家委员会成立大会在北京人民大会堂举行。国家主席习近平和法国总统马克龙共同会见了中法企业家代表。中广核董事长贺禹代表中方企业发言表示，在中法两国政府的支持下，中广核将与法国企业加强交流，加深合作，为两国双边关系的发展作出新贡献。

1月31日，英国首相特蕾莎•梅对中国进行国事访问期间，中英企业家委员会成立，国务院总理李克强与特蕾莎•梅共同会见了中英企业家代表，中广核董事长贺禹作为中方代表发言，向两国领导人介绍了中国在英国及欧洲最大投资项目——中广核英国一揽子核电项目的进展。10月30日，中广核与英国驻中国大使举行第一次高层定期会议，双方确认高层定期会议机制，并就英国核电项目群、产业链对接等议题进行了充分的交流。

（2）金砖国家工商论坛

当地时间7月25日下午，2018金砖国家工商论坛在南非约翰内斯堡举行。中广核总经理张善明出席论坛，参加了全体会议以及金砖国家贸易经济分析、第四次工业革命、加强“金砖——非洲国家”间合作、促进金砖国家间相互投资等专题会议，并现场聆听了国家主席习近平发表的《顺应时代潮流，实现共同发展》重要讲话。

（3）中非合作论坛

2018年9月3日，中非合作论坛北京峰会在人民大会堂举行，国家主席习近平出席开幕式并发表主旨讲话。中广核总经理张善明出席峰会及中非领导人与工商界代表高层对话会暨第六届中非企业家大会。在峰会开幕式现场，由中国国际电视台制作的宣传片《同心筑梦、命运与共》首次播出，我国在非洲最大的单体实业投资项目——中广核纳米比亚湖山铀矿在片中闪亮登场。

（4）“一带一路”能源部长会议和国际能源变革论坛

10月18日，中广核总经理张善明在苏州出席首届“一带一路”能源部长会议和第三届国际能源变革论坛。会议吸引了包括“一带一路”沿线国家能源部长和国际组织负责人等200余名中外代表参会，大会由国家发改委副主任连维良主持，国务委员王勇出席，国家主席习近平向会议发来贺信。

（5）中国国际进口博览会

首届中国国际进口博览会于11月5日在上海国家会展中心盛大开幕。国家主席习近平出席开幕式并发表题为《共建创新包容的开放型世界经济》的主旨演讲。贺禹应邀出席开幕式，并聆听习近平主席主旨讲话。

11月6日，贺禹参加了中央企业国际合作论坛。国务院国资委主任肖亚庆致辞指出，当前中央企业与外资企业建立了紧密的合作伙伴关系，中央企业应当继续坚持市场化方向，坚持开放合作，主动融入全球市场，使国际化合作走向深入。

11月6日，中广核交易分团在国家会展中心（上海）举办了项目签约仪式。集团旗下各成员公司分别与法马通、罗尔斯•罗伊斯、英国傲创、法国斯蒙克斯等公司签署项目合同及合作协议，涉及智能及高端装备、新兴技术等。

（6）APEC工商领导人峰会

当地时间11月17日，国家主席习近平出席在莫尔斯比港“太平洋探索者号”邮轮上举行的APEC工商领导人峰会，并发表主旨演讲。贺禹应邀出席峰会并聆听了习近平主席的演讲。

2.积极参与国际组织和国际会展，提升集团国际影响力

中广核深入参与相关专业领域的全球治理，在国际舞台发表中国主张，发挥中国作用，同时宣传自身实力，提高中广核品牌影响力。

（1）行业内国际组织

2018年，中广核先后出席了WANO（世界核运营者协会）巴黎中心第73、74届理事会，中广核还与WANO巴黎中心在深圳召开了2018年年度会议和WANO组织变革战略沟通会。WANO对中广核在多台新机组投运同时取得的安全业绩提升表示赞赏，并就WANO组织变革工作组征求中广核的意见和建议。中广核表示，一直以来得到了WANO组织持续和强有力的支持，作为一个“走出去”的核电公司，中广核一直强调和秉持“开放透明”的核安全文化，注重以开阔的眼界和开放的心态欢迎国际同行的提升建议。通过参与相关活动，加深了WANO与中广核彼此间的了解，并为未来实现更为紧密、更为有效的合作达成了共识。

9月4—12日，中广核在英国伦敦出席WNA（世界核协会）主办的2018年度世界核能大会，并与WNA理事、主要核燃料供应商进行会谈。中广核代表作为理事参加WNA理事会会议，参与讨论预算、机构改革、后续会议安排等活动，并听取了WNA工作小组汇报。中广核作为WNA的一员，对WNA为核电各国提供的交流平台表示感谢，希望加强与各方合作伙伴的交流合作，深化核能发展。

（2）专业领域国际展会

2018年3月28日，第十五届中国国际核工业展在北京国家会议中心开幕。中广核携“华龙一号”、和睦系统等多项科技创新成果参展。其中，“华龙一号”主控室、等离子固废处理模型、核能供热堆是首次在核工展亮相，受到各方关注。

6月26—28日，中广核参展法国世界核能博览会，重点聚焦“华龙一号”、数字化仪控系统、核电机器人等重大科技产品。展会期间，中广核还组织了以核级仪控系统“和睦系统”为主推产品的圆桌会议和技术推介会。人民日报、新华社、中央电视台、中新社、中国国际广播电台等中央驻欧主流媒体对中广核本次参展活动进行了报道。凤凰卫视、欧洲时报等华文媒体专访了中广核参展领导。

三、东方电气股份有限公司

（一）英国HPC项目核岛主设备支撑合同

2018年3月，东方电气成功完成英国HPC项目核岛主设备支撑合同的谈判并签署合同，合同总额达5068万元。东方电气将为英国HPC项目提供2个机组的核岛主设备（蒸汽发生器、主泵和稳压器）支撑。该项目是东方电气首次获得海外核电市场的核岛主设备订单，走出了东方电气核岛主设备出口的第一步；标志着东方电气实现了出口欧洲高端核电市场设备的突破。该项目的取得，体现了东方电气持续提升核电市场竞争力的努力得到FRAMATOME（法马通）和EDF（法国电力）等欧洲核电用户的认可，对于东方电气拓展海外核电装备市场，具有重要的意义。

（二）英国HPC项目常规岛汽轮机低压外缸供货合同

2018年3月，东方电气成功签署汽轮机英国HPC项目常规岛汽轮机低压外缸供货合同，将为HPC项目提供2个机组的常规岛主设备汽轮机低压外缸。该合同的签订标志着GE（通用电气）、EDF（法国电力）已充分认可了东方电气的国际竞争力、适应欧洲标准的能力、完善的项目管理体系，为东方电气核电设备“走出去”，参与英国和欧洲后续核电市场打下了坚实的基础。

中国核能行业协会

一、总体情况

在服务政府方面。2018年，中国核能行业协会继续秉承服务至上的宗旨，承担政府有关委托课题，承担GIF联络办的相关职能，做好亚太核技术合作协议（RCA）、亚洲核合作论坛（FNCA）、核进出口政策法规培训等相关技术支持工作。承担项目顺利通过验收并获得专家好评。

在业务拓展方面。2018年，成功举办了“首届中国国际核技术应用产业大会”，并正式与国际辐照协会签署战略合作协议；正式加入东亚核能论坛并成功举办第六届年会，推动中日韩签署“关于核能和平利用及其安全性的合作谅解备忘录”，并共同发布“关于构建东亚地区核能安全命运共同体倡议书”；首次与日本原子力产业协会共同举办“中日核能产业交流研讨会”，并组织中方人员赴福岛核电站等单位交流参访；首次策划并组织大陆核电管理人员赴台培训；首次策划并与英国国际贸易部共同召开“中英核设施退役交流研讨会”，并组织中方人员赴塞拉菲尔德等设施参访对接。此外，还与英国国际贸易部在英国核工业年会上共同发布《中国核能行业指南》（英文版），并同期举办“燃料循环后端研讨会”和“核供应链研讨会”。

在品质提升方面。2018年，再次组织中方单位以中国国家展团形式参加第三届法国世界核工展，参展面积达到356平方米，比上届增长41%，成为参展面积最大的国家展团；在法中电力协会成立二十周年之际，再次与法中电力协会共同举办“中法核能合作研讨会”并续签《核能合作协议》；再次与台湾核能科技协进会共同举办“第六届海峡两岸核能合作研讨会”，会议期间，大陆浙江宏伟供应链公司和台湾群硕科技公司正式签订合作协议；再次与世界核大学和清华大学在海盐核科技馆共同举办“第十二届世界核大学清华周培训研讨会”并组织学员参观秦山核电厂等单位；再次与美国艾默生公司共同举办“第二届中国核能安全研讨会”，参会人数超出上届近一倍；再次与西班牙核电企业联盟开展交流并续签《合作谅解备忘录》。

在GIF相关工作方面。2018年，GIF联络办继续承担好各项日常职能，跟踪GIF发展动态，翻译GIF年度报告，加强对GIF培训的宣传，协助各单位完成好参与GIF的后续行动项。为更加有序地参与GIF铅冷快堆系统安排，联络办从年初开始加强与政府部门沟通，调研收集整理国内相关单位具体情况并报告政府部门和国际组织，接受各单位的咨询，研究评估机制，终于在2018年年底顺利召开了“中国参与GIF铅冷快堆系统安排专家论证会”，并通过专家打分方式提出有关问题解决方案，为政府决策提供依据。根据安排，2019年秋季GIF政策组等会议将在中国举办，GIF联络办积极调研和反复沟通协调，研究制定策划方案，上报有关政府部门。此外，圆满完成中国核电工程公司委托的“GIF方法学培训与评估”课题并顺利通过课题验收，通过GIF国际组织邀请到5位外方专家举办为期一周的GIF方法学培训班。

二、重点工作

（一）成功举办“首届中国核技术应

用产业大会”

为加快推动我国核技术应用产业发展，提升我国在核技术领域的国际影响力，积极开拓协会新的业务领域，2018年10月17—20日，中国核能行业协会在广东省东莞市成功主办了“首届中国国际核技术应用产业大会”，共有来自国内外120家单位的200余人参加会议。

本届大会以“核技术造福人类”为主题，邀请到国际原子能机构副理事长Aldo Malavasi先生、国际辐射协会秘书长Paul Wynne先生等来自多个国际组织和权威机构的负责人，以及国家国防科技工业局（中国国家原子能机构）等相关主管部门领导。会上，来自美国、英国、法国、德国、波兰、澳大利亚、日本、韩国、印度、印尼、越南等十余个国家的跨国企业、研发机构和相关媒体的代表、院士、专家和企业家等出席会议并讲话，重点交流核技术应用在工业、农业、医疗、环保、安保等领域的成功经验，探讨发展趋势，共商促进产业化规模发展的核心技术与关键路径。

本次会议上的主旨报告、主题报告、六大专题报告，覆盖了核技术应用的所有领域，同时也梳理了核技术与核能发展渊源和共生关系，议题设计脉络清晰流畅。来自IAEA、IIA、美国、英国、法国、德国、波兰、意大利、比利时、瑞典、澳大利亚、日本、印度、印尼等14个国际组织和国家的代表共作16篇报告，在41篇总报告中占比达39%。

大会同期设有展览，会后，安排参会代表参观了东莞松山湖生态展区、中科院散裂中子源、华为智慧小镇、广东省智能机器人研究院和深圳沃尔核材股份有限公司。

会上，中国核能行业协会与国际辐照协会正式签署合作协议。

本次国际会议引起行业热烈反响，中央电视台、中国日报等主流媒体对会议进行了报道，国际辐照协会也通过网站进行了宣传，形成了一定的影响力。

（二）首次举办“第六届东亚核能论坛”

11月5日，由中国核能行业协会主办的以“构建东亚核能安全命运共同体”为主题的第六届东亚核能论坛在福州召开。

本届论坛的目的是为进一步加强东亚地区的核能安全，促进地区间交流与合作，充分利用东亚核能论坛这个四方信息交流平台，深化核能安全与管理及核事故处理、新技术研发、公众宣传等领域的合作，倡导构建“东亚地区核能安全命运共同体”理念，提升中方的地区影响力和引领作用。

本届东亚核能论坛是首次在中国大陆举办，论坛围绕东亚地区核能发展状况和核能安全这两大主题发表了11篇报告。全面介绍了目前中国大陆和中国台湾以及日本和韩国核能发展的总体情况，存在的问题与挑战，以及核电发展规划与展望。在核能安全议题方面，论坛就如何管理严重事故，如何开展应急响应，如何建设核安全文化，以及如何更好地应用安全管理技术进行了交流。论坛期间就参会代表及媒体提出的相关问题进行了解答。

会上，中国核能行业协会、日本原子力产业协会、韩国原子力产业协会、中国台湾核能级产业发展协会四方正式签署了“关于核能和平利用及其安全性的合作谅解备忘录”，旨在固化合作机制，为促进合作搭建一个更有效的平台。同时，还共同发布了“关于构建东亚地区核能安全命运共同体倡议书”，具体内容包括：一是鼓励技术创新，推动安全技术标准不断提升；二是加强人才培养，共建信息交流共享平台；三是每年轮流举办一次东亚地区核能行业组织会议。希望通过构建命运共同体理念来夯实东亚地区的核能安全。

（三）首次举办“中英核设施退役研讨会”

10月28日—11月3日，中国核能行业协会和英国国际贸易部（DIT）共同在英国的曼彻斯特召开“中英核设施退役研讨会”。共有来自中英双方近40家单位约50人参加会议。会后，中方代表团参观了塞拉菲尔德核设施、镁诺克斯的特劳斯瓦尼兹核电厂和曼彻斯特大学，并应邀参加了英国核退役管理局召开的第八届核产业链大会及展览会，同期安排了9场中英企业间对接洽谈。本次会议为政府和企业的全面对接搭建了平台。

（四）首次举办“中日核能产业交流研讨会”

6月4日，由中国核能行业协会和日本原子力产业协会共同主办的中日核能产业交流研讨会在日本东京召开。

本次会议内容包括中日两国核能政策与产业发展、福岛核事故后的安全改进与应急响应、先进核能技术研发、乏燃料干式贮存与运输容器、放射性废物贮存与处置等。

中国核能行业协会代表团由协会秘书长张廷克带队，参会人员包括来自中国核安全监管部门、中核集团、中国广核集团、国家电投集团、清华大学等单位的共14位代表。参会日方代表包括来自日本经济产业省、日本原子力产业协会、东京电力公司、关西电力公司、日立造船、日本核能废物管理组织等单位的数十位代表。

张廷克在开幕致辞中谈到，中国核能行业协会和日本原子力产业协会作为两国核能领域内具有代表性的行业组织，长期以来开展交流与合作，建立了良好的伙伴关系，积极支持彼此的重大活动，努力推动会员间的交流和互访。未来双方将积极倡导构建东亚核能安全命运共同体，共同提升东亚地区的核能安全水平。

会议安排中方代表参访了WANO东京中心、樽叶远程技术研发中心、福岛第一核电厂、女川核电厂等设施。

（五）首次举办“大陆核电管理人员赴台培训”

11月26—30日，由中国核能行业协会与台湾核能科技协进会共同主办的大陆核电管理人员培训班在台北举行，共有来自中国核能行业协会、四大核电集团的核电运营、维修和设计等19家单位27人参加培训。

受中国核能行业协会秘书长张廷克委托，山东核电有限公司总经理张震作为此次赴台培训代表团团长在开班仪式上致辞。他表示，在《海峡两岸核电安全合作协议》精神的指导下，中国核能行业协会和台湾核能科技协进会自2012年起共同发起并定期举办海峡两岸核能合作研讨会，对促进两岸交流发挥了积极作用，为推动产业间务实合作奠定了基础。在此基础上，双方于2015年签署了《关于加强两岸核电厂运营管理技术交流的专项合作备忘录》。根据备忘录内容，通过组织大陆和台湾核电厂中高层管理人员对标交流，以进一步提高核电厂运行管理水平，促进体系完善，改善环境安全。

本次培训为期一周，围绕核电厂运维管理、老化管理、放废管理以及领导力提升等领域进行课堂式培训，此外还安排培训人员参观台湾第二核能发电厂、台积电创新馆、国立清华大学水池式反应堆。

本次培训正值台湾地区公投结束，其中“以核养绿”提案高票通过，大大提振了台湾核电人的士气。台湾核二厂延寿和核四厂重启将是未来努力的方向。

国际热核聚变实验堆（ITER）计划中方工作

2018年是核聚变中心正式成立十周年，为了能够向未来我国牵头国际大科学计划和大科学工程提供有益借鉴，核聚变中心在全面回顾十年来我国参与ITER计划工作实践的基础上，积极组织协调，深入总结研究，持续加强管理，为更好开展ITER计划专项任务奠定了坚实基础。

一、国际组织管理持续加强

1.厚积薄发，协助做好ITER理事会及其咨询机构管理工作

积极组织中方代表团参加理事会、管理咨询委员会等重要会议。科技部副部长黄卫两次率团赴法国出席ITER理事会会议，表明中方对重点议题的态度和关切，强调各方应秉承开放、包容、平衡、共赢的发展理念参与项目实施；超越差异和分歧，携手应对风险和挑战，推动ITER计划朝着成功方向不断前进。中方成功敦促美国缴纳拖欠的现金贡献。同时，协助做好中方成员参加科技咨询委员会（STAC）财务审计委员会（FAB）的有关协调工作，梳理完成ITER组织经费管理研究。多年的积累使中方在政府层面参与ITER组织管理方面的话语权和执行力得到大大加强。

2.全面深入，积极参与ITER组织管理保障中方权益

致力于做好ITER计划2016版基准的完善落实、控制和监督，积极参加ITER组织项目执行委员会和联合协调周等高层会议，积极参加ITER组织统筹安排的项目进度管理、经费管理、质量管理、风险管理、项目变更管理、配置管理在内的管理和技术工作组会议，全面梳理当前存在的各类问题，为项目从建造到装配过渡做好充分准备。积极组织中方单位参与ITER组织外包合同和外聘专家竞聘活动，获得一千多万欧元的矩形波纹管设计制造合同。

3.搭建平台，做好核聚变双多边国际合作

协调科技部相关司局、国内核聚变研究院所和高校积极开展磁约束核聚变双边多边国际合作。成立中法聚变联合研究中心，积极推进中美、中欧、中日、中韩、中日韩合作，组织召开相关工作组会议，实现年度人员互访一百多人次。定期参加综合性国际会议，充分利用多边框架促进核聚变领域的技术和管理合作。

二、采购包项目工程管理稳步推进

1.中方承担的ITER计划采购包任务成果丰硕

2018年，中方采购包各项工作稳步推进，如期交付17批设备，交付物项全部通过ITER组织现场交接查验。按照ITER组织现场施工管理策略，中方电源采购包的现场施工任务，通过办理项目变更方式返还ITER组织统一实施，相应工作范围和费用已经达成一致。面向超高温等离子体第一壁采购包结构设计改进和验证任务分摊方案谈判完成，即将转入实施阶段。屏蔽包层模块采购包全尺寸认证件顺利完成制造和测试，七方中率先通过热氦检漏测试。校正场线圈制造过程中采用的激光焊接工艺通过认证，底部校正线圈1号盒体焊接顺利完成。磁体支撑采购包年度重要制造节点——PF5和PF6（极向场5号和6号线圈）支撑部件完成制造与测试。气体注入采购包流量控制阀门研制取得阶段性成果，阀体传感器与控制单元分体测试基本达标。磁体馈线采购包过渡馈线和内馈线完成首件制造、组装和测试。测试包层模块计划窗口减少方案取得进展，积极参加对策研究谈判，推动测试包层模块项目国内实施工作。

2.纵横配合，系统、稳步推进中方采购包工程管理

加强全局观念，持续做好ITER计划中方采购包横向管理工作。确定中方采购包年度进度里程碑选取点并持续监控执行；跟踪ITER组织年度计划执行进展，从项目经费管理角度持续提升中方贡献额度，适时支付中方现金贡献。稳步推进中方采购包横向和纵向质保工作，定期跟踪验证不符合项、工程变更，及时向ITER组织提供最新分析数据；注重核安全管理，适时开展核安全要求宣贯。针对中方采购包实施过程存在的风险，组织制定和更新核聚变中心风险管理程序，形成采购包风险初步研究报告，开展风险管理交流；持续开展磁体馈线系统、变流器电源系统、无功补偿和滤波系统设备制造阶段监造；按计划完成中方采购包部件运输；接待ITER组织质量外审并根据采购包任务进展开展对中方企业、研究院所的质量外审；开展合同验收工作，启动中方采购包工程文件电子数据库建设。

三、ITER计划专项国内研究工作进入深耕阶段

1.稳步推进中心专业化管理体系建设

核聚变中心自承担ITER专项国内研究专业化过程管理任务后，严格按照科技部主管司局要求，积极完善管理体系建设。开展“减表行动”，总结形成《减表行动调研报告》；参加落实清理“四唯”专项行动，引导不同类别项目采用与自身类型更加匹配的考核评价标准；完善项目申报和立项中各类文件的诚信条款，落实诚信承诺制度。

在科技部主管司局的大力支持下，核聚变中心认真做好专项管理的顶层设计，按要求起草《国际热核聚变实验堆计划专项管理办法》；调整优化程序文件、流程图和表单，总结更新专项管理经验教训库；针对国家磁约束核聚变能发展研究专项的责任专家制度、申诉处理机制、项目评审现场应急防控等，研究制定相应的内部规章制度和管理流程，制定《磁约束核聚变能发展研究项目责任专家管理办法（暂行）》《磁约束核聚变能发展研究项目申诉处理工作规范（试行）》等，进一步健全完善内控机制。

2.扎实开展国家磁约束核聚变能发展研究专项项目立项和过程管理工作

严格开展研究项目里程碑节点控制，持续跟踪2017年立项启动的6个项目；完成2017年度第二批16个项目、2018年度25个项目两个批次的申报受理、立项评审、任务书签订。协助科技部基础司圆满完成2014年立项、已实施期满的19个改革前项目的结题验收工作。

3.着眼全球磁约束核聚变能研发进展，加强战略研究，为国内研究项目优化部署提供支撑

积极参与国际聚变技术大会、国际托卡马克物理活动（ITPA）、聚变材料大会等，全面了解托卡马克的物理研究进展、聚变堆关键系统和聚变材料的当前进展及后续考虑，为国内研究项目优化部署做好理论储备。

四、总结大科学工程管理经验，加强技术积淀

1.开展“核聚变中心十年暨国际大科学工程管理经验交流会”

在核聚变中心10月10日成立十周年之际，邀请科技部主管司局、科研院所、高校、企业等45个单位代表参加举办专题会议，总结中方参与ITER国际大科学工程的实践经验，为推动我国牵头组织国际大科学计划和大科学工程方案的实施建言献策。

2.持续推进核聚变标准管理工作

开展ITER标准体系研究，加强技术标准研究，发挥高校、研究院所和企业在技术标准研制中的重要作用，引导产学研各方联合推进重要技术标准的研究、制定和采用，确定标准体系框架，做好核聚变标准化工作的顶层设计。在2017年发布11项ITER核聚变专项标准的基础上，2018年发布29项专项标准。推动筹建全国核能

标准化技术委员会核聚变分技术委员会，积极开展标准化国际交流合作。

3.以采集、分析核聚变知识产权数据为抓手，为未来以我为主建设聚变能源堆做好系统积累储备

策划ITER计划知识产权总体管理体系架构，初步完成中方ITER计划知识产权管理制度相关法律问题研究报告，起草管理办法和工作手册；探索建设ITER计划知识产权数据库，为通盘考虑聚变领域知识产权管理、构建磁约束核聚变领域知识库积累经验；创建ITER计划知识产权专家库，为ITER计划知识产权管理体系建设搭建专家平台。

五、进一步优化人才队伍结构，营造良好舆论环境

1.做好未来聚变人才储备，做好国际组织人才派遣工作

在核聚变领域注重国际大科学工程建设人才培养的同时，着手ITER建成后运行实验的人才储备相关工作，为我国在ITER运行实验中的话语权做准备。积极向ITER组织推荐和派遣中方职员、访问学者和ITER项目助理，相关工作取得持续进展。截至2018年年底，ITER组织共有直接雇员858人，中方正式职员81人，占比9.4%，超过中方9.09%的贡献比例，位于欧盟之后，远高于其余六方。中方连续六年举办国际科技组织及大科学计划高层管理人才能力建设高级研修班，培养国际职员，提升国际视野。

2.加强宣传报道，营造国内聚变发展良好氛围

多维度开展聚变宣传工作，发出聚变声音。罗德隆主任参加行政学院“讲好中国故事提高国际传播能力”培训班，并以“中国聚变故事”为题与学员分享聚变发展形势。赵静副主任在参加科技部人事司、遥感中心联合举办的大科学培训班期间，分享ITER管理成功经验。核聚变中心中英文网站全新改版上线工作顺利完成，围绕聚焦核聚变能源和ITER计划，突出服务国内外聚变界的功能，增设“ITER中国制造”“聚变专项管理”等新栏目，升级“中国承担采购包”“国家磁约束核聚变能发展研究专项”等原有栏目。开展多媒体宣传及舆情分析工作，2018年新闻报道量再攀新高；参加庆祝改革开放40周年大型展览、阿斯塔纳世博会回顾展、全国科技活动周暨北京科技周活动主场展览及中国国际核工业展览会等众多展览活动，收到良好效果。

（本部分材料由中国国际核聚变能源计划执行中心提供。）

核能骨干企业

中国核工业集团有限公司

2018年是贯彻落实党的十九大精神的开局之年，是改革开放40周年，也是集团公司改革发展极不平凡的一年。在党中央、国务院、中央军委的坚强领导下，在国家有关部委的支持指导下，集团党组坚持以习近平新时代中国特色社会主义思想为指导，深入贯彻落实习近平总书记重要批示指示精神，不忘初心、牢记使命，广大干部职工团结拼搏、奋发进取，积极落实“两核”重组，扎实开展巡视整改、加强党的建设，全力打好三大攻坚战，加快推进重大军工项目，大力推动科技创新，深化体制机制改革，加大资本运作力度，取得了一系列新进展、新成绩。集团上下士气振奋、信心更足、势头正劲，展现了新气象，打开了新局面。已连续13年获得国资委考核A级。

一、改组改制

集团党组积极落实中央决策部署，高效推进重组整合。集团公司在较短时间内研究确定了“两核”重组整合方案，完成了总部机构人员调整和产业整合。按照“精干高效、简政放权、管理科学、相对稳定”原则，将总部机构调整为13个部门、4个议事协调机构，总部人员在两个集团原有基础上精简了30%，各项工作实现平稳过渡。按照“做强主业、集团统筹、专业经营、市场运作”原则，整合形成10家专业化公司、13家直属单位。重组后，集团公司的核科技工业创新链和产业链更为完整，发展实力和竞争优势明显增强。

以重组为契机，研究制定集团公司新时代发展战略，评估完善“十三五”规划，明确了集团公司中长期发展思路和今后两年的重点任务。建立以产权为纽带的母子公司管理体制，形成战略、财务和运营管控相结合的分类管控模式。发布授权经营管理改革方案，充分赋予成员单位经营自主权。出台成员单位分类定级标准。积极推动科研院所创新体制和激励机制改革。更新完善集团公司制度体系，编修40项关键业务流程、95项重要制度。

二、重大创新

全面贯彻创新驱动发展战略，全年科研投入60亿元，取得一批重大科技成果。荣获国家科技进步特等奖、中国工业大奖；国防科技奖39项，其中一等奖4项；军民两用技术创新大赛银奖3项。专利申请突破3000件，2件专利获中国专利优秀奖。

“华龙一号”非能动安全壳热量导出系统完成典型工况试验并通过国家核安全局见证。空间核动力装置部分关键技术取得突破。我国首套军民两用安全级DCS平台龙鳞系统正式发布。2号专用装置大批量生产工艺实现定型，3号专用装置百台装架设计完成。CF3燃料N36管棒材批产成功。环形燃料组件完成首次零功率物理实验。三维深地探测、深部高效提铀等新一代勘查采冶技术取得新进展。核电站主蒸汽系统管道自动焊技术在国内首次成功应用。首批ITER磁体支撑产品交付国际组织。230 MeV质子治疗加速器关键部件完成研制。50 kW大功率电子加速器完成总装。

发布“创新2030”工程方案，提出先进核能系统技术发展路线，确定重点研究型号与先导技术研究方向。成立“核燃料及材料研发中心”等创新平台，优化内部研发资源配置。与清华大学等四所高校建立校企合作新模式，形成“小核心、大协作”的产学研用一体化创新体系。出台集团公司科技成果转化细则，打通科技成果转化激励路径。

三、人才队伍建设

坚持三支队伍协同发展，创新人才发展体制机制。设立“人才特区”，形成高层次人才和年轻干部培养新机制。加强干部队伍建设，着力推动干部队伍年轻化。选派13名党组管理干部、26名管理和技术骨干支持军工专项建设，选拔18名年轻干部到艰苦困难岗位摔打锻炼，选派9人到北京市挂职交流。一批年满58岁的干部退出原领导岗位，在新的岗位上发挥着重要作用。加大力度建设高层次人才队伍，全年聘任首席专家、科技带头人、首席技师共55人。1人获“国防科技工业杰出人才”称号，1人获“国防科技工业十大创新人物”称号，3人入选“万人计划”，3个团队入选科技部重点领域创新团队，1人获中华技能大奖，6人获“全国技术能手”称号，2个国家级大师工作室获批。

中国广核集团有限公司

2018年，中国广核集团有限公司（以下简称中广核）深入学习贯彻习近平新时代中国特色社会主义思想，认真落实党中央、国务院决策部署，坚持践行“一次把事情做好”管理理念，坚持稳健经营、创新发展、深化改革，扎扎实实、埋头苦干，经营效益更加向好，综合实力持续提升，较好地完成了各项工作任务。截至2018年年底，中广核在运清洁电力装机容量5127万千瓦，其中核电2430万千瓦，从全球第五跃居全球第三，保持国内第一大核电企业地位。主要经营业绩连续第九年实现两位数增长，继续保持在中央企业前列，连续第五年获得国资委A级评价。

一、狠抓提质增效，生产经营再创佳绩

2018年，面对复杂多变的内外部形势，中广核迎难而上，主动作为，在稳增长、保安全、拓市场、降成本上狠下功夫，生产经营势头良好。

坚持稳健经营，收入利润创历史新高。2018年，中广核把稳增长作为重中之重，明确目标任务，抢抓市场机遇，强化责任落实，取得良好业绩。2018年，中广核营业收入、利润总额、上网电量同比都有大幅增长。境内境外新能源营业收入、利润大幅增长，支柱作用更加明显。优化了金融业务资产结构，通过引入战略投资者，加强投资管控等手段，多措并举降杠杆减负债，偿债能力进一步提升，财务健康状况持续改善。

强化安全管理，生产业绩持续创优。2018年，中广核深入贯彻习近平总书记关于核安全的批示指示精神，始终坚持“没有核安全就没有中广核”。组织的“安全管理持续提升年”活动取得扎实成效，领导干部下现场、在现场成为常态。连续第三年开展核安全主题长湾论坛，宣贯落实《核安全法》要求，部署设备管理改进行动，使核安全文化更加深入人心。

核电安全管理迈上新台阶。2018年，成熟机组73.5％的WANO指标达到卓越水平，新机组78.3％的WANO指标达到先进水平，改进明显，WANO在3次回访中给予高度评价。22台在运机组平均能力因子超过92%，明显优于国内外同行企业。岭澳核电1号机组已连续运行超过4600天，继续保持同类机组世界成绩。全年完成13次大修，较计划工期平均提前14%。红沿河核电4号机组首次大修工期52.73天，创国内同类机组最好成绩。经受住超强台风“山竹”的严峻考验，没有人员伤亡和重要设施损坏，充分体现中广核核电站的管理水平和运行能力，得到国务院国资委和地方政府的高度肯定。工程建设连续五年零死亡，连续两年零重伤，持续迈向卓越

水平。“8+1”[1]重大设备管理负责人全部到位，冷凝器泄漏等5项重大技术问题成功解决，群厂强迫损失率降至0.18%。近六年来，大亚湾、宁德、防城港的6台机组，先后通过技术改造提升效率，共增加发电能力4.5万千瓦。湖山铀矿克服技术问题频发、运营管理基础薄弱等诸多困难，稳步提升产能水平，超额完成年度生产任务。

突出开源节流，经营效益稳步提升。2018年，中广核抓住全社会用电量较快增长、清洁能源消纳形势转好的有利时机，外拓市场、内挖潜力，双管齐下，取得明显成效。一方面，上下联动，努力争取更好消纳政策，同时，坚持一省一策、度电必争，增强电力营销的主动性、灵活性，超预期实现年度目标。另一方面，采取严控管理成本、优化备件库存、加强集约共享等措施，综合施策推动精益化管理。核电单堆运营成本、备件库存、大修承包商工日等指标均有明显下降。金融业务全年为集团保障资金超千亿元，综合融资成本低于五年期贷款基准利率，优于同行企业。

二、强化战略引领，发展动能持续增强

2018年，中广核贯彻落实新发展理念，聚焦长远发展需要，突出重点，做精存量、做优增量，强化创新，稳扎稳打，取得了可喜进展。

第一，重点项目开发建设扎实推进。一是在建重大项目实现新突破。台山核电项目“十年磨一剑”，在中法双方的紧密合作和共同努力下，克服各种挑战和困难，实现一号机组投产，成为“EPR全球首堆”，也是中广核首个投运的三代核电机组，意义重大，将为全球EPR机组建设提供宝贵经验。阳江核电5号机组历时57.8个月建成投产，创造了从装料到商运83天的中广核新纪录。英国欣克利角项目已完成核岛筏基浇筑（FCD），投资、进度总体可控。青海德令哈光热项目投运，成为国内首个大型商业化光热电站，在储能、调峰方面的示范作用明显。二是新能源实现长足发展。2018年境内新增在运机组规模超过300万千瓦，境外新增167万千瓦，总装机容量达1338万千瓦，均创历史新高。海上风电方面，阳江南鹏岛项目如期开工建设，累计核准容量近千万千瓦，马六甲224万千瓦气电项目正式开工，进展顺利。

第二，新业务发展开局良好。2018年，中广核牢牢把握清洁低碳、绿色环保以及智能化发展的大趋势，将生物天然气、危废治理、水务环保和自动化业务作为新业务拓展重点，明确发展策略和目标，加大孵化力度，取得积极进展。生物天然气业务开始发力。亚洲最大的衡水项目建成投产，树立了行业标杆。实现兴安盟突泉等5个新项目落地。以自主技术为

1 8+1，即：主泵（含电机），应急柴油机组、蒸汽发生器、主汽轮机、主发电机（含励磁机）、主变压器、凝汽器、重要泵组（APA/CRF/RCV/ASG/RRA和冷源）。

牵引，环保业务多点开花。成立环科公司孵化危废治理业务，无锡等离子危废处置示范项目开工，黄石项目落地，总产能达到24万吨/年。成立环保产业公司，积极开拓供排水和水环境治理业务，2018年水务日处理量达100万吨。电子加速器辐照处理工业废水进入示范应用，技术优势明显。成立智科公司孵化自动化业务，实现良好起步。

第三，自主创新实现新进展。“华龙一号”GDA、EUR评审工作顺利推进，均按计划进入第三阶段。和睦系统首次应用于阳江核电5号机组，成功通过工程验证，荣获我国工业领域最高奖项——中国工业大奖。自主燃料研发有序推进，完成首组STEP-12模拟组件自主制造，以及先导组件辐照试验，事故容错燃料（ATF）的包壳和芯块材料样品入堆考验。铀业公司积极推动燃料供应模式转型升级，与集团各电站签署燃料组件供货合同。

三、聚焦重点领域，深化改革扎实推进

2018年，中广核以完善市场化运作机制、规范化管控体系为重点，深入推进内部改革，取得重要进展。

第一，国企改革试点实现重大突破。2018年，中广核先后获得董事会职权试点、国有资本投资公司试点、创建世界一流示范企业试点，大亚湾核电运营管理有限责任公司、中广核研究院有限公司、中广核核技术股份有限公司三家单位被列入国企改革“双百行动”企业名单，着力打造中央二级企业改革尖兵。

第二，管理运作体系更加完善。一是立足于提升公司治理能力和水平，强化成员公司董事会建设。建立外部董事库制度，已引进18位相关领域的权威专业人士入库备选，并陆续推荐到各公司董事会任职，切实增强董事会履职能力和决策水平。二是基本完成集团制度流程化、信息化建设。完成投资、并购、资产盘活与退出等5个关键领域端到端流程，并实现与各成员公司的贯通。实现流程可视可控，决策与管理运作的规范化水平明显提升。三是调整理顺部分业务运作体系。成立信息技术分公司，推动信息化能力外溢。重组水务环保业务，为更好孵化发展创造条件。

第三，激励约束机制改革不断深化。将科研作为突破口，出台科研人员激励方案，优化调整薪酬结构，将个人待遇与价值贡献直接挂钩，激发创新活力。实施“华龙一号”造价控制专项激励方案，鼓励降本增效。完善核电新项目市场开发激励方案，进一步调动工作积极性。

四、精准扶贫取得阶段性成果

中广核始终把扶贫作为重要政治任务扛在肩上，班子成员按分工落实责任，多次深入实地调研指导，各方面齐抓共管，圆满完成年度任务。一是产业扶贫力度大。全年投入近2600万元，重点推进凌云、乐业两县桑蚕养殖和猕猴桃种植，直

接惠及773户3281人。同时，加强与地方纪委联合监督，确保干净扶贫。二是教育扶贫有特色。坚持扶志、扶智与扶技相结合，用绣花的功夫开办凌云少数民族白鹭班，首届100名高中生去年毕业，本科上线率达到81%，专科上线率100%，得到国务院领导同志高度肯定。三是维稳扶贫持续深入。以新疆、青海为重点，惠民生、促发展，深入实施光伏进村入户工程，被边远、缺电的牧民誉为“马背上的太阳”。中广核共选派扶贫挂职干部26名，其中8人担任村党支部第一书记，在一线发挥积极作用。

国家电力投资集团有限公司

2018年是国家电力投资集团有限公司（以下简称国家电投）步入改革发展新阶段的开局之年。一年来，国家电投统筹推进稳增长、调结构、抓改革、促创新、强管理、防风险，各项工作取得积极进展，企业发展迈上新台阶，圆满完成了年度各项目标任务：

（1）安全生产实现“七不发生”，巩固“双下降”态势。

（2）资产总额10 813.17亿元；营业收入2266.56亿元，同比增长12.81%；实现利润108.18亿元，同比增长15.66%；净利润65.9亿元，同比增长21.18%。

（3）资产负债率78.61%，同比下降3.09个百分点。

（4）完成固定资产投资887亿元，新增电力产能1452万千瓦。电力装机容量突破1.4亿千瓦，清洁能源占比48.9%。全年完成发电量4980亿千瓦时，煤炭产量8059万吨，电解铝产量251.4万吨。

一、着力推动高质量发展，生产经营目标圆满完成

经营效益大幅增长。水、风、光、核四大清洁能源发挥利润支撑作用，金融、煤炭板块效益稳定增长，产业结构优势进一步显现。水电新能源板块利润首超百亿大关，龙羊峡水电站首次达到设计蓄水位，弃风弃光率分别下降5.28和2.47个百分点。火电板块发电量增速居四大发电集团前列，同比减亏31.6亿元，入厂标煤单价同比涨幅最低，火电供电煤耗300.38克/千瓦时，下降2.27克/千瓦时。协同产业加强精益管理，煤炭板块产销量和利润均创历史新高。集团公司资产结构和盈利能力持续优化，规模总量迈上新台阶，穆迪、惠誉和标普三大国际评级机构保持A类信用评级。

安全质量环保局面持续向好。按照“党政同责、一岗双责、失职追责、齐抓共管”的要求，促进安全生产责任有效落实，连续实现“七不发生”目标，人身事故总量和伤亡人数同比下降50%，首次实现国家能源局统计范围人身伤害“零事故”目标。严格遵循《核安全法》，确保了核与辐射安全。加强生态环境治理，未发生突发环境事件。推进质量体系建设和经验反馈，未发生一般及以上质量事故，获国家优质工程金奖2项、省部级质量奖7项。

二、确定新时期发展战略，产业布局和结构持续优化

从战略上抢占能源革命制高点。深入开展“建设世界一流清洁能源企业”和“建立中国特色现代国有企业制度”两大战略课题研究，确立了国家电投“建设具有全球竞争力的世界一流清洁能源企业”

总体战略，明确了“先进能源技术开发商、清洁低碳能源供应商、能源生态系统集成商”战略定位，发布实施“十三五”及中长期发展规划，确定了迈向世界一流的愿景、理念、定位、路径和保障，形成了国家电投高质量发展的战略指引。

区域布局和产业结构持续优化。围绕落实东北振兴战略、山东新旧动能转换以及京津冀、粤港澳大湾区、长三角城市群建设、长江经济带发展等国家、地方重大战略，调整优化内蒙古、青海、山东、广东、黑龙江等区域产业发展布局，加强政府对接，形成战略共识。海阳核电一期工程全面建成商运，山东千万千瓦级核能基地形成布局。海南州、海西州两个千万千瓦级大型新能源基地列入青海建设清洁能源示范省方案。全球单体最大的风电基地乌兰察布600万千瓦风电项目获得核准。江苏滨海H2、大丰H3海上风电项目全容量并网，盐城百万千瓦级海上风电基地初步建成。广东海上风电核准320万千瓦，揭阳90万千瓦已经动工。加强集约化管理，建成5个水电集控中心、8个新能源生产运营中心，生产运营管理网络基本覆盖全国。

着力培育新业态、新动能。以新疆五彩湾电厂和贵州普安电厂为试点建设“智慧电厂”，启动水电大数据平台和智能水电厂建设，搭建智慧能源平台。落实国资委“工业互联网技术应用试点”要求，成立中能融合智慧科技公司，组建工业领域智能化技术联盟，推动能源行业智能转型。牵头建立氢能发展基金并引入外部创投资金，与北京市达成2019年世园会、2022年冬奥会氢能应用示范项目合作意向。组建氢能科技发展公司、氢能产业投资中心，天然气掺氢示范项目、制氢加氢站及氢能示范项目前期工作稳步推进。对接相关部门和军工企业，面向国防和军队建设重大需求，研究提出了军民融合发展主攻方向，完成了政府采购任务。

国际化发展迈上新台阶。集团公司海外在运装机达到364万千瓦，在建1240万千瓦。顺利接管巴西圣西芒电站并实现安全运营，当年盈利超过11亿元。越南永新煤电、智利蓬塔风电实现商运，巴基斯坦胡布煤电项目首台机组并网。缅甸伊江项目复工谈判工作取得重大突破。牵头发起成立中俄地区合作发展投资基金，组建了基金公司，基金意向出资已逾百亿。巴西SAE和巴基斯坦KE股权并购、土耳其第三核电等项目开发稳步推进。积极参加首届中国国际进口博览会，与14家境外供应商签署了合同和意向书，金额达185亿元。

三、积极履行央企责任，“三大攻坚战”成果显著

着力防范化解重大风险。把“降杠杆、减负债”作为关键任务，“一企一策”制定方案，全年新增权益融资549亿元，资产负债率降至78.51%，同比下降3.09个百分点，超额完成国资委考核目标。扎实推进供给侧结构性改革，清理低效无效资产。“处僵治困”55户任务全

部完成，126个“三供一业”分离移交项目已全部完成管理移交，116户“压层减户”任务提前超额完成。妥善应对中美贸易摩擦和美国对华民用核能合作新政策，保持了核电稳定发展局面。

扎实开展精准扶贫。全年投入资金4393万元，实施帮扶项目100余项，5.07万贫困人口受惠，助力地方政府打好打赢脱贫攻坚战。光伏扶贫投产85万千瓦，为3.1万户贫困户连续创造20年稳定收入，脱贫带动效果显著。荣获国务院扶贫办“企业扶贫优秀案例奖”。

深入推进污染防治。发布生态环境保护提升行动方案，确定6个领域、24个提升方向、83个行动项，落实主体责任。深入开展生态环保问题排查治理，积极推进霍林河露天煤矿生态治理恢复，三板溪水电厂通过环保专项验收，完成控排企业核算核查，开展煤电超低排放改造及非电领域污染防治。

四、持续深化改革，发展内生动力有效提升

深化中国特色现代国有企业制度建设。全面贯彻“两个一以贯之”，推动党的领导和公司治理有机融合，规范“三重一大”决策执行标准，进一步建立健全决策体系，明晰各治理主体权责定位。完善二级单位公司治理结构，外派董监事占多数的董事会和监事会组建完成。全面推进法治央企建设，在国资委履行法治央企建设第一责任人考核中排名前列。国有资本投资公司改革试点获得国资委批准。

优化核能业务管理模式和总部机构设置。调整和优化总部机构、职能，按照“找准定位、规范运作、创造价值”的要求，开展一流总部建设。将国家核电本部与集团公司总部深度融合，加强集团公司总部对核能业务的直接管理，落实核安全责任，支撑新时期核能发展战略实施。

搭建战略落地“两大体系”。加强顶层设计，聚焦战略落地，构建“战略、规划、计划”闭环管理体系和“计划、预算、考核、激励”工作落实体系，制定实施方案，搭建制度框架，把集团公司战略目标和重点任务逐级承接分解到部门、单位和个人，为推动战略落地、提升管理效率提供了机制保障。

推进“双百行动”综合改革。以市场化经营机制建设为核心，积极进行改革探索，选择上海电力、内蒙古公司、中电国际作为“双百企业”试点，综合改革实施方案获国资委备案同意，80多项改革任务按计划推进。

五、落实创新驱动战略，核心竞争力持续增强

两个重大专项取得突破。三代核电自主化依托项目三门、海阳4台机组全部商运；“国和一号”完成型号研发和施工图设计，示范工程具备核准开工条件；首台国产化AP1000主泵研制成功，“国和一号”非能动安全系统试验、数字化仪控系统工程样机研制等18项课题通过验收。以

“科研工程化”理念快速高效推进重燃专项，型号研制、工程验证机研制、条件建设等任务取得重大突破；300兆瓦级F级燃机透平第一级静叶首件铸件通过鉴定，400兆瓦级G/H级技术验证项目完成总体和三大部件技术方案设计，与西门子、安萨尔多分别签署了技术合作谅解备忘录。

先进能源技术研发成果显著。推进海洋核动力堆研发设计，完成国防科工局6项课题申报，CAP50T初步设计通过评审。研究确定核能产业“三个拓展”关键技术研发方向，制定实施计划。加强对四代堆、熔盐堆等前沿技术跟踪研究。推进先进高效太阳能电池技术研发，形成从技术研发、设备制造到投资运营的全产业链创新平台。光伏发电实证基地新增储能示范，御风系统成功发布并应用于乌兰察布项目。建成氢燃料电池研发实验室，完成燃料电池原理样堆开发，实现核心原材料关键技术自主化，性能指标处于国内领先水平。完成250千瓦级铁铬液流电池示范项目电池堆设计。黄河公司晶硅材料和特种气体入选工信部工业强基工程“一条龙”应用示范名单。全年获得电力、核能行业科技奖23项，获得中国专利授权275件，其中发明专利82件，技术秘密360项，软件著作权80件。

科技创新体系进一步完善。整合科技资源，打造创新生态系统，初步构建了由先导层、核心层、支持层组成的“宝塔型”研发体系。确定科技创新“跨越计划”17个重点项目。牵头组建核能供热产业联盟、国家重型燃机材料研发及产业联盟。双创平台获批工信部2018年制造业“双创”试点示范项目。

中国华能集团有限公司

2018年是改革开放40周年。华能是改革开放的产物，因改革开放而生、因改革开放而兴。33年来，公司始终坚持以发展为第一要务，解放思想、改革创新、与时俱进，实现了从小到大、由弱变强。特别是党的十八大以来，在以习近平同志为核心的党中央坚强领导下，牢记责任与使命，持续推动做强、做优、做大。

公司实现跨越发展。在中国电力行业率先利用外资，率先进行股份制改革。建成国内首台国产60万千瓦超临界和100万千瓦超超临界煤电机组、首个具有自主知识产权的IGCC示范电站；建成世界首座300米级双曲拱坝、世界最高的碾压混凝土重力坝等。装机规模达到1.77亿千瓦，居世界前列。资产总额突破万亿元。主要生产经营、节能环保等指标行业领先。低碳清洁能源装机比重逐年提升。自2004年国资委实施业绩考核以来，13次获年度经营业绩考核A级和4次任期考核A级。在国内发电企业中率先进入世界企业500强。

公司价值充分彰显。在中国电力行业率先利用外资，率先进行股份制改革。建成国内首台国产60万千瓦超临界和100万千瓦超超临界煤电机组、首个具有自主知识产权的IGCC示范电站；建成世界首座300米级双曲拱坝、世界最高的碾压混凝土重力坝等。

2018年，华能集团完成发电量（国内）同比增长8.2%；营业收入同比增长5.6%，利润同比增长18%。

一、三大攻坚战开局良好

金融业务运行平稳。落实公司防范和化解金融风险工作方案，实现风险可控在控。制定并落实降杠杆、减负债、防风险三年行动方案，公司资产负债率在四大发电集团中保持较低。

脱贫攻坚取得新进展。助力榆林横山实现脱贫摘帽。累计投入资金6.21亿元，派驻干部160余人，全面推进在全国130多个贫困村的扶贫攻坚工作。公司获卓越责任企业奖、中华慈善奖、精准扶贫奖、国务院扶贫开发领导小组定点扶贫工作考核最优等级。

污染防治攻坚成效明显。制定三年实施方案和责任追究办法。投入资金53.2亿元，推进任务落实。累计281台，1.12亿千瓦煤机实现超低排放，比重达到94%，提前完成国家下达的“十三五”改造任务。环保绩效保持行业领先。

二、安全生产总体平稳

安全基础不断夯实。推进安全生产领域改革发展，安全管理体系不断完善。全年没有发生较大及以上事故。圆满完成中非合作论坛北京峰会、上合组织峰会等重大活动服务保障工作。17处生产矿井全部通过国家安全生产标准化验收，一级标准化矿井占76%。赤城、新庄煤矿等3个工程获“太阳杯”工程奖。

设备管理不断加强。机组非计划停运系数同比下降0.35个百分点。大修全优率同比提高1.7个百分点。机组等效可用系数、煤机可靠性指标保持行业领先。巢湖、海勃湾、金陵燃机等59家电厂实现全年无非停。

能耗指标不断改善。供电煤耗同比下降1.39克/千瓦时，综合、燃煤、燃机及8个主力机型供电煤耗保持行业领先。69台次机组在全国能效竞赛中获奖，获奖数量在行业居前列。

三、提质增效成效显著

经营业绩持续提升。利润增长率高于营业收入增长率12.4个百分点，利润、EVA、资产负债率超额完成预算目标。各产业板块均实现盈利，其中水电、风电、金融同比增利较多。

市场营销成绩突出。发电量增长率超装机增长率5.5个百分点。综合、煤电、水电、风电利用小时全面领先。市场交易份额超容量份额2.2个百分点。供热量、价、收入分别同比增长10.9%、4.4%、24%。

成本管控有力有效。发挥煤炭采购规模优势及长协合同“压舱石”作用，优化进口煤结构，加强下水煤集中管控，强化煤电产业协同，公司标煤采购单价对标保持领先。度电生产费用同比降低6.9%。单位兆瓦用工效率同比优化9%。费用总额占营业收入比重同比下降0.52个百分点。采购成本较概算节约91亿元。

资本运营取得新成绩。长城证券成功上市。股份公司A股成功增发。圆满完成权益融资任务。完成陕西、宁夏、甘肃公司有关资产重组整合。

四、结构调整积极推进

推动国家战略落实落地。参与筹建雄安新区核电创新中心。在海南自贸区成立供应链平台科技公司。服务“一带一路”建设，萨希瓦尔煤电获巴基斯坦杰出成就奖和国家优质工程金质奖，柬埔寨最大水电工程——桑河二级水电站全部建成投产。

绿色低碳发展步伐加快。公司低碳清洁能源装机比重同比提高2.2个百分点。建成黄登、大华桥、里底等400万千瓦水电项目。特高压送出、清洁高效煤电项目——大坝四期7号机组投产发电。西宁热电等5个项目获国家优质工程奖。

产业协同水平不断提升。公司内部供煤同比增加151万吨，煤电协同率同比提高2.3个百分点。曹妃甸港成为燃料供应链的重要战略支点。港口系统内供煤量同比增长72.2%。航运系统内运量占比同比提高4.4个百分点。科技、金融等产业为公司发展作出了积极贡献。

五、各项改革持续深化

中国特色现代国有企业制度不断完善。集团公司第一届董事会正式组建运行，有效发挥了定战略、议大事、控风险作用。规范所属企业董事会建设，建立董事会的企业均实现外部董事占多数。明确并落实了党组织在法人治理结构中的法定地位和重大问题前置程序。29家法人二级单位已有28家实现董事长（执行董事）、党委书记“一肩挑”。

体制机制改革不断深化。管理流程优化改革稳步实施。全面完成子企业分类工作，稳步推进分类改革发展和分类考核。3家单位纳入国资委“双百企业”综合改革试点。在云成金服试点开展员工持股。混合所有制企业数量超过2/3。完成清能院市场化选聘总经理试点。建立起更加完善的工效联动机制。

供给侧结构性改革深入推进。累计“压减”法人110户，“三供一业”、市政设施分离移交及教育医疗机构改革等任务全面完成。完成37户厂办大集体改革。实现三年20户“处僵治困”工作目标。处置不良资产120亿元。成立能源管理服务有限公司。9家售电公司实现独立运营。

六、科技创新取得新成果

前沿技术研发取得重大突破。石岛湾高温气冷堆示范工程全面进入核岛设备系统安装调试阶段。IGCC示范电站连续安全运行创世界纪录。景洪电站水力式升船机技术，获国家技术发明二等奖。糯扎渡水电站工程获中国土木工程领域科技创新——詹天佑奖。基于IGCC的燃烧前二氧化碳捕集技术，获中国电力科学技术进步一等奖。

科技创新活力不断增强。在科技型企业扩大分红激励试点。火电机组一体化节能和灵活性改造、废水零排放、电站智能控制等一批新技术得到示范应用和推广。完成“华创空间”平台开发建设，举办首届职工技术创新创意大赛，“双创”工作蓬勃开展。

信息化建设扎实推进。数字大坝施工管理系统成功运用。全面预算管理系统、OA标准化系统上线运行。公司获国家流程行业工业互联网平台测试项目示范企业。华能企业云和云数据中心建设等工作有序推进。

知识产权成果丰硕。截至2018年年底，已申请30件专利，包括18件发明、12件实用新型，已授权3件发明、9件实用新型。完成3次发明专利资助资金申请办理。

七、核电建设进展顺利

2018年3月30日，华能高温气冷堆示范工程2号反应堆吸收球停堆系统驱动机构安装完成，标志着2号反应堆压力容器顶盖及其上部构件安装工作全部完成。

2018年7月3日，高温气冷堆示范工程1号反应堆陶瓷堆内构件安装工作全部完成。

2018年9月29日，高温气冷堆示范工程首台蒸汽发生器顺利完成壳程和管程气压试验，一次性取得成功。

2018年9月30日，高温气冷堆示范工程常规岛二回路水系统具备化学清洗条件。

2018年10月31日，高温气冷堆示范工程2号蒸汽发生器通过出厂验收，具备发运条件，标志着高温气冷堆示范工程关键设备的研发制造难题已全面攻克。

2018年12月20日，国家国防科技工业局正式向中国华能集团有限公司颁发中华人民共和国核材料许可证，标志着高温气冷堆示范工程获得了燃料元件运抵公司现场的资格。

12月28日，中国华能集团有限公司在总部召开高温气冷堆及核电发展院士专家咨询会，来自我国核能和电力领域的数十位院士专家齐聚一堂，与会专家围绕高温气冷堆及核电产业现状、问题及发展前景展开讨论。专家们充分肯定了高温气冷堆示范工程实施以来所取得的成果，指出具有第四代核能系统安全特性的高温气冷堆示范电站以其固有安全性和应用广泛等特点备受国内外核能界的关注，示范工程的建设对我国核电技术发展及能源转型意义重大。专家建议华能在推动示范工程建设的同时，深入研究高温气冷堆的商业化前景，并希望华能继续关注能源行业前沿技术，大力推动清洁能源体系建设，为我国能源转型发展作出新的贡献。

中国大唐集团有限公司

中国大唐集团有限公司坚持建设世界一流能源企业总目标，坚定不移地贯彻落实集团公司“1382”总体要求，有效落实集团公司“干就干一流的事，干就干成一流”的理念，聚焦关键目标谋发展，集中现有资源攻难关，推动核电产业安全、高效、平稳、创新发展。

一、积极联合中国广核集团，推进宁德二期项目报批

大唐集团与中国广核集团就宁德二期项目核准申请工作多次与有关政府部门协调沟通。两评报告批复已于9月完成，用海问题经多方努力已有解决路径，国家自然资源部和发改委正在联合印发围填海新政实施细则，用海问题有望解决。目前，集团公司正积极跟进，争取新年前后完成项目核准全部准备工作。

二、努力协调地方政府，维护庄河项目控股开发权

近两年，地方政府以大唐缺少控股资质为由，提出更换庄河项目开发主体。此外，徐大堡二期开工顺序提前，国家围填海新政，都对庄河项目的原定开工目标带来很大冲击。

针对上述情况，集团公司多次与辽宁省发改委、大连市发改委、庄河市政府有关领导沟通协调，尽力解释、争取，努力维护厂址开发主导权。9月，集团公司有关领导与大连市常务副市长就庄河项目开发和厂址保护工作进行了交流。大连市提出在双方相互理解、充分协商的基础上找到一个妥善的路径，加快推进庄河项目。

三、稳步开展各项目前期工作，推进厂址保护工作

按照年度工作计划的安排，启动了海南项目地震地质、岩土工程专题研究工作；完成了贵州核电项目厂址普选报告审查，取得了审查意见；召开安徽宣城核电项目初可研报告审查会，邀请电规总院和政府相关部门对项目初可研报告进行了评审；拜访了宁德三期、木兰富锦、湖北襄阳、重庆丰都、江西峡江、安徽宣城所在地方政府，沟通项目推进和厂址保护工作，并对厂址进行踏勘复核；赴吉林、黑龙江、陕西、新疆公司开展了供热调研，向国家能源局申请火电厂和低温堆耦合供热的研究课题。

四、充分利用“三会”机制，强化核电股权管控

利用“三会”机制，深度参与参股核电项目的重大决策和重大事项经营管理，重点审议合作项目投资计划、预算以及重

大合同、关联交易等议题，在保证项目有序推进的同时，严控投资；协调推进了阳西项目前期费用审计评估等工作，就公司管理中存在的突出问题提出了整改意见。特别是进一步强化了宁德一期股权管理，有效维护投资人权益，确保应得的分红利益，为集团公司保A作出积极贡献。

五、积极参加国家能源局有关活动，主动参政议政

根据集团公司领导指示，积极参与国家能源局组织的雄安新区中国核电创新中心筹办工作，与国家能源局建立了联系人机制，及时沟通筹建工作中的有关问题，向筹备组提出了相关工作建议。多次参加国家能源局组织的环渤海区域发展核电的研讨和论证，代表集团发表了专业意见和主张。

国家能源投资集团有限责任公司

2018年，国家能源投资集团有限责任公司（以下简称国家能源集团）深入学习贯彻习近平新时代中国特色社会主义思想和党的十九大精神，认真贯彻落实习总书记提出的“四个革命一个合作”能源战略，扎实践行习总书记发出的“社会主义是干出来的”伟大号召，以坚持党的领导、加强党的建设为统领，紧紧围绕集团发展战略，大力推进供给侧结构性改革，加快转型升级，推动企业重组整合、科技创新、安全稳定、管理提升和高质量发展，全面从严治党取得重要进展，改革重组取得重大突破，经营发展取得历史最好业绩。

一、改革重组取得重要阶段性成果

认真落实党中央、国务院要求，以对党和国家事业、对干部员工、对历史高度负责的精神，高起点、高标准、高质量实施重组整合，构建了“职能部门+产业平台+服务中心”的管控体系，根据岗位要求和员工特点，实现了900多名员工的科学配置。整合融合集团战略、文化、标识和资产，实现八大产业专业化管理，生产运营统一调度指挥，煤炭销售及燃料统一管控，物资招标采购统一协调。

企业改革持续深化，制定国有资本投资公司综合改革实施方案，深入开展员工持股试点，积极参加国企改革“双百行动”，包神铁路、龙源环保、联合动力三家单位入选试点。全力推进处僵治困、“三供一业”分离、压减等工作，处僵治困完成63家、完成率90%，“三供一业”分离移交协议签订率100%，法人企业减少219家，工作进度超过央企总体水平。

二、集团发展实力更加雄厚

国家能源集团重组整合后，形成煤炭、火电、水电、新能源、运输、油化、科技、金融八大产业，业务分布在全国31个省区市以及北美、印尼、南非等10多个国家和地区。其中，煤炭、火电、风电、煤制油化工全球规模最大，煤炭清洁高效生产、火电超低排放、低风速风电开发、煤制油化工、重载铁路运输、水电智慧企业建设等重大关键技术保持国际领先，具有独特的煤电路港航一体化运营模式，奠定了创建世界一流企业的坚实基础。

分产业看，截至2018年年底，煤炭拥有煤矿90处，核定产能5.6亿吨，占全国13%。煤炭开发技术指标世界第一，综合竞争能力国际领先。火电拥有163个火力发电厂，机组477台，总装机1.8亿千瓦，占全国15.8%。形成涵盖风能、太阳能、生物质能、潮汐能、地热能在内的门类齐全的新能源产业体系；风电装机3829万千瓦，居世界前列；水电拥有资源总量约5000万千瓦，已投产装机1866万千瓦，水电站220座、机组557台。运输拥有2155公里自营铁路，运输能力5.2亿吨。拥有3个专业煤炭港口（码头）及62艘自有船舶，港口设计吞吐能力2.5亿吨，船舶载重规模336.8万载重吨。油化项目28个，其中煤制油产能526万吨，煤制烯烃产能393万吨。科技形成一批高新技术企业，掌握节能减排、综合污染治理、新能源装备制造等20多项核心技术。金融拥有财险、寿险、融资租赁、财务公司、保险经纪、资产管理、商业银行等7类牌照。

截至2018年年底，国家能源集团总资产1.8万亿元，员工35万人。2018年居《财富》世界500强101位。中国神华、国电电力、龙源电力分别名列《财富》中国企业500强29位、134位和301位。中国神华在普氏能源250强中位列第5位，中国企业排名前列。

三、八大产业板块全面盈利

全集团56家单位盈利，占77家预算单位72.7%。其中16家单位利润同比增长幅度超过1倍，26家单位利润增长幅度超过50%，10家单位实现扭亏为盈。实现利润20亿元以上的单位13家。上市公司业绩卓著。中国神华荣获《财经》“可持续发展贡献奖”，国电电力荣获“中国上市公司金牛基业长青奖”，龙源电力荣获2018年中国证券金紫荆奖“最佳上市公司”奖。

四、高质量发展取得明显进展

煤炭产业持续推进去产能，2018年去产能完成5处煤矿340万吨，移交国资委资产管理平台6处煤矿、产能240万吨。加大证照办理力度，3个项目完成核准，办理5个采矿许可证、7个项目安全生产许可证，7个露天煤矿完成草原用地批复。大力推进产能核增，落实产能置换指标6682万吨，核增先进产能1500万吨。30座煤矿入选全国煤炭科学产能百强，前10名中占据7席，囊括前三甲。

五、安全生产形势总体平稳

高度重视安全生产工作，国家能源集团组建伊始就成立安全生产委员会，按照“党政同责、一岗双责、齐抓共管、失职追责”原则，扎实推进风险预控体系和安全生产标准化建设，深入开展安全环保大检查和安全环保管理审计，国家能源集团安全生产形势总体保持稳定。全年68家子分公司没有发生人身伤亡事故，占生产型子分公司90%；503家厂、矿、段三级单位实现安全生产，占98%，其中63家煤矿安全生产周期超过1000天，14家煤矿连续安全生产10周年。61个电厂实现零非停，3家电厂无非停时间在1900天以上，火电非停同比减少74次。运输、化工板块没有发生人身伤亡事故，运输板块连续安全生产超过1000天。

六、基础管理及队伍建设全面加强

完善企业治理体系，全力配合做好审计署开展的经济责任审计工作，抓好审计发现问题整改。积极开展内部审计，出台内部审计管理规定，建立起“集中统一、全面覆盖、权威高效”的内部审计监督管理体系。完善法人治理结构，90%子企业设立规范的董事会、监事会、经理层。启动“法治国家能源”建设，严格依法依规决策。构建集团核心制度框架体系，出台134项管理制度。国家能源集团和重要子企业三项法律审核率达到100%。通过强化法律管理和依法维权，挽回或避免经济损失19.3亿元。加强网络安全和信息化建设，制定实施集团信息化融合方案，一批信息化系统在全集团推广使用，保证了相关业务全口径全级次的统一管控。打造行业领先的“国家能源e购”询比价平台，首家实现非招标采购全流程电子化。

加强人才队伍建设，选派126名党组管理干部和优秀年轻人才到美国斯坦福大学、巴黎高等商学院等国际知名院校培训。建立“首席师”制度，完成“首席师”推荐人选初选。引入急需紧缺人才，全年引进专业人才975人，接收高校毕业生4023人。加大年轻干部培养，17名“70后”干部被提拔重用，8名青年博士担任中心主任助理并选派到基层培养，36名优秀年轻干部挂职边远艰苦地区。1名子分公司主要负责人被选拔进入央企领导班子，2名党组管理干部被中国企业联合会授予“优秀企业家”称号。

七、三大攻坚战初战告捷

防范化解重大风险方面：健全完善全面风险管理体系，大力推进“降杠杆、减负债”工作。截至2018年年底，集团资产负债率在剔除清产核资、上缴特别收益等因素影响后为60.09%，较年初下降1.31个百分点；集团全口径资金归集率83%，较去年6月末提高18个百分点以上。严格落实把好“五关”、落实“六项原则”要求，全年投资完成824亿元，控制在计划范围之内。积极贯彻落实国家清欠工作要求，清理拖欠民营企业账款工作取得阶段性进展。

精准脱贫方面：聚焦“三区三州”深度贫困地区，重点做好9个定点扶贫、对口支援县的帮扶工作。全年投入扶贫及对外捐赠资金3.2亿元，其中定点扶贫及对口支援1.8亿元、同比增加9441万元。实施产业扶贫、易地搬迁扶贫、教育扶贫等精准扶贫项目54个，协议金额9544万元，受益人数126万人。开展全国“扶贫日”主题活动，募集扶贫捐款1210万元。积极探索CIGS薄膜太阳能光伏科技扶贫，有效缓解四川阿坝州高原地区农牧民居住条件差、用电困难。大力开展就业扶贫，接收定点扶贫县贫困户和西藏籍大学毕业生42人。积极开展电商扶贫，利用“国家能源慧采”“国家能源爱购”平台，扩大贫困县农产品销售范围和上线产品数量。2018年，集团定点扶贫支援的山西右玉县、青海刚察县成功脱贫摘帽，对口支援的西藏聂荣县通过脱贫验收。

污染防治方面：严守生态环保红线，强化重点问题整改，全力督办中央和各级政府部门重点关注项目，完成五彩湾露天矿和准池铁路的水保自主验收，全年未发生生态环保事件。集团所有燃煤发电机组均实现脱硫、脱硝改造，新建煤电项目全部符合超低排放标准，超低排放机组达到343台、总装机1.6亿千瓦，占煤电机组总量的91%。海南乐东1号机组率先完成近零排放改造，满负荷工况下烟尘0.63毫克/标准立方、二氧化硫4.44毫克/标准立方、氮氧化物8.37毫克/标准立方，优于近零排放标准。集团常规煤电机组供电煤耗304.8克/千瓦时，同比降低1.7克/千瓦时，较全国60万千瓦及以上机组标准煤耗低3.2克/千瓦时。火电主要污染物排放烟尘1.1万吨、二氧化硫7.4万吨、氮氧化物1.3万吨，同比分别减排27.1%、12.7%、10.3%。黄骅港成功解决煤港粉尘污染、含煤污水处理两大顽疾，成为全国煤港绿色发展标杆企业，得到行业及国家有关部委的高度赞扬。

集团社会责任工作得到上级部委、权威机构和社会各界好评，荣获“2018中国可持续竞争力卓越企业”“2018年海外履责典范企业奖”，五篇优秀案例入选《中央企业社会责任蓝皮书（2018）》《中央企业海外社会责任蓝皮书（2018）》。

八、科技创新取得显著成效

科技力量显著增强。整合科技力量，成立科技委员会，筹备战略科学家与战略经济学家咨询委员会，共聘任13位院士，有7位院士担任首席科学家。牵头成立“中国氢能源及燃料电池产业创新战略联盟”及“煤炭清洁高效利用和应对气候变化”“智能发电”“新能源与环保”三个协同创新中心，搭建起产学研深度融合的协同创新平台。拥有包括3个国家重点实验室在内的12个国家级研发平台，4个直属科研机构。获得国家和省部级科技奖励92项，其中国家科技进步二等奖5项、各类省部级科技奖87项，获奖数量位居央企前列。获得中国专利金奖1项、优秀奖2项，科技工作居于央企先进水平。

中国长江三峡集团有限公司

2018年，中国长江三峡集团有限公司（以下简称三峡集团），在习近平总书记视察三峡工程，给予三峡工程“一个标志、三个典范”高度评价的巨大鼓舞下，深入学习贯彻习近平新时代中国特色社会主义思想和党的十九大精神，坚持稳中求进工作总基调，坚持高质量发展，坚持一张蓝图绘到底，迎难而上、担当有为，全面做好改革发展党建各项工作，全面超额完成年度生产经营目标任务。

一、三峡集团改革发展情况

2018年，是三峡集团改革发展史上具有重要里程碑意义的一年，国内乌东德、白鹤滩水电站等重点工程建设全面推进，库区移民控制性关键项目进展顺利，电力生产筹建有序开展；长江流域梯级枢纽成功应对三峡水库建库以来同期第二大洪峰和溪洛渡水库建库以来最大洪峰，三峡船闸年过闸货运量、梯级电站总发电量均创新高，综合效益显著发挥；国内新能源业务再上新台阶，国际化经营管理不断加强，主要业务稳中有进；长江大保护顶层设计基本完成，五大业务平台基本形成，先行先试全面展开，生态环保工作扎实推进，各项工作开局良好；区域综合能源业务稳健发展，配售电业务稳步推进，新业务发展态势良好；降杠杆减负债初见成效，成本管控不断加强，瘦身健体提质增效持续深化，高质量发展基础更加巩固；聚焦四个国家级定点扶贫县，全力做好云南、四川两省少数民族帮扶工作，阶段性援藏工作全面收尾，履行社会责任工作取得新成效，三峡集团为国民经济稳增长、促改革、调结构、惠民生、防风险作出了新贡献。

二、三峡集团在核电方面所做的工作情况

（一）做好已投资核电项目的管理

三峡集团已明确长江电力作为集团公司核电投资的唯一平台，以长江电力为主体，负责核电业务的研究、投资开发和管理工作。2018年，长江电力积极做好现有参股企业中国核能电力股份有限公司、中广核电力H股、湖南桃花江核电公司、中核霞浦核电有限公司的股权管理工作。

（二）重视业内交流，扩大行业影响力

三峡集团以副理事长单位加入中国核能行业协会以来，积极参加核能行业协会组织的年会、核电展等活动，参与内陆核电相关研究，通过行业协会平台加强与政府机构及业内同行的交流和沟通，取得良好效果。

哈尔滨电气集团有限公司

2018年，哈尔滨电气集团有限公司（简称哈电集团）核电产业按照集团公司事业部制改革的总体要求，先行先试、稳步推进。围绕集团公司各级领导安排和事业部重点工作，作风务实、竭尽所能、兢兢业业落实各项任务。

在深化改革方面，确立“让用户满意”的思想，一切围绕市场，一切围绕用户，深入市场和现场一线工作。事业部将集团公司总部与各涉核单位有效衔接。在项目管控方面，管理、思想、理念已产生突破，管理手段日趋丰富，在工作中有所落实。

一、深化改革

哈电集团根据《核电事业部运营管理暂行办法》，积极稳步推进事业部制改革相关工作。

体制机制改革：一是设立产品管理部，负责国家宏观政策和核电产业发展趋势分析，开展核电产品核心竞争力研究，开展核电产品生命周期管理，制定核电产品战略规划及措施等。事业部内的主任师、首席师等骨干通过兼职的方式从事产品管理工作，打破了部门间的界限和壁垒。二是制定《核电事业部对所属企业考核管理方案》，每季度对各涉核企业的工作成效进行考核、评价。

干部调整：一是按照集团公司事业部制改革的总体规划，对核电事业部全体中层干部进行重新聘任。突出各事业分部作为市场竞争“主体”的作用，各事业分部的部长、副部长、部长助理承担所辖区域内的总经理、副总经理、总经理助理职能，同时明确各事业分部总经理的“主将”职责。二是颁布《核电事业部中层干部民主测评方案》及配套测评程序，每季度对全体中层干部进行测评。三是进行干部调整。

分配制度改革：制定了适用于现有组织格局的相应分配措施，颁布《核电事业部薪酬调整分配方案》，以人均市场占有率、人均合同订货额、管理难度三个方面进行考核，在2018年年底对全体员工的部分薪酬进行了二次分配。

激励措施改革：颁布《优秀共产党员评选方案》，在“七一”前夕评选出2名同志为2017—2018年度优秀共产党员。

二、市场开发

核电事业部聚焦市场，以市场开发为工作重心。专项策划、重点突破重大项目，参与C5蒸发器，惠州核电1、2号机组TG投标；积极谋划中远期工作，提前开展田湾核电7、8号机组，徐大堡核电3、4号机组，苍南核电1、2号机组TG投标策划工作；开发后续潜在市场，向运维、备件、海淡、循泵等领域推进；紧盯海外市场，跟进阿根廷、捷克等项目。

（一）市场占有

2018年，哈电集团实现正式合同签约额4.79亿元。中标昌江核电3、4号机组核主泵，昌江核电3、4号机组TG等项目。

（二）高层交流

哈电集团高层领导积极参加核电市场走访、重要会议、项目跟踪等50次重要活动。

（三）取得成绩

中标昌江核电3、4号机组汽轮发电机组设备，实现“华龙一号”机型汽轮发电机组业绩突破；技术方案及各项专题精细，得到评标专家好评；签订昌江核电3、4号机组核主泵合同，扩大轴封式核主泵市场占有率；中标K2、K3项目TBB排放装置项目，锅炉公司首次获得核二级容器业绩；签订田湾核电3、4号机组发电机中长期技术服务合同，实现了向运维服务领域拓展；促成哈电集团与国家电投等单位在哈尔滨成立首家核能供暖产业联盟，共同推进低温供热堆供暖产业应用。

三、项目管控

2018年，田湾核电3号机组、三门核电1号机组、海阳核电1号机组、三门核电2号机组、田湾核电4号机组先后投入商业运行，海阳核电2号机组并网成功。这6台机组的汽轮发电机组均由哈电集团承制。田湾核电3号机组出力指标优异，3、4号机组成为哈电集团标杆项目和核电产业的名片，首获百万千瓦级核电汽轮发电机组运行业绩。三门核电1、2号机组，海阳核电1、2号机组陆续具备商运条件或并网成功，哈电集团已掌握AP1000机型汽轮发电机组的设计制造技术，拥有批量化建设能力。

哈电集团聚焦问题、突出重点，按用户关注度和风险程度对在手项目实行TOP10管理，采用多种方式推动项目进展，有效提高管理水平和执行能力。

一是项目管理工作向分包商及涉核企业延伸。核电事业部领导亲自带队赴中国一重协调田湾核电5、6号机组，K2、K3项目泵壳进度。派员入住分包商武重集团，推动K2、K3项目联箱原材料回厂。多次牵头召开现场专题会解决福清核电5、6号机组，K2、K3项目核岛容器延误交货问题，协调推进福清核电5、6号机组，K2、K3项目泵壳、电机支座的协作加工问题。派员入住、借调相关涉核企业，发现问题及时汇报并提出解决办法、协调关键资源。

二是通过牵头组织或参加各种会议推动项目进展。通过现场会、高层会、协调会、专题会、联络会、交流会、验收会、评审会、准备会等会议促进项目向前推进。

三是派员参加现场服务。为田湾核电4号机组，三门核电1、2号机组，海阳核电1、2号机组现场安装调试及商业运行保驾护航。

四是取得以下成绩：圆满完成田湾核电、三门核电、海阳核电等项目投运及试验的保障工作。年度投运机组运行平稳，性能优秀。

海南项目大修工作保障积极到位，树立正面形象，提升竞争力。

4月1日，重装公司承制的K3机组蒸汽发生器发货。

5月10日，动装公司自主研发的“‘华龙一号’核电机组反应堆冷却剂泵推力轴承”通过中国机械工业联合会组织的专家鉴定。

5月10日，海阳核电2号机组汽轮发电机组非核冲转成功。

5月17日，佳电股份分包的高温堆主氦风机电机完成出厂验收。

5月27日，田湾核电3号机组性能考核试验完成，机组出力超出合同要求。

8月17日，锅炉公司承制的K2项目主蒸汽联箱通过验收，交货进度满足用户需求。

9月12日，动装公司承制的首台国产化AP1000机型核主泵完成全部产品试验。

10月31日，重装公司承制的首台高温堆蒸汽发生器通过出厂验收。

11月19日，重装公司承制的K2机组稳压器成功发运。

12月15日，动装公司承制的K2机组首台核主泵交货。

四、质量保证

（一）核电取证

（1）正式发布并实施核电取证用《民用核安全设备制造质量保证大纲》及24个控制程序。

（2）对核电产业相关人员进行质保体系文件的培训和考试。

（3）派员参加中国核能行业协会组织的主监查员、监查员取证，其中1人获得主监查员资格、3人获得监查员资格、1人获得见习监查员资格。

（4）正式下发并实施《哈电股份公司核电质保体系试运行方案》《哈电股份公司核电质保体系试运行相关程序活动分解表》，取证工作转入试运行阶段。

（5）对体系运行过程中产生的经验反馈、不符合项报告、供方合格名单、特种工艺人员名单等各类质量记录进行了收集、整理、汇总。

（二）质量趋势分析

（1）编制《核电质量趋势分析报告》，对2018年核电产品NCR趋势、体系运行、典型质量问题等进行了总结和分析。

（2） 收集汇总2018年相关质量数据。

（三）体系运行情况

（1）编制并发布《2018年内、外部监查计划》。

（2）按计划对哈电集团内部全部涉核单位实施外部监查。

（四）核安全文化建设方面

组织哈电集团全部涉核单位召开了进一步加强核安全法规宣贯、全面提升核安全文化建设水平专题工作视频会，下发《工作方案》。

五、产品管理

（一）产业信息收集

基本完成核电产品基础数据收集工作。初步完成蒸汽发生器、主泵、汽轮机、发电机等主设备主要技术参数等信息的收集工作。初步统计核电产业历史核电产品合同、各涉核企业主要核电制造装备、AP1000和“华龙一号”核电站主要设备、已有及在研的核电机型、核电站主要装备供货企业情况。

（二）核电产品管理

产品研究工作有序推进，初步完成10个课题的研究工作。

序号	名称
1	中国核电技术路线发展历程
2	世界及中国铀矿资源储备及使用情况研究
3	“十三五”核电市场形势分析
4	中国核电政策的产生和变化历程
5	田湾7、8号和徐大堡3、4号项目汽轮机投标方案分析
6	AP1000、“华龙一号”蒸汽发生器制造工艺方案及工艺流程
7	核电小堆发展情况
8	核电汽轮机末叶片模化设计方式分析
9	百万等级核电汽轮机末叶片选型分析
10	稳压器制造工艺方案及工艺流程

六、其他工作

（一）文秘工作

编制、发布《核电季度报告》4期。以市场、项目、质保工作为中心，采用市场对标分析、项目风险管理分析、质量趋势分析等先进管理工具和方法，形成集团公司核电产业发展的“大事记”。为集团公司领导决策部署、核电事业部信息汇总、各涉核单位之间的信息沟通提供了帮助和支持。

参与中国核能行业协会组织的《2018中国核能发展报告（蓝皮书）》《中国核能行业发展报告（2019）》《我国三代核电发展战略价值研究报告》及电力工程学会的《电力强国的崛起》等供稿工作。

（二）宣传工作

哈电集团重视新时代传播手段建设和创新，拥有“哈电股份核电事业部”微信公众平台，通过新闻舆论的传播力、引导力、影响力、公信力来宣传哈电核电，扩大哈电核电的影响力和品牌效应，全年累计发布新闻稿件12篇，包含重要会议、重要走访、党的建设等方面。

东方电气股份有限公司

在能源结构深度调整，煤电比重大幅下降，装备制造业竞争激烈的形势下，东方电气实现了从2017年扭亏脱困到2018年创新发展，经营管理能力明显提升。2018年，东方电气实现营业收入307.1 亿元，新增订单349.3 亿元，完成发电设备产量2276.02万千瓦。2018年，面对低迷的核电市场形势，东方电气核电在市场开拓、设备制造、质量管控、科研管理等方面取得了不错的成绩。

2018年核电主要亮点工作回顾如下。

一、市场开拓

面对低迷的核电市场形势，生效订单和市场占有率领先同行，获得英国HPC核电项目核岛主设备支撑合同（蒸汽发生器支撑、主泵支撑和稳压器支撑）以及常规岛汽轮机低压外缸供货合同，标志着东方电气核电设备实现了出口欧洲的突破。ACPR50S实验堆平台工程一回路主设备整体采购合同生效，示范快堆蒸汽发生器设备采购合同签订，新型核电市场开拓取得新突破。

二、设备制造

由东方电气提供常规岛和核岛主设备的世界首台三代EPR核电机组台山核电1号机组于2018年12月13日具备商运条件。中核“华龙一号”福清核电5号机TG已于9月底完成了所有主设备的交货，5号机组稳压器设备顺利交货，5号机组三台二次侧非能动余热排出系统(PRS)换热器全部制造完工，其中首台已发运至现场。中广核“华龙一号”防城港核电3号机组克服主锻件供货滞后带来的影响，攻克了锻件制造、栅格支撑运输、内件装配、总装环缝热处理等难点，首台蒸汽发生器制造完工，完成水压试验具备出厂条件。国核CAP1400项目1号机TG主设备已制造完成；1号机组SG已完成穿管工作，它是目前全世界最重的蒸汽发生器（单台重量逾800吨）；1号机组稳压器制造完成，准备水压试验。

三、质量管控

核岛主设备集成供货管理工作取得实质性进展，国家核安全局原则上通过东方电气核岛主设备集成供货管理许可，为加强核电产业化管理提供了体系保证。

四、科研管理

示范快堆蒸汽发生器、中间热交换器等四大换热设备研发重大节点均按计划完成。

今后，东方电气核电将按照“集团化管控、产业化经营”的思路，加强核电产业化管理，强化内部协同，提前策划，全力抓好市场营销、质量管控、项目管理、设计研发等各方面工作，积极探索核电产业化经营新举措，做大做强核电，推动东方电气股份有限公司核电产业持续健康发展。

上海电气集团股份有限公司

2018年，多种堆型产品、批量化生产的项目管理模式依旧是核电项目运作的特点，项目运作态势整体平稳。集团各企业保持着“管理常态化、质量稳定化”的运作态势，以保证质量、满足工程需求为第一前提，宏观调控和微观运作，很好实现了当年必需的出产任务。

截至2018年年底，上海电气累计承接包括二代改进，AP1000、EPR、“华龙一号”“国和一号”等三代以及高温气冷堆、快堆等不同堆型的核电主设备（压力容器、蒸汽发生器、稳压器、堆内构件、控制棒驱动机构、主泵、汽轮机和汽轮发电机）共计322台（套）；车间在制维持在70～80台（套）水平，专业化基地的产能效益得到有效体现。

一、核电项目管理

2018年，项目执行整体运作平稳，出产数量多、在制任务重，实际交付或完工主设备达17台（套）。

项目执行的亮点是三代“华龙一号”主设备开始交付，包括全球首台“华龙一号”机组福清核电5号堆内构件发运至现场；海外首台“华龙一号”卡拉奇核电2号堆内构件、发电机、汽轮机陆续出产并发运。年内完成了我国首个核电机组改造项目暨秦山30万千瓦机组增容改造项目，并获得业主好评。

（1）核岛设备。共交付或完工15台/套核岛主设备，包括：反应堆压力容器2台、蒸汽发生器6台、堆内构件3套、控制棒驱动机构3套、主氦风机1台。此外，交付32台核岛辅助设备，包括人桥吊、辅助吊设备10台和核二三级泵22台。

（2）常规岛设备。共完工交付汽轮机1台、发电机1台、核二三级容器和常规岛辅机29台（套）、配套电机23台。

（3）仪控仪表类设备。已完成或交付各类仪表和器件、主控制台盘、接线盒、调节阀、电动执行机构共计约1820台（套）。

二、核电质量管理

2018年，集团质量管理工作有序推进，各项质量指标及管控要求得到有效落实，年度质量稳定目标全面实现；同时，积极落实核安全文化培育工作，开展了多种类型的核安全文化建设活动，取得较好的活动效果。

质量管理得到相关方认可，在2018年上海市核电质量工作会议上，市核电办授予上海电气上重铸锻有限公司、上海电气电站设备有限公司发电机厂“上海市核电质量先进单位”称号，上海第一机床厂有限公司、上海电气上重铸锻有限公司、上海电气电站设备有限公司汽轮机厂、上海电气电站设备有限公司发电机厂、上海电气电站服务公司、上海自动化仪表有限公司等单位6人获得“2018年度上海核电设备制造质量先进个人”称号。

三、核电技术进步

通过科研攻关和产品开发，上海电气的核电制造技术能力在近几年的批量供货中得到了初步验证。AP1000核岛关键设备制造技术已全面覆盖，包括压力容器、蒸汽发生器、堆内构件、控制棒驱动机构、稳压器以及安注箱、装卸料机等均已实现了产品制造交付。“华龙一号”堆内构件、汽轮发电机组，以及高温气冷堆关键设备压力容器、金属堆内构件、控制棒驱动系统、吸收球落球停堆装置和主氦风机等，也已经实现了产品交付。

2018年，核电集团在核岛主设备上实施了51项科研项目，获省部级科学技术奖12项，获得授权专利48项，参与能源行业标准编制37项。展望未来，核电集团明确了“一个目标、四个核心能力、一个创新平台”的技术发展框架和路径。

四、今后发展目标

（一）明确目标，苦练内功，适应新态势下核电技术装备产业的新态势

1. 打造三大愿景

打造核电制造业核安全文化示范基地；

打造设备集成供货和综合服务的装备集团；

打造国内领先、受行业尊敬的品牌供应商。

2. 落实四大目标

质量：稳定受控，安全可靠；

项目：确保工程，树立口碑；

市场：国内领先，国外突破；

科研：瞄准主流，超前投入。

3. 强化核安全文化行为准则

凡事有章可循；凡事有据可查；凡事有人负责；凡事有人监督。

核心价值观：担当、诚信、透明、规范。

（二）巩固优势，加快转型，迎接新态势下核电技术装备产业的新发展

1. 技术升级

从三代制造技术（AP1000、EPR、CAP1400、“华龙一号”）到四代制造技术（高温气冷堆、快堆、钍基熔盐堆）；从主设备制造到核电站服务等多种产品供货等。

2. 系统集成

从单个、小批设备合同尽可能地扩大设备集成供应范围。

3. 业务链拓宽

从目前以核岛和常规岛主设备供应为主体的业务链逐步扩展到建立产品性能试验和电站运行服务等业务。

4. 产业模式转变

通过研发合作平台，培育产业创新能力，从单纯设备销售向“设备集成+技术服务”的产业发展模式发展。

5. 智能化制造

搭建数字化制造协同管理平台，实现核电产品从“传统离散型制造”向“数字化高端装备制造”的生产模式转变。

中国一重集团有限公司

中国一重集团有限公司（以下简称中国一重），始建于1954年，是目前中央管理的涉及国家安全和国民经济命脉的国有重要骨干企业之一，是国家创新型试点企业、国家高新技术企业，是中国和国际先进的核岛设备供应商和服务商。中国一重现拥有世界一流的核电装备生产线，完全掌握了CPR1000、CAP1000、CAP1400、“华龙一号”等堆型核岛主设备的制造技术，具备核岛一回路核电设备全覆盖制造能力，具备年产5台套百万千瓦级反应堆压力容器和年产10台主泵泵壳的生产能力。目前，核电常规岛AP1000整锻低压转子、国核示范项目CAP1400整锻发电机半速转子等产品实现了首件国产化。

2018年，中国一重坚持市场导向，着力加强市场开发力度，签订了6台漳州1、2号机组主泵电机支座，国内首台海南昌江小堆等具有战略意义的制造合同。

一、核电生产情况

随着“一带一路”倡议的全面推进，核电产品“走出去”迎来了重要历史机遇。巴基斯坦卡拉奇核电2、3号机组核反应堆压力容器都已顺利发运和安装。2018年，中国一重共完成5台核反应堆压力容器的制造任务。其中田湾核电5号机组RPV，在其它公司制造进度不能满足现场要求、严重影响项目建安工程主线的情况下，将原田湾核电6号机组RPV调配为田湾核电5号，经过精心组织、科学筹划，不断缩短制造周期，创造了二代改进型反应堆压力容器从水压试验到交货最短时间的新纪录。同时，交付16台主泵泵壳，其中卡拉奇核电2、3号机组泵壳6台，福清核电5、6号机组泵壳6台，田湾核电5号机组泵壳3台及田湾核电6号机组泵壳1台。交付了3台阳江核电6号机组蒸汽发生器，用于红沿河核电5号机组。

2018年9月26日，在习近平总书记视察中国一重的当天，中国一重核电石化公司成功举行了中广核“华龙一号”示范工程防城港核电3号机组核反应堆压力容器的水压试验，创造了周期最短和质量最好的世界制造纪录。并于11月29日成功筹办了“华龙一号”英国项目参考电站——防城港二期首台核反应堆压力容器设备制造完工总结活动，增强了中国一重自主研制、自主创新的信心，更加坚定中国核电“走出去”的信心。

二、科研开发进展情况

2018年，中国一重加快核电产品科技创新步伐，承担的3项国家核电重大专项课题取得新进展。其中“CAP1400反应堆压力容器研制”和“CAP1400蒸汽发生器研制”两个项目已完成技术、财务等最终验收，项目的实施有力促进了我国掌握核电大型锻件设计、制造工艺技术，解决了我国核电自主知识产权问题。此外，完成了“SA-508MGr.1壳法兰锻件研制”“CAP1400 RPV一体化底封头制造技术研究”“CAP1400一体化接管段制造技术研究”等3个核电重大专项后补助指南的联合申报工作；成功申报2018年工业强基工程项目“基于大型铸锻件洁净钢平台的第三代核电一回路均质化封头锻件制造技术”等课题。核电站中低放固体废物超压线在台山核电取得首台套突破；中国首台示范快堆项目堆容器设备正式开工建造，为后续实现快堆商业化奠定基础。

在核电重大项目科研开发方面，中国一重以“核电锻件关键制造技术研究”为题进行立项研发工作，主要针对海南昌江示范工程RPV关键锻件进行研制开发，已完成一体化接管段等主体锻件投料工作。同时，“华龙一号”主管道项目首次实现不锈钢主管道热加工全流程制造工艺突破。

在先进核能技术研发方面，中国一重与中国核建合作推进高温气冷堆产业化，已完成项目初步设计和压力容器、金属堆内构件的初步制造方案，正开展蒸发器换热管对接焊接、环焊缝热丝TIG焊等研究工作。

在核能研发平台建设方面，中国一重始终贯彻“不为我有，但为我用”的发展理念，积极探索创新、产学研合作模式，不断深化与高等院校、科研院所的产学研合作。与上海核工程设计院策划筹建核电大型铸锻件联合研究中心，联合开发“海洋核动力紧凑式直连结构小堆接管段锻件制造关键技术研究”等项目，小堆接管段锻件现已完成制造技术方案评审和试制件投料。

三、质量管理情况

一是制造资质得到保持和提升。完成了ASME U U2、特种设备制造许可证（压力容器）换证、快堆项目取证工作；通过了福清核电6号RPV发货前的役前检查，检测质量居国内同行业领先。

二是深入开展核安全文化建设。开展了《核安全法》的宣贯工作，下发了《核安全文化政策声明》，制定了《核安全文化建设实施方案》，强化了核安全文化建设的长效机制。

三是加强核电产品质量改进工作。制定了质量管理体系改进计划，整理、总结操作细则“十确认”（技术交底确认、见证活动确认、机床精度确认、人员资格确认、文件资料确认、尺寸余量确认、数控程序确认、质量问题确认、产品防护确认、紧急预案确认）内容，进行了36次核电项目质保监督，有效降低了产品污染、文件管理、焊接温度、磕碰划伤等问题的发生，提高了核电产品制造质量。

四是质量风险防范成果显著。认真贯彻“按章办事、按规操作，一次将事情做好”原则，注重制造过程质量控制，全年提出风险问题195项，制定预防措施546项，风防有效率达到了98.8%。

五是产品检验保障生产。组织见证了

8900余个核电项目见证点、16台核电设备的水压试验及21台核电设备完工文件的编制工作。核电产品主焊缝检验合格率达到99.81%以上。

四、人才培养和培训情况

中国一重始终高度重视核电设备制造人才的培养和岗位培训工作，在年初制定的培训计划中，突出了中华人民共和国核安全法、核法规、核质量保证手册及程序文件、核文化等方面的培训内容，保证了培训质量和培训效果。2018年，一重共举办核体系责任人员培训班91期，参训员工达5600人次。

一**是**在核文化、核质量与安全知识培训方面，围绕核安全文化建设，培育全员核安全意识，坚持“安全第一”根本方针，杜绝“违规操作、弄虚作假”，确保民用核安全设备制造质量等内容，制定系统培训学习计划。举办了《中华人民共和国核安全法》宣贯等相关培训，全面提升员工的综合技能，注重法规标准、管理要求和核安全文化的培训宣贯，不断持续增强全员的学习氛围。

二**是**在核电项目质保大纲培训方面，开展了漳州1号、2号蒸发器项目等多个核电项目质保大纲和程序培训。坚持将核电项目紧密结合生产制造进度确定培训重点，注重把项目制造过程中出现的问题、采取的解决措施等方面内容补充进来，保证培训质量和效果，公司各相关单位以培训为契机，认真总结和改进不足，不断提高核电产品质量。

三**是**在核电人才培养方面，中国一重紧密结合公司核电产品当前生产工作实际和未来发展需要，不断加大核电人才培养力度，突出对无损检验、焊接、理化试验、计量等国家规定需持证上岗人员培训和取证工作力度，严格执行持证上岗。同时，积极选派业务骨干参加核能行业质量保证监查员培训班等外部高水平的培训，不断增强安全质量意识，汲取先进的管理理念和实践经验。

五、对外合作情况

2018年1月，完成了交付加拿大巴威公司三个核电锻件出口报关。2018年2月，随中广核一起走访HPC核电站，并参加了英国民用核能大会。2018年4月，参展中国核学会组织的北京中国国际核电展览会。2018年6月，法中电力协会组织法马通等法国核电企业一行28人，访问中国一重核电生产制造基地。2018年9月，参展中国机械联合会组织的北京中国国际核电展览。

二重（德阳）重型装备有限公司

2018年，二重（德阳）重型装备有限公司（以下简称二重装备）由中国第二重型机械集团有限公司核心主业改制成立。2018年是二重装备公司开局之年，公司全体干部职工认真贯彻落实党的十九大精神，拓市场抓管理，化压力为动力，化挑战为机遇，全心全意依靠干部职工聪明才智，实现了公司主要经济运行指标好于预期的阶段目标。公司以“有质量发展”企业战略为导向，面对新型市场环境和需求，通过狠抓市场开发、加强新型产品研制等一系列改革举措，在实现扭亏目标基础上快速构建起新的企业经营管理体系，奠定了可持续高质量发展坚实基础。

一、核电产品生产取得的主要成绩和进展

2018年，二重装备全体干部职工以实现公司经营目标为工作重点，全力推进核电合同执行，面对激烈的市场竞争，以市场为导向，强管理、深挖潜，核电产品营销创历史佳绩，为公司年度盈利目标的实现做出了贡献。

在核电方面完成以下工作。

第一，在主管道及波动管设备方面完成了：

（1）“一带一路”重点工程巴基斯坦卡拉奇核电站K3机组主管道完成全项目验收交付。

（2）中国核动力研究设计院福清核电站6号机组完成全部验收并交付。

（3）中广核工程有限公司防城港核电站3号机组6件波动管完工并提前2个月完成用户验收。

第二，在核岛大型锻件方面完成了：

（1）“华龙一号”示范工程福清核电5号反应堆冷却剂泵壳锻件2件完成制造。

（2）防城港核电3、4号机组蒸汽发生器锻件上封头、上筒体各1件完成制造。

（3）国内首台国产化CPR1000铸造泵壳——红沿河核电5号机组CPR1000铸造泵壳完成精加工交付用户。

（4）中广核工程有限公司惠州核电站一期1号机组RPV锻件顶盖法兰、进口接管、上封头、下封头等锻件完成制造。

（5）ACPR50S实验堆RPV主锻件上封头、下封头锻件完成制造。

此外，在核电新产品研发方面加快推进，以百万千瓦核电低压焊接转子、“华龙一号”及海上浮动实验堆关键锻件等为代表的核电新型产品研制，取得了重要突破。

二、核电产品科研成果

2018年，二重装备以公司经营战略为导向，配置优势资源，锻炼科研队伍，努

力提高核电产品科技含量，提升科研成果应用转化率，以解决实际生产中的技术问题为核心，承担了多项国家级、省级科研与攻关任务。各项目组按照项目工作计划推进，新产品开发取得了多项重要成果，核电产品质量得到稳步提升，核电产品工艺成本得到有效控制，为公司降本增效做出了贡献。

全年承担的国家级、省级重大核电科研专项课题包括：

（1）2018年公司承担了国拨课题3项，省级课题3项，国机重大专项2项，国机长线产品项目及集团公司项目9项，技术改进和提升项目6项。参与和组织完成国家项目立项2项，获得2项发明专利授权，新申报发明专利2项，实用新型专利7项。

（2）“核电大型复杂管件关键制造工艺及应用研究”课题通过验收，保证了二重装备核电主管道制造技术始终处于行业领先地位。“华龙一号”（ACP1000）主泵泵壳完成了产品研制并实现了部分交货；高放废液玻璃固化罐试制件完成产品制造及灌装试验。AP系列稳压器研制完成关键制造技术突破，具备承制稳压器设备的条件。

（3）CAP1400主管道作为五大核岛关键设备之一，研制进度受到国家能源局重点关注。二重装备顺利完成国核压水堆示范工程1号机组CAP1400主管道研制，为国核压水堆示范工程的建设提供了保障。

（4）在锻件研发方面加快推进以百万千瓦核电低压焊接转子、海上浮动实验堆关键部件等为代表的核电新型产品研发，取得了重要突破。同时围绕工序难点开展专项工艺优化与攻关工作。依托于AP1000水室封头开展的带向心与非向心混合接管的异形封头全仿形锻造工艺研究，提高了材料利用率，机加周期大幅缩短。首次攻克整体式锻件泵壳内部腹腔球面和沉孔加工难题。

三、核电质量保证体系建设

2018年，二重装备按照公司“提质量、降成本”的工作要求，在核安全设备制造过程中，严格遵循核安全设备许可证条件，根据组织机构变化情况组织实施了质量保证体系文件及相关制度的修订工作，发布修订企业内部《民用核安全设备制造质量保证大纲》和《民用核安全设备制造质量保证体系程序文件》，开展了民用核安全设备制造许可证书公司名称及法定代表人变更的工作，于2018年5月获得了国家核安全局的认可，为公司开展核安全设备制造提供了资质保证，确保了公司民用核安全设备制造活动与现行法律法规的符合性。在总结2017年质量工作的基础上，对质量体系建设、质量提升、重点项目质量控制等工作进行了安排和部署。

第一，建立了职责分明的质量保证组织机构。

公司承继了二重集团（德阳）重型装备股份有限公司包括人员、设施设备在内的所有生产运行资源，根据实际运行需要调整了组织机构，完成了质量保证大纲组织机构图及相关单位管理职责的修订工作，进一步明确了各单位在核安全设备制造活动中的职责，从组织层面确保了体系的正常运行。

第二，进一步完善了核电产品制造质量保证体系。

公司对第九版《民用核安全设备制造质量保证体系程序文件》的适宜性进行了验证，对体系文件在运行过程中出现的与实际情况不适宜地方进行了适时完善，从制度上保证了质量保证体系有效运行。

第三，对核电产品制造过程实施了严格过程控制。

为确保制造活动符合法规要求，在开展核安全设备制造活动前，完善工艺试验和工艺评定项目，编制项目质保大纲、各类技术规范和质量计划，按规定向国家核安全监督部门、用户、业主提交审评；各类操作人员通过相应的岗位资格考核审查。对生产设备实行了核电设备专项管理，确保了设备的功能状态，加大对设备的技改力度，新增固定资产投资4亿元，开展了“两机一炉”等项目技改工作，确保制造实力不断增强；对核电专用计量设备进行单列管理，按规定实施周期检定校准，确保计量设备满足使用规范要求；对核电制造现场工作环境严格按照制造要求控制，实施分区管理；全面开展风险防控及经验反馈工作，如在太平岭、ACPR50S、防城港波动管等项目上开展质量风险防范工作，提前识别风险310项、制定了预防措施300多条，通过控制措施的严格执行，消除了大多数质量风险。

从全年指标完成情况看，公司产品实物质量水平比2017年略有提升，保持在较好的水平，核电焊缝探伤一次合格率创了近年新高，达到95.9%，比上年95.3%提升了0.6个百分点，废品损失同比下降明显，达到近年最好水平，核电质保体系运行正常，得到用户认可。质量体系运行有效，各项质量控制措施得到有效落实，质量管理基础得到进一步夯实。

2018年，二重装备公司组织开展了各个层面的《核安全法》及核安全文化的宣贯学习。为引导核安全文化建设由教育培训向行为约束方面延伸，公司发布了《二重装备核安全文化管理体系建设实施方案》，制定了《二重装备核安全文化手册》，为核安全文化建设更加系统化和精细化提供了制度保证。

在民用核安全设备制造过程中，公司组织开展了全面质量风险防控及经验反馈工作，对重要工序的风险点进行识别和评估，制定风险防控措施，对典型质量问题进行及时调查处理，收集内外部典型质量问题案例发起经验反馈，定期开展质量趋势分析工作，有效预防了核电产品制造过程中质量风险。

总体而言，2018年二重装备民用核安全设备制造质保体系运行有效，满足法律法规及标准要求，具备充分性、适宜性和有效性。

企业风采

上海电气集团股份有限公司

上海电气是一家大型综合性装备制造集团，主导产业聚焦能源装备、工业装备、集成服务三大领域，致力于为客户提供绿色、环保、智能、互联于一体的技术集成和系统解决方案。核能发电设备是上海电气的主导产品之一。

20世纪70年代发展至今，上海电气已成为国内发展历史久、交付业绩多、产品配套全、技术路线广、装备能力强、全球合作深的核电装备制造集团。上海电气已形成国内配套最全的核电设备制造产业链，所提供的核电产品包括核岛的反应堆压力容器、蒸汽发生器、堆内构件、控制棒驱动机构、主泵、稳压器、核二三级泵、核二三级容器、燃料输送设备、核级阀门，常规岛的汽轮机、汽轮发电机、辅机、常规泵，以及大型铸锻件、核级风机、配套电机、仪控仪表、现场服务及备品备件等。

上海电气的核电产品几乎覆盖了国内的所有核电站。已成功实现了“二代加”，三代AP1000、EPR、“华龙一号”及四代高温气冷堆核电主设备产品的批量化、配套化交付；正在开发和研制三代“国和一号”、四代快堆、钍基熔盐堆等关键设备；同时，响应国家核电装备“走出去”战略发展要求，与法国Framatome集团合作承制的南非Koeberg核电站6台更换蒸汽发生器正在紧张制造中。

适用于整个组织和所有雇员的核电质量保证体系在上海电气涉核企业中严格实施，以确保所有活动符合相关的和具体的质量保证监管要求，而这将通过程序性的制度和遵守国际和国内公认的质量标准予以保证，通过持续改进质量管理体系的有效性，致力于集团核电产业发展目标的实现。

卡拉奇2号机组发电机发运

福清5号机组堆内构件发运

卡拉奇2号机组堆内构件发运

上海第一机床厂有限公司

上海第一机床厂有限公司（以下简称一机床公司）是上海电气集团股份有限公司全资子公司，隶属于上海电气核电集团有限公司，位于国家级现代装备制造业基地——上海临港重装备产业区。作为专业从事核电站核岛主设备——堆内构件、控制棒驱动机构和核燃料装卸料系统制造的国家高新技术企业，拥有近40年核电装备制造历史，先后承担国家“863”计划、国家科技重大专项等多项科研攻关项目，并创造出核电装备领域“十八项中国第一”。一机床公司已全面掌握当今世界最先进的第三代“华龙一号”、AP1000、EPR以及第四代高温气冷堆堆内构件和控制棒驱动机构制造技术，并加快推进新一代堆型的研制，具备年产8～10套百万千瓦级堆内构件和控制棒驱动机构的能力，产能居世界前列。

2018年2月，公司核电工程设备试验中心挂牌运行，其集成参数已突破原国内最大驱动线试验平台，在国外同行中也处于领先地位，为国家核电预研和试验打下坚实的基石。

一机床公司以“共铸核心力，同护核安全”为引领，不断推进“质量稳定、交付准时、技术先进、成本领先、市场主导”的核心竞争力建设，以“核电梦”助推‘电气梦”，为实现核电强国梦想积极贡献力量。

核电工程设备试验中心

全球首台“华龙一号”福清5号机组堆内构件发运仪式

全球首台“华龙一号”PMC设备

全球首台“华龙一号”福清5号机组堆内构件

山东核电有限公司

山东核电有限公司是海阳核电项目的业主单位，是中央企业——国家电力投资集团公司的二级单位。

海阳核电位于山东省海阳市，地理位置优越，项目规划建设6台百万千瓦级核电机组，并留有2台扩建余地，是世界首批三代核电站、山东省单体投资最大的清洁能源项目、首个开工建设并建成投运的核电站，也是山东省新旧动能转换重点项目。

一期工程1、2号机组作为国家三代核电AP1000自主化依托项目，采用具有先进非能动安全系统设计的三代核电技术，单台额定容量为1253兆瓦，分别于2018年10月22日、2019年1月9日投入商运；3、4号机组具备开工条件；5、6号机组前期准备工作积极推进。

6台机组全部建成后，年发电量814.68亿度，可满足山东省13%的用电需求。同时在节约煤炭、减排氮氧化物等方面具有显著优势，每年节约标准煤2798万吨、减排二氧化碳7265万吨、减排二氧化硫23.5万吨，相当于种植阔叶林19.9万吨，对保障我国能源安全，改善能源结构和区域生态环境，建设美丽中国、打赢蓝天保卫战发挥重要作用。

面向新时代，山东核电秉承创新发展理念，以安全性和经济性为生命线，在确保一期工程安全稳定运行、加快推进后续项目建设的基础上，规划了以核能为主、多能互补的“一卓越、两基地”战略，力推单一核电向核能综合利用、多能互补转变。

2019年11月15日，由山东海阳核电提供的核能供热项目正式投入商运，被国家能源局命名为“国家能源核能供热商用示范工程”，开启了核能综合利用新纪元。核能供热环保效益显著，以供热面积每百万平米计算，每年可减排烟尘317吨，二氧化硫546吨，氮氧化物517吨，二氧化碳8.6万吨，节约标煤3.3万吨。在国家电投清洁能源战略的引领下，结合第一阶段70万平方米的成功经验，山东核电规划在2021年实现供热范围覆盖厂址周边30km、满足海阳市内供热需求，根据周边城市的需求还可以适当增加；2023年实现供热范围覆盖厂址周边60km、面积3000万平米；随着后续机组建成投产，远期可实现供热面积2亿平米以上，核能供热将广泛应用于青烟威胶东半岛地区。

在加快推进抽汽供热的同时，山东核电还积极探索水热同传、海水淡化、制氢及储能等核能综合利用项目，力争建成国内首个核能综合利用示范基地。

高温高压水原位划伤再钝化测试设备

中国科学院核用材料与安全评价重点实验室

核电高温高压循环水应力腐蚀试验装置

中国科学院核用材料与安全评价重点实验室有院士2名，形成了中青年科技骨干为主的200余人科研团队，成为我国乃至世界核用材料研发及损伤行为评价领域内的重要力量。重点实验室在核用材料研制、核电关键结构部件的制备工艺、模拟核电高温高压水实验设备研发、核电部件的环境损伤行为研究、核电装备运行参数优化、服役安全评价与寿命预测、失效根本原因分析方面成果丰硕。实验室先后主持了若干重大项目，部分研究成果已经成功用于解决我国现役核电站和在建核电项目的建设中。2015年，中国科学院组织著名专家对其评估认为：“中科院金属所在核用材料与安全评价领域位于国际领先行列”。研究成果荣获2018年国家技术发明二等奖和2016年中国核能行业协会技术发明一等奖。2018年发布中国核学会核电厂材料试验团体标准4项。实验室与美国麻省理工学院、密执根大学、日本东北大学等签署了长期合作协议，承担了美国、欧共体、韩国等项目，研究结果在国际上产生了重要影响。

实验室拥有一万余平方米的试验研究空间，公用技术支持平台建设突出，检测评价资质齐全。拥有动水试验回路20余套，形成了核用材料研究制备平台、核电高温高压水材料行为（腐蚀、溶出率、应力腐蚀、腐蚀疲劳、微动磨损、辐照促进腐蚀等）测试平台、超临界水腐蚀测试平台、材料模拟计算平台，许多检测设备在国内是唯一的或在国际上具有独到特色。

高温高压水腐蚀疲劳试验装置

国家技术发明奖

证 书

为表彰国家技术发明奖获得者，特颁发此证书。

项目名称：压水堆核电高温高压水环境材料损伤关键测试技术及成套装备与应用

奖励等级：二等

获 奖 者：韩恩厚（中国科学院金属研究所）

2018年12月12日

证书号：2018-F-307-—04-R01

中国建筑第二工程局有限公司 中建电力建设有限公司

中国建筑第二工程局有限公司隶属于中国建筑股份有限公司，注册资本人民币50亿元，具备“民用核安全设备安装许可证”和“建筑施工总承包特一级”“市政公用工程施工总承包特级”“电力工程施工总承包一级”等资质，并拥有各类电厂建设、设备安装、土木建筑、建筑设计、路桥、市政施工、房地产开发等专业施工及多元化经营能力及30多年的核电建设经验。公司秉承“品质保障、价值创造”的核心价值观以及“诚信、创新、超越、共赢”的企业精神，经营区域覆盖国内二十余个省、自治区、直辖市和港澳地区，并延伸至东南亚、中东、南部非洲等海外市场，是国内同时具备核电、火电、水电、风电以及其他清洁能源电厂施工能力，掌握EPR及“华龙一号”等三代核电站核岛施工技术，精通核电站常规岛施工技术的大型建筑企业集团。

公司总部位于北京，下设法人性质的全资子公司11个、控股公司1个，非法人性质的区域公司5个、专业分公司3个，海外公司2个。公司具备雄厚的人才资源，共有在岗职工26 000余人。

公司从1987年建设大亚湾核电站以来，砥砺奋进，不断自我超越，已熟练掌握欧洲三代核电厂核岛、常规岛、BOP施工一体化技术，被誉为“电力建设的劲旅”。共参与建成大亚湾核电，岭澳核电一、二期等项目常规岛和BOP土建工程15个。正在参建核电项目包括：台山核电2号核岛土建工程，广西防城港核电站3、4号机组核岛土建工程，广东太平岭核电厂1、2号核岛土建工程等8个工程。此外还中标了徐大堡核电常规岛土建工程等。

公司实施科技兴企战略，拥有北京市认定的企业技术中心，有100余项科技成果获国家或省部级科技成果奖，其中有关核电建设的《第三代（EPR）核电站施工技术研究》《EPR核电站大吨位预应力施工技术研究》《安全壳内衬特种钢材与核燃料池不锈钢衬的焊接技术》等多项科技成果达到国际水平。

中建电力建设有限公司是由中国建筑股份有限公司和中国建筑第二工程局有限公司共同出资，以中建二局核电建设分公司为主体组建而成的，注册资本人民币4.6亿元，作为中建二局核电项目的施工主体。

主要业绩

1.广东大亚湾核电

中国建筑第二工程局有限公司作为HCCM合营公司的一员，承担了广东大亚湾核电常规岛及其BOP土建工程的施工。1994年432家大型电站质量评比中，以总分第一名获“国际电站组织大奖”；“常规岛土建施工与管理”获评“国家科学技术成果奖”。

2.广东岭澳核电一期、二期

1996年、2005年，中国建筑第二工程局有限公司先后承接了广东岭澳核电一期1、2号机组，二期3、4号机组的常规岛及其BOP土建工程。其中，岭澳核电二期项目获评全国科技推广示范工程。

3.辽宁红沿河核电一期、二期

2008年，中国建筑第二工程局有限公司顺利承接辽宁红沿河核电一期常规岛及其BOP土建工程。其中，1、2号机组由中国建筑第二工程局有限公司自行组织施工，3、4号机组提供技术支持。2011年，该项目1号主厂房钢结构工程荣获中国钢结构金奖（国家优质工程）。

2015年，中国建筑第二工程局有限公司承担其5、6号机组常规岛及其BOP厂房土建施工任务。

4.广东台山核电一期

2008年，中国建筑第二工程局有限公司成功承接广东台山核电一期2号核岛土建工程，从核电站常规岛施工领域跻身于技术最先进的核岛施工领域，实现了核电站“核岛－常规岛土建施工一体化”。依托该项目，中国建筑第二工程局有限公司拥有自主知识产权的核电站核岛牺牲混凝土成功应用于台山核电厂2号核岛反应堆厂房堆芯结构。

5.广东阳江核电3、4、6号机组工程

2010年，中国建筑第二工程局有限公司承接阳江核电3、4号机组常规岛及其BOP土建工程；2014年，承接阳江核电6号机组常规岛土建工程。这两个项目是中国建筑第二工程局有限公司与广东火电捆绑管理，共同实施“建安一体化”的项目。

6.江苏田湾核电3、4号机组工程

中国建筑第二工程局有限公司分别于2012年和2013年承接了田湾核电3、4号机组冷却水泵房子项土建工程及部分BOP子项建安工程，

标志着中国建筑第二工程局有限公司正向建安一体化迈进。

7.广东陆丰核电厂一期

2013年10月，中国建筑第二工程局有限公司中标广东陆丰核电一期1、2号机组常规岛及其BOP土建工程，目前前期各项工作正稳步推进。

8.广西防城港核电厂

2016年5月，中国建筑第二工程局有限公司承接广西防城港核电3、4号机组核岛土建工程。广西防城港核电3、4号机组均采用我国具有完整自主知识产权的三代核电技术“华龙一号”（HPR1000），是英国布拉德韦尔B项目的参考电站，为“华龙一号”走向国际市场奠定基础。作为中国核电“走出去”的主打品牌，该工程的承接标志着中国建筑第二工程局有限公司已发展成为具有国际先进核电机组施工能力的土建承包商。

9.广东太平岭核电厂

广东太平岭核电厂1、2号核岛土建工程是中国建筑第二工程局有限公司继广西防城港核电项目后承建的又一个“华龙一号”双核岛工程，该工程采用“华龙一号”融合技术，是中国建筑第二工程局有限公司着力打造的标准高、科技含量高、绿色先进的重点核电项目。

西安陕柴重工核应急装备有限公司

西安陕柴重工核应急装备有限公司（以下简称XNEE），成立于2017年11月，是中国船舶重工集团应急预警与救援装备股份有限公司和陕西柴油机重工有限公司的控股子公司。承继前身陕西柴油机重工有限公司西安电站工程分公司的所有业务，承担核电站应急与备用柴油发电机组的成套供货，负责机组的成套设计和工程管理、设备采购，以及现场安装、调试服务等工作，提供电站技术解决方案，市场占有率达到70%以上，备受客户认可与信赖。

经过十余年核电领域的历练，XNEE有着一支专业的技术团队，涵盖了系统设计、工艺布置、电气、仪控等多个专业，机组设计开发过程中大量应用CAD、CAE软件。伴随着从分包到总包的市场角色转变，项目管理从最初简单的进度跟踪转变为专业化、全方位的总包工程管理。遵循核安全法，基于ISO9000，建立并执行了核安全质保体系，公司上下达成“安全第一、质量第一”的核安全意识，保障核电产品安全和质量。采购团队能够快速响应核电项目对设备采购的需求，包括供应商评价、源地评审、进度控制、紧急采购等环节。调试服务团队在核电站生命周期内对核应急柴油发电机组提供稳定、可靠的技术服务，包括安装、调试以及运营后机组维修，以专业的技术服务赢得了买方和业主的肯定。

未来，XNEE将积极把握核电“走出去”国家战略机遇，落实国家“一带一路”倡议，持续保持产品和技术优势，进一步推进核应急柴油发电机组国产化，打造更加专业的核应急装备团队，推动国内核电产业链“抱团出海”，为我国获得更多国际核电市场份额，将中国应急装备行业做强做大。

18PA6B应急柴油发电机组（6000 kW级）

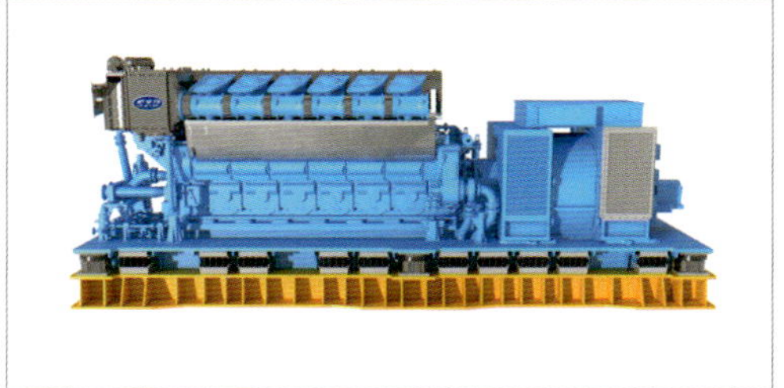

12PC2-6B应急柴油发电机组（8000 kW级）

全球首套“华龙一号”1E级8000 kW应急柴油发电机组通过鉴定

上海阿波罗机械股份有限公司

上海阿波罗机械股份有限公司（以下简称阿波罗公司），是一家主要从事各类高端核电用泵系统以及核燃料循环、后处理相关设备的集成研发、设计、生产制造、供应链管理以及延伸服务等的公司。公司核电业务占比98.8%，目前国内在建和在运行的56个核电机组，除了台山核电外，其余55个核电机组均有使用阿波罗公司产品，公司稳定的质量、优异的性能获得了用户的一致好评。核电站25项关键设备中泵类设备12项，阿波罗公司除了核主泵外，已经研制完成了其中的11项并通过了国家级鉴定，包括混凝土蜗壳海水循环泵、辅助给水电动泵、辅助给水汽动泵、主给水泵、低压安注泵、安全壳喷淋泵、设备冷却水泵、重要厂用水泵、凝结水泵、余热排出泵、上充泵等。公司拥有发明专利29项，实用新型专利118项，高新技术成果转化项目9项，上海市重点新产品4项。

自2018年4月28日公司启动田湾乏燃料干式贮存容器供货合同执行以来，阿波罗公司项目团队历经一年多的时间与欧安诺共同合作研发，完成了首台NUHOMS®VVER1000乏燃料干式贮存容器的各项组装，顺利通过了包括压力试验和氦泄露试验在内的各项关键试验节点，首台乏燃料干式贮存容器筒体组件于2019年7月24日具备发货条件。NUHOMS®VVER1000乏燃料干式贮存容器的顺利发运，充分证明了欧安诺与阿波罗公司项目团队在新产品研发、制造上的工艺和能力，整个项目团队攻坚克难的精神和为用户积极解决问题的态度，为欧安诺与阿波罗公司未来共同合作扩展第三方市场以及开展双方长期合作奠定了良好的基石。

大事记

中国核能行业2018年十大新闻

1. 中法两国元首为台山核电成为EPR全球首堆工程揭牌

1月9日，国家主席习近平与法国总统马克龙，在北京人民大会堂共同为广东台山核电1号机组成为EPR全球首堆工程揭牌。

台山核电1号机组于2009年开工建设，2号机组于2010年开工建设，分别是全球第三、第四台开工建设的EPR三代压水堆核电机组，由中国广核集团、法国电力集团和粤电集团共同投资组建的台山核电合营有限公司负责建设和运营，是中法两国能源领域的最大合作项目。

2. 习近平高度关注中国核电“走出去”

在国家主席习近平与有关国家首脑的见证下，1月9日中核集团和法国新阿海珐集团签署相关协议备忘录，与法国法马通公司签署全球战略合作协议，中国广核集团与法国替代能源与原子能委员会（CEA）签订核研发技术领域合作协议；6月8日中核集团与俄罗斯国家原子能集团签署《田湾核电站7、8号机组框架合同》《徐大堡核电站框架合同》和《中国示范快堆设备供应及服务采购框架合同》；11月28日国家电投与西班牙泰纳通公司签署战略合作框架协议。

3. 三代核电AP1000、EPR全球首堆核电机组分别投入商业运行

AP1000全球首堆三门核电1号机组于9月21日投入商业运行。海阳核电1号机组、三门核电2号机组分别于10月22日、11月5日投入商业运行。

EPR全球首堆台山核电1号机组于12月13日投入商业运行。

4. 全年7台核电机组投入商业运行，新增核电装机容量884.5万千瓦

田湾核电3号机组、阳江核电5号机组、三门核电1号机组、海阳核电1号机组、三门核电2号机组、台山核电1号机组、田湾核电4号机组分别于2月15日、7月12日、9月21日、10月22日、11月5日、12月13日、12月22日投入商业运行。

截至2018年年底，我国大陆在运核电机组共44台，运行装机容量达到4464.5万千瓦，位居世界第三。

5.“华龙一号”工程进展顺利

“华龙一号”全球首堆福清核电5号

机组泵房进水节点提前实现，共计30个里程碑节点，已按计划完成20个。福清核电6号机组反应堆压力容器成功吊装就位，首台蒸汽发生器引入反应堆。防城港核电3号机组土建工程接近尾声，设备安装陆续展开，反应堆压力容器顺利卸船。

“华龙一号”海外首堆卡拉奇核电2号机组完成首套主管道焊接、堆内构件首次入堆。卡拉奇核电3号机组反应堆压力容器和蒸汽发生器吊装完成，核岛穹顶吊装就位。

6. 国务院办公厅发文部署进一步加强我国核电标准化工作

8月9日，国务院办公厅印发《关于加强核电标准化工作的指导意见》（以下简称《意见》），部署进一步加强我国核电标准化工作。

《意见》明确，到2019年，形成自主统一的、与我国核电发展水平相适应的核电标准体系；到2022年，国内自主核电项目采用自主核电标准的比例大幅提高，我国核电标准的国际影响力和认可度显著提升；到2027年，跻身核电标准化强国前列，在国际核电标准化领域发挥引领作用。

7. 于敏、程开甲荣获“改革先锋”称号

12月18日，庆祝改革开放40周年大会在北京举行。党中央、国务院决定，授予于敏等100名同志改革先锋称号，颁授改革先锋奖章。中国工程物理研究院原副院长、中科院院士、“两弹”功勋奖章获得者于敏，原总装备部科技委顾问、中科院院士、“两弹”功勋奖章获得者程开甲入选改革先锋名单。

中央党史和文献研究院编写了《改革开放四十年大事记》，核工业领域有5件入选大事记。

8. 我国新一代铀浓缩离心机大型商用示范工程通过国家竣工验收

11月19日，由中核集团自主研发，具有完全自主知识产权的我国新一代铀浓缩离心机大型商用示范工程通过国家竣工验收。这标志着我国铀浓缩离心机实现了升级换代，具备大规模商用条件，铀浓缩整体技术水平、经济性进一步提升，达到国际先进水平。

9. 我国“人造太阳”东方超环装置首次实现 1 亿度运行

中国科学院等离子体物理研究所自主设计、研制并拥有完全知识产权的大科学装置东方超环（EAST）等离子体中心电子温度首次实现1亿摄氏度运行近十秒，为正在进行的中国聚变工程实验堆设计提供了重要的科学支持，也为人类开发利用核聚变清洁能源奠定了坚实的技术基础。

10. 中国核能行业协会发布核能行业重大课题研究成果

4月23日，在中国核能可持续发展论坛——2018年春季高峰会议上，中国核能行业协会发布了《我国三代核电发展战略价值研究》报告和《中国核能发展报告（2018）》蓝皮书，引起行业强烈反响。

2018 年中国核能行业大事记

1月7日，福清核电5号机组最后一台蒸汽发生器顺利吊装就位，至此，该机组3台蒸汽发生器全部吊装就位。

1月8日，国家能源局副局长刘宝华与泰国能源部副常秘蓝迪卡•唐苏帕尼在北京共同主持召开中泰和平利用核能合作联委会第一次会议。

1月8日，在国家科学技术奖励大会上，中国核动力研究设计院一项成果获2017年度国家科学技术进步一等奖。

1月9日，国家主席习近平与法国总统马克龙在北京人民大会堂共同为广东台山核电站1号机组成为EPR全球首堆工程揭牌。

1月9日，在国家主席习近平和法国总统马克龙共同见证下，国家原子能机构副主任王毅韧签署中法两国核领域合作协议，中核集团和法国新阿海珐集团签署相关协议备忘录，与法国法马通公司签署全球战略合作协议，中国广核集团与法国替代能源与原子能委员会（CEA）签订核研发技术领域合作协议。

1月10日，由中广核研究院有限公司与东莞市达成机械制造有限公司在广东省清远市共同建设的清远市10吨/天等离子体危废处理示范工程通过竣工验收。

1月11日，福清核电5号机组内层安全壳封顶顺利完成。

1月12日，中核集团与中核建集团在京签署合作协议，共同成立中核华创稀有材料有限公司，进军共伴生放射性矿产资源综合利用产业。

1月15—16日，大型先进压水堆核电站重大专项“CAP1400非能动堆芯冷却系统性能试验和验证研究”课题通过了国家能源局验收。

1月19日，中核集团与山东烟台市人民政府签署《海上清洁能源综合供给平台及泳池式低温供热堆项目合作协议》。

1月26日，中核集团“龙腾2020”科技创新项目计划“癌症治疗230 MeV超导质子回旋加速器”核心部件——高频腔系统通过源地验收，标志中核集团已经全面掌握该加速器设计和制造技术。

1月28日，“华龙一号”首堆示范工程福清核电5号机组压力容器吊装成功。

1月29日，北京广利核系统工程有限公司与韩国斗山重工签署4台核电机组棒控系统改造项目供货合同。

1月，中核集团首次实现国产钴-60放射源规模化出口。

1月，国内首条AP1000核电燃料元件生产线圆满完成首炉换料燃料组件生产任务，实现AP1000燃料组件国产化的国家战略目标。

1月，经国务院批准，中国核工业集团有限公司与中国核工业建设集团有限公司实施重组，中国核工业建设集团有限公司整体无偿划转进入中国核工业集团有限公司，不再作为国资委直接监管企业。

1月，核工业总医院围绕我国核应急医学保障的需求，经过多年的探索，基于中期分裂相自动扫描系统和染色体畸变自动分析软件的双着丝粒自动分析技术，建立了国内第一条“双着丝粒染色体自动分析剂量效应曲线”；创新采用特殊扫描法、细胞周期控制法、制片质量稳定法，从细胞收获、标本制备到双着丝粒的自动分析，成功地解决了大规模核事故生物剂量估算的技术障碍。

2月7日，中核工程咨询有限公司在京揭牌成立，标志我国核工业全行业全过程项目咨询监理平台成功搭建。

2月15日，田湾核电3号机组具备投入商业运行条件。

2月，由国家电投申报，上海核工程研究设计院承担的国际标准IEC（国际电工委员会）63186《核电厂—安全重要仪表和控制系统—地震停堆系统推荐性设计准则》成功立项，实现了我国核电领域在国际标准化组织（ISO和IEC）标准制定上的历史性突破。

3月5日，第十三届全国人民代表大会第一次会议在北京开幕，国务院总理李克强作政府工作报告，总理在政府工作报告中提及核电发展问题，表示要“引导对外投资健康发展。推进国际产能合作，高铁、核电等装备走向世界。”

3月13日，岭澳L214大修提前7.86天结束，工期27.14天，创了国内核电机组大修非RCD模式（反应堆完全卸料模式）的最短工期和国内含核二/三级BOSS检修的最短大修工期纪录。

3月15日，由中国核动力研究设计院研制，上海第一机床厂制造的“华龙一号”全球首堆示范工程福清核电5号机组堆内构件通过验收。

3月16日，中核集团与约旦原子能委员会签署了《“华龙一号”合作谅解备忘录》和《高温气冷堆合作谅解备忘录》。

3月23日，WANO（世界核电运营者协会）中心数据平台公布，秦山核电一期30万千瓦机组、秦山核电二期1～3号机组，田湾核电2号机组，福清核电1号机组2017年在WANO综合指数为100分，在世界核电机组中排名第一。

3月28日，由中国外交部、生态环境部、国家原子能机构共同主办的亚欧会议第五届核能安全研讨会在京召开，会议主题为“将承诺转化为行动——应对21世纪核能安全挑战”。

3月28日（法国当地时间），法国电力公司（EDF）在巴黎举行2017年度国际同类型机组安全业绩挑战赛颁奖仪式。大亚湾核电基地荣获核安全/自动停堆和能力因子两项第一名，已累计获得38项次第一名。

3月30日，中广核达胜加速器技术有限公司联合清华大学发起并主编的《电子束处理印染和造纸工业废水技术规范》正式颁布，该技术规范是全球电子束处理工业废水应用领域的首个技术标准，于2018年5月30日起正式实施。

3月，中核集团核工业西南物理研究院承建的全球首台国际热核聚变实验堆真空室内部件热氦检漏设备通过验收，并在该设备上完成ITER世界首次热氦检漏，测试结果显示各项性能达到要求。

4月10日，生态环境部副部长、国家核安全局局长刘华向台山核电合营有限公司颁发了台山核电厂1号机组首次装料批准书。

4月11日，中国和伊朗在北京举办伊核问题全面协议民用核合作研讨会，主题是加强中伊民用核合作、促进全面协议执行。

4月12日，大亚湾公司召开媒体通气会介绍岭澳核电1号机组创纪录情况。岭澳核电1号机组连续13年无非计划停机停堆，截至2018年4月4日，实现连续安全运行达4373天，创造了国际同类型核电机组连续安全运行天数的最高纪录。

4月13日，国家能源局会同国家标准化管理委员会、国家核安全局在北京组织召开《“华龙一号”国家重大工程标准化示范实施方案》发布会，标志着“华龙一号”国家重大工程标准化示范正式启动。

4月16日，国家核安全局向中广核铀业发展有限公司颁发全国首台高燃耗乏燃料运输容器ENUN 24P使用批准书。

4月23日，由中国核能行业协会主办的中国核能可持续发展论坛2018年春季高峰会议在北京举行。会上发布了《我国三代核电发展战略价值研究报告》和《中国核能发展报告（2018）》蓝皮书。

4月24日，我国自主三代核电技术“华龙一号”海外首堆卡拉奇核电2号机组内层安全壳穹顶结构提前实现封顶。

4月25日，生态环境部副部长、国家核安全局局长刘华在京向中核集团三门核电有限公司颁发《三门核电厂1号机组首次装料批准书》。

4月25—26日，大型先进压水堆核电站重大专项“CAP1400非能动安全壳冷却系统性能研究及试验”课题通过国家能源局的正式验收。

4月28日，中核集团海南核电有限公司荣获中华全国总工会颁发的“全国五一劳动奖状”荣誉称号。

4月29日，AP1000全球首堆三门核电1号机组首次装料工作顺利完成。

5月3日，中核集团获得“工业互联网安全技术试验与测评工业和信息化部重点实验室核工业分中心”授牌。

5月3日，共青团中央、全国青联公布了第22届“中国青年五四奖章”评选结果，中国核动力研究设计院核动力研发设计团队荣获“中国青年五四奖章集体”。

5月5日，田湾核电6号机组穹顶吊装顺利完成，标志着田湾核电6号机组全面进入设备安装阶段。

5月9日，我国首个央地融合发展平台——中国（上海）自贸试验区央地融合发展平台成立仪式在上海世博央企总部基地举行，中核集团上海总部未来将落户于此。

5月9日，中国核能行业协会核电厂同行评估及经验交流委员会工作会议暨中国核能行业协会核电运行分会成立大会在深圳召开。

5月10日，首届中国自主品牌博览会在上海展览中心开幕。中央政治局委员、国务院副总理胡春华，中央政治局委员、上海市市委书记李强等出席开幕式，并在会后参观了中核集团展台。

5月10日，哈电集团哈尔滨电气动力装备有限公司自主研发的“‘华龙一号’核电机组反应堆冷却剂泵推力轴承”通过中国机械工业联合会组织的专家鉴定。

5月14日，中国原子能科学研究院研制的6 MW双能无损检测电子直线加速器正式运往土耳其，这是中核集团首次出口加速器高端制造设备。

5月20日，“华龙一号”全球首堆堆芯测量系统(衡芯™)首批设备整装发运，中核集团成为具备三代核电堆芯测量系统设计、研发、制造能力的产品供应商。

5月22日，中广核自主研发的核电站数字化仪控系统“和睦系统”在百万千瓦级核电工程首台套应用揭牌仪式在阳江核电站举行，阳江核电5号机组成为我国首个使用自主研发神经中枢的百万千瓦级核电项目。

5月23日，防城港核电3号机组完成穹顶吊装。

5月25—26日，生态环境部（国家核安全局）与捷克核安全局首次核安全合作工作会议在捷克布拉格召开。

5月28日，在中国科学院十九次院士大会、中国工程院第十四次院士大会上，国家主席习近平在讲话中指出，“我们着力推进面向国家重大需求的战略高技术研究……载人深潜、深地探测、国产航母、大型先进压水堆和高温气冷堆核电、天然气水合物勘查开发、纳米催化、金属纳米结构材料等正在进入世界先进行列。”习近平表示，“我们着力引领产业向中高端迈进，复兴号高速列车迈出从追赶到领跑的关键一步，超超临界燃煤发电、特高压输变电、杂交水稻、海水稻等世界领先，移动通信、语音识别、新能源汽车、第三代核电“华龙一号”、掘进装备等跻身世界前列……”

5月30日，中核集团在京召开核工业第一批厂矿创建60周年座谈会。

5月31日，中核集团与国家原子能机构，英国商务、能源与产业战略部在伦敦签署通过中英核联合研发与创新中心三方合作，助推中英双方在核联合研发领域的进一步合作谅解备忘录。

6月1日，大型先进压水堆核电站国家科技重大专项“CAP1400核电站数字化仪控系统工程样机研制”课题通过国家能源局正式验收。

6月4日，国际原子能机构六月理事会会议在维也纳召开。国家原子能机构副主任、国际原子能机构理事会中国理事王毅韧率团出席会议，并在年度报告审议中阐述中方立场。期间，王毅韧会见了国际原子能机构总干事天野之弥，见证签署了《中国国家原子能机构与国际原子能机构关于初级专业人员的协议》；还会见了尼日利亚原子能委员会主席马拉姆，签署了尼日利亚微堆高浓铀返还谅解备忘录。

6月6日，中国核动力院和中核运行联合完成我国首个核电自主高端维修项目——秦山核电320 MW机组稳压器安全端接管堆焊维修项目，合格率达100%。

这标志着我国打破了国外核电巨头对高端维修市场的垄断，为我国核电运维技术“走出去”打下了基础。

6月8日，在国家主席习近平和俄罗斯总统普京见证下，中核集团与俄罗斯国家原子能集团在人民大会堂签署《田湾核电站7、8号机组框架合同》《徐大堡核电站框架合同》和《中国示范快堆设备供应及服务采购框架合同》。

6月9日，由中核集团承担的国际热核聚变实验堆（ITER）磁体支撑首批产品交付。我国成为首个向ITER项目批量交付核心产品国家。

6月15日，深圳市正式批复中广核研究院有限公司申报的核电站高安全性事故容错燃料技术工程实验室（Accident Tolerant Fuel，简称ATF），标志着我国首个高安全性事故容错燃料研发工程实验室正式落户中广核。

6月18日，“华龙一号”海外首堆卡拉奇核电2号机组堆完成主管道24道焊口焊接工作，为后续核回路冲洗和一回路水压试验奠定了坚实基础。

6月26—28日，第三届世界核工业展览会在巴黎举办。中国核能行业协会率中核集团、中国广核集团、国家核电技术公司、华龙国际核电技术公司等15家中国核能企业以中国国家展团形式参展。

6月28日，国务院国资委发布中央企业工业文化遗产（核工业）名录和《中央企业历史文化遗产图册》，中核集团12项文化遗产被认定为首批中央企业工业文化遗产。

6月30日，AP1000三代核电全球首堆三门核电1号机组首次并网成功。

7月5日，由国家电投发起的核能供暖产业联盟启动仪式在哈尔滨举行。

7月6日，中国同辐股份有限公司在香港成功上市。

7月12日，阳江核电5号机组投入商业运行，这是我国投入商运的首台ACPR1000技术路线机组。

7月14日，“华龙一号”首堆示范工程福清核电5号机组主管道自动焊焊接工作完成，为后续一回路冲洗和5号机组冷试顺利进行创造了条件。

7月，中核集团三项核电国际标准同时在国际标准化组织（ISO）成功立项，这是我国首次在ISO立项的核电标准。

8月4日，“华龙一号”首堆示范工程福清核电5号机组DCS系统设备通讯网络投用，主控室可用节点提前实现，标志着5号机组系统调试工作正式拉开序幕。

8月6—7日，大型先进压水堆重大专项“CAP1400蒸汽发生器研制”课题顺利通过国家能源局组织的正式验收。

8月8—9日，大型先进压水堆及高温气冷堆核电站重大专项“设计仿真与分析评价平台”课题顺利通过国家能源局组织的正式验收。

8月9日，国务院办公厅印发《关于加强核电标准化工作的指导意见》，部署进一步加强我国核电标准化工作。

8月9日，由中广核工程有限公司牵头的国际热核聚变实验反应堆（ITER）核级压力容器蒸汽冷凝罐（VST）设计供货项目在法国卡德拉奇ITER现场完成最终产权交接。这标志着我国企业首次中标的国际热核聚变实验反应堆核级压力容器设计供货项目正式完成。

8月9日，新华社报道，中船重工七一九所成功研制气载放射性PING监测仪设备，并开始在商用核电站开始替代进口产品。

8月18日，“华龙一号”海外项目卡拉奇核电3号机组首台蒸汽发生器吊装成功。

8月23日，移动式冷却关键技术研发课题通过广东省科技厅验收，填补国内在该领域的空白，具备工程应用条件。

8月24日，中央政治局委员、广东省委书记李希到阳江核电厂现场调研。

8月26日，人民网—人民日报海外版报道，国家重大科技基础设施中国散裂中子源通过验收并正式运行。

9月5日，“华龙一号”海外首堆卡拉奇核电2号机组堆内构件完成了首次入堆。

9月5日，“华龙一号”海外项目卡拉奇核电3号机组压力容器顺利吊装就位，至此，3号机组的压力容器和蒸汽发生器共4台主设备全部吊装完成，用时19天。

9月5日，由中核二三承建的红沿河核电5号机组主蒸汽系统管道自动焊焊口探伤合格，标志着核电站主蒸汽系统管道自动焊技术在国内核电现场首次成功应用。

9月6—7日，首届中法核电标准交流会在北京召开，这是中法两国首次就核电标准化建设展开交流研讨，标志着两国在核电发展领域的合作更进一步。

9月11日，由沈阳鼓风机集团核电泵业有限公司和哈电集团哈尔滨电气动力装备有限公司共同承制的首台AP1000屏蔽电机主泵在沈鼓核电顺利完成全部产品试验和试验后拆检工作。

9月12日，由中国核能行业协会、台湾财团法人核能科技协进会共同主办，中国核动力研究设计院承办的第六届海峡两岸核能合作研讨会在成都顺利召开。

9月13日，经EUR（European Utilities Requirement/欧洲用户要求）组织管理委员会第194次会议批准，同意“华龙一号”EUR认证项目进入第三阶段。

9月14日，由中核集团自主研制的“华龙一号”全范围模拟机顺利通过验收，提前115天正式交付使用。

9月17日，国家原子能机构主任张克俭率团出席在奥地利维也纳召开的国际原子能机构第62届大会。在张克俭和国际原子能机构副总干事海沃德的见证下，国家原子能机构秘书长刘永德与国际原子能机构副总干事兰蒂赫签署了《关于在应急准备与响应领域开展教育、培训、知识网络构建和管理及人力资源开发合作的实际安排》。按照安排，中核集团将代表国家原子能机构建设IAEA核与辐射应急准备与响应能力建设中心（CBC-EPR），这也是国际原子能机构继日本、韩国和奥地利后第4个CBC-EPR。

9月20日，由中核阿海珐（上海）锆合金管材有限公司生产的用于福清核电5号机组的核燃料包壳管按照计划完成生产并交付，标志着我国三代核电站核级锆合金管材实现了国产化。

9月21日，司法部公布《中华人民共和国原子能法（征求意见稿）》，征求社会公众意见。

9月21日，三门核电1号机组具备投入商业运行条件，这也是全球首台具备商运条件的AP1000核电机组。

9月26日，国家主席习近平到中国一重视察工作，这是习近平时隔五年再次莅临一重视察。在视察期间，习近平来到轧电制造厂、核电制造厂、水压机锻造厂，并参观了重大技术装备首台（套）产品展示区，接见了职工代表，习近平在现场发表了重要讲话。

9月29日，中核集团泳池堆示范工程初步安全分析报告编制完成，这是继泳池堆示范工程初步设计后实现的又一个重大节点目标。

9月29日，“华龙一号”海外项目卡拉奇核电3号机组实现穹顶吊装。

10月13日，海阳核电2号机组首次并网成功。

10月14日，人民日报报道，中国科学院合肥物质科学研究院核能安全技术研究所项目团队研制的液态金属锂实验回路，在国内首次实现1500 K（相当于1227 ℃）超高温稳定运行1000小时，标志着我国先进核能系统液态金属冷却剂关键技术取得新突破。

10月16日，由中国核动力研究设计院设计、采购，由中国第一重型机械股份公司承制的福清核电6号机组反应堆压力容器正式起运。

10月17日，在国务院总理李克强和比利时首相米歇尔共同见证下，国家原子能机构副主任张建华与比利时王国联邦公共服务经济、中小企业、个体和能源部指导委员会主席德尔波特签署了加强和平利用核能领域合作的谅解备忘录，推动两国核领域合作。

10月17—19日，由中国核能行业协会和国际辐照协会共同举办的以“核技术造福人类”为主题的首届中国国际核技术应用产业大会在广东省东莞市召开。

10月22日，海阳核电1号机组具备投入商业运行条件。

10月30日，由中国核能行业协会主办的“中国核能可持续发展论坛——2018年涉核公众沟通交流大会”在海盐举行。大会以“新时代涉核公众沟通的实践与创新”为主题。

10月31日，阳江核电6号机组完成冷态功能试验。

10月31日，中核集团宣布，经过技术攻关，自主研发的控制棒驱动机构密封焊缝堆焊维修技术通过专家评审，具备了工程应用条件，从此，我国国内核电站控制棒驱动机构Ω密封焊缝堆焊维修将不再依赖进口。

10月31日，国家“十一五”科技重大专项高温气冷堆示范工程华能石岛湾核电2号蒸汽发生器通过出厂验收。

10月31日，中国原子能科学研究院顺利完成冷坩埚玻璃固化实验平台72小时连续运行试验。此次运行试验是我国冷坩埚玻璃固化技术第二阶段研究的里程碑节点，为今后两步法冷坩埚玻璃固化冷台架的建立以及技术工程应用奠定了坚实基础。

10月，由中核集团组织牵头，经近300名专家参与修订，历时7年、四易其稿的《中华人民共和国国家职业分类大典(2015年版)（核工业分册）》正式颁布，标志着核特有职业正式纳入新版国家职业分类体系。

11月5日，三门核电2号机组具备投入商业运行条件。

11月6日，上海进博会期间，中核集团与俄罗斯原子能公司签署多项核能合作文件，标志中俄核能合作项目进入执行阶段。

11月8日，《中国工业史·核工业卷》编纂工作启动会召开。

11月12日，中科院等离子体物理研究所发布消息，其自主设计、研制并拥有完全知识产权的大科学装置东方超环（EAST）等离子体中心电子温度首次实现1亿摄氏度运行近十秒，为正在进行的中国聚变工程实验堆设计提供了重要的科学支持，也为人类开发利用核聚变清洁能源奠定了坚实的技术基础。

11月15日，中核集团中国核电工程有限公司"核电站放射性废物桶外水泥固化成套装置及配方研制"成功通过国防科技成果鉴定。该成果拥有完全的自主知识产权，实现水泥固化设施与固化配方的国产化。

11月15日，"华龙一号"英国通用设计审查正式进入第三阶段。

11月15日，中广核工程有限公司牵头主编的首个强制性国家标准《低、中水平放射性废物高整体容器—交联高密度聚乙烯容器》（GB 36900.3—2018）正式发布，填补国内交联高密度聚乙烯高整体性容器性能标准在核电领域的空白。

11月15日，由哈电集团重型装备有限公司承制的防城港核电"华龙一号"示范项目首台稳压器设备制造完工。

11月19日，由中核集团自主研发，具有完全自主知识产权的我国新一代铀浓缩离心机大型商用示范工程在中核陕西铀浓缩有限公司顺利通过国家竣工验收。

11月19日，宁德核电1号机组第4循环寿期末延伸运行结束，本次延伸运行历时26.6天，创造国内核电机组延伸运行新纪录。

11月20日，由中核集团自主研制、拥有自主知识产权的我国首套全尺寸压水堆环形燃料组件试验件在中核北方核燃料元件有限公司成功下线并通过验收，标志着该技术已基本打通压水堆环形燃料组件制造所有关键环节，为环形核燃料组件后续工程化应用提供坚实的基础和保障。

11月24日，中核集团宣布：我国首个自主研发满足三代核电要求的锆合金材料——CF3核燃料组件N36锆合金材料批量化首批产品成功下线通过验收，其综合性能指标处于国际先进行列，并启运发货用于CF3核燃料元件制造。

11月26日，中国原子能科学研究院成功完成环形燃料元件全球首次零功率物理实验，标志着在环形燃料组件研究领域已达国际领先水平，全尺寸试验组件已完成设计制造。

11月28日，在国家主席习近平和西班牙首相桑切斯的共同见证下，国家电投集团与西班牙泰纳通公司签署战略合作框架协议，进一步确认双方在能源领域的合作意向。

11月29日，中国一重承制的“华龙一号”英国项目参考电站——防城港核电二期工程首台反应堆压力容器完成制造。

11月，2018年国际质量管理小组大会（ICQCC）在新加坡举行，中核集团5个QC小组获得大会QC小组成果金奖。

11月，国家人力资源和社会保障部发布关于表彰第十四届中华技能大奖和全国技术能手决定。中核集团1人荣获“中华技能大奖”称号，6人荣获“全国技术能手”称号。

11月，工业与信息化部公布第二批国家工业遗产名单，中核集团原子能院“一堆一器”和中核四〇四厂入选。

11月，国家人力资源和社会保障部、全国博士后管委会批复同意中核集团下属的江苏核电有限公司和中国同辐股份有限公司设立“国家级博士后科研工作站”。

12月4日，由国家电投上海核工院自主设计，中国一重、国核运行等单位联合实施的大型先进压水堆核电站重大专项“‘国和一号’（CAP1400）反应堆压力容器研制”课题通过国家能源局组织的正式验收。

12月4—8 日，国家能源局局长章建华率团赴法国参加第六次中法高级别经济财金对话。会议期间，双方代表就两国能源发展政策、核能、天然气、可再生能源等议题展开深入交流，国家能源局与法国生态转型部共同签署了《第二次中法能源对话会议纪要》。

12月6日，我国首套军民融合安全级DCS平台（龙鳞系统）正式发布。该平台由中核集团研发，适用于多种反应堆控制系统，拥有完全自主知识产权，已通过最高等级功能安全认证，部分关键指标达国际领先。

12月6日，中核集团完成尼日利亚微堆低浓化改造。

12月7日，国务委员王勇一行到北京广利核系统工程有限公司调研核电DCS自主化和党的建设等工作。

12月9日，第五届中国工业大奖发布会在北京举行。中核集团中国核电工程有限公司荣获第五届中国工业大奖，中核集团中国同辐股份有限公司“利用核电重水堆生产钴-60 技术研发及产业化工程”项目荣膺中国工业大奖提名奖。由北京广利核系统工程有限公司代表中广核申报的核级DCS平台和睦系统研发及产业化应用项目荣获第五届中国工业大奖，成为核电仪控领域首个获得该殊荣的项目。

12月10日，中国环境报报道，住房和城乡建设部批准了国家标准《核电厂建构筑物维护及可靠性鉴定标准》（GB/T 51323—2018），并将于2019年3月1日起实施。

12月10日，台山核电2号机组开始热

试。

12月11日，中共中央政治局委员、国务院副总理、中央代表团副团长孙春兰率中央代表团二分团，前往防城港核电基地看望慰问广大员工，共同庆祝广西壮族自治区成立60周年。

12月13日，EPR全球首堆台山核电1号机组投入商业运行。

12月15日，由中核集团中国原子能研究院自主研制、具有完全自主知识产权的300 kV小型化重核素加速器质谱（AMS）装置，成功实现了对碘-129的高效高灵敏测量，测量灵敏度达到国际先进水平，标志着该装置研制成功。

12月18日，庆祝改革开放40周年大会在北京举行。党中央、国务院决定，授予于敏等100名同志改革先锋称号，颁授改革先锋奖章。中国工程物理研究院原副院长、中科院院士、“两弹”功勋奖章获得者于敏，原总装备部科技委顾问、中科院院士、“两弹”功勋奖章获得者程开甲入选改革先锋名单。

12月20日，国家国防科技工业局正式向石岛湾核电颁发中华人民共和国核材料许可证，标志着高温气冷堆示范工程获得了燃料元件运抵现场的资格。

12月22日，田湾核电4号机组具备商业运行条件。

12月24日，“国和一号”（CAP1400）首台全范围模拟机在山东荣成国核示范崮山国际交流中心完成现场验收测试并交付使用。

12月26日，防城港核电3号机组首台蒸汽发生器水压试验完成。

附 录

中国核能可持续发展论坛——2018年春季高峰会议

基本情况

4月23日，中国核能可持续发展论坛——2018年春季高峰会议暨中国核能行业协会科学技术奖颁奖典礼在北京举行。国家国防科技工业局副局长王毅韧、国家能源局核电司司长曾亚川、国家生态环境部核与辐射安全监管司司长汤搏以及中核集团董事长王寿君、中国广核集团董事长贺禹、国家电投集团副总经理魏锁分别就“新时代核能发展机遇与挑战”的主题，在论坛上作主旨演讲。

论坛还特别邀请了中国核能行业协会专家委员会主任、中国工程院院士叶奇蓁和国家气候变化专家委员会副主任、清华大学原常务副校长何建坤分别做了《未来我国核能技术发展的主要方向和重点》和《全球应对气候变化下能源转型与核能发展》两个专题报告。

中国核能行业协会专家委员会常务副主任张华祝发布了《中国核能发展报告（2018）》蓝皮书。中国核能行业协会专家委员会政策组组长、中国国际工程咨询公司原副总经理黄峰发布了《我国三代核电发展战略价值研究》报告。

中国核能行业协会秘书长张廷克致闭幕词。他说，不论是来自我国核能行业政府主管部门的当家人，还是骨干核电集团的掌门人和行业公认的权威资深专家，大家围绕中国特色社会主义建设进入新时代条件下，我国核能行业发展的新形势、新机遇、新挑战和新任务、新要求、新作为，深入研判我国核能行业长远发展大势，深刻分析我国核能行业面临的挑战与机遇，对指导今后核能发展具有重要意义。张廷克总结说，本次论坛达成了如下六个方面的共识。

一是我国核能发展具备了从“核电大国”向“核电强国”迈进的条件。我国核电大国地位基本确立并实现由二代向三代核电的技术跨越，我国三代核电发展的比较优势基本形成，我国核电安全总体水平已跻身国际先进行列，具备了从“核电大国”向“核电强国”迈进的条件。**二是迎来了我国核能发展的新机遇**。核能是推进绿色发展、建设美丽中国的重要选择，为新时代我国核能行业发展提供了难得的历史性新机遇。**三是我们必须努力应对国内外核电发展环境变化所带来的各方面挑战**。我国核能行业发展尤其是三代核电发展既面临历史性机遇也面临严峻挑战，国内三代核电首批依托项目、装备制造产业链和工程设计建造企业的经营状况堪忧，三代核电发展和核电“走出去”国际竞争加剧，我国核电发展的公众宣传与沟通工作薄弱，部分地区核电机组限发，三代核电项目经济性及市场竞争力亟待提升。**四是我国核能发展的自身要求更高**。根据国家生态文明建设战略部署，为确保实现我国大气污染防治和应对气候变化目标，到2030年，在核电发展上，我国核电发电量应占我国发电量的10%左右，达到目前国际平均水平，应保持每年分别新开工和投产8台左右三代核电机组；在核安全水平上，我国核设施安全整体要达到国际先进水平，辐射环境质量持续保持良好状态。**五是国家对核能发展提出了新要求**。新时代条件下发展核能是实现我国能源安全供应、推动供给侧结构性改革和建设生态文明的重要保证，是国家战略性高科技装备制造业发展的重要驱动，更是提升我国大国地位的重要手段。新时代我国核能发展必须要适应这些新要求。**六是我国核能发展要有新作为**。全力推动核电安全高效可持续发展，建设“核电强国”，是我们的神圣使命。我国核能行业要稳步顺利推进“华龙一号”、AP1000、EPR等三代核电示范及首堆工程建设，尽快启动CAP1400核电示范工程建设；要在确保安全的基础上，在自主三代核电技术的成熟性、经济可接受性、自主化等方面继续加快创新、攻关和引领步伐；要在核能资源勘探开发、先进核燃料元件、后处理技术、新一代反应堆等方面不断努力，为核电可持续发展提供坚实保障。

期间，还为获得2017年度中国核能行业协会科学技术奖的79个项目的完成人代表，举行了颁奖典礼。

主旨演讲

建设先进核工业体系 助推核工业强国建设

中国核工业集团有限公司董事长　王寿君

今天我们共聚核能行业协会2018年春季高峰论坛会议，以“新时代核能发展机遇与挑战”为主题，共话中国核能可持续发展问题。中国特色社会主义进入了新时代，建设核工业强国是核工业在新时代的历史使命。下面，我为大家做《建设先进核工业体系，助推核工业强国建设》的报告，交流三点意见。

一、新机遇与新挑战

当前，我们正处在全面建成小康社会的决胜时期，处在由核大国迈向核强国的新的历史性战略机遇期，新时代建设先进核工业体系迎来继“两弹一艇”时期之后的又一次重大机遇。

一是，国家安全环境正发生深刻变化，建设与我国大国地位相称、与国家安全和发展相适应的强大核工业，是国防和军队现代化建设的重要组成部分。在实现“两个一百年”奋斗目标、实现中华民族伟大复兴的奋斗中，核工业作为国家安全重要基石的作用与地位更加凸显。

二是，世界核科技领域的创新方兴未艾、日新月异，先进核能系统、多用途小型堆、先进核燃料等核科技的前沿技术和颠覆性技术正在面临多点突破，我国核科技创新的后发优势明显，部分领域已实现由跟跑到并跑的转变，迎来了引领发展的战略机遇。

三是，核能与核技术应用需求日益广泛，核能的减排作用显著，核能应用的多样性和适应性需求十分迫切，核技术应用在经济社会发展的各领域深度交叉融合，不断产生新产业和新业态，国内外发展前景和空间十分广阔。

四是，国际核电市场需求稳定增长，“一带一路”沿线国家成为核能发展的热点地区。根据世界核协会（WNA）统计，目前世界上79个国家有核电发展计划或规划，计划新建核电机组数量为157台，对应新增容量162.1 GW；规划新建核电机组数量为351台，对应新增容量为401.9 GW。其中，“一带一路”沿线国家核电发展占上述新增规模的70%以上。

五是，我国经济由高速度发展阶段转向高质量发展阶段，现代化经济体系正在建立，先进计算、高速互联、人工智能、大数据等新技术正在深刻影响和改造制造、能源、材料等产业，为核工业加快转型升级、优化资源配置提供了有利的外部条件。

当然，我们也要清醒认识面临的挑战：首先，核电发展面临安全性和经济性平衡难题。福岛事故后全球核电在役机组安全改进投入加大，新建核电项目安全标准大幅提高，使得项目投资增加较大。我国政府高度重视核电安全，提出新建核电机组必须符合三代安全标准，但由于新标准致使设计研发技术要不断持续改进、在建项目设计变更频繁、关键设备交货延误等原因导致建造工期延误，建造成本进一步增加。其次，公众接受度对核能发展产生重要影响。近年来，国内公众对核能项目的敏感度不断提高，加之部分涉核项目存在公众沟通不够、信息公开不足、核科学知识普及不到位等原因，一些地区的部分公众对核能项目持反对态度，一些突发的社会事件致使个别涉核项目停建，影响了我国核能产业的布局和发展，甚至对核电发展的后续决策产生重要影响。再次，核电项目核准放缓，国内核燃料循环前端产能过剩，核电装备制造和工程设计建造企业亦出现产能闲置。为了满足国内以及出口核电机组的需求，国内核燃料循环前端各环节关键技术实现突破、产业规模不断壮大，装备制造企业形成了年产8 ~ 10台（套）的生产能力。自2011年的日本福岛核事故以来，我国的核电发展方针从“积极发展”调整为“安全高效发展”，尽管2020年核电中长期发展规划目标不变，但已经2年零4个月没有新核准的核电机组，产业链上游产能不同程度出现过剩。最后，核燃料循环后端保障能力不足。目前我国核燃料循环后段能力偏弱，后处理、高放废液玻璃固化等领域关键技术还没有打通。随着我国核电运行堆年攀升，核电运行产生的放射性废物会越来越多，实现放射性废物的有效管理与最终安全处置是迫切需要考虑的关键问题。

二、新要求与新作为

2015年核工业创建60周年时，习近平总书记专门作出重要批示，对核工业提出了“两个更好，三个坚持，一个全面”要求，明确更好地推进战略核力量建设和核能开发利用的使命任务。党的十九大报告指出，强国强军是国防建设的时代要求；强调国防科技工业要坚持富国和强军相统一，形成军民融合深度发展格局，构建一体化的国家战略体系和能力。强国强军、富国和强军相统一，在核工业的具体体现，就是要不忘初心，更好地推进核领域军和民的协调融合发展，这是核工业人在新时代中国特色社会主义伟大实践中的历史使命。面向新时代，面对新要求，我们必须切实担负起建设先进核工业体系，助推核工业强国建设，强力支撑国家战略的历史责任：

一是坚持核能“三步走”战略，以市场需求为导向，探索核能多元化应用。目前三代核电技术逐渐成为国际新建核电机组的主力，四代核电技术、模块化小型堆技术也在快速兴起。核能“三步走”是国策，我们要坚定不移实施下去，建设好“华龙一号”、高温气冷堆示范工程、快堆示范工程，协调发展包括快堆在内的先进核能系统，加快聚变研究。坚持以市场需求为导向，积极探索核能在陆上、海上、空间等多领域，以及供热制冷、海水淡化、制氢等多形式的应用，创新核能技术的多元化应用。

二是建设先进的核燃料循环体系，加强核燃料保障能力。完善“国内开采、海外开发、国际贸易、战略储备”四位一体的天然铀供应体系，提升天然铀保障能力。推动核燃料产业集聚发展，深化核燃料成本管控，提高市场竞争力。加快乏燃料后处理、离堆贮存和运输能力建设，积极推进核电站乏燃料“公海铁”联运体系建设，确保核燃料循环后段产业协调健康发展。

三是加快建立军民融合的核科技创新体系，支撑核工业强国建设。以“两个基地、一个平台”建设为抓手，把军民融合发展战略和创新驱动发展战略有机结合起来，推动核科技创新动力提升，加快建设以国家实验室为引领的核基础研究平台，整体谋划军民融合核基础研究，推动研究资源军民共享；面向国内外开放，积极吸收技术、人才、资本、装置等资源，推进军民两用核动力技术互动发展；突破一批重大关键技术，培育核燃料军民融合发展的新领域，推进军用核燃料技术向民用转移。

四是抓住“一带一路”建设机遇，推动核全产业链“走出去”。世界核电正在回暖，核能市场空间很大，俄罗斯、美国、法国占据大部分市场份额。目前俄罗斯ROSATOM在世界海外核电建设中居于第一位，共有42个核电机组处于实施阶段（其中33个反应堆在建）。我们要积极响应“一带一路”倡议，以核电为龙头，推动核全产业链“走出去”，带动核燃料、工程管理、技术服务、装备制造走向世界，不断提升中国核工业在世界舞台的影响力和话语权。

三、共同倡议

面对新时代核能发展的新机遇、新挑战和新要求，我们必须强化责任担当，主动作为。下面我想提出四点倡议。

一是研究制定核能中长期发展战略。新时代要有新目标，要坚持战略导向、目标导向、问题导向，为实现社会主义现代化强国目标，中央提出“两步走”战略，新时代我们应瞄准2035、2050年两大节点，研究制定新时代核能发展战略。结合我国能源发展形势和国内外核电市场环境，研究提出核电在未来我国能源发展中的战略定位和规模目标，分析核能技术路线、发展重点、重大工程，发挥行业的先导作用，促进核能可持续发展。

二是尽快推进自主三代“华龙一号”核电项目核准。“华龙一号”全球首堆福清核电5号机组和海外首堆巴基斯坦卡拉奇核电2号机组进展顺利，技术方案固化良好，工程进度按计划有序推进，长周期关键设备订货有保障，具备启动后续机组批量化建设条件。建议尽快启动自主三代“华龙一号”后续机组批量化建设，实现国家确定的“十三五”核电发展目标，保障核电持续发展，消化核燃料产能。

三是加强核电公众沟通和科普宣传，营造良好的舆论和政策环境。建议发挥好核能行业协会平台，促进政府、企业、行业组织形成合力，通过核电宣传进校园、进社区等一系列特色科普活动，帮助公众建立对核电的科学理性态度；加强核电公众沟通，强化主流媒体的正面宣传和舆论引导，推进重大涉核项目信息公开，让公众充分了解核电、正确认识核电，支持核电建设与发展；完善突发事件协调解决机制，充分考虑地方经济社会发展和群众长远利益，合理解决核电项目利益相关方的利益诉求。

四是强化政府部门对核能发展的统筹协调，充分发挥我国核工业的整体优势。建议按照合作共赢、有序竞争原则，在核电技术研发与项目建设中加强核电技术路线统筹，强化政府对后段选址工作的领导，保障处置、后处理等环节的后段项目协调发展。建议将核电“走出去”纳入高层互访与对话，由国家主导，从政治、经济、外交层面统筹考虑，对技术路线、组织、融资、政策配套等方面统筹管理，推动核能“走出去”迈出更大步伐。

务必千方百计消除核安全隐患——我们共同的誓言

中国广核集团有限公司董事长 贺禹

安全高效发展核电，造福人类社会，让天更蓝水更清，国家更美丽，这是我们核电行业的使命和责任。当前我国发展进入新时代，核电发展迎来新的机遇。核安全是核电的生命线，核安全是核电发展的基础，也是核电发展的前提。所以，我今天的发言围绕着核安全谈谈中广核的具体做法和深刻体会。

一、更加深刻认识核安全的极端重要性

2015年11月30日，习近平总书记在气候变化巴黎大会开幕式上郑重承诺，中国将于2030年左右使二氧化碳排放达到峰值并争取尽早实现，2030年单位国内生产总值二氧化碳排放比2005年下降60%～65%，非化石能源占一次能源消费比重达到20%左右。按照碳减排的目标，到2030年，我国运行核电规模将达到1.5亿千瓦以上。而现在只有3700万千瓦，发展核电任务紧迫。

习近平总书记在第四届核安全峰会上提出，中国将始终在确保安全的前提下，致力于开发利用核能，弥补能源需求缺口，应对气候变化挑战。这是中国领导人对世界的宣言，也是新时代赋予核电同仁的产业责任和政治任务。

核电发展必须以安全为前提，近几年，党和国家领导人对核电作出了一系列重要指示，要求务必千方百计消除隐患，严格落实各个环节的责任，不能有任何麻痹大意，确保核电万无一失。核安全已纳入总体国家安全观，写入了《国家安全法》。今年1月1日，《核安全法》开始实施，通过法律的形式，进一步明确了各相关主体的核安全责任。

前事不忘，后事之师。核事故的深刻教训时刻都在警示核安全对核电的特殊意义。福岛核事故已经过去7年了，迄今为止，在公众心理的阴影仍然没有消除，细微的波动都会牵扯着社会的神经，影响着全球核电的正常发展。再过两天就是切尔诺贝利核事故32周年。去年，我带领集团公司董事专程参观了事故现场，和当年核电站的厂长进行了深切的谈话，切身体会到核事故对人们的生产生活环境造成的后果。这个后果令人非常震撼，直击心灵，更加让我感受到肩上沉甸甸的责任。今年我们还将分批组织运行的值长等更多人员到事故现场，亲身体验敬畏核安全、守卫核安全的极端重要性。

我国核电发展已经走过了四十年，已经形成了一定的规模。近五年，全国新投产22台核电机组2300万千瓦，目前在运在建核电机组数量达到56台5870万千瓦，分布在13个基地，规模跃居全球第三，在建规模全球第一，已经成为全球核电产业的重要建设者、继承者和发展者。

随着我国核电机组规模扩大，特别是新机组投产不断增加，确保每台核电机组都能安全稳定运行，责任更大、任务更艰巨。

二、全方位严格管理，用心守护核安全

做好核安全，既要依靠先进成熟的技术，更要靠科学有效的管理。我国是全球近四十年核电发展最快的国家，同时保持着良好的核安全记录。这在很大程度上得益于对产业链每个环节实施全面严格有效的安全管理。确保核安全，根本是要做到“人不犯错误，设备不出问题”。近年来，特别是福岛核事故之后，中广核积

极面对新的核安全形势，严格落实新的核安全要求，持续提升人员队伍素质水平，加强核安全管理体系，改进核安全管理措施，切实推动核安全水平的持续提升。

集团党组每年召开多次以核安全为主题的专题会议，分析问题，部署行动。2017年，我们研究制定了安全管理提升行动方案，部署了8个领域153项提升行动。各核电厂认真落实，各项改进措施都取得了良好成效。我们连续两年在4月26日这一天召开以核安全为主题的领导力论坛，进行警示教育，总结经验，统一思想。今年的4月26日我们将围绕设备管理问题再次召开论坛活动。

我们持续开展“遵守程序、反对违章”的专题活动，从“不想、不能、不敢、不愿”几个维度，严格规范安全行为，鼓励正视错误、直面问题，坚决反对越红线、踩底线；强调领导的率先垂范作用，落实主体责任，管生产必须管安全。从集团公司党组成员到核电板块、成员公司一把手都要求“下现场、在现场”，深入一线、开早会，现场巡视，查找问题，解决问题。

我们持续提升人员队伍素质水平，严格落实“培训、考核、授权、上岗”制度。抓住关键少数，对执照人员、维修人员、技术支持服务人员、监督人员开展有针对性的培养和教育，对操作人员考试考核设置淘汰率。聘请外籍考官，杜绝人情和面子，严把考试关考核关。

我们强化独立监督职能，设立了独立的核安监中心，相当于集团内部的小WANO，履行监管职责，开展监管活动，直接向集团最高层报告工作。这个安监中心是由集团内的专家以及老的值长、操纵员组成，他们深入一线查找问题。2017年实施独立监督检查32次，对安监中心提出的整改行动和要求，集团要求各单位不折不扣落实到位。同时，我们切实发挥核安全工程师的岗位作用，加强在线监督。

我们坚持推进设备的标准化和全寿期管理，按照设备管理一盘棋的思想，进一步明确电厂和专业化公司的责任，形成了责任共担、利益共享、资源统筹、密切协作的设备管理体系，重要设备责任到人。加大群厂设备管理经验反馈、工程运营双向经验反馈和共性问题治理力度，加大产业链安全质量体系的培育，确保核安全在全产业各环节全覆盖、无死角。

通过这些措施，集团核电机组的能力因子稳步提升。2017年，人因事件、制造运行事件下降一半，设备可靠性指数提高8%，没有发生违反红线的行为。2017年，集团20台在运核电机组业绩达到近年来最好水平。岭澳核电1号机组创造了国际同类型机组连续安全运行4392天的最高纪录，仍在继续保持和刷新。大亚湾核电基地，再夺EDF2017年度安全挑战赛中的“能力因子”和“核安全/自动停堆”两项第一名。WANO评估认为中广核的核安全管理在大多数领域达到世界卓越水平，国家四部委检查后也给予了积极的肯定。

三、坚守核安全是核电全行业共同的责任

站在今天看未来，我国核安全仍面临一些挑战，如队伍问题、设备问题等。目前各电厂的安全管理水平还存在一些差异，全球核电也面临机组老化、能力和发展不均匀等问题。我们要充分认识到守护核安全的复杂性和艰巨性，提升核安全永远在路上，容不得半点懈怠。核安全没有国界，更没有企业的边界，需要同行业同步达到高的水平，一花独放不是春，百花齐放春满园，大家好才是好。

中广核将始终牢记习近平总书记提出的“发展与安全并重”要求，通过政府、企业、协会之间的密切沟通和合作，深入探讨，相互借鉴，形成合力，不断增强驾驭风险和接受挑战的本领。中广核将进一步加强与产业链上下游企业之间的产业合作、科技研发、文化交流和人才培养，也希望核电企业间进一步互通有无，共享信息，建立全行业经验反馈体系，促进良好实践应用和推广。

中广核将始终保持开放透明的态度，敞开大门，接受社会各界和媒体朋友的监督，促进相互理解，共同营造良好的氛围，务必千方百计消除隐患，确保核安全，是我们核电行业的政治使命和历史责任。我们将时刻保持敬畏之心，下细功夫、苦功夫、深功夫，切实做好核安全，让国家放心，让公众信任，努力实现我国核电更加安全高效的可持续发展。

共同开创核能发展新时代

国家电力投资集团有限公司副总经理　魏锁

党的十九大提出将推进能源生产和消费革命，构建清洁低碳、安全高效的能源体系，并指出要深化国防科技工业改革，形成军民融合的深度发展格局。《政府工作报告》也提出淘汰关停不达标的30万千瓦以下煤电机组。核能作为可以规模化替代煤电的清洁低碳基荷能源，作为军民深度融合和高科技创新驱动的重要领域，作为中国“走出去”的一张国家名片，其战略地位十分重要，战略价值还有很大提升空间。当然，核电也面临风电、光伏等新能源快速发展的竞争，社会公众对核安全的担心、质疑依然存在，核能发展也面临严峻挑战。面对机遇和挑战，我们全行业应团结一心，同舟共济，携手并进，共同维护核能发展大局，增强社会各界对发展核能的信心，共同推进我国核能产业安全、高效、持续、健康发展。下面，我简要介绍一下国家电投集团的基本情况，我们承担的AP1000依托项目建设和大型先进压水堆重大专项CAP1400实施进展情况，以及核能综合利用等方面的工作开展情况。

一、国家电投集团组建以来的发展情况

国家电投集团是一家以电力为主的综合能源集团，核心业务包括核电、水电、风电、光伏、火电等电力业务，同时

拥有热力、煤炭、铝业、环保、电站服务业、金融等相关多元业务；是我国三代核电自主化发展的实施主体之一，开发了具有自主知识产权的第三代非能动核电技术CAP1400，形成了核电研发设计、工程建设和投资运营等较为完整的产业链；是国家科技重大专项的实施主体之一，目前正在牵头实施大型先进压水堆核电站和重型燃气轮机两个国家科技重大专项。

截至2017年年底，控股电力装机容量1.26亿千瓦，其中火电7423万千瓦、水电2203万千瓦、风电1373万千瓦、太阳能发电1166万千瓦、核电448万千瓦，清洁能源比重超过45%。2017年，完成发电量4226亿千瓦时，实现营业收入2029亿元，利润93.69亿元，年末资产总额达到10 012亿元，连续六年荣登世界五百强，2017年位居《财富》世界五百强第368位。2016年、2017年，标准普尔、穆迪、惠誉三大国际评级机构均给予了A类信用评级。

国家电投集团始终把核电作为能源技术创新的核心领域，作为清洁低碳发展的核心战略产业。组建以后，我们以国家核电技术公司为平台，整合了原中电投集团的核电资产和控股运营资质，全力加快三代核电自主化、产业化和国际化发展的进程。

二、AP1000技术引进与依托项目建设情况

AP1000核岛设计、仪表控制、燃料制造、核级锆材、运行维护、设备制造、建设管理等7个引进技术领域，已经全面进入收尾阶段，接收的技转文件和软件分别占合同规定的98%和99%，技术引进中的第三方限制、对高技术出口管制等关键问题相继得到解决，避免了美方中断技术转让的风险。技术国内分许可工作全面完成，实现了在国内的公平共享。

依托项目三门、海阳核电1号机组分别于2009年3月29日和9月24日开始核岛FCD。在近9年的建设过程中，我们与中核集团、中国核建集团、三门核电以及各设备制造厂商等参建单位共同努力，成功解决了钢制安全壳钢板压制与拼装、大型模块设计制造与吊装、大体积混凝土一次性浇筑、HAF604注册等一系列重大工程问题，克服了设计变更多固化晚、关键设备研制难度大、模块化施工工艺要求高等困难，一步一步把AP1000从图纸变成了工程实践。

三门、海阳两个1号机组完成热试后，在行业专家的大力支持下，国家主管部委对两个1号机组的装料准备工作组织了三次专项检查，都给予了充分肯定，认为具备装料条件，目前正在装料核准过程中。我们正在认真准备，针对装料工作进行反复演练，确保高质量装料，做好操纵员和生产人员的培训，结合调试经验反馈和整改要求进一步梳理、完善技术文件。预计首台机组将于今年并网发电。

与此同时，我们扎实推进了国产化的CAP1000标准化设计，根据依托项目的经验反馈，持续开展设计优化和施工逻辑优化，以进一步缩短工期、降低造价，更好

地展现三代非能动核电技术的特点和经济性。目前，CAP1000后续项目已经具备了自主设计、自主建造、自主调试与运行的批量化建设条件。

三、重大专项CAP1400技术开发与示范工程准备情况

在国家能源局的领导和全行业的共同参与下，我们基于AP1000技术引进和自主创新，按照最新法规标准要求，通过国内150余家企业、科研机构、大学的2万余名技术人员、历时8年的重大专项技术攻关，合力完成了具有自主知识产权的CAP1400技术开发，其安全性、经济性、环境相容性达到了三代核电的世界先进水平。

CAP1400对反应堆冷却剂系统、专设安全设施、主要核岛辅助系统和主设备、核岛厂房布置以及常规岛等进行了全新自主设计和系统性创新，全面提升了安全性、可靠性和经济性。CAP1400电厂设计寿命60年，机组目标可利用率达到93%，安全系统采用非能动安全理念，不依赖能动安全部件和场外应急电源，降低人因失误风险，72小时无需操纵员干预即可保持反应堆安全。同时，具备完善的严重事故缓解措施，充分吸取福岛核事故经验，采取了增加应急补水与移动电源等一系列自主设计的安全增强措施，提高了应对极端外部自然事件的能力。CAP1400设备可靠性高，设计简化，相比于二代加，使用的安全级阀门减少约80%，泵减少约90%，管道减少约60%，电缆减少约50%，并采用模块化建造，经济性得到进一步提升。

通过重大专项的实施，各参研单位共同努力，建立了集全国之力、产学研用一体化的协同创新体系，开展了114个课题研究，取得了一系列重大成果。建成了一批具有国际领先水平的试验设施，增强了核电技术的研发验证水平。自主开发了国内首套自主知识产权的核电软件COSINE，已转入工程应用阶段，部分关键技术达到国际领先水平，打破了国外垄断。开发了具有完整自主知识产权的Nu系列核电站数字化仪控系统及设备，最为核心的反应堆保护系统通过了国家核安全局和美国核管理委员会的行政许可，可用于CAP1400和CAP1000项目。完成了一系列关键材料和设备的自主化任务，填补了国内空白。相继攻克了大型锻件、690管、核级焊材、压力容器、主管道、爆破阀等研制过程中的技术难关，取得了成功。屏蔽电机主泵已完成样机制造，进入工程试验阶段。目前，我国核电装备制造业已经全面应用了ASME、IEEE等国际先进标准规范，制造工艺、流程、质量、管理等各个环节得到了大幅提升，构建了比较完整的三代核电装备制造体系，CAP1400设备国产化率可达到85%以上。

截至2017年年底，重大专项共形成科技创新成果3492项，申请中国专利1622项，获得授权专利1109件，各类标准751份，新产品、新材料、新工艺、新装置293项。

CAP1400示范工程已经具备了开工

建设条件。核岛的施工设计已经完成超过90%，长周期设备制造按计划推进。同时，按照建设世界一流核电站的目标，进一步加大设计优化力度，提高工程经济性、可实施性、可运维性；强化施工逻辑优化，改进施工工艺和技术方案，努力缩短建造工期；提高设备、材料国产化率，加强设备制造质量控制；力争示范工程在安全性和经济性上达到世界领先水平。

近年来，集团积极推动CAP1400技术“走出去”。在土耳其第三核电项目的开发上，已经签署了项目可研的备忘录，正在进行下一轮的商谈。

四、对核能综合利用和军民融合发展的考虑

随着核能技术的进步、对清洁低碳能源需求的增长和用能需求的多样化，在大力发展核能发电的同时，大家都在考虑向供热、供汽、制氢等新的用能方式和领域延伸发展。这些技术的突破，将进一步推动人类和平利用核能事业发展，进一步拓展产业的发展空间。

近年来，国家相继出台了军民融合发展、建设海洋强国、探索核能供热等一系列政策和措施，为核能的发展指明了方向，提供了新机遇。在主管部门的指导下，国家电投集团积极响应，以需求为导向，充分发挥三代核电非能动技术、模块化建造和简化设计等优势，在多用途小堆和供热堆等方面进行了研究和探索。目前，适用于陆上热电联供的紧凑式堆CAP200和低温壳式供热堆HAPPY200已完成概念设计，多用途一体化堆CAP50完成了初步设计。

下一阶段，我们将在习近平新时代中国特色社会主义思想和党的十九大精神指引下，认真贯彻落实新发展理念，坚持安全、高效、高质量发展的要求，按照“设计极简化、尺寸最小化、应用灵活化、操作智能化、安全固有化”的理念，充分发挥好三代核电技术创新研发平台，与各兄弟单位一道，积极推进核能供热、热电联供、海洋核动力、海水淡化等技术研发和示范应用，并充分发挥综合能源集团的多产业优势，利用好在北方地区自有的供热管网和客户资源。应用好重大专项取得的成果，推动核级锆材、软件、数字化仪控等自主技术进一步拓宽应用领域。在先进堆型研发方面，重点跟踪四代堆的研发进展，选准方向，做好技术储备和研究。

各位领导、各位同仁，去年以来，核能行业协会发挥桥梁和纽带作用，凝聚了全行业的力量和共识，向党和国家提交了高质量的政策建议，提升了核能行业的话语权，增强了全社会对核能发展的认可度和接受度。今天，行业协会组织的这个高峰论坛，是全行业的盛会。借这个机会，对我国核能产业的可持续发展提几点建议。

一是团结一致，共同维护核能行业良好发展局面。在党中央、国务院坚强领导下，在行业主管部门的指导和组织下，在行业协会的协调下，以核能产业发展大局为重，以有利于行业发展为原则，加强沟

通交流，深化在核电发展、安全运营、公众沟通等方面的合作，持续提升核安全水平、质量水平和市场竞争能力，进一步增强全社会对发展核能产业的信心。

二是加强合作，共同建设我国核能产业体系。着眼于整个国家核能产业体系的完善和能力建设，深化合作，合理分工，优势互补，协同发展，共同建立健全完整配套、自主高效的核能产业体系，实现我国核能行业的健康协调、可持续、高质量发展。

三是携手并进，共同开发国际核能市场。加强合作，协调配合，集全行业之力，相互支持，携手参与国际核能市场竞争与开发，推动我国自主三代核电技术“走出去”，带动国内装备制造业、工程建筑业产能释放，提高中国在世界核能领域的竞争力和话语权，打造核能“走出去”的国家名片。

主题报告

中国核能技术发展的主要方向和重点

中国工程院院士　叶奇蓁

一、中国核电发展现状

截至2017年年底，中国核电在运机组37台，总装机容量3581万千瓦；在建机组20台，总装机容量2287万千瓦。到2020年我国在运核电机组预期将达到5800万千瓦，居世界第二位。正如中国工程院和法国科学院及法国国家技术院给国际原子能机构的报告中所说：“就所有民用核能活动而言，可以认为法国和俄罗斯在当下全球领先。同时，中国在核电站建设方面正在取得重大突破，是未来的潜在领先国家之一。”

首先，中国核电具有“后发优势”。中国核电充分吸收了国际核电发展的经验和教训，采用当前最先进的技术，遵循最高的安全标准。中国始终坚持自主创新，不断改进。技术先进、实力强大的装备行业支撑中国核电建设，提供高质量先进的设备。

其次，中国最早引入和开发三代核电技术。中国采用当前国际最高安全标准，满足美国“电力公司要求文件”（URD）和欧洲国家的“欧洲电力公司要求”（EUR）的要求。中国率先引进并在三门、海阳建设首批4台AP1000先进压水堆核电厂，同时又在台山建设2台EPR1700先进压水堆核电厂。中国自主开发三代核电CAP1400和“华龙一号”。“华龙一号”在我国具有的成熟技术和规模化核电建设及运行基础上，通过优化和改进，满足先进压水堆核电厂的标准规范，已在福建福清、广西防城港和巴基斯坦卡拉奇开工建设。

“华龙一号”满足国际核电最高安全标准，其主要特点有：采用标准三环路设计，堆芯由177个燃料组件组成，降低堆芯比功率，满足热工安全余量大于15%的要求；采用能动加非能动的安全系统；采用双层安全壳，具有抗击大型商用飞机撞击的能力；设置严重事故缓解设施，包括增设稳压器卸压排放系统，非能动氢气复合装置，以及堆腔淹没系统，保持堆芯熔融物滞留在压力容器内；设置湿式过滤排放系统，以防止安全壳超压故障；设计基准地面水平加速度为0.3 *g*；全数字化仪控系统。

二、持续提高核电的安全性

我国和国际上都在进行提高核电的安全性研究，主要有从设计上实际消除大规模放射性释放，保持安全壳完整性，严重事故预防和缓解（包括：严重事故管理导则，极端自然灾害预防管理导则），耐事故燃料（ATF）研究，以及先进的废物处理和处置技术的开发和应用。

安全监管机构要求新建反应堆应满足下列安全目标：（1）必须实际消除会出现堆芯融化、导致早期或大量放射性泄露的事故；（2）对可能发生的堆芯融化严重事故，必须保证只需对公众在一定地域/时期内采取有限保护措施（无需永久迁居，无需紧急撤离，无需长期限制食品消费）；（3）在外部事件方面，倾向于将大飞机蓄意撞击考虑进去。

第三代核电具有足够的安全性，第三代+核电站使高压堆芯融毁的概率降低10倍以上；反应堆设有在堆芯融毁时收集熔融物的堆芯捕集器，以及其他安全及严重事故缓解设施；为操作员在事故下的干预策略留出足够时间采取行动，并做到实际消除大规模放射性释放；为防止安全壳超压损伤，设置安全壳湿式卸压过滤排放系统（下降2～3个数量级），消除剩余风险；从而可以做到即使在发生极其严重的核事故时，核电站附近大范围居民无需撤离，也无需担心食物受到污染，只需短时间隐蔽，不存在长期环境及生态影响，符合安全监管机构的安全目标。

三、耐事故燃料研发

耐事故燃料目标，一是降低堆芯（燃料）熔化的风险，二是缓解或消除锆水反应导致的氢爆风险，三是提高事故条件下裂变产物的包容能力。

国际方面，美国西屋公司将于2019年春，将耐事故燃料的先导组件装入爱克斯龙电力公司拜伦核电站随堆考验。该组件采用硅化铀芯块和薄铬镀层的锆包壳组成。硅化铀芯块能提供更高的铀密度减少换料量。第二阶段西屋计划使用硅化铀芯块和碳化硅包壳。总体上这个方向和我们国内方向一致。ATF燃料元件的研发和投入具有另外一层意义。三代核电站主要在安全系统上采取了安全措施，提高了安全度。到现在为止，全世界在运行的电站都是二代核电站，想在运行的二代核电站上改进其安全系统是不可能的，但可以更换燃料。如果我们在二代核电站里换了ATF燃料以后，大大提高了安全性，有很大的现实意义。国际上，美国和法国正在开展此类工作，并预计2019年可以开始应用。在这一方面我们要大量加强工作，既为新建的核电站提供更好的燃料性能、安全性能，又为在运行的二代核电站安全运行创造条件。

四、人工智能在核电的应用

2017年7月，国务院印发了《新一代人工智能发展规划》，规划提出，到2020年人工智能总体技术和应用与世界先进水平同步。核工业是高科技战略产业，是国家安全的重要基石，人工智能的应用具有重要意义。

落实新一代人工智能在核能行业的发展规划，需深入并广泛应用以工业机器人、图像识别、深度自学习系统、自适应控制、自主操纵、人机混合智能、虚拟现实智能建模等为代表的新型人工智能技术。

总体来讲，核电领域人工智能发展分为三个阶段。第一阶段是基础建设，智能化一定要立足在数字化的基础上，从智能仪表智能控制器采用到核电站全数字仪控系统建立，国内除了早期的几个核电站外，其他大部分核电站都已经数字化。第二阶段是人工智能架构的建立，利用“互联网+”建立大数据系统，开发数字核电站并开发应用虚拟现实（VR）技术，其中数字核电站包括两类，一类是虚拟的三维数字化核电站，用于安装维护检修，另一类是动态的，实时展示核电站的各种参数和状态。第三阶段是核电人工智能应用开发，包括操作指导、事故处理指导、核电站设备系统智能维护、高放射性区域不可达地区的应用机器人或者机器人系统维修。这三个阶段不是相互割裂的，而是交叉发展的，使得我们的人工智能慢慢成熟发展起来，这是当前国际上的热点，也是占领技术和科学制高点的一项关键工作。

核电领域人工智能应用的意义在于提高核电运行的安全性；加强核电关键系统和设备的自动运行监控，提高系统、设备的可靠性；提高核电站运行的可利用率，提高经济性；对人不可达区域进行机器人维修，减少工作人员的受照剂量；为严重事故处理创造技术条件；为核电站退役创造技术条件。

五、小型堆的开发研究

从20世纪70年代开始，推进了创新的中小型反应堆（50～300 MW）的研发，以支持多种应用：偏远位置，并未入邻近电网的中小型电网，旧燃煤机组更换，将废热用于供热网络的热电联产，海水淡化，海岛开发等等。

显而易见的是，尽管市场前景广阔，也开展了一些设计研究，但这些小型模块化反应堆还未能展示出大规模应用的实用性，这主要是由于开发的进展缓慢、经济方面的原因，还有厂址准备和部署的延迟。

出于巩固核能领导地位和能源领域、核技术方面取得的主要进展，在美国能源部的倡议下，近年来，大家对小型模块化反应堆的兴趣越来越强烈，小型模块化反应堆是游戏改变者，能够以高安全水平提供不同的核电联产解决方案。

小型模块化反应堆可成为清洁稳定的分布式能源，出于四大原因：（1）减少化石燃料使用的需求；（2）与分布式能源结构相匹配，包括可再生能源、智能电网、储能等等；（3）操作机动、灵活；（4）长期投资项目融资的问题。

三大进展提升了小堆的竞争力和吸引力。一是运用非能动安全概念的可能性，就不需要太多装备；二是工厂内模块化建造能力的形成；三是“即插即用”概念运用，发电站完全在工厂内建造，然后运到现场接入电网，包括浮动核电站。

国际发展方面，国际上有45种以上革新型中小型反应堆概念和设计，部署目标介于2012年至2030年之间。美国能源部长朱棣文表示中小型反应堆是美国接下来的核选择，美国2011年拨款3890万美元用于模块式反应堆取证和商业化，美国参议院新议案将小堆开发列入联邦政府资助名单。法国建议阿海珐提供小型的、更廉价核反应堆。俄罗斯开发的小堆有VBER150、VBER300、KLT40。东芝公司宣称其研发的10 MW小堆30年内不必更换燃料，可供日本3000个家庭用电。三菱重工研发350 MW小堆，已完成概念设计。日立和美国通用电气合作研发400 ~ 600 MW的中型核反应堆。韩国开发小型压水堆SMART。

中国核工业集团公司开发了ACP100，出力125兆瓦小型模块化反应堆，有下列技术优势，：一体化反应堆、屏蔽式主泵、集成式堆顶结构、小型钢安全壳、固有安全特性、非能动安全系统、地下部署、双堆共享一个250兆瓦的汽轮发电机组。

要切实满足市场需求，新的小型模块化反应堆必须真正采用创新理念，绝对不能是目前的第三代反应堆的缩小版。创新的设计可明显提升小型模块化反应堆在经济上的竞争力，相对于间歇性风电、太阳能发电、天然气发电和用于特定应用的柴油发电机相比，小型模块化反应堆是有竞争力的。如果类似于“即插即用”、设计完全独立于安装地点的解决方案得到证实，它们可以成为满足市场需求、从而为能源转型作出贡献的最佳选择。

要充分吸取核能特殊创新技术发展。一是在高性能燃料方面，燃耗增加，而膨胀和裂变气体释放量有限；事故容错燃料，能承受高温不熔化，从而能在发生事故时防止或限制氢的产生。二是改进的堆芯仪表，准确性更高，可减少设计分析和运行时的保守性。三是更加深刻理解堆芯熔融行为，优化事故工况下燃料在压力容器内滞留措施。四是实施最新模拟方法，实时耦合热工水力和中子计算，可大大提高设计和运行能力。吸取从其他行业转让而来的技术，例如核设施设计、采购、建设和项目管理的数字化；为低压回路系统采用新型复合材料以取代钢材；采用高机械性能和抗渗性能的先进混凝土等。

六、小型堆开发研究中的低温核能供热

受陕西省的邀请，中国科协和核学会组织院士及有关专家，对陕西省核能供热代替燃煤的必要性进行了考察。由于偏重传统能源与重化工业，快速发展的陕西关中地区大气污染物排放总量长期高位运行，空气中细颗粒物（$PM_{2.5}$）浓度位居全省前列，年均雾霾天气日数居高难下。据统计，以西安市为代表的关中城市2016年上半年优良天数同比减少42天，位居全国74个重点监测城市的后10位。PM_{10}、$PM_{2.5}$同比分别上升16.3%和16.1%，环境压力持续加大。

去年冬天到今年春天，北京的优良天数很多，其中一个主要的原因是环保部取消燃煤供热，这样一来天气改善了，所以烧煤是相当大的污染，将来应减少煤。总书记说过，宜气则气，宜电则电。用气，北京的气贵，资源也不足。我们在开发泳池式低温供热堆，上面有12米的水池，经过两个热交换隔离以后，送到热网，相当安全，低温供热温度就是100 ℃左右，现在热网上要求90～100 ℃，足够满足需求。泳池式低温供热堆的特性有：可以做到零堆熔，在严重事故情况下，反应堆依赖固有负反馈特性可实现自动停堆，即使没有任何干预，也可实现26天堆芯冷却不熔毁；抗外部事件能力强，水池全部埋入地下，避免因自然及人为原因造成重要设备损坏而发生核事故；零排放；污染物排放近零，放射性源项小，是常规核电站的1%；易退役，退役彻底，厂址可恢复绿色复用。

泳池式低温供热堆扩展应用，一是利用溴化锂吸热循环制冷，以便在夏季实现城市供冷，提高供热堆的利用率；二是生产同位素；三是生产医用短寿命同位素，如^{18}Fe、^{99}Tcm、^{131}I、^{89}Sr、^{32}P、^{125}I等具有性能优良、半衰期合适、方便易得等特点，且供热堆分布面广，离城市大医院近，便于短寿命同位素运输，为推广同位素诊断和治疗创造有利条件；四是利用低温真空闪蒸进行海水淡化。如果这些技术都用上，我们供热堆的经济性问题也可以解决，而且促进了发展。

全球应对气候变化下的能源转型与核能发展

清华大学原常务副校长　何建坤

众所周知，当前全球气候变化已经是世界可持续发展面临的最大威胁。近百年以来，由于人为活动的温室气体排放引起地球气候变暖，负面影响日益显著，极端气候事件发生的频率增多、强度增大。气候变化越来越成为影响地球生态安全和人类生存与发展的“灰犀牛”。

一、全球应对气候变化与能源转型的形势与进展

全球已开展了应对气候变化的合作进程。1992年世界环境与发展大会通过了

《联合国气候变化框架公约》。2015年年底又通过了《巴黎协定》，就2020年后全球应对气候变化进行了新的制度性安排。应对气候变化的核心是减少温室气体排放，特别是要减少能源消费的二氧化碳的排放。所以，在应对气候变化的背景下，全球范围内开始了能源体系的革命性变革和经济发展方式向低碳转型。

特朗普政府退出了《巴黎协定》，为全球合作进程产生了一些负面影响。但是，也不会逆转世界范围内能源转型的趋势和潮流，世界上也没有任何一个国家效仿美国退出《巴黎协定》，且美国内部有38个州宣布仍然要履行《巴黎协定》。所以，新能源和可再生能源替代化石能源的能源革命性变革正在加速。近十年来，世界非水可再生能源年均增速超过15%，风电、太阳能发电的成本也快速下降，在不少区域经济上已经可与常规能源发电相竞争，已成为新的经济增长点和新增就业的重要行业。

中国积极推动能源生产和消费革命，节约能源和促进能源结构的低碳化。这不仅是贯彻节约资源、保护环境的基本国策，是国内可持续发展的内在需要，同时也是减排温室气体，为全球应对气候变化体现大国责任担当的战略选择。“十一五”以来，每个五年规划都制定降低GDP能源强度和二氧化碳强度的约束性指标。到2017年年底，中国单位GDP二氧化碳排放已比2005年下降45%。相比我国2009年在哥本哈根气候大会上提出的到2020年比2005年下降40%～45%的国际承诺，中国已经提前三年实现了这个目标。

当前，中国水电、风电、太阳能发电规模已居世界第一。包括核能在内，每年新增的容量、在建的规模和新增投资都在世界上处于领先地位，并且在引领全球能源变革的进程。中国在《巴黎协定》之前就提出了国家自主的减排承诺，提出到2030年单位GDP二氧化碳强度比2005年下降60%～65%、非化石能源比重提升到20%左右的目标，更重要的是提出二氧化碳的排放到2030年左右要达到峰值并争取早日达峰。我国有力度的自主贡献目标也促进了《巴黎协定》的达成和实施，进一步引领了世界应对气候变化的进程。当前全球应对气候变化的国际合作虽然已经做出了很大努力，但是距离实现人类应对气候变化的目标仍然面临严峻挑战。《巴黎协定》提出要控制全球温升不超过2 ℃，并且争取控制在1.5 ℃之内。如果实现这个目标，到本世纪下半叶，全球要实现温室气体净零排放。而从当前各国自主承诺来看，距离实现2 ℃的目标还有很大差距。到2030年，实现2 ℃目标，二氧化碳的排放要比当前减少20%。但按目前的趋势和各国的承诺，还要增加10%。所以，各国都必须加大各自的减排力度。按现在的趋势，到本世纪末温升有可能超过3～4 ℃。这就有给地球生态带来不可逆转的灾难性损害的风险。所以，现在各国都必须要探索实现经济增长、社会进步和二氧化碳减排双赢的发展路径。

二、中国的减排承诺与行动

党的十九大上把气候变化作为全球重要的非传统安全威胁和人类面临的共同挑战，提出中国“引导气候变化国际合作，成为全球生态文明建设的参与者、贡献者和引领者”，要为保护地球生态安全做出中国的贡献，提供中国的智慧。

当前，我国要以新时代中国特色社会主义现代化建设的目标和基本方略为指导，要进一步加强能源革命和低碳发展的战略部署和务实行动。2020—2035年，是新时代社会主义现代化建设第一阶段。到2035年要基本实现现代化，要实现生态环境根本好转，美丽中国建设目标基本实现。要实现这样的国内环境保护目标，仅仅依靠加强化石能源利用当中的末端治理措施是远远不够的，同时还必须要控制和减少化石能源的消费总量，从源头上减少污染物的排放。减少化石能源消费也就有助于减少二氧化碳，实现中国对外承诺的自主减排目标。从另外一个方面来讲，中国强化应对全球气候变化下减排二氧化碳的承诺和行动，也有利于促进我国到2035年实现生态环境的根本好转和美丽中国目标的基本实现，要把两者统筹部署，发挥协同效应，取得国内环境质量改善和全球二氧化碳减排的双重效益。

中国制定了《能源生产和消费革命战略（2016—2030年）》。一方面提出了节约能源的目标，控制能源消费总量，到2020年控制在50亿吨标煤以下，2030年控制在60亿吨标煤之内。另一方面，提出了非化石能源跨越发展行动计划，包括水电、风电、太阳能发电等可再生能源，也包括核能、氢能等新的能源形式。该战略提出了两个50%的目标：一是到2030年非化石能源电力要占到总发电量的50%；二是到2050年非化石能源的消费量要占总一次能源的消费量的50%以上。实现这两个50%的目标就意味着中国还将继续加大能源革命的步伐。在增加非化石能源供应的同时，非化石能源的电力在终端消费领域不断取代煤炭、石油等化石能源，使一次能源消费中用于发电的比重不断提升。当前一次能源消费中用于发电的比例大概是42%，到2030年会提升到50%。50%的一次能源用于发电，发电量当中50%来自非化石能源，因此，到2030年非化石能源在一次能源中的比重就将达到约25%，将超过对外承诺的达20%左右的自主贡献目标。

中国加大能源低碳化转型的力度，到2030年，非化石能源比重比对外承诺的目标再提升5个百分点，增加的供应量是很大的。我国水电开发2030年基本开发完毕，装机包括抽水蓄能在内的将超过5亿千瓦。增大非化石能源比重，主要再增加风电、太阳能发电和核电供应，其中，风电和太阳能发电要比原先规划各自增加约2亿千瓦，核电要增加2千万～3千万千瓦。因此，到2030年，水电、风电、太阳能发电运行的装机容量均要达到5亿千瓦左右，核电要达到1.5亿千瓦左右。核电装机虽然低于太阳能和风能，但由于运行小时数高，是风电和太阳能发电的几倍，所提供的电量应该和风电不相上下，要超过太阳能的发电量。

未来，在能源总需求增速放缓的情况下，非化石能源增长仍然要保持当前年均8%～10%的速度，才能够有较大的替代力度。当前加快发展新能源和可再生能源发展，努力使其新增供应量能够满足能源总需求的增量，使得化石能源消费量不再增加，从而在经济增长、能源总需求增长的情况下，使二氧化碳的排放达到峰值，不再增长，并逐渐呈下降趋势。

当前，经济新常态下能源和经济的低碳转型加速，能源消费和二氧化碳排放增长缓慢。按目前趋势，我国二氧化碳排放有可能争取在2030年前提前达峰，峰值排放量可控制在100亿吨之内。但是，二氧化碳排放达峰之后，能源需求还会持续有所增长，在用新能源和可再生能源的增长满足新增总能源需求的同时，还要进一步取代煤炭消费的存量，才能使二氧化碳排放持续下降。因此，一直到2050年，新能源和可再生能源必须维持快速发展的态势。

到2035年后，我们进入社会主义现代化建设的第二阶段，我们要建成社会主义现代化强国，综合国力和国际竞争力世界领先，同时也需要承担与现代化强国相称的国际责任。要实现全球控制温升2 ℃以下的目标，到2050年全球人均二氧化碳排放将低于2吨，我国也需相应制定长期低碳排放战略，为保护地球生态安全做出中国的贡献。中国在2035年之后，二氧化碳的排放量必须保持快速下降的趋势。这对于新能源和可再生能源，包括核能的发展，会有巨大的需求，这也是中国新能源产业占据国际技术竞争制高点，在世界范围内发挥引领作用的重要机遇。

当前，中国正在决胜全面建成小康社会，任务之一是要打好污染防治攻坚战。污染防治的一项重要措施就是在终端能源消费领域用电来取代煤炭，这也是当前能源变革和减少碳排放很重要的一个环节。作为推进能源和经济低碳转型的一项重要制度建设，我国已经启动全国统一的碳排放交易市场，从煤电行业起步。未来的碳价如果达到国际社会预期的20～40美元/吨，煤电的发电成本就会每度电增加1～2角人民币，这就会较大影响煤电的经济竞争力。当然，对于核能和可再生能源发电来讲是利好的消息。所以，在当前全球能源变革的紧迫形势下，为核能的可持续发展提供了一个新的机遇。

三、核能发展面临的机遇和挑战

当前，发展新能源和可再生能源的目标主要是尽快满足能源总需求的增量。目前能源总需求增长虽然趋缓，但是在终端消费领域要用电力替代煤炭，所以，电力发展速度仍然相当高。“十三五”总能源需求年均增速将下降到2%左右，但电力增速可能仍然会达到4%～5%。所以给核能的发展提供了一个增长的空间。另外，由于能源转型的形势比较紧迫，虽然可再生能源发电成本大幅降低，但是在大比例可再生能源上网的情况下，间歇性的可再生能源的上网、消纳、输配、储能、利用都有很多的技术瓶颈没有解决，快速大规模发展受到制约。而核能技术成熟，运行稳定，负荷因子高，可以承载基础负荷，对电网的安全稳定运行将发挥重要作用。因此，在大比例可再生能源发展的趋势下，核能有它独特的优势和作用。特别是广大的发展中国家，资源和技术条件各不一样，而且技术能力也比较低，对核能的需求仍然是比较强劲。包括像沙特阿拉伯这种石油输出国也在考虑发展核能，推动能源转型，减少二氧化碳排放。

当前，核能发展也面临一些新的挑战，面临其他新能源技术创新和快速产业化发展的竞争。过去核电站主要是与煤电竞争，未来要取代煤炭消费的存量，减少煤电的比重，核能仍是一种重要的选项。但其他的新能源和可再生能源技术也在加速创新和快速发展，现在分布式可再生新能源网络技术、智能电网技术、储能技术以及全球能源互联网技术的发展，可以在很大程度上缓解大比例可再生能源上网的压力。现在氢能和燃料电池技术发展很快，氢能也是一种优质的二次能源，同时它可以利用不能上网废弃的风电和太阳能发电来制氢，并作为新的储能的手段，平衡大比例可再生能源上网与就地利用。未来可再生能源技术创新和新的产业化模式也将对核能发展形成新的竞争态势，其技术经济性能的不断提升和快速发展的形势也将压缩未来核能发展的空间。

当前，我国煤炭消费量虽然不断减少，但是煤炭行业本身也在创新，也在寻找出路。对于常规污染物的排放，现在有超低污染排放技术。对于控制二氧化碳的排放，现在也在发展二氧化碳的捕集和埋存（CCS）技术。把燃煤发电过程中产生的二氧化碳收集起来，埋在地下，与大气隔绝，就不会产生温室效应。但是现在这种技术成本很高，每一吨二氧化碳捕集埋存的成本要40美元左右，甚至更高，相当于每度电增加2角人民币的成本，现在还没有产业化应用的价值。国际上几个大国都将其作为未来潜在的低碳竞争技术，加强研发和示范，力图降低成本，提高效率，在未来碳价较高的情况下，仍可在可持续的能源体系当中占据一席地位。

全球应对气候变化的进程紧迫，到21世纪中叶要基本形成以新能源和可再生能源为主体的近零排放的新型能源体系，究竟未来选择什么样的技术路线，核能占比多少，风电、水电、太阳能发电各占比多少，煤电+CCS技术占比多少，也将取决于未来各自的技术创新与突破，取决于其技术经济的竞争性，也取决于整个电力系统储能、调节以及智能化的发展和技术路线的选择。

在全球能源转型紧迫形势下，各国必须尽快选择并确定其能源转型的技术路线和方向，而能源产业体系的发展和基础设施建设具有“锁定”效应，转变技术路线和替代基础设施将带来巨大的沉没成本。因此，未来核能的较快发展大概只有二三十年左右机遇期和时间窗口期，在未来零碳能源体系中发挥多大作用仍存在不确定性，既取决于其他新能源技术创新和发展的竞争形势，也取决于各国的战略取向。我国要在这二三十年时间走出中国特色的核能发展道路，在未来各种低碳技术竞争中夺取优势，影响国家未来能源低碳转型的技术路线选择，使核能在中国未来可持续能源体系当中占据重要的地位。并引领全球能源变革的方向，在世界范围内打造先进核能技术的核心竞争力。

核能是世界少数大国战略必争的高科技产业，代表国家核心技术竞争力和影响力。美国、俄罗斯等国尽管国内能源并不短缺，但仍坚持发展核能，并在世界范围内扩展市场。中国能源总需量大，各地区不平衡，能源转型的技术选择因地而异，多元互补，核能应是重要技术选项。中国核能技术水平先进，核工业体系完善，技术经济性能具备竞争力，安全有保障，要坚定不移实施核能发展战略，保持和发展核能在国内外的竞争优势。

在全球能源低碳转型大背景下，我国要加强核能技术创新，包括小型堆、供热堆这种先进技术的发展和应用，在世界范围内占据竞争优势，并影响我国和世界未来能源转型路径和技术的选择，引领全球能源变革的方向和进程，为保护地球生态安全和人类的生存发展做出中国的贡献。

成果发布

《中国核能发展报告（2018）》蓝皮书发布

蓝皮书首席专家　张华祝

很高兴今天在这里，向核能行业和社会各界发布《中国核能发展报告》蓝皮书。

在中央几代领导的亲切关怀下，经过30多年的努力，中国核电产业坚持自主创新，开展对外合作，从无到有，从小到大，实现了产业规模与能力水平的大幅度提升，取得了一系列举世瞩目的成绩。十九大以来，中国特色社会主义建设已经进入了新时代，核电等绿色低碳能源将迎来难得的历史性机遇。

在核能行业发展的新起点上，为了记载新时期中国核能发展轨迹，展现中国核能行业发展成绩与亮点，研讨当前核能发展的重大问题，明晰中国核能发展的重大方向，提升中国核能行业品牌，推进中国核能行业做强做优，支撑中国核电强国建设，中国核能行业协会与中智科学技术评价研究中心、中国核科技信息与经济研究院，联合开展了《中国核能发展报告》蓝皮书编制工作，并委托社会科学文献出版社出版。

本年度《中国核能发展报告》蓝皮书是首次编制出版，并公开发布，今后将每年出版一本。作为中国核能行业的权威出版物，及时、准确地向社会公众提供中国核能发展的年度数据，客观公正地总结核能行业在每个年度里取得的成绩与面临的问题，并对行业前景加以预测与展望。我们期待《中国核能发展报告》蓝皮书的编制出版，能够在加强核能行业与社会公众的沟通交流、为核能行业发展创造良好环境、提升中国核能行业影响力等方面起到积极作用。

《中国核能发展报告（2018）》蓝皮书从多个方面全面阐述了我国核能发展情况及2017年核能发展主要成果，并就当前我国核能发展面临的形势与挑战进行了分析，对核能未来发展前景进行了展望。

蓝皮书分为四部分。第一部分总报告主要介绍世界核能发展情况，展现我国核能发展成就，分析面临的形势与挑战，展望未来发展趋势。第二部分包括六个分报告，分别从核电运行与建设、核电科技创新、核燃料产业、核电装备制造、核能安全保障、核能国际合作等方面，客观介绍了各领域的具体发展情况、具备的能力，以及近年来取得的重大成果。第三部分为专题报告，主要围绕行业发展、政策法规、市场开发、“走出去”等热点领域与重点关注问题，邀请了业内专家进行解读、剖析。最后一部分列出了1970年以来我国核能发展大事记，以供读者参考。

核能作为重要能源形式，对保障全球能源安全做出过，仍将继续做出重要贡献。从全球发展情况看，虽然福岛核事故对世界核电发展造成了严重冲击，但是大部分核电国家仍然坚持继续发展核电，并认真吸取经验教训，不断改进技术，持续提升核电安全水平。同时，世界各国继续推进先进核能技术研发，竞相占领创新发展制高点。在可再生能源快速发展的今天，未来核电仍具有良好的发展空间。

近十多年来，我国核电建设与运行取得了令人瞩目的成就。在运核电规模持续增长，机组运行安全稳定，总体运行业绩指标优良。截至2017年年底，我国在运核电机组达到37台，装机规模3581万千瓦，位列全球第四；2017年核电发电量2474.69亿千瓦时，占全国总发电量3.94%，位列全球第三。在我国东南沿海省份，如广东、福建、浙江和海南，核发电量占比超过15%，最高已超过25%，为当地经济社会发展提供了优质基荷电力，达到美欧俄等核电先行国家的发展水平。

我国在建核电规模全球领先，工程项目有序推进，截至2017年年底，中国在建核电机组共20台，总装机容量2287万千瓦，在建规模继续保持世界第一。其中，有一半采用的是三代核电技术。

我国核燃料循环产业能力进一步加强，全面支撑核电可持续发展。核电装备制造能力持续提升，装备制造业产品供应链全面覆盖我国建设的各类核电堆型，自主百万千瓦级核电机组国产化率已达85%以上，具备年产8～10台（套）百万千瓦级压水堆核电主设备制造能力。

我国核电自主创新能力显著提升，形成以“华龙一号”、CAP1400为代表的自主三代核电技术，同时高温气冷堆示范工程正在稳步进展，小型反应堆研发和示范工程准备在积极推进之中。

我国核政策法规体系不断完善，核安全领域的顶层法律——《核安全法》于2017年发布，2018年1月1日正式实施，其他核能相关立法工作也正有序推进。核安全管理水平、核安全监管能力、核应急能力进一步提升，核安保能力得到国际认可。

在能源革命战略下我国能源的绿色转

型加快，核电在中国绿色低碳能源体系建设中将继续发挥重要作用，核电将与可再生能源呈互补发展新态势。

核电安全性、经济性、放射性废物管理、公众接受度等是全球核能产业发展面临的普遍性、长期性挑战。积极应对挑战，持续提升安全性，不断改善经济性，严格管控放射性废物，提高公众接受度，将是我国核能发展的一项长期任务。

读者可以从蓝皮书不同章节中看到上述各方面的详实内容，分享编制者对我国核能发展若干重要问题分析与思考。

读者在蓝皮书附录中可以查阅到我国核能发展大事记。大事记收编了自1970—2017年四十多年间190条核能发展大事要事，真实地记载着我国核能发展的历史轨迹，颇具参考价值。

蓝皮书的编制工作得到了国家能源局、国家国防科技工业局，以及国家核安全局等有关部门的关心和积极支持。在蓝皮书编制的过程中，中国核能行业协会建立了由中国核工业集团公司、中国广核集团公司、国家电力投资集团公司、中国华能集团公司、中国核工业建设集团公司、哈尔滨电气集团公司、东方电气集团公司、上海电气集团公司等单位人员共同参加的蓝皮书编委会；组建了由行业相关院士、专家组成的蓝皮书专家委员会；中国核科技信息与经济研究院将蓝皮书编写工作列为本年度重点工作予以高度重视；中智科学技术评价研究中心对蓝皮书编写工作给予了热情指导和帮助。在这里我们对所有参与单位、编写组各位成员和专家委员会各位专家院士表示衷心的感谢！

由于经验不足、水平有限，报告中难免有疏忽和不当之处，恳请读者批评指正。

蓝皮书的编印发布工作将成为中国核能行业协会的一个常态化工作。我们期待着行业内外各单位继续给予大力的支持和帮助！

我国三代核电发展政治社会经济生态战略价值研究报告（上篇）

报告课题组

一、世界核电面临的形势与发展趋势

（一）全球能源市场深刻变化

进入新世纪以来，国际能源市场发生了深刻的变化。传统的能源需求中心正在被快速增长的新兴市场超越；与此同时，在技术进步和环境保护意识不断增强的背景下，全球能源结构转变不断加快，能源结构趋向低碳化，能源技术趋向多样化。未来全球能源行业面临的最大挑战是：在满足日益增长的能源需求的同时，减少全球温室气体排放量。发展可再生能源与核电是应对这两大挑战的重要选择。

1. 能源消费需求继续增长，新兴市场增速超过传统消费中心

当前，全球能源消费需求的增速放缓，但需求总量仍在增长。

根据国际能源署(IEA)、美国能源情报署(EIA)、英国石油公司(BP)等国际著名机构和企业对世界能源需求预测的统计结果，2035年以前，全球一次能源消费将继续增长，预期年平均增速维持在1.4%~1.7%。

1998年以来，全球97%的新增能源消费来自新兴经济体。2015年，非经合组织国家的能源消费总量已超过经合组织国家。据《世界2017年能源展望》（The Energy International Outlook 2017）预测，2015—2040年世界能源平均消费水平将增长28%，其中非经合组织（non-OECD）国家的能源消费增长41%，经合组织（OECD）国家仅增长9%。到2040年，非经合组织国家的能源消费占比将超过七成。其中，中国和印度占全部增长的一半左右，非洲和中东地区能源消费增长率将分别达到51%和45%。

2. 能源结构转型加快，能源结构低碳化，能源技术多样化

全球范围内能源结构转型加快，能源结构低碳化、能源技术多样化的趋势日益明显，包括核能在内的低碳清洁能源将迎来新的发展机遇。

《巴黎气候协定》签署后，为了实现减排温室气体的目标，世界各国能源结构低碳化进程不断加快。预期到2035年，全球非化石能源的占比将增加到25%左右。

在化石能源中，天然气成为增速最快能源，预期年均增长1.6%，2030 年有望超过煤炭成为第一大能源品种。

非化石能源中，太阳能和风能等可再生能源成为增速最快的能源，预期年均增长7.1%，可再生能源的比重将从2015年的3%增长到2035年的10%。在新增能源中，预计可再生能源与核能将占一半以上。

能源结构低碳化是一个漫长而复杂的过程。展望未来，全球能源系统将呈现多种能源形式并存的局面。化石能源、可再生能源、核能、新能源等不同能源并存互补，各自发挥自己的优势，为全球经济和社会发展提供充足的能源保障。而核电因其独具的低碳清洁、高效稳定发电等特点，适应电网基荷电源的要求，能大规模代替煤炭等化石能源，未来将继续成为能源系统的重要组成部分。

图1为《国际能源展望2017》报告对到2040年全球各类能源增长趋势的预测。从图1可以清晰地看出：

（1）除煤炭以外，所有能源在预测期内都呈现增长的趋势。煤炭消费量在2020年左右达到最大值，此后将出现一定程度的下降，2040年消费水平与2015年基本持平或有所下降。

（2）可再生能源与天然气的消费将持续走高，2040年与2015年相比将增长40%以上。

（3）全球核电发展将维持低速增长的局面。福岛核事故使全球核电发展速度放慢，但并没有改变核电继续增长的发展趋势。

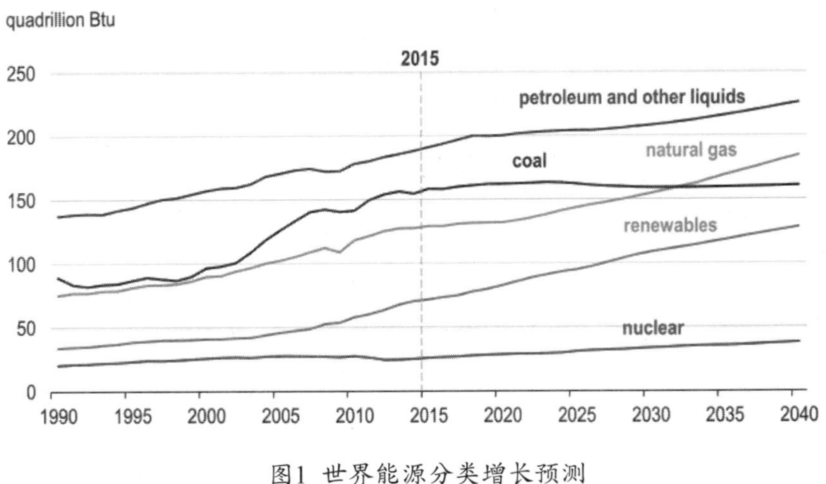

图1 世界能源分类增长预测

（二）世界核电发展概况

1. 世界核电发展进程

20世纪50年代以来，全球核电发展历程大体上可以分为四个阶段。

第一阶段是试验示范阶段。20世纪50年代，美国先后建成了60 MW（6万千瓦）的希平港压水堆核电站和200 MW（20万千瓦）的德累斯顿沸水堆核电站；前苏联于同一时期建成了奥布宁斯克石墨水堆核电站；英国和法国于稍晚一点时间建成了天然铀石墨气冷堆核电站，加拿大建成了重水堆核电站。这些不同类型核电站的建设成功，为核电技术的后续发展和全球推广提供了良好的示范作用。

第二阶段是高速推广阶段。20世纪60年代，西方国家经济快速增长，对能源和电力需求急速上升，70年代出现的两次石油危机引发了石油价格上涨和各国对化石燃料供应的担忧，全球核电进入高速发展期。其中，仅美国本土签约、计划建造的核电合同就达到170 GW（1.7亿千瓦）。法国、日本、韩国等国家通过引进美国技术建立了本国的核电工业体系。1966年—1980年，全球核电装机容量的年增长率达26%，1980年全球核电总装机容量达到133 GW（1.33亿千瓦）。

第三阶段为滞缓发展阶段。20世纪80年代以后，西方主要国家经济发展进入平稳期，对电力增长的需求明显下降。1979年，美国发生了三哩岛核电站事故，提高了对核电项目的审管要求，核电建设项目的工期普遍拉长、造价提高。与此同时，发电成本相对低廉的天然气电站的建设开始兴起。出于经济原因，投资大、建设周期长的核电项目大幅减少。从1979—2009年的30年时间里，美国本土没有一个核电新项目开工。但从全球范围看，核电发展并没有停止。法国、韩国、日本以及俄罗斯等国家根据自己的国情继续推进本国核电建设，在引进技术、消化吸收的同时，通过批量建设核电机组的实践和自主创新，形成了本国的核电品牌，成长为世界核电大国和核电强国。中国的核电建设也在20世纪80年代随着经济的发展而起步。

第四阶段为复苏发展阶段。进入21世纪以来，由于经济回暖，对电力供应的需求增加，特别是对温室气体排放等环境问题的高度关注，包括核电在内的低碳清洁能源的发展，受到世界许多国家的青睐。21世纪头10年，全球一批新的核电项目开工，包括几种不同类型的三代核电机组。2010年，当年新开工的核电机组数量达到16台，全球核电发展出现了复苏的迹象。

2011年3月11日，在九级大地震和14米高强海啸的双重打击下，日本福岛第一核电站发生了严重核事故。福岛核事故给刚刚复苏的世界核电造成巨大冲击。德国等少数国家在舆论的影响下，做出“弃核”的政治决定。与事故前的2010年相比，2011年全球核电发电量下降了5%，2012年又进一步下降了6%以上（见图2）。

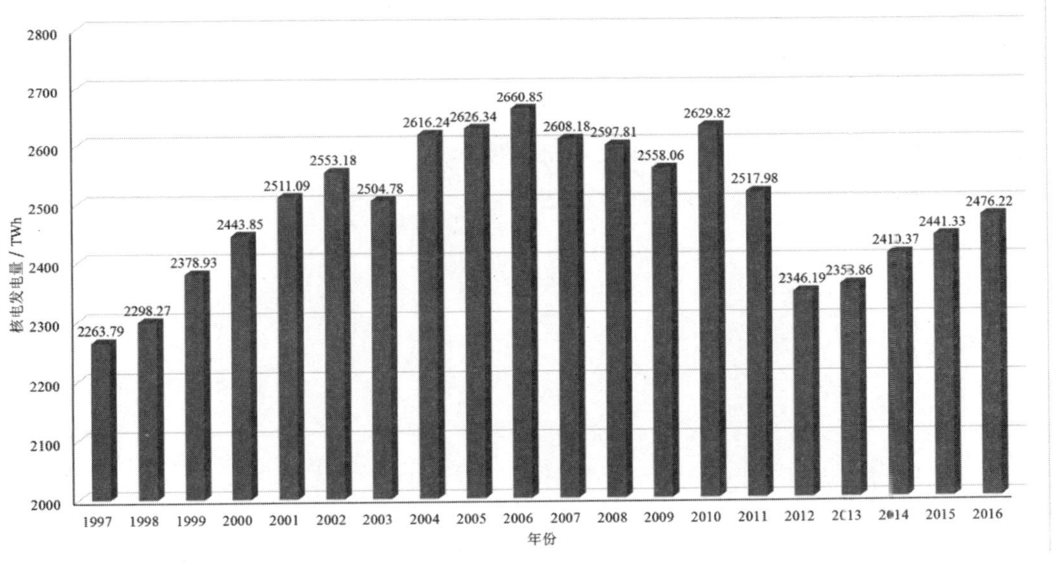

图2 1997—2016年世界核电发电量情况（单位：TWh，10亿千瓦时）

面对外部极端事故引发的严重核事故，各国政府和全球核电界采取了强有力的应对措施。各国核安全监管部门全面加强了核电站安全监管工作，对核电站进行了全面的安全检查和“压力测试”，查找和排除各种安全隐患。在此基础上，核电企业吸取福岛核事故的经验教训，采取了一系列针对性措施，确保在极端事故情况下也不会发生放射性大规模释放，大大提高了核电站缓解和消除严重事故的能力。

经过各国政府和核电界的共同努力，对核电安全的信心逐步得到恢复。2012年以来，全球核电发电量呈现逐年上升的趋势（见图2）。

目前，全球核电发展有两个鲜明的特

点：

一是核电发展的重心从传统的核电大国转向新兴经济体国家。对亚洲、东欧、南美、非洲等许多新兴经济体国家来说，核电是清洁低碳发展的重要选择，特别是亚洲已经成为全球核电发展最快的地区。

二是核电技术升级改造的步伐加快，三代核电机组已成为全球在建核电的主要机型。发展安全性更高、经济性更好的三代核电，已经是许多国家保证电力供应、应对气候变化的一个重要选择。

2. 世界核电机组运行与建设现状

2017年，全球在运核电机组448台，总装机容量391.74 (3.917 4亿千瓦)，分布在30个国家和地区。全球核电机组已经积累了17 415堆•年的运行经验，总体情况是好的，核电行业被美国安全机构和媒体评价为“安全状况最好的行业”。

世界各国核电机组数量及装机容量（MW）情况见图3所示。

拥有在运核电机组的主要是经济发达国家，其中一半以上集中在美国和西欧。拥有在运机组最多的分别是美国（99台）、法国（58台）和日本（42台）。截至2017年年底，中国在运机组37台（根据我国核电行业统计惯例，并网但未投入商业运行的机组属于在建机组，田湾核电3号机组于2017年12月30日首次并网，未计入在运机组内。此外，此数据不包含台湾地区核电机组数量），总装机容量35.8 1 GW（3581万千瓦），已位列世界第四。

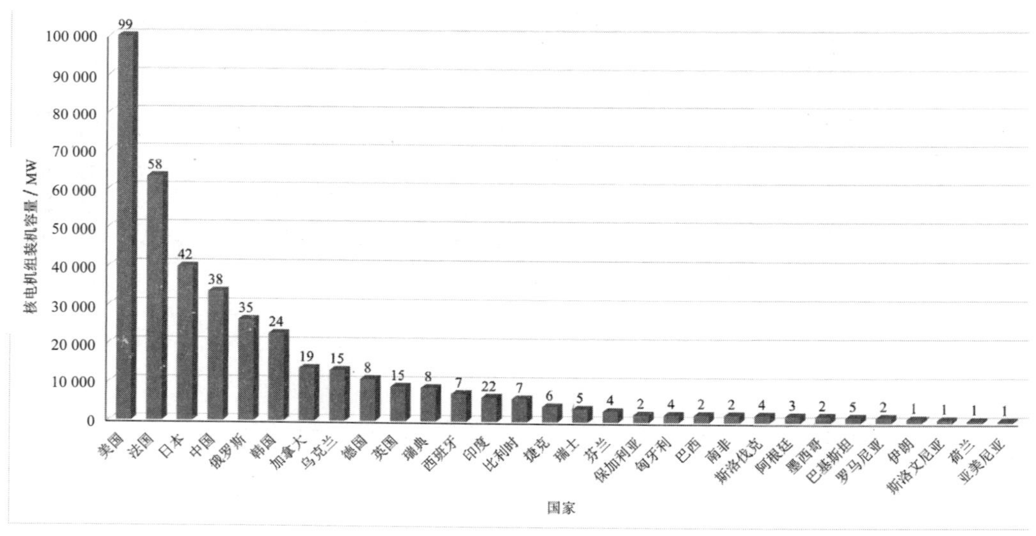

图3 世界在运核电机组情况（2017年12月，IAEA）

2016年，全球核电发电量为2476 TWh（24 760亿千瓦时），在世界电力结构中的占比为10.6%。

世界主要核电国家的核发电量占比都保持在较高水平，其中，法国的核电占比达到72.3%，乌克兰达到52.3%，韩国为30.3%，英国为20.4%，美国为19.7%，俄罗斯为17.1%，加拿大为15.6%。中国

2016年的核发电量占比仅为3.6%，不仅在所有核电大国中最低，而且远低于世界10.6%的平均水平。

2017年，全球在建核电机组57台，分布在16个国家，总装机容量接近60 GW（6000万千瓦）。中国是目前全球在建机组最多的国家，在建核电机组20台，其中三代机组10台，包括4台AP1000、2台EPR、4台“华龙一号”，占世界全部在建三代核电机组的三分之一。排在中国后面的是俄罗斯和印度，在建核电机组分别是8台和6台。

3. 世界主要三代核电技术概况

半个多世纪以来，全球核电发展经历了三次大的核事故，虽然事故均发生在一个国家、一台核电机组，但事故的影响却是全球性的，每一次事故都对全球核电发展造成巨大冲击。与此同时，核事故也加深了人们对核电技术的改进与创新，通过对事故的分析研究和对核电技术及管理方面的持续改进，提高了核电技术的安全性、可靠性。美国三哩岛事故后，为了应对社会对核电机组安全性和经济性的担忧，进一步振兴核电市场，美欧核工业界在政府和电力企业支持下，于20世纪80年代末先后制定了“先进轻水堆用户要求文件”（URD，Utility Requirements Document）和“欧洲用户对轻水堆核电站的要求”（EUR，European Utility Requirements Document），满足URD、EUR要求的“先进（Advanced）核电技术”被称为“第三代核电技术”。

从20世纪80年代以来，全球已经开发的三代核电技术包括以下几种堆型：

（1）美国同日本联合开发的先进沸水堆ABWR；

（2）美国西屋公司开发的先进压水堆AP1000；

（3）俄罗斯原子能公司开发的先进压水堆VVER；

（4）法国和德国联合开发的欧洲压水堆EPR；

（5）韩国开发的先进压水堆APR-1400；

（6）中国自主研发的三代核电技术“华龙一号”、CAP1400。

（三）世界三代核电发展面临的形势

1. 核电与可再生能源优势互补，全球核电仍有较大发展空间

近年来，可再生能源技术进步日新月异，全球可再生能源发展势头迅猛。2016年全球风能发电量增长16%（增长132 TWh，即1320亿千瓦时），太阳能发电量增长30%（增长77 TWh，即770亿千瓦时），可再生能源发电量占全球新增发电量的62%。随着技术进步和批量化规模化发展，可再生能源的发电成本和上网电价也大幅降低，对核电发展带来巨大压力。尽管如此，出于对能源供给的稳定、经济、可持续性等多方面的综合考虑，相当多的国家仍然坚持发展核电，把核电视作能源结构中的重要组成部分。

在现有的低碳能源中，风能发电、太阳能发电都具有间歇性，水力发电需要统筹兼顾上游来水、航运、防洪、沿途用水和远距离调水等，设备利用小时数受到汛期和枯水期自然条件的限制。有研究结果表明，当间歇性能源在电力结构中的比重超过30%时，将会给电网带来安全风险，增加电力供应成本。因此，随着电网中可再生能源比例的增加，必须有可靠的可调节电源及稳定、高效的基荷电源来配套。我国核电均布局在东部负荷中心，而核电设备利用小时数高、连续稳定发电的特性正好弥补了可再生能源的不足，并能有效替代燃煤发电。

目前全球电力生产主要依赖化石燃料，特别是依赖煤炭。要实现全球温室气体减排的近中期目标，必须大力发展低碳清洁能源，建设绿色低碳的能源体系。核电在电网中承担基荷电源可以最大化地发挥其无温室气体排放的优势，是绿色低碳能源体系的重要组成部分。

图4是国际主要能源机构对2030—2050年全球核电装机容量的预测结果。

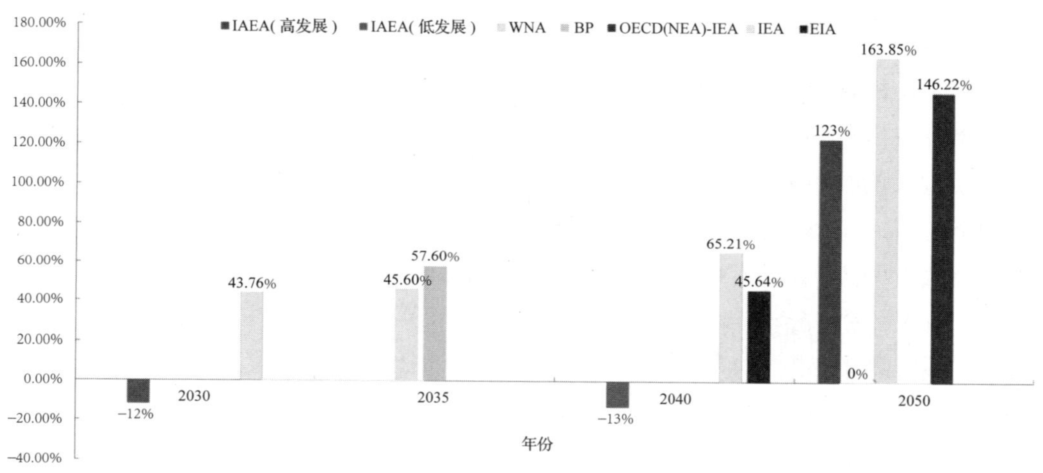

图4 世界重要能源机构对全球核电装机容量的预测

国际原子能机构（IAEA）的预测显示，在高发展情况下，2050年全球核电装机容量可能达到871 GW（8.71亿千瓦），比2015年增长123%；在低发展情况下，2030—2035年核电装机容量会有所下降（约下降12%～13%），到2050年又恢复到目前的水平。

世界核协会（WNA）预计，到2050年世界核电装机容量将达到1000 GW（10亿千瓦），比2015年增长163.85%。

经合组织核能署（OECD-NEA）和国际能源署（IEA）预测，2030年世界核电装机容量543 GW（5.43亿千瓦），比2015年增长43.76%；2040年核电装机容量624 GW（6.24亿千瓦），比2015年增长65.21%；2050年世界核电将达到930 GW（9.3亿千瓦），比2015年增长146.22%。

美国能源信息署（EIA）预计，2040年全球核电装机将达到557 GW（5.57亿千瓦），比2015年增长45.64%。

从上述预测结果可以看出，不同机构的预测数据有较大的差别，但总体上都是积极的，认为未来全球核电的装机容量会继续增长。

2.主要核电国家和新兴经济体国家坚持发展核电

福岛核事故后，各国重新审视自己的能源政策，对本国能源规划和核电发展计划进行了修改。从最终结果看，坚持发展核电仍然是大多数核电国家的战略选择。目前全球建设新核电站的国家有10多个，还有40多个国家计划新建核电站或者考虑发展核电。

美国坚持发展核电技术。

美国新总统特朗普当选后，在美国能源部发表了主题为“能源主导权”的演讲，提出“要开始重振和扩大核能部门”，在确保技术和经济优势下继续发展核能并向海外推销，为实现“美国的能源统治地位”铺路。2017年1月，美国众议院通过了《先进核技术发展法案》和《能源部创新法案》，重申对先进核能技术研究开发和核电的支持。2017年6月20日，美国众议院通过了旨在扩大核电站税收优惠的法案，提出要促进下一代核反应堆技术发展，保持和扩大美国在核能技术上的优势。

英国、法国等多数欧洲国家坚持发展核电。

在德国宣布将逐步退出核电以后，2013年3月12日，英国、法国、西班牙、保加利亚、捷克、芬兰、匈牙利、立陶宛、荷兰、波兰、罗马尼亚及斯洛文尼亚等12个欧盟国家签署部长级联合宣言，表示“今后将继续维持作为重要低碳能源之一的核能发电”。根据对欧洲能源市场未来发展的趋势分析，欧洲要实现2020年20%的碳减排目标和2050年80%的碳减排目标，离开核能发展是不可想象的。

英国发布了《核能发展技术路线图》，提出了自己的核电发展路径，计划通过一系列核电机组的建设，重振核电雄风，同时谋求全球低碳发展领先地位和核能产业发展的领先地位作为其重要战略。

法国目前的核电占比世界第一，今后将逐步降低核能发电的比例（下降到50%左右），但仍然维持目前的核电总装机容量，并留有建新代旧的安排。

俄罗斯、芬兰、波兰、捷克等国明确表示坚持发展核电。

日本坚持将核电作为重要的电网基荷电源。

日本在福岛核事故以后相当长一段时间内，核能发电受到极大质疑，政府的态度也摇摆不定。经过几年的思考和比较，日本政府于2014年4月制定了新的《能源基本计划》，坚持在安全前提下，兼顾经济效益和环境适应性，形成多层次、多样化的柔性能源供给结构。该计划把核电确定为能源结构中起稳定作用的重要基荷电源。目前日本正在逐步重启国内核电机组。

亚洲、非洲多国积极推进本国的核能发展计划。

印度作为核电起步较晚的国家，坚持积极发展核电，把核电作为保证能源安全的重要手段。目前印度正在积极寻求俄罗斯、法国、美国等核电强国的支持，在国家财力有限的情况下，规划了庞大的核电发展计划。未来有可能继中国之后成为核电快速发展的国家。印度同时努力开发和独立自主地掌握自己的核技术，为印度的核大国梦想提供强有力的技术支持。

孟加拉、土耳其、埃及与俄罗斯签署了首座核电站合同，越南、印尼、泰国、南非、埃塞俄比亚、尼日利亚等国都在研究制定和推进本国核能发展政策。

3. 三代核电技术在国际市场的竞争态势

目前，三代核电国际市场呈现如下特点：

（1）在国际市场上，三代核电技术主要是压水堆技术。三代压水堆有多种型号，其中俄罗斯AES-2006占据绝对优势。俄罗斯Rosatom总裁基里延科表示，2017年该公司收入的50%来自海外业务，计划2030年前至少在海外建设运行28台核电机组，在核电国际市场上占有的份额最多。

（2）目前大多数第三代压水堆技术处于示范验证阶段，而且首堆建造普遍出现延期。美、法等国国际著名的核蒸汽系统供应商（西屋公司、AREVA）均因工程延期、成本剧增而陷入困境，并影响到其生存及后续市场开发。

（3）海外核电市场竞争激烈。一些传统核电大国的国内市场空间有限，而国际核电市场的总需求也不旺，竞争激烈。

（4）组队联合开发第三方市场成为一种趋势。韩水原公司（KHNP）与西屋签订谅解备忘录，合作开发美国及海外市场。法国EDF与俄罗斯签署协议，在反应堆运行、延寿、退役及核废料管理方面进行合作。

二、我国三代核电建设和发展现状

自1991年秦山30万千瓦压水堆核电站投运、1994年大亚湾 100万千瓦压水堆核电站商运开始，中国核电产业历经30多年的努力，已经跻身世界核电大国行列。截至2017年年底，我国大陆在运核电机组37台，装机容量3581万千瓦，位列世界第四；在建核电机组20台，装机容量2287万千瓦，已经多年保持世界第一。继美国、法国、俄罗斯以后，我国成为又一个拥有自主三代核电技术和全产业链的国家，三代核电发展的比较优势基本形成。就在建规模和发展前景而言，我国已成为全球三代核电发展的中心，具备了从“核电大国”向“核电强国”迈进的条件。

（一）我国核电技术实现了二代向三代跨越

目前，我国大陆在运的37台核电机组在技术层面都属于“二代”或者“二代加”，在建的20台机组中，有10台属于“第三代”技术，包括4台“华龙一号”、4台AP1000以及2台EPR机组，而且今后新建的机组也将全部采用“第三代”技术，我国核电已经实现了由“二代”向

"三代"的技术跨越。

在技术研发方面，随着"华龙一号"开工建设和CAP1400具备开工建设的条件，我国成为又一个拥有独立自主三代核电技术的国家。在高温气冷堆与小堆技术领域，我国自主研发的成果走在世界前列。

我国已形成了完整先进的核电产业链，涵盖核电工程设计与研发、工程管理、装备制造、核燃料供应、运行维护等各个环节，核电设备制造能力和核电工程建造能力世界第一。

在核电"走出去"方面，"华龙一号"已在海外开工建设，与阿根廷、英国、罗马尼亚、土耳其、南非等国开展了进一步深入合作。

1. 我国自主三代核电优势

一是全产业链的优势。

中国核工业创立已经超过60年，拥有从铀地质勘查、铀矿采冶、铀纯化转化、铀浓缩、元件制造、反应堆设计制造到后处理的完整核科技工业体系，具有很强的系统竞争优势和比较优势。我国已形成了完整的核电产业链，自主化能力与核心竞争力不断提升，有效控制了核电建设周期和建造成本，具有较强的国际竞争力。

二是不断创新发展，掌握核科技核心技术。

我国核科技创新体系致力于世界核能领域前沿科学技术的研究和突破，在自主三代核电技术的自主创新、快堆技术研究及工程化推广、地浸采铀技术工业化应用、核燃料循环技术领域等均取得了大量的创新成就，具有很好的基础。

三是拥有核电发展良好的工程实践和人才基础。

20世纪80年代以来，我国开展了从30万至170万千瓦商用核电站的建设，建设范围覆盖二代压水堆、三代压水堆、重水堆、高温气冷堆及快堆等不同类型，也多次走出国门建造核电站和其他核工程。三十多年不间断的核电建设实践是世界上绝无仅有的。中国在建造核电站方面的良好实践为培育形成强大的核电工程建设能力，形成经验丰富的核电工程管理与建设团队提供了坚强保证，已经具有同时建造30台以上核电机组的工程建造能力。

中国核电20多年良好的安全运行纪录，丰富的群堆管理经验，在国际同行的业绩排名中居于前列。随着科研和工程项目建设的进展，一大批首席专家、科技带头人、首席技师、重大专项总指挥、总设计师等不断涌现，为我国核电发展和"走出去"奠定了人才基础。

四是形成了强大的核电装备制造能力。

我国已建成了以东北、上海和四川为代表的三大核电装备制造基地，累计投资规模超过200亿元人民币。目前已经形成以中国一重、中国二重和上重铸锻为产业龙头的大型铸锻件制造基地；以东方电气、哈尔滨电气和上海电气为产业龙头的大型核电设备制造基地；以沈阳鼓风机集团、中核苏阀、上海电气凯士比核泵和大连大高阀门为代表的核级泵阀制造基地；这些基地都具有国际先进水平的核电装备制造能力，成为我国奠定高端装备制造业大国地位的重要体现。

通过消化吸收国外先进技术，大力推进自主创新，我国核电关键设备和材料自主化、国产化取得了重大突破，掌握了核岛和常规岛关键设备设计、制造核心技术，发展壮大了一批为核电配套的装备和零部件生产企业。压力容器、蒸汽发生器、堆内构件、控制棒驱动机构、主泵、主管道、数字化仪控等关键设备实现自主设计、自主制造，过去长期依赖进口的大型锻件、蒸汽发生器管材（690合金）、核级锆材、核级焊材等核心材料实现了国产化，形成了每年8～10台（套）核电主设备制造能力。百万千瓦级三代核电机组关键设备和材料的国产化率已达85%以上，核电装备制造能力达到国际先进水平，在保证质量前提下具有明显的成本优势，为我国三代核电规模化、批量化建设和“走出去”奠定了坚实的基础。

2. 我国自主三代核电技术安全性和经济性

安全性：我国自主研发的“华龙一号”与CAP1400均按照第三代核电技术的要求设计建造，安全水平达到国际公认的最高核安全标准。

“华龙一号”以“177组燃料组件堆芯”“多重冗余的安全系统”和“能动与非能动相结合的安全措施”等技术改进为主要技术特征。CAP1400在AP1000引进、消化、吸收基础上，通过优化非能动安全系统配置、提高关键设备可靠性等系统性优化和创新措施，增加了安全裕度。“华龙一号”和CAP1400两种机型不仅满足我国新建核电厂的安全要求，也能满足国际原子能机构的安全要求和美欧的三代技术标准，达到三代核电技术国际先进水平。

经济性：经济性是国际市场竞争的决定性因素之一。从以往经验看，俄罗斯的VVER、韩国的APR1400在国际竞争中胜出的一个主要原因是造价相对较低。韩国的阿联酋核电项目（APR1400）价格200亿美元，固定价比投资约为3500美元/千瓦。而法国AREVA、美国GE、西屋等一些老牌NSSS供应商在竞争中失利，也往往是因为造价过高。例如，美国佐治亚州Vogtle核电项目比投资为6360美元/千瓦；法国弗拉芒维尔3号机组总投资60亿欧元，固定价比投资为5200美元/千瓦；英国计划2025年建成2500万千瓦新的核电机组，估计新建核电总投资1100亿英镑（1700亿美元），估算综合比投资6800美元/千瓦。

我国自主三代核电技术拥有自主知识产权，具有完整的产业链与强大的核电工程建设能力，主要设备制造基于国内成熟的装备制造基础，有利于保证工程进度，降低建设成本。

预期我国在建的“华龙一号”福清项目和防城港项目的比投资有望控制在16 000元/千瓦左右（不到2500美元/千瓦），CAP1400示范工程的比投资预期也在16 000元/千瓦左右。特别是批量化建设和设计优化以后，“华龙一号”和CAP1400国内造价还会进一步下降，这是参与国际核电市场竞争的有利条件。

（二）“华龙一号”

“华龙一号”技术是在中核集团ACP1000和中国广核集团ACPR1000+基础上融合而成的。经过有关部门的协调和华龙技术团队的共同努力，形成了“华龙一号”堆型设计方案。中核集团与中广核集团联合组建的华龙国际核电技术有限公司，实现了平台的统一。融合后的“华龙一号”统一采用“177堆芯”和“能动加非能动”安全技术，统一了主参数、主系统、技术标准和主要设备的技术要求。目前在建项目有福清核电站二期（5、6号机组），防城港核电站二期（3、4号机组），并成功出口巴基斯坦。

“华龙一号”借鉴了国际三代核电技术的先进理念，充分吸收了我国现有压水堆核电厂的设计、建造、调试、运行经验，以及近年来针对福岛核事故所做的一系列技术改进，不仅满足我国最新核安全法规要求，也符合国际最先进的安全标准和三代核电技术的要求。此外，“华龙一号”采用的系统和主要设备都是经过验证的成熟技术，设备供应立足于我国已有的装备制造业体系，技术成熟并拥有自主知识产权，可以自主参与国际核电市场竞争。

1. “华龙一号”技术

“华龙一号”采用的“能动与非能动相结合”的设计理念，安全性和先进性已通过国家能源局组织的专家评审，各项技术指标满足最新核安全法规要求，与国际最高安全标准保持一致。

“华龙一号”充分利用了现有的设计技术和装备制造体系，约95%的设备采用成熟的设计和制造工艺，压力容器、主泵、蒸汽发生器、堆内构件、控制棒驱动机构、数字化仪控系统（DCS）等关键设备均采用经过验证的成熟产品，制造进度、质量和可靠性可以得到充分保障。新开发和采用的5%新设备已全部完成试验验证，技术难度、产品质量及制造进度可控。

“华龙一号”针对反应堆堆芯设计变化、能动与非能动结合的新理念、更高的抗震要求以及预防和缓解严重事故下放射性物质释放等技术改进项，开展了大量验证试验，试验结果完全满足设计要求，可以有效提高机组的安全和运行性能。

在“华龙一号”研发过程中，国家能源局、国家核安全局组织进行了多次技术评审及安全评价，并邀请国际原子能机构（IAEA）、行业协会及国内外同行专家对设计进行咨询和评价，为确保设计质量提供了重要的技术支持。

“华龙一号”主要技术特征如下：

（1）177个12英尺（1英尺=0.3048米）燃料组件堆芯；

（2）能动与非能动相结合的安全措施；

（3）堆芯热功率3180 MW，机组额定功率不小于1200 MW；

（4）概率安全指标：CDF<1×10^{-6}/（堆•年）、LRF<1×10^{-7}/（堆•年）；

（5）堆芯热工裕量≥15%；

（6）单堆布置；

（7）安全停堆地震0.3 g；

（8）大自由容积双层安全壳；

（9）抗大型商用飞机撞击；

（10）60年设计寿命；

（11）18个月换料周期；

（12）电厂平均可利用率≥90%；

（13）操纵员不干预时间不低于30分钟；

（14）完善的严重事故预防和缓解措施；

（15）全数字化仪控系统；

（16）堆芯测量从堆顶引入，取消反应堆压力容器下封头贯穿件；

（17）安全壳内置换料水箱；

（18）破前漏（LBB）技术；

（19）放射性废物离堆处理，固体废物年产生量小于50 m^3/（堆•年）；

（20）职业照射集体剂量小于0.6人•Sv/（堆•年）。

2.“华龙一号”技术的自主知识产权

“华龙一号”在设计技术、专用设计软件、燃料技术、运行维护技术等方面具有完全自主知识产权，形成了“华龙一号”专利集群，并通过建立知识产权保护体系有效保护了创新成果，可以满足我国核电“走出去”的需要。

据不完全统计，中核集团在国内已经获得629项专利，已形成125项软件著作权，对反应堆专用设计与分析软件进行了自主创新开发，涉及核设计、源项及辐射安全设计、热工水力与事故分析、燃料元件设计、设备与系统设计等专业领域，形成8个软件包。中国广核集团共计申请知识产权920项，覆盖了设计、燃料、设备、建造、运行、维护等领域，同时还在海外申请了65项专利。

（三）CAP1400

1. 先进压水堆重大专项进展

大型先进压水堆核电站重大专项是国家16个重大专项之一，《总体实施方案》在2008年2月国务院常务会议上得到批准。根据文件，国家核电技术公司是AP1000三代核电技术引进消化吸收的主体，也是重大专项的实施主体，上海核工程研究设计院是大型先进压水堆核电站重大专项的技术总负责单位，国内有关单位将全面参与研发设计工作。

大型先进压水堆重大专项的总体目标，是在AP1000技术引进和自主化依托项目建设的基础上，通过国产化AP1000自主设计，实现AP1000技术的消化、吸收，全面掌握以非能动技术为标志的第三代核电技术。进一步研究开发具有我国自主知识产权的大型先进压水堆核电技术，建成CAP1400示范工程，形成具有国际先进水平的核电技术研发体系、先进核电试验验证体系、关键设备制造技术体系和先进核电标准体系；拥有一批高水平的知识产权成果，使我国核电设计、制造、建造和运行技术实现跨越式发展，2020年进入核电技术先进国家行列。

经过全体参研人员共同努力，已经完成了具有自主知识产权的CAP1400核电型号研发，实现了25项重大技术创新成果，安全性、经济性和环境相容性均处于世界领先水平。特别是完成了CAP1400六大关键试验全部17个试验项共887个验证试验工况的任务。

重大专项采用新型举国机制下的协同创新体系，其中参研单位200多家，参研人员超过20 000人，有效发挥了“政产学研用”合作，促进了科研大合作、技术大集成、创新大集聚。通过专项的实施，带动整个核电行业实现了从二代向三代的整体跨越，形成了持续的创新能力，打造了我国自主的先进核电自主设计体系、先进核电设计分析软件体系、先进核电标准体系、先进核电试验验证体系、先进核电安全审评体系、先进核电装备供应链体系，促进了综合国力的提升。

目前，山东石岛湾CAP1400示范工程已具备开工建设条件。

2. CAP1400技术特点

CAP1400设计基于非能动安全理念，充分考虑了AP1000依托项目建设中得到的经验反馈，通过进一步提升电厂容量、优化总体设计参数、优化非能动安全系统配置、提高关键设备可靠性、提升对地震和外部水淹等极端事件应对能力等措施，进一步降低了机组的堆芯损伤频率（CDF）和大量放射性物质释放频率（LRF），提高了核电厂的安全性和经济性。

CAP1400研究设计过程中，对主要的创新和改进项进行了充分论证并开展相关试验验证，安全水平得到国家核安全监管机构和国外权威机构的认可，2016年，先后通过了国家核安全局的安全审评和国际原子能机构（IAEA）的通用反应堆安全评审。

在设备国产化方面，先后开展了反应堆压力容器、蒸汽发生器、堆内构件、控制棒驱动机构、反应堆冷却剂三泵、主管道、泵阀、反应堆保护系统平台、大锻件、板材、690传热管、核级焊材、电缆等关键设备和材料的研制，设备国产化率达到85%。CAP1400的主要关键设备和材料都有两家以上的企业分别进行研制和供货，形成了良好有序的市场竞争环境，也降低了供应的风险。

CAP1400主要技术特征如下：

（1）堆芯热功率4040 MW，机组额定功率约为1500 MW；

（2）操纵员可不干预时间为72小时；

（3）关键试验完成全部17个试验项共887个验证试验工况；

（4）堆芯热工裕量≥15%；

（5）安全停堆地震0.3 g；

（6）堆芯损伤频率$<10^{-6}$/（堆•年）；

（7）大量放射性物质释放频率$<10^{-7}$/（堆•年）；

（8）职业集体辐照剂量<1.0人•Sv/（堆•年）；

（9）放射性废物最小化，固体废物最终体积不超过50 m^3/年；

（10）屏蔽厂房采用钢板混凝土结构，具备抗大型商用飞机恶意撞击能力；

（11）多样性的数字化仪控系统，

采用基于FPGA技术的反应堆保护系统平台，提高仪控系统可靠性；

（12）安全停堆地震（SSE）0.3 g和审查级地震（HCLPF）0.5 g，覆盖高地震水平区域；

（13）机组设计寿命60年；

（14）机组目标可利用率≥93%；

（15）换料周期18个月，具备24个月换料能力；

（16）平均卸料燃耗≥ 50 000 MWd/tU；

（17）具有MOX燃料的装载能力；

（18）系统简化设计，减少系统和部件的数量，同时降低电厂运行过程中的运维成本；

（19）模块化建造，缩短建造周期，提升施工质量，减少建设成本；

（20）堆芯功率由MSHIM控制，无需调硼，大大减少放射性废液产生量。

3. CAP1400技术的自主知识产权

CAP1400研究开发过程中，加强了对创新技术和产品的知识产权保护。截至2017年年底，形成知识产权成果3492项，申请中国专利1622项（其中发明专利700项），已获得中国授权专利1109项（其中发明专利250项），各类标准751份，形成新产品、新材料、新工艺、新装置293项，新建43个试验台架，改造11个试验台架，内容覆盖了工程设计、实验验证、燃料、软件、设备及材料、数字化仪控、建造运行等核心技术领域。

2015年11月，中国专利保护协会在北京对《CAP1400知识产权专题报告》进行了专家评审，专家认为，CAP1400技术已经超越了AP1000技术引进合同设置的1350 MW的技术台阶，中方具有完全自主知识产权和出口权，没有合同违约风险，没有发现专利侵权风险。

（四）AP1000

1. AP1000自主化依托项目建设

AP1000是美国西屋公司在AP600基础上开发的百万级非能动安全压水堆。经过4年的招标谈判，我国与美国西屋公司于2007年签订协议，决定引进AP1000技术，在中国浙江三门和山东海阳各建设2台机组，作为AP1000技术引进和自主化国产化的依托项目。合同包括核岛系统设计、设备设计及制造、核级锆材制造、仪控设计及供货、燃料设计及制造、项目管理和运行维护等关键技术领域，分为34个技转任务包（TP）。

从2009年3月29日到2010年6月20日，依托项目的4台机组陆续实现核岛筏基第一罐混凝土浇筑（FCD），4台机组主体工程全部开工。

AP1000自主化依托项目建设对我国三代核电技术发展具有重要意义。它不仅可以全面检验引进的AP1000技术的完整性和有效性，而且可以带动国内装备制造企业的国产化能力建设，提升我国核电工程管理能力，为我国三代核电自主化研发和能力提升提供重要平台。

迄今为止，AP1000依托项目因西屋核岛设计变更多固化晚、屏蔽电机主泵等关键设备研制难度大、模块化施工工艺要求高等原因，进度比合同工期有较大滞后。目前，问题已经全部解决，三门、海阳1号机组也已完成所有调试，具备装料条件，有望于2018年并网发电。依托项目4台机组核岛设备综合国产化率约为55%，从三门1号机组到海阳2号机组，设备国产化比例分别为30%、50%、60%、72%。

2. AP1000技术特点

相比传统核电厂，AP1000采用了非能动安全理念，利用自然界物质固有的规律（重力、自然对流、流体的扩散、蒸发、冷凝等）来冷却反应堆厂房和带走堆芯余热，保障紧急状态下反应堆的安全。其专设安全系统主要包括非能动堆芯冷却系统(PXS)、非能动安全壳冷却系统(PCS)、主控制室应急可居留系统(VES)、安全壳隔离系统和安全壳氢气控制系统、自动卸压系统等相关系统等。

AP1000 预防和缓解严重事故措施包括防止高压熔堆的自动降压系统、堆腔淹没技术、堆芯熔融物保持在压力容器内的（IVR）技术、设置易燃气体氢的自动复合和燃烧系统以防爆和防止安全壳旁路等。在发生反应堆堆芯熔化的严重事故时，设置在安全壳内的换料水箱靠重力（非能动）自动地向堆腔注水，水经压力容器外壁和绝热层之间的流道向上流动，冷却压力容器外壁，通过自然循环将热量带走，使压力容器不被熔穿，使堆芯熔融物保持在压力容器内。

由于采用了非能动安全系统，事故工况下72小时内操纵员不必采取动作，降低了人因错误，提高了机组的安全性。与此同时，AP1000设计简化了安全系统配置，大幅减少了安全级设备和安全厂房，取消了1E级应急柴油机系统和大部分安全级能动设备，降低了对大宗材料的需求，经济性上也有较强的竞争力。

（五）EPR

1. 台山EPR项目概况

2007年11月，中法签署《关于合作建设广东台山核电项目1、2号机组的总体协议》等一系列合作协议。根据合同约定，法国电力公司以合资形式，与阿海珐、中国广核集团共同建设、运营台山核电站一期工程；法方承诺向中方转让EPR核电技术研究成果、在建EPR核电站的经验反馈以及核电项目管理及核电站运营经验。

台山核电项目1、2号机组分别于2009年12月21日和2010年4月15日开工。目前工程实际进度比计划工期晚了将近4年，延误主要原因是法方原先对EFR首堆建设面临的困难估计不足，特别是辅助系统设计修改和重新订货花费了很多时间，辅助系统延误的时间比主系统多3年。另外，由于部分设备不符合项的处理也延误了建造周期。

与其他在建的EPR项目(芬兰奥尔基洛托核电站3号机组OL3、法国弗拉芒维尔3号机组FA3)相比，台山项目进展相对顺利。OL3比台山项目早开工4年，FA3比台山早开工2年，实际工程进度却不如台山。目前，台山1号机组处于调试阶段，2号机组处于安装阶段，领跑全球在建EPR

工程。同一种机型，同一个设计公司，中国的成就主要得益于30年来不间断持续建设核电站的实践，得益于中国在核电站建造管理方面的丰富经验和建设队伍的强大实力，这些经验和实力对中国核电产业“走出去”将产生积极的影响。

2. EPR技术特点

20世纪90年代末，法国Areva和德国西门子公司联合开发新一代欧洲压水堆EPR。其设计综合了法国N4核电站和德国Konvoi核电站的优点和运行经验反馈，满足欧洲电力公司要求文件（EUR）。1998年，EPR完成了基本设计。2000年3月，法国和德国的核安全当局完成对 EPR 基本设计的评审，于 2000 年 11 月颁发了详细技术导则。

EPR总体上采用传统的设计理念，主回路、主设备、安全系统、辅助系统及其他主要系统参考成熟的有运行经验的设计方案，安全性的提升主要通过以下几个方面来实现。

（1）增大压力容器、稳压器、蒸汽发生器等主设备的水装量和主系统热惯性，延长事故情况下操纵员的允许不干预时间，减少人因失误。

（2）采用双层安全壳，最大限度地防止放射性物质进入环境。

（3）专设四列独立的安全系统，考虑单一故障和预防性维修，确保在极端的情况下至少还有一列安全系统可用。

（4）在安全系统的供电和冷源两个方面，通过“多样性”设计提高机组的安全性。

（5）设计多项严重事故缓解措施，降低堆芯熔化概率和早期放射性大量释放的概率。

三、我国核电机组的安全状况

我国在役核电机组投运以来，始终保持良好的安全状态，是国际上安全水平最高的国家之一。近年来，我国核电企业安全管理水平不断提高，国家核安全监管体系持续加强，核能行业自律建设全面提升，为我国核电安全发展提供了有效保障。

（一）核电机组保持安全稳定运行

2017年，我国37台核电机组装机容量35.81 GW (3581万千瓦)，核电发电量2481亿千瓦时，比上一年增加16.3%，核电占全国总发电量的3.82%。与燃煤发电相比，核能发电相当于少燃烧标准煤7646万吨，减少排放二氧化碳约2亿吨、二氧化硫约65万吨、氮氧化物约57万吨，核电为中国的绿色发展做出了重要贡献。

各运行核电厂严格控制机组的运行风险，继续保持安全、稳定运行，未发生国际核事件分级（INES）一级及以上的运行事件。各运行核电厂未发生较大及以上安全生产事件、环境事件、辐射污染事件，未发生火灾爆炸事故，未发生职业病危害事故。与世界核电运营者协会（WANO）规定的性能指标对照，在全球400多台运行机组中，我国运行机组80%的指标优于中值水平，70%达到先进值，与美国核电机组水平相当，且整体安全指标逐年提升。

核电厂人员的个人剂量和集体剂量一直保持较低水平，放射性流出物排放总量低于国家监管部门批准排放年限值，环境空气吸收剂量率在当地本底辐射水平正常涨落范围之内，没有发生影响环境与公众健康的事件。

（二）核安全管理水平不断提高

我国核电企业坚持“安全第一，质量第一”方针，从技术、设备、管理等方面全面加强核安全管理，建立了风险指引型核安全管理体系，围绕重要业务聚焦风险，强化整改，重点加强了对操纵员、核安全技术顾问等关键岗位的培训考核，持续提升安全管理水平。

在核安全文化建设方面，为实现良好的安全业绩，提高安全文化水平，在政府相关部门支持下，核电企业建立了核安全文化评估体系，大力培育核安全文化，提高全员责任意识和确保核安全的自觉性。

在质量管理方面，核电厂按照核安全法规HAF003《核电厂质量保证安全规定》的要求，制定并实施核电厂各阶段的质量保证大纲，对核电厂各项质量相关工作进行规范。核电厂最高管理者对质量保证大纲的有效实施承担全面责任；所有从事与核电厂安全、质量有关的工作人员都要遵守质保大纲要求，有责任和义务报告所发现的质量问题；设立独立的质量保证部门负责质保大纲的制定和管理，并通过检查、监督和监查来验证大纲实施的有效性；质量保证部门在处理质量问题时，不受进度和经费约束，直至质量问题得到有效的处理和解决。

第三代核电的安全要求更高，三代核电的质量保证体系在二代核电基础上将进一步升级完善。针对三代核电机组非安全相关级的构筑物、系统、部件在概率安全分析中的贡献较大，同时考虑到非能动特性带来的不确定性，对重要的非安全相关部件提出了专门的质量保证要求，以确保安全万无一失。

在人才保障方面，在国家和高校支持下，企业进一步完善人才培养体系，通过加强培训资源投入、建立专家支持体系、加强国际合作、拓宽人才培养和招聘途径等措施，有效满足了核电安全管理所需的人力资源，保证了核电的安全。

（三）国家核安全监管体系持续加强

我国从核工业发展初期开始，就对核与辐射安全予以特别的重视。1984年10月，为适应核电的发展，国务院专门成立国家核安全局，对我国核电厂和民用核设施的核与辐射安全实施统一监管。三十多年来，国家核安全监管体系持续加强，核安全法规体系和技术装备手段不断完善，核安全监管水平不断提高。

目前，民用核能领域的安全监管业务由环境保护部内设的三个司负责，其中，一司负责研究堆和核设施的安全监管，二司负责核电的安全监管，三司负责辐射源的安全监管。另外，还有600多人编制的环境保护部核与辐射安全中心提供技术支持。环境保护部在全国设立了6个地区级核与辐射安全监督站，负责向核电站及重要核设备制造厂派出安全监管人员，对核电站的建造质量、设备质量、人员资质、运行安全等进行安全检查，对核电厂设计、制造、建造、运营的所有重要节点进行现场监督。

在广泛调研世界各国核安全法律法规基础上，我国参照国际原子能机构（IAEA）的核安全导则及规定，建立了自己的核安全法规体系，并在实践的基础上不断完善。

核安全监管的主要法规是1986年10月国务院颁布的《民用核设施安全监督管理条例》（以下简称《条例》）及《条例》的实施细则——《核电厂安全许可证件的申请和颁发》（1993年修订）。

《条例》规定，国家颁发相应的安全许可证件，包括：建造前期阶段的《核电厂环境影响报告批准书（选址阶段）》《核电厂厂址选择审查意见书》，核电厂建造阶段的《核设施建造许可证》，核电站装料前的《核电厂首次装料批准书》，以及核电站运行阶段的《核电厂运行许可证》等。在退役阶段还有《核电厂退役批准书》。

《条例》还规定，只有持操纵员执照的人员方可担任操纵核设施控制系统的工作。国家核安全局负责颁发操纵员执照，反应堆操纵员的执照有效期为两年，每两年重新审查和换发新执照。

2003年6月，《中华人民共和国放射性污染防治法》颁布实施。该法规定营运单位在建造、运行和退役前需向环境保护部提交环境影响报告书，经审查批准后方可进行下一阶段工作。国家环境保护部对所有在运核电厂的辐射水平进行监督，每日向全社会公布核电厂周围环境空气吸收剂量率。

福岛核事故后，为进一步加强核安全监管，国家核安全局相继制定了《福岛核事故后核电厂改进行动通用技术要求》和《新建核电厂安全要求》等文件，对我国在运、在建核电厂提出了技术改进要求，对新建核电厂设计提出了更高的安全标准。

2017年9月1日，人大十二届常务委员会第二十九次会议通过了《中华人民共和国核安全法》，自2018年1月1日起施行，进一步加强了核安全监管工作的法律地位，为核电安全提供了法律保障。

总体上看，我国核安全监管体系与国际接轨，采用了国际最高的安全标准，安全监管的水平位居世界前列，得到国际同行的一致肯定。

（四）核能行业自律能力全面提升

在政府主管部门指导下，中国核能行业协会于2008年成立了核电厂运行评估与经验交流委员会，围绕核电安全问题开展同行评估和经验交流，为促进核电厂运行业绩提升、提升核电工程建设管理水平发挥了重要作用。

核电厂同行评估及经验交流委员会按照“平等自愿、合作开放、规范有序、共享经验、持续改进”的方针，坚持行业自律属性，突出同行评价特色，关注行业共性问题，深化经验交流。成立以来，同行评估及经验交流委员会组织同行专家先后对我国大亚湾、秦山、田湾、海阳、阳江、昌江、福清、石岛湾等核电基地的运行机组及在建项目实施了各类评估活动50多场，查找和发现了一批待改进的项目和问题，为核电厂运行和核电工程建设改进工作、提升能力、消除隐患、堵塞漏洞提供了有力的帮助，受到核电厂的一致好评。

同行评估及经验交流委员会还定期召开全国性核电厂经验交流研讨会，建立了中国核电营运信息网（CINNO），编制了《运行核电厂生产季报》《中国核电厂关键业绩指标报告》《中国运行核电厂事件经验反馈报告》和《中国核电运行与建设年度报告》等各类经验反馈报告，受到社会的关注和好评。

目前委员会已经建立了应急柴油发电机、大型变压器、在役检查与无损检验、核风险管理、防人因失误、质量管理、老化与设备可靠性等19个专题工作组，组织行业内专家和第一线工作人员共同研究核电厂运行及建设领域的共性问题，编制专题领域标准规范，加强行业自律。

我国三代核电发展政治社会经济生态战略价值研究报告（下篇）

报告课题组

一、我国三代核电发展面临的历史性机遇与挑战

（一）我国三代核电发展面临的历史性机遇

1. 三代核电国内发展机遇

在应对全球气候变化的大背景下，面向低碳清洁发展的能源转型已成为很多国家的能源政策取向。习近平总书记提出的我国能源发展“四个革命、一个合作”的战略思想，综合了能源消费、供给、技术、体制和国际合作五个方面，其中能源供给革命的主要任务就是从以煤为主的能源结构转变成清洁低碳、多轮驱动的能源供应体系，在这样的大背景下，可再生能源、天然气与核电将迎来更大的发展。

（1）扩大核能利用是我国能源革命的必然选择

《能源生产和消费革命战略（2016—2030）》提出，到2020年，我国能源消费总量要控制在50亿吨标准煤以内，非化石能源消费占比要达到15%，清洁能源将成为能源增量主体；到2030年，能源消费总量控制在60亿吨标准煤以内，非化石能源消费占比达到20%左右，新增能源主要依靠清洁能源；2050年，能源消费总量基本稳定，非化石能源占比将超过一半，清洁能源得到进一步发展。

受资源、地域及送出等条件限制，2014年以来，水电、集中式风电装机的增速呈持续下降趋势，其中水电装机增速年均下降2个百分点，风电装机增速年均下降1个百分点。考虑到水能、风能和太阳能等可再生能源的资源分布和生态环境

制约，以及季节性和间歇性发电的特点，为保障能源供给，实现非化石能源占比目标，需要进一步提高核电的比重。

（2）能源需求导致我国核电长远发展装机容量空间较大

《能源生产和消费革命战略（2016—2030）》及能源发展“十三五”规划，明确了安全为本、节约优先、绿色低碳、主动创新的能源转型战略取向。

随着中华民族伟大复兴过程中我国两个百年奋斗目标的逐步实现，预计到2030年前后，我国GDP规模将位居世界第一，人均收入进入世界高收入国家行列。根据有关方面预测，我国一次能源需求将达到60亿吨标准煤，电力装机规模接近30亿千瓦，人均电力装机水平达到2千瓦。按照国家生态文明建设战略以及大气污染防治和应对气候变化目标的要求，届时我国非化石能源将提供三分之一左右的电力供应。

考虑到水能、风能和太阳能等可再生能源的合理可行发展空间后，核电作为低碳、安全、稳定、经济的非化石能源，可以作为电网发电基荷承担电力负荷增长和替代部分煤电的任务，届时核电装机规模将达到1.3亿～1.5亿千瓦。

（3）三代核电将在“十三五”后期进入批量化建设阶段

根据《电力发展“十三五”规划》，“十三五”期间我国将建成三门、海阳两个AP1000自主化依托项目，建设福清、防城港两个“华龙一号”示范工程，还要建设石岛湾CAP1400示范工程等一批沿海核电工程。

2017年6月，三门核电站1号机组完成热试，标志机组即将进入带核调试阶段，为后续并网发电奠定了基础。“华龙一号”两个示范工程和巴基斯坦卡拉奇项目进展顺利，各项工作按进度计划有序推进。CAP1400示范工程各项准备工作已经就绪，具备了正式开工的条件。预计到2020年，全国核电装机接近5800万千瓦，其中三代核电装机500万千瓦，占10%左右。

2018年以后，我国三代核电具备批量建设的条件，可以简化优化核准流程，加快项目批量开工，让三代核电成为2030年前后我国核电投产和在建的主流，成为实现“2030年非化石能源占一次能源消费的比重达到20%”目标的重要贡献者。预计2030年核电发电量将占一次能源消费的6%左右，占非化石能源的三分之一以上。按照上述分析，今后一个时期每年将开工6～8台三代核电机组的建设。

2. 三代核电国外发展机遇

（1）“一带一路”沿线国家核电发展机遇

“一带一路”贯穿亚欧非大陆，一边是活跃的东亚经济圈，另一边是发达的欧洲经济圈，中间是发展潜力巨大的腹地国家。沿线60多个国家，总人口约44亿，约占世界的63%；GDP共计约21万亿美元，约占世界的29%，人均GDP约为世界平均水平的48%。预计2030年前后，全球新建核电机组可能达到200台以上，其中“一带一路”沿线28个国家规划新建核电机组126台，装机总规模约150 GW（1亿5千万千瓦），这对我国三代核电“走出去”是巨大的利好。

三代核电“走出去”有利于促进当地经济发展和民生的改善，同时也有利于发挥我国产能的优势及潜力，拉动国内装备制造业发展。核电“走出去”已经上升为国家战略，作为我国与有关国家开展双边政治、经济交往的重要议题。国家领导人在多种场合亲自推介中国核电品牌，大力推动国际核电项目合作。政府有关部门对“走出去”提供政策保障，支持国内企业以工程建设、设备制造、技术服务等多元化方式参与国际核电项目竞争。

目前，我国完全自主知识产权的“华龙一号”已实现出口且具有竞争优势，在“一带一路”沿线国家未来的核能发展中充满机会。随着示范工程的开工，我国自主开发的CAP1400也具备“走出去”的潜力。

（2）中国核电的海外竞争比较优势

当前，世界核电市场竞争激烈，美国、法国、日本、俄罗斯等核电大国和传统的核蒸汽系统供应商（NSSS）都在为分到市场份额而竭尽全力。

我国三代核电技术虽然开发和成型的时间较晚，但是具有自己独特的优势。我国核电产业的优势主要表现在以下六个方面：一是我国是全球继美、俄、法之后少数几个拥有核电全产业链的国家，不仅可以提供核电设计、工程建设、设备制造、运行维护服务，而且可以提供核燃料供应和乏燃料后处理服务，具有提供“一站式”核电解决方案的能力；二是通过不断引进消化吸收和自主创新，掌握了核电技术研发设计和关键设备材料研制的核心技术，“华龙一号”、CAP1400等三代技术都具有自主知识产权；三是拥有全球产能最大、成本竞争优势突出的核电装备制造和核电工程建设施工能力，能够支撑国内外10台以上机组的同时建造；四是拥有核电发展的良好实践，核电建造和运行业绩国际领先，核电安全国际口碑良好；五是国内高等院校、科研院所加强了核电学科和专业建设，通过30多年的实践，培养和造就了一大批高质量的人才与后备力量，为国内核电发展和“走出去”提供了人力资源保障；六是核电作为一张“国家名片”纳入“一带一路”倡议，核电“走出去”得到国家高层及外交、产业、金融等政策支持。

目前，“华龙一号”海外项目已在巴基斯坦卡拉奇开工建设（K2/K3项目），中核集团还与阿根廷签署了重水堆商务合同，签订了出口“华龙一号”的合作框架。中广核投资参股英国欣克利角C项目，并获得在英国后续的布拉德维尔B项目上采用“华龙一号”的承诺；还与罗马尼亚签署了《切尔纳沃德核电3、4号机组项目开发建设运营及退役谅解备忘录》。国家核电技术公司、美国西屋公司和土耳其国有发电公司签署合作备忘录，启动在土耳其开发建设2台AP1000、2台CAP1400机组的排他性协商，国家核电还与南非签定了CAP1400项目管理合作协议。

（二）我国三代核电发展面临的挑战

1. 完成“十三五”规划目标存在一定的难度

我国能源和电力供需形势发生明显变化，全国电力供应总体宽裕；国内首批在建三代核电站即将投入运行，但尚未取得运行业绩；福岛核事故对核电的公众接受性带来负面影响。在此背景下，我国自2016年以来未核准新的核电机组开工建设，完成国家“十三五”电力规划确定的装机容量目标（装机5800万千瓦，在建3000万千瓦）存在较大的困难。

2. 三代核电发展面临的国际竞争形势

美、俄、法等世界核工业强国，始终把保持核电技术领先地位作为国家的基本战略。美国西屋公司、法国阿海珐公司尽管面临经营财务困境，但没有放弃对国外核电市场的开拓；俄罗斯将VVER系列三代核电站出口视为俄罗斯外交和国内经济发展的重要支持力量；韩国和日本核电公司也从未缺席过国际核电市场的竞争。随着AP1000、EPR等三代首堆投入运行，国际核电市场竞争将更加激烈。我国是国际核电市场的后来者，进口国对我国核电技术有一个认识和接受过程。一些发展中国家在招标时，对中国核电技术特别提出了需要得到美国、欧洲认证的要求。经验表明，核电市场竞争从来不是核电企业间的单打独斗，而是国家之间综合国力的较量，是政治、经济、外交、技术等全方位竞争的结果。而我国国内自主知识产权三代核电的顺利建设将起到非常重要的工程验证和示范作用。

3. 核电装备制造、工程设计建造企业和首批依托项目的经营状况堪忧

福岛核事故以来，我国新开工核电项目出现较大起伏，特别是近两年无新项目核准，导致核电装备制造企业、核电工程公司、施工安装单位普遍出现产能闲置，核电业务板块经营困难的状况。其中，国内两大重机企业和三大发电设备制造集团由于开工项目少，一半以上产能处于闲置状态；没有资金实力进一步开展自主研发和再创新；人才队伍不稳定，对我国三代核电的持续发展带来不利影响。在核电业主方面，国内目前在建的三代核电首批项目（AP1000、EPR、“华龙一号”）都承担了技术验证和工程示范的任务，其工程造价中包含了大量的研发投入，有的项目还承担了技术引进费用，需要后续项目分摊相关研发投入。

综上所述，尽快核准三代核电的开工建设非常迫切，对于促进我国核电产业的可持续发展具有重要的意义。

4. 核电公众宣传与沟通工作薄弱

我国对核电的公众宣传和科普教育工作起步较晚、覆盖程度较低。福岛事故后，由于媒体对核电的正面舆论宣传和引导不足，少数人及部分机构过度渲染核污染和核威胁，使民众对核电发展产生疑虑。同时，思想学术界、政策研究界对核电发展的战略价值与核安全的认知参差不齐，对我国核电发展存在争议，特别是一些非科学、非理性、存在明显价值立场偏颇和代言某些利益倾向的反对核电激烈言论，在各种场合上频频出现，试图干预国家对三代核电发展战略机遇期的把握，不仅对社会公众的核电认知度和接受度产生了非常恶劣影响，也直接影响了我国核能产业规划布局和核电健康可持续发展。面对变化的公众舆论环境，在努力提高安全水平、推进科技持续创新的基础上，政府、行业和社会都需要深入研究公众对风险的认知规律，加强涉核正面宣传和核电企业形象建设，主流媒体应加强涉核科普教育，提高公众对核电的科学、理性认知态度和接受度，核电项目应进一步加强向公众开放并建立公众的参与机制。

二、三代核电发展的政治战略价值分析

（一）三代核电与国家能源安全

根据《BP世界能源年鉴2017》的资料，2016年核能发电量占全球发电量10.6%，仍然是世界主力电源之一。法国、英国、美国、俄罗斯的核能发电量占比分别为72.3%、20.4%、19.7%和17.1%，而中国仅为3.6%。而从中国的一次能源消费总量看，煤炭占比62%，石油占比19%，水电占比9%，天然气占比6%，可再生能源占比2.8%，核电占比仅为1.6%。中国核能发电量和一次能源占比均显著低于世界大国水平。

根据EIA的预测，2016年中国石油进口依存度达到65.4%；预计2020年将超过70%，天然气进口依存度40%以上。过分依赖进口的能源结构，特别是供给无法保障的进口，影响着国家能源供给安全。因此，发展三代核电，减少国家能源对于油气进口的过分依赖，通过能源多样化增强能源供给安全，是我国能源安全的必由之路。

另外，由于核燃料能量密度高且存储容易，一座百万千瓦级的核电站，每年只需消耗30吨低浓铀原料，而同级别的火电站需要300万吨原煤。根据核电站燃料运输储存量小的特点，可以通过在国际市场天然铀价格适宜时加大收储的方式保障核燃料的长期供应，因此从燃料取得、运输和储存方面看，核电在能源供应安全性方面具有优势。

（二）三代核电与我国军民融合发展

核工业和核科技具有一分鲜明的军民融合特点，核电发展不仅能有效促进本国核科学技术的进步，而且可以为保持和提升国家核工业能力建设，增强国防实力提供重要平台。

当前，我国核工业正处于由大到强的关键时期。三代核电作为国内民用核技术发展的主要载体，在“军民融合”的国家战略布局中承担重要角色。三代核电的发展可以拉动我国核工业全产业链发展，带动国家高端装备制造业发展，提升国家基础工业水平。发展三代核电对于在和平时期保持和提升核工业水平和能力，实现我国从核大国向核强国转变，保障国家总体安全都具有不可替代的作用。

（三）三代核电与国家“一带一路”倡议

国际经验表明，国家间的核能合作不仅具有重要的经济意义，而且具有重要的政治和外交意义。

核电建设周期长，运行时间更长，相关国家间的合作是长期的。核电项目从洽谈、签订合同，到完成建设，最少需要10年。建成以后核电机组运行时间一般为60年，延寿改造后运行时间可能延长到80年。如果加上退役、乏燃料处理等，核电项目整个寿期接近100年。核电合作可以称之为百年合作。核电合作在政治上敏感，建设成本巨大，需要大量资金支持，只有相互信任的国家才会开展合作，同时通过核电合作也可以有效发展两国关系，促进经济、社会、文化等方面的合作。

当前，国际核电市场竞争激烈，俄、法、美等传统核电强国不断抢占市场，韩、日等国也在加紧推销它们的核电技术。核电市场竞争不是简单的商业行为，而是国与国之间政治、经济、外交等综合实力的竞争。目前各国在核能产业链方面的合作，多是建立在政治外交和战略性盟友基础上的伙伴式合作。这种跨领域、多层级的战略性合作和互惠关系依然是未来核电等大型项目国际市场开发的主流。

推动中国核电“走出去”，落地“一带一路”沿线国家，不仅可以促进当地经济社会发展和民生改善，也能发挥我国产能的巨大潜力，有利于我国装备制造业产能的释放。核电“走出去”可以带动大量高附加值机电产品走出国门，改善我国出口贸易结构，提高中国的国际声誉与影响力，有力地支撑国家“一带一路”倡议。

三、三代核电发展的社会与生态战略价值分析

（一）三代核电在国家环境治理中的作用

加快发展水电、风电、太阳能等清洁能源，是减少污染排放、实现环境治理的必然选择。2017年，我国太阳能和风电的装机容量分别为1.3亿千瓦和1.64亿千瓦，占全国电力装机容量的7.3%和9.2%，但太阳能和风电的设备利用小时数低，发电量分别为967亿千瓦时和2950亿千瓦时，分别仅占全国总发电量的 1.5%和4.5%。核电运行可靠性高，设备利用小时数高，无温室气体排放，可以有效应对气候变化和减少大气污染。我国目前温室气体年排放量高达100亿吨以上，要完成向国际社会承诺的 2030年左右“单位国内生产总值二氧化碳排放比2005年下降60%～65%，非化石能源占一次能源消费比重达到20%左右”的目标，发展三代核电是现实可行的选择。

2017年，中国核电发电量2481亿千瓦时，与同等燃煤发电量相比，实现了一年减少二氧化碳排放约2亿吨。根据测算，2030年中国一次能源消费总量有可能达到60亿吨，非化石能源占一次能源消费总量的比例达到20%，相当于12亿吨标煤。2030年全国非化石能源发电预计总装机12亿千瓦，其中核电装机1.5亿千瓦，占非

化石能源发电总装机的12.5%，但发电量可以占非化石能源的30%以上。届时核电年发电量将达到约10 000亿千瓦时，占中国全社会总发电量的10%左右，相当于替代了3.4亿吨标准煤的燃烧，每年能够减排9亿吨以上的二氧化碳和大量的固态、气态污染物，将为国家环境治理和绿色中国建设作出巨大贡献，在促进经济社会发展的同时有助于我国“青山绿水”环境治理目标的实现。

（二）三代核电在国家实施科技创新战略中的地位

中国企业自主开发的三代核电技术，形成了大量的自主知识产权，极大促进了核电研究设计、装备制造以及相关领域科技实力的提升，为新一代核电技术研发和国内其他工业领域的科技进步提供了重要支撑。

（1）基础材料：三代核电建设带动了核燃料包壳用的耐高温高压锆合金材料、核级非核级焊接材料、耐腐蚀材料的国产化自主化，填补了国内基础材料领域的空白，也为其他领域的工业化应用创造了条件。

（2）加工工艺：三代核电发展解决了我国大型锻件制造技术、高精度加工技术、自动焊技术等一系列长期困惑我国制造业的难题，对提高我国装备制造业的能力和水平发挥了重要作用。

（3）设计技术：三代核电设计中关于系统重要管道破前漏（LBB）的概念及相关技术可推广应用到其他行业中。

（4）检测技术：三代核电研发的堆芯及主系统关键参数检测技术具有先导性、前瞻性，引领了特殊复杂环境下检测技术的发展，可以在其他工程中推广应用。

（5）项目管理：作为全球最复杂的大型项目，核电项目建设周期长，参与方多、接口复杂，计划控制难度大，在核电项目管理中取得的经验和技术突破，对于其他大型复杂工程有重要的借鉴作用。

（6）软件开发：三代核电研发中形成的大量技术专利和软件著作权，涉及仪控技术平台、核电站数字化仪控系列产品、核电设计软件包、核电设计验证软件等诸多领域，不仅满足了人才培养和技术积累的要求，也有力地促进了国家整体科技实力的提升。

（三）三代核电带动国家高端装备制造产业发展

核电设备制造业，是资金密集（设备投资占核电站总投资的50%左右），技术密集(技术难度大、技术要求高、技术含量高)，产业关联度高(涉及上下游几十个行业)的产业，核电设备制造业可以代表一个国家装备制造业的最高水平。第三代核电发展对国家高端制造业的拉动明显，对促进我国装备制造业发展和技术升级换代起到十分重要的作用。

我国自岭澳二期开始，大力推进核电设备的国产化攻关。经过不懈努力，设备国产化率从早期大亚湾建设时的1%提升到目前的85%，形成了设备产业链集群。在三代核电项目建设过程中，我国装备制造企业在吸收消化国外先进技术基础上，积极开展三代核电设备的研发，制造技术持续创新，重大核心关键技术取得突破性进展，形成了一批具有自主知识产权的成果，大大提升了我国高端装备制造的能力和中国自主品牌的影响力，为我国装备“走出去”奠定了雄厚基础。

在国务院制定的《中国制造2025——能源装备实施方案》中，把“开展大型先进压水堆核岛设备、常规岛设备、关键泵阀、关键核级材料、关键仪表和系统，以及智能化核电装备的技术攻关，”作为国家高端制造业未来发展一项重点任务，鼓励核电项目采用自主研制的设备和国产化材料。在该实施方案中，提出“到2020年，完成各种关键核电设备和零部件自主研制，开展试验示范，进一步提升自主装备技术水平；到2025年，技术水平达到世界先进，全面掌握关键零部件和材料，具备较强国际竞争力”的具体而宏伟的目标。该目标的实现需要三代核电批量化建设作为载体。

四、三代核电发展的经济战略价值分析

（一）核电发展有利于国家能源结构优化

中国经济发展进入了新时期，经济转型和能源结构优化的任务十分艰巨。在未来的能源发展战略中，低碳发展、绿色发展将成为主旋律，可以预计能源供应的增量部分将来主要依靠可再生能源和核能。

尽管近年来太阳能、风能的开发增长迅速，但我国电力生产中仍有71.79%来自煤炭，煤炭在电力生产中占比仍然偏高。煤炭消费产生的SO_2、NO_X、CO_2、烟尘等污染物，形成酸雨和温室效应，降低空气质量，不利于生态环境。我国电力对煤电的依赖度过大，是当前的主要矛盾之一。

从煤炭的替代分析，中国石油、天然气的进口依存度过高，天然气发电的发展空间受到资源的限制，相当比例天然气装机适宜于调峰运行。而我国剩余水电可开发容量已仅剩约2亿千瓦，其开发难度与造价也日益增加。核电正好弥补了其他能源的不足，发展核电是我国替代化石能源和改善能源结构的重要途径。

（二）核电发展有利于保障电力稳定经济供应

除了绿色、低碳的特点和稳定可靠的优势外，核电在经济性方面也有一定的竞争力。目前我国在运的二代和二代改进型核电上网标杆电价基本与煤电上网电价持平，低于需要国家补贴的太阳能、风能等可再生能源上网电价。

核电发电成本的大部分是一次性投资的折旧费用和财务费用，日常运行所需的燃料费、人工费、运行维护费比较低，即便在包括了乏燃料后处理、废物处理费用和核电站退役的费用后，合计不足发电成本的40%。而煤电的燃料成本占发电成本的60%以上。今后西部水电随着开发难度加大和单位千瓦投资的增加，新增水电站上网电价预计将普遍超过现行的核电标杆

上网电价。从比较分析与长周期看，核电成本具有一定的优势。

我国三代核电技术不仅提升了核电机组安全性，同时兼顾了经济上的竞争力。三代核电技术将电厂设计寿命延长至60年，电厂的可用率提升至90%以上，同时通过延长换料周期、提升机组容量、提高核电设备国产化率、降低建造成本等措施进一步降低运行费用及造价，保证核电机组有较高的经济性。初步测算，我国三代核电进入批量化建设阶段后，国内核电机组造价可以控制在16 000元/千瓦左右（按不变价测算），与计入环境成本后的火电电价相比也具备潜在的竞争力。

根据核电的固有技术特性，全球主要核电国家都将核电定位为电网基荷电源，电网优先消纳核电，尽可能保证核电机组按最大发电能力稳定运行，以提高核电站的运行安全性，同时避免因低负荷运行产生的核燃料利用不充分浪费资源问题，这也是保证核电机组电价竞争力的关键性因素。从国外核电机组的运行情况看，设备利用小时数通常都保持在7000小时以上，负荷因子超过80%。根据IAEA统计，核能发电占比较高的法国（占73%）、韩国（占34%）、美国（占19%）2015年核电机组的年负荷因子平均分别为75%、85%及90%。法国因为核电占比太高（70%以上），核电机组适当参与负荷调整，因此年负荷因子相对较低。这些国家的核电上网电价相比其他类型电站处于相对较低的水平，对稳定电网的整体电价发挥了积极的作用。

（三）核电“走出去”可拉动相关产业产品出口

中国核电产业走出国门已经成为国家“一带一路”倡议中重点合作领域之一。核电项目投资大、周期长，核电出口对国内产业的拉动效应明显。

以出口“华龙一号”为例，工程设计、设备制造、建安施工、技术支持均由我国提供，单台机组需要的8万余台套设备及其服务由国内200余家企业提供，可创造约15万个就业机会。出口价格约300亿元人民币。加上数十年的核燃料供应、相关后续服务，单台机组全寿期产值可以达到约1000亿元人民币，可以有效带动国内一大批设计、设备制造、建安企业和高新技术企业走向国际市场，对拉动我国经济增长和结构调整的作用十分明显。

随着国内三代核电建设的完成和运行经验的积累，三代核电机组将成为中国核电出口的主流产品。其中，“华龙一号”按计划将于2020年建成，2025年前后可能在海外开工建设一批“华龙一号”项目，包括：巴基斯坦恰希玛核电站5号机组、巴基斯坦穆扎法尔格尔核电站、阿根廷阿图查核电站、英国布拉德维尔B核电站、罗马尼亚切尔纳沃德核电站等。CAP1400国内示范电站建成以后，预计落户海外的项目2030年左右有望开工建设。

核电“走出去”不限于核电站产业链，也可以带动国内核燃料供应、工程机械企业等“走出去”。以中广核纳米比亚湖山铀矿为例，在投资总额约20亿美元的湖山项目，集聚了中国广核集团、中国核建集团、中国兵器工业集团、中国建筑工程总公司、中电建集团和中冶集团等多家大型央企。中国企业合同总额约为27亿元，其中矿建施工14亿元，设备供货13亿元，带动了3台套330吨大型矿用卡车首次出口海外市场，下一步还将继续采购20多台，为中国企业走向海外提供了很好的平台。

此外，中国与俄罗斯、法国等核电强国正在积极探讨共同开发第三方市场，以及在土耳其、保加利亚、约旦等核电项目上的合作，也在研究通过股权并购、工程总承包、战略投资等方式与斯洛伐克、西班牙、荷兰等国开展核电建设、核电站运营等方面的全方位合作。核电领域的国际合作，可以充分发挥我国的比较优势，取得“双赢”的结果，同时也可以带动和扩大中国核电相关产业的产品出口。

（四）核电建设带动地方经济发展

核电是资金密集、技术密集、人才密集的特大型项目，也是可持续发展的“百年工程”。核电项目从开始准备到最终退役大致可以分为四个阶段。第一阶段是前期准备阶段，从项目启动到厂址准备，大概要5～10年，投资约10亿～20亿元人民币。第二阶段是工程建设阶段，从核岛筏基浇灌第一罐混凝土（FCD）至项目竣工验收，大概要5年，一个2台百万千瓦级机组的核电项目的投资大约为4 00亿元人民币。第三阶段是核电厂生产运营阶段，从机组建成发电到退役，寿期60年以上，年发电收入近100亿元人民币。最后是退役阶段，退役和废物处理要10～20年甚至更长时间，退役基金约为固定资产投资的10%。一个核电项目，从前期启动到后期退役，全周期约100年、甚至更长时间，资金流前后达几千亿元人民币，可以持续拉动地方经济发展。

一是核电项目增加了地方财政收入，带动了地方经济发展。

核电项目通常选址于经济欠发达地区。项目开工以后，需要在厂址附近修桥铺路、开展大量的基础设施建设包括通路、通水、通电及通讯，同时通过税收、就业带动地方经济的发展。

浙江秦山核电9台机组投运后，每年缴纳各种税费约30亿元。截至2016年年底，秦山核电已累计缴纳国税294亿元、地税44亿元、教育附加费9.46亿元。除税费外，秦山核电支持海盐社会事业建设资金已累计超过7亿元，包括基础设施建设、助学、扶贫、文化卫生事业等。

广东大亚湾核电基地累计缴纳各项税费391亿元（至2013年年底），其中对地方财政收入的贡献为154亿元。

二是核电项目促进了地方产业结构的优化升级。

核电产业是高新技术产业。发展核电为当地带来人才汇集、先进技术和可供共享的基础设施和服务，在拉动当地经济、优化区域能源结构的同时，带动了地方产业升级。

除国内两大重机和三大发电设备制造集团已布局核电主设备制造基地外，核电产业链可以形成聚集性效应，形成了核电产业配套的产业园区，最大限度地发挥区域优势。目前已经建成的核电产业园有南京滨江核电装备科技产业园、江苏靖江核电配套产业群、上海核电产业群、烟台核电产业园和海阳核电产业园，带动了地方材料、机电、电子、仪表、冶金、化工、建筑等高技术产业发展。

以秦山核电站为例，2012年6月，海盐依托秦山核电基地建设中国核电城，目前已经入住核电关联企业76家，引进核电产业项目60多个，项目计划总投资210多亿元。

五、关于促进我国三代核电安全高效可持续发展的建议

十九大报告明确了全面建设社会主义现代化强国及其“两步走”战略安排。建议以“核电强国”为战略目标，着手研究制定我国《2035年核电发展总体战略》和2050年核电发展展望，使之成为国家战略，通过明确我国建设“核电强国”的各项阶段性目标，强化科技创新机制，发挥我国的制度优势，抓住机遇实现超越，科学引领我国从“核电大国”走向“核电强国”。

根据十九大报告确立的蓝图，到2035年我国要基本实现社会主义现代化，基本实现生态环境根本好转的目标，能源结构的优化是一项重要的任务，其中增加核电比重是减排二氧化碳的主要途径之一。根据我国核电设备制造施工能力和核安全保障水平，同时避免核电设备制造业大起大落，建议今后每年新开工和投产8台左右三代核电机组，到2030年我国在运在建核电装机达到1.5亿千瓦左右。

当前，“华龙一号”自主化核电示范项目进展顺利，AP1000核电依托项目已经具备装料试运条件，着手启动后续三代核电机组批量化建设的时机成熟，建议尽快核准国家科技重大专项CAP1400自主化示范项目的开工建设，力争实现2020年核电装机5800万千瓦、在建3000万千瓦的“十三五”核电发展规划目标。

建议给予核电一类优先发电的政策，采取措施进一步明确核电按承担电网基本负荷方式运行，以充分发挥核电减排作用。对三代核电依托项目和示范工程，应按照首台套政策给予支持。

目前我国正处于核电发展的重要时期，政府、企业、行业组织应共同努力，加强核电公众沟通，强化主流媒体的科学的正面宣传和舆论引导，帮助公众建立科学理性的核安全观，提高核电的社会接受度。同时应依法严格保护核电开发厂址。

我国自主三代核电正处于向国际市场发展的起步阶段，要加快推进“一带一路”市场开发和布局，形成举国合力支持核电“走出去”。政府在外交、投融资、政府担保等方面共同发力，统一联动，对核电“走出去”给予重点支持。依托自主三代核电批量建设，研究编制自主三代核电国家和行业标准规范；探索建立三代核电“走出去”的国家联队形式，提高我国自主三代核电的国际竞争力。

注：本报告（上、下篇）基于中国核能行业协会《我国三代核电发展政治社会经济生态战略价值研究报告》的课题成果。课题报告编写组成员：张廷克，黄峰，徐玉明，郑玉辉，陈荣，程慧平，岳林康，傅劲松，白利超，唐伟宝，李同生，赵勇，咸春宇，高旭光，唐洪驹，刘玮，牛玉鑫，高力，孙晓龙，宿吉强，李海博，张宝军，王毅斌，张帆，孙学辉，尹向勇，田博然，潘前友，唐辉，王凯，吴凡，周洁，刘金梁。

2018 年度中国核能行业协会科学技术奖

科技进步奖获奖项目

一等奖（5 项）

序号	项目名称	主要完成单位	主要完成人
1	国际热核聚变实验堆高热流第一壁技术研究	核工业西南物理研究院	谌继明　王平怀　金凡亚 杨　波　朱小泬　高　翚 刘丹华　吴继红　刘　翔 段旭如　康伟山　李　前 范小平　王　全　朱　明 王全明　周　毅　陈　实 李佳霖　袁　涛
2	CAP1400 ERVC全高度下封头外壁临界热通量试验研究	上海核工程研究设计院有限公司 上海交通大学	郑明光　匡　波　史国宝 刘鹏飞　苗富足　杨燕华 曹克美　饶德林　张　琨 欧阳华　王佳赟　胡　珀 郭　宁
3	新型放射性废液处理技术及装置研制	清华大学 大亚湾核电运行管理有限责任公司 中核四〇四有限公司 北京清核朝华科技有限公司 中广核高新核材集团有限公司	赵　璇　李福志　赵　滢 尉继英　张　薛　张　猛 司鹏昆　张国林　李绪平 阙昌林　成徐州　陈　定 张惠炜　李志全　单永东 宋玉乾　陈文彬　何小平 朱盈喜　史从从
4	AP1000核电反应堆压力容器先进制造技术	上海电气核电设备有限公司	陆冬青　唐伟宝　魏　明 张茂龙　唐建文　苏　平 吴小奎　彭　焘　张　敏 罗　庆　季龙华　丁一默 陆连萍　刘来魁　路　燕 邓　冬
5	先进压水堆AP1000核岛建造关键技术研究与应用	中国核工业第二二建设有限公司 中国核工业二四建设有限公司	闫星青　杨振勋　颜　平 谢利平　孙云华　刘优生 刘学良　许俊敏　张　益 董卫红　句孝飞　吴海宾 窦海生　徐丰年　时　亮 刘爱武　王　建　谢子坚 韩英男　张大千

二等奖（21 项）

序号	项目名称	主要完成单位	主要完成人
6	高温堆金属堆内构件制造技术研究	上海第一机床厂有限公司	薛 松 龚宏伟 郭 亮 邢会平 黄建强 张 勇 吴志军 蒋 恩 郭宝超 周建琨 施 誉 楼杭飞 何雅杰 陈小荣 杨柳青
7	F2436M合金触头工艺优化及批生产线研制	核工业理化工程研究院	肖凯业 许 海 郑 文 陈景华 王晓峰 苏荣莲 郭志伟 郑晓静 王振东
8	大型先进压水反应堆压力容器无损检测机器人	中广核检测技术有限公司 台山核电合营有限公司	吴健荣 向文欣 余 哲 洪茂成 王佳旭 王可庆 孙加伟 王贤彬 袁书现 肖开华 赵 方 邵春兵 叶 新 张鹏飞 雷亚伟
9	“华龙一号”ZH-65型蒸汽发生器关键制造工艺研究	哈电集团（秦皇岛）重型装备有限公司	赛 鹏 马东华 王佐森 张 慧 杨云丽 李 伟 路郅远 王 星 孙海涛 冶金辉 张 杰 刘 鹏 王金龙 程仲贺 韩小丽
10	非能动安全壳冷却系统性能分析及水膜行为研究	上海核工程研究设计院有限公司 上海交通大学	刘 鑫 严锦泉 王 勇 张 迪 胡 珀 宋春景 王 喆 王国栋 杨燕华 潘新新 倪陈宵 邱 健 韦胜杰 扈本学 王章立
11	EPR核电站核岛安装关键技术的研究与应用	中国核工业二三建设有限公司	姜 功 陈晓东 吴云利 赵天伟 王宝迪 陈 广 乾 龙 许 磊 雷 瑶 郭士芳 刘银山 刘朝珂 李启明 周 欣 张 建
12	大型先进压水堆反应堆结构关键性能试验研究及工程应用	上海核工程研究设计院有限公司 中国核动力研究设计院 环境保护部核与辐射安全中心	郑明光 林绍萱 方 颖 张 明 许 静 张 伟 王 盛 丁宗华 马建中 景 益 眭 曦 顾国兴 张春明 喻丹萍 薛国宏

续表

序号	项目名称	主要完成单位	主要完成人
13	高温气冷堆新燃料元件运输、贮存容器研制	中国核电工程有限公司 华能山东石岛湾核电有限公司 清华大学核能与新能源技术研究院	王　庆　张洪军　李　宁 谢　亮　王晓江　罗宝军 董玉杰　卢可可　徐小刚 邵　增　田英男　龚　兵 王海涛　贺启超　李红克
14	GENUS核电仿真支撑平台软件	中广核（北京）仿真技术有限公司	钟　俊　林克军　张光昱 曹建亭　蔡瑞忠　章　旋 黎知行　袁　媛　杨政理 王　芬　冯　强　王芋丁 王　帆　苏　康　邓祥鑫
15	事故工况下乏燃料贮存水池冷却技术研究及应用	华北电力大学 上海核工程研究设计院有限公司	陆道纲　曹　琼　陈　丽 苏　夏　王　汉　桂璐廷 隋丹婷　程会方　张钰浩 黄若涛　周世梁　施　伟 李向宾　邱　健　于新国
16	NuPOWER核电工程信息管理系统	国核工程有限公司	韦龙生　张蒙汝　曹永振 黄忠平　谢露艳　王以男 李　英　万　峻　张海翔 王　星　经　静　薛　珺 张金东　孙祺婷　井瑞霞
17	300 MW压水堆核电站主蒸汽隔离阀研制	大连大高阀门股份有限公司	肖　箭　姜松志　曹锡海 王　帅　王伟波　夏元宏 孙洪波　王德军　熊冬庆 盛朝阳　李志兵　刘　鹏 魏　雪　李恩超
18	“华龙一号”防城港二期项目核岛主厂房布置方案设计与应用	中广核工程有限公司	王庆礼　李连学　程　浩 周媛霞　刘　永　王　峥 叶　镕　董占发　王增琛 张　涛　曹　涛　彭国胜 叶子青　赵　亮　黄东山
19	锆合金挤压管坯内外表面处理技术	国核宝钛锆业股份公司	高　博　胡旭坤　张明祥 王　练　段俊婷　尹建明 王明艳　安益同　任　乐 陈永刚　邹　琼
20	六氟化铀到四氟化铀的干法转化工艺及设备	中国核电工程有限公司 中核北方核燃料元件有限公司	宫本希　翟家海　李芳林 侯　捷　严　浩　张　凡 李　泽　李　涛　郭国俊 张　卓

续表

序号	项目名称	主要完成单位	主要完成人
21	用于堆内外核测互校的一点法在福建福清核电有限公司的研发和应用	福建福清核电有限公司 上海核星核电科技有限公司	宋 林 蒋校丰 张少泓 胡 娟 孟凡锋 蔡光明 程宏亚 肖冰山 李振振 陈国华 王 涛 吕 栋 郑东佳 张 鹏 李 华
22	基于MAAP5的严重事故模拟机开发	核动力运行研究所 中核武汉核电运行技术股份有限公司	魏 巍 陈艳芳 郭富德 严 舟 冉晓隆 侯雪燕 彭 波 谭 超 李 青 刘 伟 罗芳绘 骆 云 陈云龙 方思聪 秦雄杰
23	核电站数字化总体运行程序的研发与调试验证	中广核工程有限公司 大亚湾核电运营管理有限责任公司	周创彬 黄清武 史 觊 陈 军 张国军 崔卫红 徐良军 李贤民 殷中平 柳文斌 张锦浙 骆艺雄 谢志国 仇少帅 张建波
24	风险指引型维修规则的研究和应用	环境保护部核与辐射安全中心 苏州热工研究院有限公司 中国核电工程有限公司	张博平 李 娟 依 岩 黄志超 初永越 郗海英 孙金龙 王 闯 汤 搏 侯 伟 韦 力 宫 宇 杨 堤 闫修平 钱晓明
25	内置换料水箱设计技术及试验研究	中国核电工程有限公司	朱京梅 朱明华 张 卫 赵 斌 龚 钊 邢 继 荆春宁 马 超 王长东 刘玉林 薛 静 曲昌明 魏 峰 张手琴 胡月飞
26	高放废物地质处置选址阶段地球物理探测技术	核工业北京地质研究院	腰善丛 万汉平 段书新 陈 聪 张濡亮 王 伟 喻 翔 李子伟 周俊杰 胡英才

三等奖（55 项）

序号	项目名称	主要完成单位	主要完成人
27	人因工程在核电站常规岛中的应用研究	国核电力规划设计研究院有限公司	吴志钢　魏振华　胡善云　肖长歌　徐国彬　陈　雯　陆建莺　段田瑾　宋　泽　邵佳晔
28	核安全与放射性污染防治“十三五”规划研究	环境保护部核与辐射安全中心	董毅漫　张黎辉　刘黎明　曲云欢　李光辉　李小丁　李　斌　孟　德　宋大虎
29	小元件解体剪切装置科研样机研制——小元件剪切装置科研样机研制	中国核电工程有限公司	杨宏悦　夏国正　吴　华　张　毅　明玉周　张　果　臧少锋　欧阳立华　杨颖姝　唐克强
30	地浸采铀抽液流量智能控制技术	核工业北京化工冶金研究院	侯　江　施建明　伍宪玉　张彩萍　肖作学　于长贵　邱军军　侯　录　刘玉明　刘兆萍
31	CANDU-6核燃料芯块数字化生产线研制	中核北方核燃料元件有限公司	吕　会　郭吉龙　王海泊　方　璐　白　金　连宇民　范文林　郭　丞　孙旭辉　王剑平
32	STEP-12燃料组件整组件力学性能试验研究	中广核研究院有限公司	马文慧　李　坤　吴小航　张　利　郭　严　何　坤　李伟才　张玉相　王丽喆　马　帅
33	次临界能源包层模块式燃料部件热工安全行为研究	中国核动力研究设计院 中国工程物理研究院核物理与化学研究所	彭劲枫　徐建军　黄彦平　唐　瑜　杨祖毛　刘文兴　郭海兵　李永亮　刘　亮　幸奠川
34	混凝土高整体容器设计和制造技术研究	中国核电工程有限公司 中国建筑材料科学研究总院有限公司 清华大学 中国原子能科学研究院	张志银　蔡廷松　姚　燕　李克非　蒋　迪　吴　浩　赵文浩　包良进　吕　飞　吴　明

续表

序号	项目名称	主要完成单位	主要完成人
35	核级氧化锆工业化生产中恶臭污染综合治理技术	国核宝钛锆业股份公司	王宝明 王 珏 顾长云 储 俊 贾江涛 黄 旭 王 伟
36	AP1000自主在役检查技术研发与应用	核动力运行研究所 中核武汉核电运行技术股份有限公司	张志义 蔡家藩 许远欢 周礼峰 廖述圣 聂 勇 杨崇安 丁冬平 王俊涛 申国锋
37	核电厂仪控设备预测与趋势分析系统开发及应用	苏州热工研究院有限公司	瞿 勐 王青青 毛晓明 卢文跃 陈世均 王双飞 何善红 吴天昊 喻 昕 张 圣
38	风险指引技术在田湾核电站1、2号机组的应用	江苏核电有限公司 中国核电工程有限公司 上海核工程研究设计院有限公司	崔方水 孙金龙 张琴芳 姚 刚 吴立村 魏国军 鲍振利 丁小川 刘晓云 于文革
39	卧式蒸汽发生器一回路压力边界自动检测系统研制	核动力运行研究所 中核武汉核电运行技术股份有限公司	王家建 朱 良 陈 姝 秦华容 冯美名 姚传党 胡 啸 崔洪岩 葛 亮 吴海林
40	核电站重要构筑物安全状态光纤监测技术	苏州热工研究院有限公司 大亚湾核电运营管理有限责任公司 辽宁红沿河核电有限公司	廖开星 孔祥龙 徐 超 颜永贵 吕 钢 周 波 曹 岩 马 健 李 毅 汤志杰
41	核电厂关键设备（堆内构件及蒸汽发生器）异物清除技术及应用	国核电站运行服务技术有限公司	刘程超 张宝军 于 岗 邓景珊 符成伟 孙茂荣 刘 新 邹 斌 程保良 陶泽勇
42	汽轮发电机机壳振动治理及调频方法研究	中核核电运行管理有限公司 西安交通大学 上海发电设备成套设计研究院有限责任公司	史庆峰 张兴田 司先国 王琇峰 杨 宇 孙 庆 王大成 王启峰 王秀瑾

续表

序号	项目名称	主要完成单位	主要完成人
43	蒸汽发生器二次侧管板爬行式水力清洗机器人研制及应用	核动力运行研究所 中核武汉核电运行技术股份有限公司	杨　斌　余汇涛　李　莉 刘　强　郝庆军　刘江龙 胡卉桦　刘　洋　蒋兴福 钱艳平
44	核电站汽轮发电机组轴系中心的校正方法	中广核核电运营有限公司 大亚湾核电运营管理有限责任公司	郑华兵　黄祥君　蔡宝金 段宪东　蔡勇军　苏志刚 罗　林　何志德　张　平 彭展业
45	EPR厂辅变自动切换功能缺陷诊断与改进研究	中广核工程有限公司	张立强　张　颢　颜　旭 朱孟子　甘　龙　王　珺 王卫华
46	核电厂异常重要性判定程序开发	环境保护部核与辐射安全中心 苏州热工研究院有限公司	陶书生　孙树海　郑丽馨 钟　山　圣国龙　邹　象 马国强　张庆华　陈世军 陈培锋
47	核电站主给水流量测量用文丘里管研制	中国核电工程有限公司 苍南自动化仪表厂	郭　林　上官宗剑　肖代云 魏华彤　黄瑞鹤　尚雪莲 刘　莉　黄瑞祥　黄文早 洪晨君
48	“华龙一号”1E级K1类热缩套管（核级电缆附件）	中国核电工程有限公司 深圳市沃尔核材股份有限公司	姜庆水　康构峰　周晓斌 王志勇　顾燕春　张定雄 熊　宇　饶喜梅　范　遂 胡习富
49	“华龙一号”(ACP1000)稳压器快速卸压阀	中核苏阀科技实业股份有限公司 中国核动力研究设计院	吴　辉　蒲小芬　刘　平 陈钟钧　胡金辉　王保平 王悦琴　武铃珺　严新虹 王新军
50	核用精密管材在线高速检测系统研制及应用	核动力运行研究所 中核武汉核电运行技术股份有限公司	丁冬平　谢　航　蔡家藩 张益成　聂　勇　吴海林 陈　姝　冯美名　周礼峰 秦华容
51	核级安放式管座焊缝在役检查技术研究及应用	核动力运行研究所 中核武汉核电运行技术股份有限公司	甘文军　谢　航　张　亮 蔡家藩　张益成　严军伟 李邱达　刘桂刚　彭岳峰 卢　威

续表

序号	项目名称	主要完成单位	主要完成人
52	核电厂蓄电池组在线监测系统开发	福建福清核电有限公司 浙江科畅电子股份有限公司	石屹峰 游 艺 陈海斌 窦国峰 林聪强 沈 伟 黄显煊 蔡涵颖 陈书欣
53	大型压水堆核电站移动式柴油发电机组研制与应用	中广核研究院有限公司 台山核电合营有限公司	李兴群 张 进 柳成华 唐洪江 苏万华 张益林 杨立树 杨吉成 钟质飞 张淑兴
54	核电站一回路辅助管道潜在裂纹风险评估及应用	大亚湾运营管理有限责任公司 中国科学院金属研究所	韩恩厚 张 敏 吕群贤 王俭秋 张志明 司鹏昆 王海涛 彭群家 王家胜 王 凡
55	大型屏蔽主泵力学分析关键技术研究与应用	上海核工程研究设计院有限公司	蔡 坤 秦 洁 李 娟 张 旭 朱昶帆 周 莹 梁兵兵 殷海峰 王高阳 朱睿嵘
56	CAP1000/CAP1400大型先进压水堆核电站爆破阀整机带载鉴定试验	国核华清（北京）核电技术研发中心有限公司 上海发电设备成套设计研究院有限责任公司	江小松 刘雨佳 王 含 吴丹蕾 尚 恒 常华健 李 凯 李晓蒙 张谨奕 周杲昕
57	AP/CAP屏蔽电机主泵推力盘材料国产化及应用研究	安泰科技股份有限公司 哈尔滨电气动力装备有限公司	车洪艳 秦 斌 王铁军 李雅范 刘国辉 李梦启 周武平 李藏雪 董 浩 郑吉伟
58	反应堆压力容器主螺栓孔损伤核安全评价技术研究与应用	环境保护部核与辐射安全中心 中广核工程有限公司	房永刚 熊光明 路 燕 陈 涛 徐 宇 邓小云 初起宝 刘 攀 刘景宾 段远刚
59	核电厂氢气控制系统关键设备研发	上海核工程研究设计院有限公司 中国船舶重工集团公司第七一八研究所	宋春景 姜韶堃 潘如东 罗 沙 顾申杰 赵文江 邱 健 陶志勇 钱云凯 覃 亮

续表

序号	项目名称	主要完成单位	主要完成人
60	ACP1000内层安全壳结构设计研究	中国核电工程有限公司	王黎丽 孟 剑 赵金涛 姚 迪 吴茜婷 张春龙 张超琦 李玉民 杨建华 刘玉林
61	核岛结构抗商用大飞机撞击技术研究	中国核电工程有限公司	邢 继 张超琦 王黎丽 蒋 迪 蔡利建 李玉民 姚 迪 王宝树 杨建华 宋孟燕
62	安全壳过滤排放系统设计技术及试验研究	中国核电工程有限公司	邢 继 朱京梅 李嫦月 刘长亮 孙中宁 杨理烽 王长东 荆春宁 吴 明 王晓江
63	RELAP5图形化实时交互仿真平台的开发与应用	核动力运行研究所 中核武汉核电运行技术股份有限公司	谭 超 景应刚 谢成龙 陈云龙 张功庆 祁 蔚 王 盟 张大志 谢政权 方思聪
64	核电厂大型复杂混凝土结构先进设计方法研究及应用	中广核工程有限公司	吕锦权 张 涛 贾建英 程 亮 董占发 李忠诚 付爱群 刘春光 金 铭 黄 涛
65	高温气冷堆主设备自动找正调平装置及相关工艺研究	中国核工业二三建设有限公司	高国新 孙朝玥 刘奎林 康增保 张志强 裴永旗 李 旺 杨俊辉 董 建 高德升
66	核电厂热疲劳监测技术研究与应用	中广核工程有限公司 西安交通大学	凌 君 刘 浪 章贵和 刘 新 王海军 刘美平 陈 蓉 刘洪涛 章刚强 陈先龙
67	核电站主厂房整体式地下结构施工技术研究与应用	中国电建集团山东电力建设第一工程有限公司	李亚勇 李 强 李成宝 孙 磊 李 涛
68	模块式小型堆源项分析及屏蔽设计方法研究	中国核动力研究设计院	刘嘉嘉 吕焕文 胡建军 李 庆 宋丹戎 景福庭 应栋川 程诗思 李 兰 谭 怡

续表

序号	项目名称	主要完成单位	主要完成人
69	核电厂钢板混凝土结构关键技术研究	环境保护部核与辐射安全中心 中冶建筑研究总院有限公司 清华大学 中国地震局地球物理研究所 上海核工程研究设计院有限公司	潘　蓉　刘晶波　张兴斌 李小军　葛鸿辉　孙　锋 吴婧姝　贺秋梅　褚　濛 李　亮
70	ACP100模块式小堆安全设计技术研究	中国核动力研究设计院	邱志方　邓　坚　江光明 黄慧剑　李　喆　邓纯锐 李　庆　宋丹戎　刘松涛 周　科
71	全尺寸ADS4夹带试验研究、模型开发及应用	国核华清（北京）核电技术研发中心有限公司	陈培培　张　鹏　张　蕾 胡　啸　何丹丹　李　纬 邸　智　江　斌　陈　炼 常华健
72	核电站大直径玻璃钢管外包钢筋混凝土结构施工关键技术研究	中国电建集团核电工程有限公司	单　拓　贺传森　李　涛 李广晋　孟　辉　任永清 杨　勇　贾同友　赵乐超 赵常东
73	严重事故下氢气分布特性与燃烧模型研究	中国核动力研究设计院 西安交通大学	王　迎　李　勇　刘银河 唐月明　熊万玉　王宏庆 郑　华　顾　江　朱勇辉 车得福
74	车载式放射性核素快速检测系统	中国原子能科学研究院	李　永　王　强　王国宝 刘　超　郭凤美　郑玉来 田利军　杨　璐　高　启 颜静儒
75	WWER先进刻棒技术研究及应用	江苏核电有限公司 中国核动力研究设计院	欧阳钦　杨高升　包　超 李载鹏　赵文博　徐　舒 孙　暖　朱宏亮　叶刘锁 杨晓强
76	中国核电设备可靠性管理系统的研发	中核核电运行管理有限公司	李建春　王苗苗　杨鸿翔 刘小年　王　欣　曹雪明 刘　恒　吴舜华　李小泉 傅　剑
77	环境中低水平放射性气溶胶、碘地面和航空监测装置	环境保护部核与辐射安全中心 清华大学 北京市射线应用研究中心	岳会国　韩善彪　黄子瀚 吴其反　喻正伟　董淑强 徐宏坤　吕雪艳　吴彩霞 杨海峰

续表

序号	项目名称	主要完成单位	主要完成人
78	核电厂全范围人因工程集成研发和验证平台	上海核工程研究设计院有限公司	宋　霏　郑　添　桑　玮　张淑慧　王　伟　袁　众　王秋雨　张　颖　陈明瑾　连海涛
79	核电厂堆芯系统热工分析软件模型评估数据库设计与研发	国家电投集团科学技术研究院有限公司 上海交通大学 中广核研究院有限公司 西安交通大学 中国原子能科学研究院 华北电力大学 环境保护部核与辐射安全中心	杨燕华　傅孝良　张　昊　刘丽芳　董　博　王忠毅　陈　俊　沙会娥　赵　广　熊进标
80	极端气象条件下核电厂厂用水系统循环冷却关键技术研究	上海核工程研究设计院有限公司 中国水利水电科学研究院	吴　双　赵顺安　邱晓东　宋小军　李陆军　於臻绯　叶苏疏　宋志勇　冷　凡　陈一鹏
81	核电厂建设工程预算定额（核岛工程12册）2015版	中国核电工程有限公司	胡　江　荣　梅　杨利荣　张　弘　王　芳　余　蓉　迟　静　韩兆兴　尚　鑫　陈丽娟

企业技术创新工程奖、创新团队奖、青年优秀创新人物奖获奖项目

企业技术创新工程奖

序号	项目名称	完成单位
1	中核五公司非能动压水堆型核电站核岛安装技术创新工程	中国核工业第五建设有限公司
2	中核北方核燃料元件有限公司燃料元件制造技术攻关创新工程	中核北方核燃料元件有限公司

创新团队奖

序号	团队名称	主要支持单位	团队主要成员
1	核电蒸汽发生器自主研发创新团队	中国核动力研究设计院	张富源 何劲松 高李霞 曹 锐 何戈宁 李 磊 党 莹 曾忠秀 刘 余 齐欢欢 李 勇 黄 伟 陈军亮 张意翼 吴 舸
2	高温气冷堆物理热工与系统模拟创新团队	清华大学	石 磊 李 富 孙 俊 郑艳华 眭 喆 孙喜明 郎明刚 周杨平 夏 冰 陈福冰 陈志鹏 魏春琳 郭 炯 佘 顶 李泽光

青年优秀创新人物奖

序号	人物姓名	所在单位
1	刘 东	中国核动力研究设计院
2	蔡志刚	浙江久立特材科技股份有限公司
3	左 新	北京广利核系统工程有限公司
4	初起宝	环境保护部核与辐射安全中心
5	李 刚	国核宝钛锆业股份公司

中国核能行业协会秘书处 2018 年十大工作亮点

2018年，是中国核能行业协会推进高质量发展的开局之年。在协会第三届理事会领导下，秘书处认真落实协会理事会三届二次会议和常务理事会三届三次会议精神，在广大会员单位的积极参与和大力支持下，在秘书处广大员工的共同努力下，协会推动高质量发展开局良好，2018年协会各项重点工作任务取得了显著成效，概括“十大工作亮点”如下。

一、以2018年春季高峰会议等年度八项重大活动为标志，协会在我国核能行业中的影响力和话语权不断提升。

圆满组织召开了协会理事会三届二次会议和常务理事会三届三次会议、专家委员会年度座谈会以及协会核电运行分会成立大会暨第一届理事会一次会议等重要会议；成功举办了中国核能行业可持续发展论坛—— 2018年春季高峰会议和秋季涉核公众沟通交流大会、首届中国国际核技术应用产业大会以及第六届东亚核能论坛等重要活动。

二、成功发布《我国三代核电战略价值研究报告》等重大成果，协会组织的行业重大共性问题联合研究成效显著。

基本完成《原子能法立法研究》《我国三代核电产业经济性、市场竞争力及政策环境问题研究》；稳步推进《模块化小型堆关键问题联合研究》《核损害责任立法研究》《我国核能产业发展2035年战略及2050 年展望》《我国核安全状况与公众沟通问题研究》和《中国核能发展报告2018》蓝皮书；《中国核能行业重大问题联合研究专项管理办法》出台并顺利实施。

三、协会核电运行分会正式改组成立，核电厂同行评估和经验反馈交流工作水平持续提升。

按计划组织实施福清核电运行综合评估、卡拉奇核电项目工程建设管理评估和CAP1400 FCD前工程建设沙盘推演；编制出版《中国核能行业协会核电运行与建设年度报告》等共计16份经验反馈交流专题报告，基本完成全国核电厂经验反馈交流大会策划方案的制订； 组织开展核电厂调试启动等共计近30次专题工作组交流活动；组织做好核电供应商质保体系有效性等软课题专题研究；开展核电运行关键业绩指标提升专项行动。重点着手开展核电厂机组能力因子和集体剂量两项指标的分析和评价。

四、协会科技奖项由两种扩展为五种，科技奖励及成果鉴定工作权威性和影响力得到广泛认同。

扩充设立企业技术创新工程奖、创新团队奖、青年优秀创新人物奖，实现核能科技奖由两个奖种扩展到五个奖种；增加了东方电气为设奖者单位，提高了国家电投的设奖额度，清华大学等三所涉核著名高校为设奖支持单位；圆满完成申报总数达266个科技奖项的评审工作，同比新增59个，完成科技成果及产品鉴定110余项；中国核能行业协会科学技术奖在国家奖励办公室组织的社会科技奖励第三方评价中管理类指标排名先进；完成了核能科技奖信息管理系统及评审专家库的升级升版工作。

五、协会国际与两岸合作及交流工作获多方高度赞誉。

成功举办了“中日核能产业交流研讨会”并组织赴日本福岛等核设施参观，及台湾核电管理培训等十余场国际与两岸合作交流活动；成功组织了以“中国国家展团”形式参加第三届法国世界核工展等3场国际会展活动，取得了良好的展示宣传效果；扎实履行好第四代核能系统国际论坛（GIF）联络办职能，组织主办了铅基堆国际研讨会等3场重要活动以及GIF方法学咨询、培训与评估；承担了政府委托的核进出口法规培训等相关职能。

六、核能优质工程创建工作全面启动，协会平台资源共享服务取得重要进展。

深入推动核安全文化建设经验交流、培训研讨，组织开展三门等两个核电厂评估活动，逐步健全常态化评估管理及标准体系；组织开展核电厂概率安全分析和严重事故管理相关同行评估活动，修订升版相关评估体系文件；组织举办质量保证监查员等共计20余期相关行业培训活动，行业质量保证监查员培训累计突破5000人次；组织召开“第六届中国核能行业信息化工作交流会”等3场行业信息化交流研讨活动，首次组织开展核电厂网络信息安全评估及其标准制定，开展《发电企业数据移交标准修订—核电篇》等信息化标准的立项及编写工作。

七、国家行业主管部门和会员单位高度信任，协会相关专项行业咨询评价服务工作有效开展。

受国家相关行业主管部门委托，组织开展国家“十三五”规划实施情况中期评估、核应急演习技术咨询支持、行业安全风险监测与评价等5项课题咨询服务；受会员企业委托，组织开展了核电厂废金属再循环、放射性废物监测、相关核电机组安全技术经济指标、资产报废、地震PSA易损度、公众沟通等项目专项咨询评价服务；组织开展相关单位信息化项目咨询评估，开展核电基地防范低空飞行物安全体系产品的完善及营销工作。

八、围绕行业和协会发展重点工作，新闻宣传和文化服务不断为行业塑造新形象。

统筹主流和新兴媒体深度融合，发挥协会刊物、网站、微信公众号联动优势，开发《改革开放40周年》《行业观点》等专题栏目，做好行业重大事件及协会重大活动的新闻宣传报道工作；《中国核能》《中国核能年鉴》《核能新闻》传统刊物水平、品质、质量不断提高，《中国核能行业智库丛书》首卷成功出版发行；协会官网资源整合初见成效，内容分工责任更加落实，会展专页示范推出；重启协会通讯员培训交流活动，信用体系建设正在开始调研工作。

九、行业资深专家高地构筑基本成形，“数字协会”建设全面启动，协会服务能力显著提升。

协会“战略规划指导、四大绩效管理、计划预算落实、考核激励约束”的战略规划执行体系全面建立并高效运转，基本管理制度体系更加健全；秘书处员工“能进能出”机制基本形成，在职、返聘、借调队伍结构更趋合理；行业资深专家作用发挥机制基本确立，权威资深专家价值得到有效体现；制定出台《关于加强协会党支部建设工作的指导意见》，健全工会经费管理制度，开展形式多样、行之有效的党群组织活动；审议出台协会信息化规划策划方案，协会办公自动化等相关信息化建设专项基本完成，依托阿里云平台，协会信息化平台基本形成。

十、强化增收节支，协会办会实力、凝聚力和可持续发展能力持续增强。

协会收支总体保持平衡略有结余状态；协会为会员单位提供的基本服务性项目及行业重大共性问题研究等公共服务性经费较往年有较大提升；“数字协会”信息化建设等有较大投入；秘书处员工薪酬待遇持续改善，专家咨询服务及相关劳务报酬得到有效保障。

2018 年中国核能行业协会组织的科技成果鉴定项目

序号	鉴定证书号	成果项目名称	完成单位	鉴定日期
1	核协鉴字〔2018〕001号	AP系列堆型防火钢板墙	江苏华洋新思路能源装备股份有限公司	2018年1月26日
2	核协鉴字〔2018〕002号	一种大型安全（双开、防火、电动式）生物屏蔽门	江苏金秋竹集团有限公司	2018年1月26日
3	核协鉴字〔2018〕003号	先进闭式核燃料循环的精细燃耗分析技术及其应用	西安交通大学	2018年3月31日
4	核协鉴字〔2018〕004号	三代核电棒控棒位系统设备	中国核动力研究设计院	2018年4月12日
5	核协鉴字〔2018〕005号	反应堆压力容器主螺栓孔损伤核安全评价技术研究及应用	环境保护部核与辐射安全中心	2018年4月26日
6	核协鉴字〔2018〕006号	稳压器波动管热分层现象分析研究技术及应用	环境保护部核与辐射安全中心	2018年4月26日
7	核协鉴字〔2018〕007号	风险指引型维修规则的研究和应用	环境保护部核与辐射安全中心	2018年4月26日
8	核协鉴字〔2018〕008号	TP316LN主管道外表面补焊对运行寿命的影响	环境保护部核与辐射安全中心	2018年4月26日
9	核协鉴字〔2018〕009号	核电厂异常重要性判定程序开发	环境保护部核与辐射安全中心	2018年4月26日
10	核协鉴字〔2018〕010号	AP1000全球首堆及首三堆试验—非能动堆芯冷却系统换热能力验证的调试监督和分析计算	环境保护部核与辐射安全中心	2018年4月26日
11	核协鉴字〔2018〕011号	核电厂外部事件安全裕量评估	环境保护部核与辐射安全中心	2018年4月26日

续表

序号	鉴定证书号	成果项目名称	完成单位	鉴定日期
12	核协鉴字〔2018〕012号	核安全相关钢板混凝土结构抗震技术研究	环境保护部核与辐射安全中心	2018年4月26日
13	核协鉴字〔2018〕013号	环境中低水平放射性气溶胶、碘地面和航空监测装置	环境保护部核与辐射安全中心	2018年4月26日
14	核协鉴字〔2018〕014号	核动力厂燃料管理策略改进安全论证的范围及分析报告的格式和内容及其应用	环境保护部核与辐射安全中心	2018年4月26日
15	核协鉴字〔2018〕015号	核安全与放射性污染防治“十三五”规划研究	环境保护部核与辐射安全中心	2018年4月26日
16	核协鉴字〔2018〕016号	核安全文化特征研究	环境保护部核与辐射安全中心	2018年4月26日
17	核协鉴字〔2018〕017号	核燃料后处理厂蒸发浓缩工艺TBP-硝酸放热反应行为研究	环境保护部核与辐射安全中心	2018年4月26日
18	核协鉴字〔2018〕018号	先进反应性测量系统SMART研发与应用	上海核工程研究设计院有限公司	2018年5月8日
19	核协鉴字〔2018〕019号	CAP1400 ERVC全尺寸下封头外壁临界热通量试验研究	上海核工程研究设计院有限公司	2018年5月8日
20	核协鉴字〔2018〕020号	防钩挂燃料组件设计改进研究及应用	上海核工程研究设计院有限公司	2018年5月8日
21	核协鉴字〔2018〕021号	核事故源项反演分析技术	上海核工程研究设计院有限公司	2018年5月8日
22	核协鉴字〔2018〕022号	核电厂厂用水系统海水循环冷却关键技术研究	上海核工程研究设计院有限公司	2018年5月8日
23	核协鉴字〔2018〕023号	先进报警显示系统研发与应用	上海核工程研究设计院有限公司	2018年5月8日
24	核协鉴字〔2018〕024号	核电厂全范围人因工程集成研发和验证平台	上海核工程研究设计院有限公司	2018年5月8日

续表

序号	鉴定证书号	成果项目名称	完成单位	鉴定日期
25	核协鉴字〔2018〕025号	堆内构件DVI安注下传热流动特性研究	上海核工程研究设计院有限公司	2018年5月8日
26	核协鉴字〔2018〕026号	非能动余热排出热交换器胀管工艺性能研究和应用	上海核工程研究设计院有限公司	2018年5月8日
27	核协鉴字〔2018〕027号	核电站事故后液位和温度测量仪表	美核电气（济南）股份有限公司	2018年5月9日
28	核协鉴字〔2018〕028号	核电厂大型复杂混凝土结构先进设计方法研究及应用	中广核工程有限公司	2018年5月17日
29	核协鉴字〔2018〕029号	核电厂热疲劳监测技术研究	中广核工程有限公司	2018年5月17日
30	核协鉴字〔2018〕030号	“华龙一号”核岛主厂房布置方案设计与应用	中广核工程有限公司	2018年5月17日
31	核协鉴字〔2018〕031号	ACPR1000稳压器波动管制造工艺研究	中广核工程有限公司	2018年5月17日
32	核协鉴字〔2018〕032号	数字化总体运行程序的研发与调试验证	中广核工程有限公司	2018年5月17日
33	核协鉴字〔2018〕033号	核电站非核蒸汽冲转试验瞬态过程策略化控制技术的研究与应用	中广核工程有限公司	2018年5月17日
34	核协鉴字〔2018〕034号	大型压水堆核电站移动式柴油发电机组研制与应用	中广核研究院有限公司	2018年5月17日
35	核协鉴字〔2018〕035号	第四代铅基堆实验装置控制棒驱动机构研制及应用	中广核研究院有限公司	2018年5月17日
36	核协鉴字〔2018〕036号	二次侧非能动余热排出系统研发与工程应用	中广核研究院有限公司 深圳中广核工程设计有限公司	2018年5月17日

续表

序号	鉴定证书号	成果项目名称	完成单位	鉴定日期
37	核协鉴字〔2018〕037号	自主三代核电厂熔融物冷却滞留关键技术研究及应用	中广核研究院有限公司 中广核工程有限公司 中山大学	2018年5月17日
38	核协鉴字〔2018〕038号	核岛主蒸汽取样管线断裂在线处理及后续维修方案制定与实施	大亚湾核电运营管理有限责任公司 中广核核电运营有限公司	2018年5月17日
39	核协鉴字〔2018〕039号	核电站一回路辅助管道应力腐蚀裂纹扩展速率研究及应用	大亚湾核电运营管理有限责任公司 中国科学院金属研究所	2018年5月17日
40	核协鉴字〔2018〕040号	“华龙一号”核岛主设备用大型液压阻尼器研制	中国核动力研究设计院 常州格林电力机械制造有限公司	2018年5月23日
41	核协鉴字〔2018〕041号	田湾核电站3、4号机组国产化设备材料与俄方材料焊接相容性研究	江苏核电有限公司 中国核电工程有限公司 中国核工业二三建设有限公司	2018年5月25日
42	核协鉴字〔2018〕042号	核电站特种电磁阀控制器自主化研制创新	江苏核电有限公司	2018年5月25日
43	核协鉴字〔2018〕043号	田湾核电站1、2号机组长周期换料技术	江苏核电有限公司 中核建中核燃料元件有限公司	2018年5月25日
44	核协鉴字〔2018〕044号	大型汽轮发电机转子绕组匝间短路故障精确定位装置研发	中广核核电运营有限公司	2018年5月29日
45	核协鉴字〔2018〕045号	大型水内冷发电机定子线棒自动吹扫装置的研发与实践	中广核核电运营有限公司	2018年5月29日
46	核协鉴字〔2018〕046号	核电厂换料人员系列化培训产品研发应用	中广核核电运营有限公司	2018年5月29日
47	核协鉴字〔2018〕047号	主泵二三号机械密封静压试验装置研发	中广核核电运营有限公司	2018年5月29日

续表

序号	鉴定证书号	成果项目名称	完成单位	鉴定日期
48	核协鉴字〔2018〕048号	电熔增材3D打印技术在核电站备件领域的实践应用	中广核核电运营有限公司	2018年5月29日
49	核协鉴字〔2018〕049号	核电站海水取水隧洞抗海生物附着的综合防污系统	苏州热工研究院有限公司	2018年5月29日
50	核协鉴字〔2018〕050号	群厂关建敏感设备全寿期管理体系建立及优化	苏州热工研究院有限公司	2018年5月29日
51	核协鉴字〔2018〕051号	核电厂全生命周期经验反馈知识智能管理技术研发与应用	苏州热工研究院有限公司	2018年5月29日
52	核协鉴字〔2018〕052号	基于数据挖掘的核电厂设备故障特征识别与解决方案研究技术开发及应用	苏州热工研究院有限公司	2018年5月29日
53	核协鉴字〔2018〕053号	压水堆核电厂在役化学去污技术的研究与应用	苏州热工研究院有限公司	2018年5月29日
54	核协鉴字〔2018〕054号	数字射线成像技术（DR）研究及在核电无损检测中的应用	苏州热工研究院有限公司	2018年5月29日
55	核协鉴字〔2018〕055号	基于湿法氧化的水中碳14监测技术研究及应用	苏州热工研究院有限公司	2018年5月29日
56	核协鉴字〔2018〕056号	核级压力、温度开关国产化开发及应用	苏州热工研究院有限公司	2018年5月29日
57	核协鉴字〔2018〕057号	基于CMT/机器人电弧增材制造不锈钢形性协同控制技术研究	苏州热工研究院有限公司	2018年5月29日
58	核协鉴字〔2018〕058号	核电厂关键设备异物清除技术	国核电站运行服务技术有限公司	2018年6月8日
59	核协鉴字〔2018〕059号	事故工况下乏燃料贮存水池冷却技术研究及应用	华北电力大学	2018年6月11日

续表

序号	鉴定证书号	成果项目名称	完成单位	鉴定日期
60	核协鉴字〔2018〕060号	第三代先进压水堆内置换料水箱非能动热工水力关键技术研发与应用项目	华北电力大学	2018年6月11日
61	核协鉴字〔2018〕061号	放射性废过滤器芯子接收和厂内运输装置	中国核电工程有限公司 北京航超机械厂	2018年6月13日
62	核协鉴字〔2018〕062号	安全级DCS工厂全过程质量控制	北京广利核系统工程有限公司	2018年6月14日
63	核协鉴字〔2018〕063号	安全级DCS的模拟机FirmSim研制	北京广利核系统工程有限公司	2018年6月14日
64	核协鉴字〔2018〕064号	高温气冷堆核电站汽轮机DEH系统研发	北京广利核系统工程有限公司	2018年6月14日
65	核协鉴字〔2018〕065号	岭澳一期核电站KIT/KPS系统的优化改造	北京广利核系统工程有限公司	2018年6月14日
66	核协鉴字〔2018〕066号	堆腔水池不锈钢覆面模块化设计与施工项目	中国中原对外工程有限公司	2018年6月29日
67	核协鉴字〔2018〕067号	用于放射性废液精处理的CEDI膜堆（OSFLRW-C61M）	清华大学	2018年6月20日
68	核协鉴字〔2018〕068号	核设施放射性废液固定式/移动式处理技术及装置	清华大学	2018年6月20日
69	核协鉴字〔2018〕069号	“华龙一号”ZH-65型蒸汽发生器关键制造工艺研究	哈电集团（秦皇岛）重型装备有限公司	2018年6月21日
70	核协鉴字〔2018〕070号	复用型预过滤器	德州艾荷过滤设备有限公司	2018年6月26日
71	核协鉴字〔2018〕071号	核电站1E级氢气浓度分析仪	美核电气（济南）股份有限公司	2018年7月18日
72	核协鉴字〔2018〕072号	重水反应堆空气中重水在线监测系统	中国中原对外工程有限公司	2018年8月30日

续表

序号	鉴定证书号	成果项目名称	完成单位	鉴定日期
73	核协鉴字〔2018〕073号	COSINE堆芯子通道热工水力分析软件	国家电投集团科学技术研究院有限公司 国核华清（北京）核电技术研发中心有限公司	2018年6月28日
74	核协鉴字〔2018〕074号	核电厂堆芯系统热工分析软件模型评估数据库设计与研发	国家电投集团科学技术研究院有限公司 国核华清（北京）核电技术研发中心有限公司	2018年6月28日
75	核协鉴字〔2018〕075号	CAP1000/CAP1400大型先进压水堆核电站爆破阀整机带载试验	国家电投集团科学技术研究院有限公司 国核华清（北京）核电技术研发中心有限公司	2018年6月28日
76	核协鉴字〔2018〕076号	全尺寸ADS4夹带试验研究、模型开发及应用	国家电投集团科学技术研究院有限公司 国核华清（北京）核电技术研发中心有限公司	2018年6月28日
77	核协鉴字〔2018〕077号	综合热工水力试验台架装置（MEGA）	国家电投集团科学技术研究院有限公司 国核华清（北京）核电技术研发中心有限公司	2018年6月28日
78	核协鉴字〔2018〕078号	锆合金挤压管坯内外表面处理技术	国核宝钛锆业股份公司	2018年6月28日
79	核协鉴字〔2018〕079号	核级氧化锆工业化生产“猫味”恶臭综合治理技术	国核宝钛锆业股份公司	2018年6月28日
80	核协鉴字〔2018〕080号	压水堆核电用锆合金带材连续退火工艺研究	国核宝钛锆业股份公司	2018年6月28日
81	核协鉴字〔2018〕081号	NuPOWER核电工程信息管理系统	国核工程有限公司	2018年6月28日

续表

序号	鉴定证书号	成果项目名称	完成单位	鉴定日期
82	核协鉴字〔2018〕082号	军民两用龙鳞系统核级安全显示单元（SVDU）研制	中国核动力研究设计院	2018年9月1日
83	核协鉴字〔2018〕083号	核电站废液絮凝吸附处理技术与装置	一重集团大连工程技术有限公司 上海中广核工程科技有限公司	2018年9月9日
84	核协鉴字〔2018〕084号	KM3100国产化动力机械手（首台套）	江苏铁锚玻璃股份有限公司	2018年9月30日
85	核协鉴字〔2018〕085号	MT2600国产化主从机械手	江苏铁锚玻璃股份有限公司	2018年9月30日
86	核协鉴字〔2018〕086号	核电厂冷却水管道海洋生物防治技术	中国核电工程有限公司 麦赛环保科技（上海）有限公司	2018年10月13日
87	核协鉴字〔2018〕087号	690合金传热管国产化关键评价技术研究与工程应用	上海核工程研究设计院有限公司 上海交通大学 中国科学院金属研究所 西南交通大学	2018年11月16日
88	核协鉴字〔2018〕088号	先进乏燃料贮存关键技术研究及应用	上海核工程研究设计院有限公司 大连宝原核设备有限公司	2018年11月16日
89	核协鉴字〔2018〕089号	三代核电新燃料组件运输关键技术研究及应用	上海核工程研究设计院有限公司	2018年11月16日
90	核协鉴字〔2018〕090号	堆芯仪表套管组件更换工艺及其专用工具	上海核工程研究设计院有限公司 南通中集能源装备有限公司	2018年11月16日
91	核协鉴字〔2018〕091号	多因素复杂环境下核电设备摩擦关键技术研究及其应用	上海核工程研究设计院有限公司 海狮泵业制造有限公司 宣达集团上海核电设备有限公司	2018年11月16日

续表

序号	鉴定证书号	成果项目名称	完成单位	鉴定日期
92	核协鉴字〔2018〕092号	自主化燃料组件关键机械性能分析和试验评价技术	上海核工程研究设计院有限公司 西南交通大学	2018年11月16日
93	核协鉴字〔2018〕093号	大型先进压水堆反应堆冷却剂系统回路分析关键技术及应用	上海核工程研究设计院有限公司 上海交通大学	2018年11月16日
94	核协鉴字〔2018〕094号	压水堆核电厂堆芯状态监测与分析关键技术研究	上海核工程研究设计院有限公司	2018年11月16日
95	核协鉴字〔2018〕095号	利用CANDU重水堆生产医用钴-60放射源设计技术研究及应用	上海核工程研究设计院有限公司	2018年11月16日
96	核协鉴字〔2018〕096号	基于机理模型的裂变产物源项分析方法及软件开发	上海核工程研究设计院有限公司	2018年11月16日
97	核协鉴字〔2018〕097号	乏燃料池安全增强技术研究	上海核工程研究设计院有限公司	2018年11月16日
98	核协鉴字〔2018〕098号	长期非能动乏燃料池冷却关键技术研究与应用	上海核工程研究设计院有限公司 农业部南京农业机械化研究所 华北电力大学 上海交通大学	2018年11月16日
99	核协鉴字〔2018〕099号	核电厂电气综合设计平台开发与应用	上海核工程研究设计院有限公司	2018年11月16日
100	核协鉴字〔2018〕100号	核电锚固技术研究与应用	上海核工程研究设计院有限公司	2018年11月16日
101	核协鉴字〔2018〕101号	混凝土缺陷识别人工智能学习系统（Alphago）	上海核工程研究设计院有限公司	2018年11月16日
102	核协鉴字〔2018〕102号	控制棒驱动机构驱动杆用12Cr13不锈钢管	浙江久立特材科技股份有限公司	2018年12月18日
103	核协鉴字〔2018〕103号	反应堆压力容器管座贯穿件NC30Fe无缝管	浙江久立特材科技股份有限公司	2018年12月18日

续表

序号	鉴定证书号	成果项目名称	完成单位	鉴定日期
104	核协鉴字〔2018〕104号	百万机组CRDM在线监测及故障诊断系统研制	中核核电运行管理有限公司	2018年12月20日
105	核协鉴字〔2018〕105号	压水堆控制棒位置先进测量系统研制	中核核电运行管理有限公司	2018年12月20日
106	核协鉴字〔2018〕106号	中国核电厂腐蚀与防护标准体系研究	中核核电运行管理有限公司	2018年12月20日
107	核协鉴字〔2018〕107号	管道振动治理新型式阻尼器的研发	中核核电运行管理有限公司	2018年12月20日
108	核协鉴字〔2018〕108号	变压器油色谱数据分析与管理系统	中核核电运行管理有限公司	2018年12月20日

中国核能行业协会

组织结构

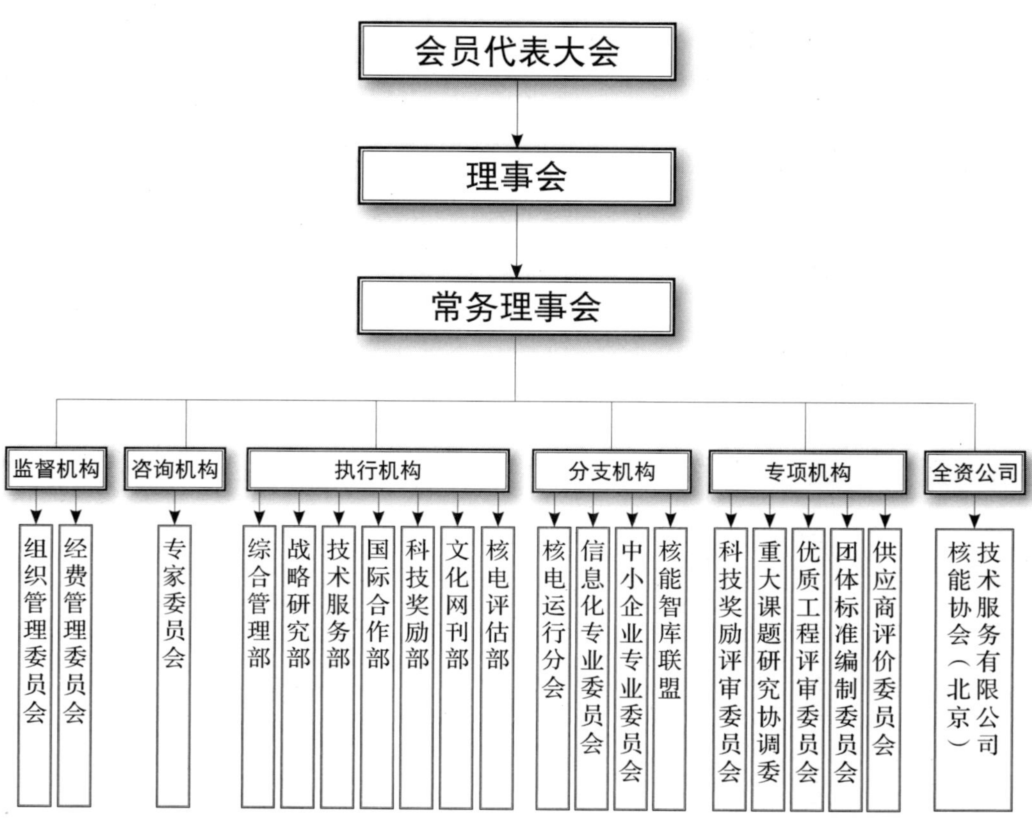

第三届理事会名单（截至2018年年底）

轮值理事长：

余剑锋

副理事长兼秘书长：

张廷克

副理事长（18名，按姓氏笔画为序）：

马文军	王　森	王凤学	刘国跃	李定成	张作义
张海权	陈　桦	邵建明	罗　琦	俞培根	秦志军
高　峰	高　嵩	高立刚	郭承站	潘银生	魏　锁

常务理事（33名，按姓氏笔画为序）：

马明泽	王　平	王奇文	王明弹	毛　巍	文联合
邓志祥	龙茂雄	吕宏伟	庄建新	刘　巍	刘永德
孙玉良	杜运斌	杨　兆	吴　岗	余志平	汪映荣
张东辉	张志俭	陆金琪	陈宝智	陈映坚	陈霖豪
郑明光	赵永康	翁震平	黄文有	曹水林	葛　飞
谢秋野	潘启龙	戴金华			

理事（60名，按姓氏笔画为序）：

万东海	上官斌	王　安	王建军	王贵洪	王　健
王黎明	牛玉清	叶向东	叶朗晴	田文柱	师庆维
全永斌	刘伟瑞	刘春胜	孙根利	李苏甲	杨　波
杨振勋	杨朝东	吴　放	吴美景	邹树梁	张文辉
张仕兵	张志刚	陆冬青	陈　文	陈伟杰	陈国祥
陈　凯	陈鉴平	范福平	周玉县	郑　武	郑建能
赵文生	赵　虎	南　滨	柯国土	柳和生	徐永强
徐利根	徐浏华	徐鹏飞	高海潮	郭爱华	黄江明
康椰熙	梁光扶	董宏亮	蒋达进	蒋兴华	韩恩厚
曾先茂	谢　云	路建美	廖伟明	阚　啸	薛　松

会员名录（截至 2018 年年底）

序号	单位
1	中国核工业集团有限公司
2	中国核工业建设集团有限公司
3	中国广核集团有限公司
4	国家电力投资集团有限公司
5	国家核电技术有限公司
6	中国华能集团有限公司
7	中国大唐集团有限公司
8	中国国电集团有限公司
9	中国长江三峡集团有限公司
10	哈尔滨电气集团有限公司
11	中国东方电气集团有限公司
12	上海电气（集团）总公司
13	清华大学
14	中国核能电力股份有限公司
15	中国核动力研究设计院
16	大亚湾核电运营管理有限责任公司
17	中国北方核燃料元件有限公司
18	核电秦山联营有限公司
19	广东核电合营有限公司
20	华能山东石岛湾核电有限公司
21	华能核电开发有限公司
22	江苏核电有限公司
23	秦山核电有限公司
24	秦山第三核电有限公司
25	香港核电投资有限公司
26	中国核工业地质局
27	中广核铀业发展有限公司

续表

序号	单位
28	电力规划设计总院
29	中国核电工程有限公司
30	中广核研究院有限公司
31	中广核工程有限公司
32	中国核工业华兴建设有限公司
33	大全集团有限公司
34	哈尔滨工程大学
35	中国大唐集团核电有限公司
36	宝银特种钢有限公司
37	浙江宏伟供应链股份有限公司
38	广东省粤电集团有限公司
39	清华大学核能与新能源技术研究院
40	国核示范电站有限责任公司
41	上海阿波罗机械制造有限公司
42	上海核工程研究设计院有限公司
43	武汉第二船舶设计研究所（中国船舶重工集团公司第七一九研究所）
44	江苏海龙核科技股份有限公司
45	中国核科技信息与经济研究院
46	国核工程有限公司
47	中国核工业二三建设有限公司
48	上海市核电办公室
49	海盐县中国核电城建设办公室
50	山东核电有限公司
51	三门核电有限公司
52	辽宁红沿河核电有限公司
53	阳江核电有限公司
54	福建宁德核电有限公司
55	福建福清核电有限公司
56	中核四〇四有限公司

续表

序号	单位
57	中核陕西铀浓缩有限公司
58	中核建中核燃料元件有限公司
59	江西省核工业地质局
60	中国电力工程顾问集团华东电力设计院有限公司
61	中国原子能科学研究院
62	中核新能核工业工程有限责任公司
63	国防科工局核技术支持中心
64	环境保护部核与辐射安全中心
65	核工业北京化工冶金研究院
66	核工业标准研究所
67	核工业理化工程研究院
68	核动力运行研究所
69	深圳中广核工程设计有限公司
70	中国中原对外工程有限公司
71	中国核工业第二二建设有限公司
72	中国核工业二四建设有限公司
73	中国核工业第五建设有限公司
74	核工业南京建设集团有限公司
75	中国第一重型机械集团有限公司
76	二重（德阳）重型装备有限公司
77	上海电气核电设备有限公司
78	上海自动化仪表有限公司
79	上海第一机床厂有限公司
80	中核苏阀科技实业股份有限公司
81	东方电气（广州）重型机器有限公司
82	西安核设备有限公司
83	南方风机股份有限公司
84	贵州航天新力铸锻有限责任公司
85	东华理工大学

续表

序号	单位
86	苏州大学
87	南华大学
88	中国原子能工业有限公司
89	四川省重大技术装备办
90	上海工业自动化仪表研究院有限公司
91	海南核电有限公司
92	中国科学院金属研究所
93	台山核电合营有限公司
94	苏州热工研究院有限公司
95	北京金瑞致科技发展有限公司
96	四川省核工业地质局
97	广东正超电气有限公司
98	中核泽农投资有限公司
99	辽宁四方核电装备股份有限公司
100	成都海光核电技术服务有限责任公司
101	华龙国际核电技术有限公司
102	核工业井巷建设集团公司
103	中核控制系统工程有限公司
104	西安翌飞核能装备股份有限公司
105	岭澳核电有限公司
106	岭东核电有限公司
107	中国能源建设集团广东省电力设计研究院有限公司
108	上海发电设备成套设计研究院
109	中核能源科技有限公司
110	中国核工业中原建设有限公司
111	北京广利核系统工程有限公司
112	北京和利时系统工程股份有限公司
113	东方电气集团东方锅炉股份有限公司
114	哈尔滨锅炉厂有限责任公司

续表

序号	单位
115	哈尔滨汽轮机厂有限责任公司
116	上海电气站设备有限公司—上海电站辅机厂
117	上海电气站设备有限公司—上海发电机厂
118	上海电气站设备有限公司—上海汽轮机厂
119	上海起重运输机械厂有限公司
120	上海电气上重铸锻有限公司
121	上海福克斯波罗有限公司
122	四川三洲川化机核能设备制造有限公司
123	上海交通大学
124	苏州大学附属第一医院
125	西安交通大学
126	国家电力投资集团有限公司人才学院
127	上海中核浦原有限公司
128	福建省核电办公室
129	中核二七二铀业有限公司
130	中核北方铀业有限公司
131	西安中核蓝天铀业有限公司
132	新疆中核天山铀业有限公司
133	湖北三〇三库
134	广东省核工业地质局
135	湖南省核工业地质局
136	吉林省核工业地质局
137	辽宁省核工业地质局
138	青海省核工业地质局
139	中陕核工业集团公司
140	核工业北京地质研究院
141	中核第四研究设计工程有限公司
142	核工业工程技术研究设计有限公司
143	核工业计算机应用研究所

续表

序号	单位
144	核工业西南勘察设计研究院有限公司
145	中国辐射防护研究院
146	中国能源建设集团安徽电力建设第二工程公司
147	中国能源建设集团广东火电工程有限公司
148	核工业西南建设集团公司
149	浙江省火电建设公司
150	中核投资有限公司
151	大连宝原核设备有限公司
152	大连大高阀门有限公司
153	广东亚仿科技股份有限公司
154	广州秀珀化工股份有限公司
155	南通中兴能源装备股份有限公司
156	上海一核阀门制造有限公司
157	沈阳盛世高中压阀门有限公司
158	浙江三方控制阀股份有限公司
159	浙江中控技术有限公司
160	中核动力设备有限公司
161	西南科技大学
162	兴原认证中心有限公司
163	沈阳东管电力科技集团股份有限公司
164	常州八益电缆有限公司
165	国核电站运行服务技术公司
166	中国平安财产保险股份有限公司
167	核工业管理干部学院（核工业培训中心）
168	大连深蓝泵业有限公司
169	国核电力规划设计研究院
170	中国能源建设集团湖南省电力设计院有限公司
171	上海阀门五厂有限公司
172	国核宝钛锆业股份公司

续表

序号	单位
173	江苏华光电缆电器有限公司
174	安徽电缆股份有限公司
175	上海科技股份有限公司
176	烟台台海玛努尔核电设备有限公司
177	北京柯瑞生物科技有限公司
178	石家庄工大化工设备有限公司
179	中国能源建设集团天津电力建设公司
180	浙江中达特钢股份有限公司
181	嘉兴多角电线电缆有限公司
182	陕西中环机械有限责任公司
183	宁波奥崎自动化仪表设备有限公司
184	中国建筑第二工程局有限公司
185	中建电力建设有限公司
186	中国华电科工集团有限公司
187	中电投江西核电有限公司
188	山东电力工程咨询有限公司
189	中国核保险共同体
190	厦门大学能源研究院
191	沈阳航天新星机电有限责任公司
192	通裕重工股份有限公司
193	江苏天源华威电气集团有限公司
194	江苏神通阀门股份有限公司
195	上海阀门厂有限公司
196	常州电站辅机总厂有限公司
197	哈尔滨天达控制工程有限公司
198	中联重科股份有限公司
199	江苏省核应急办公室
200	中国原子能出版社
201	陕西柴油机重工有限公司

续表

序号	单位
202	中国电力工程顾问集团华北电力设计院工程有限公司
203	江苏申港锅炉有限公司
204	南京新核复合材料有限公司
205	浙江电力建设监理有限公司
206	浙江泰索科技有限公司
207	江苏华冠电器集团有限公司
208	苏州宝骅密封科技股份有限公司
209	上海森林特种钢门有限公司
210	吴江市东吴机械有限责任公司
211	常熟市辐射技术开发应用研究所
212	中电华元核电工程技术有限公司
213	巨力索具股份有限公司
214	上海申江锻造有限公司
215	中橡集团沈阳橡胶研究设计院
216	东方电气（武汉）核设备有限公司
217	上海临港经济发展（集团）有限公司
218	中核华兴达丰机械工程有限公司
219	渤海重工管道有限公司
220	湖南核电有限公司
221	国家核电技术有限公司北京软件技术中心
222	浙江科路核工程服务有限公司
223	阿尔斯通（武汉）工程技术有限公司
224	中广核（北京）核技术应用有限公司
225	中核河南核电有限公司
226	中核核电运行管理有限公司
227	苏州纽威阀门股份有限公司
228	浙江苍南仪表厂
229	上海森松压力容器有限公司
230	中机生产力促进中心（核设备安全与可靠中心）

续表

序号	单位
231	中国钢研科技集团有限公司
232	哈电集团（秦皇岛）重型装备有限公司
233	有能集团有限公司
234	中广核久源（成都）科技有限公司
235	浙江阳光时代律师事务所
236	广西防城港核电有限公司
237	国家电投集团电站运营技术中心（北京）有限公司
238	大连海密梯克泵业有限公司
239	北京市君致律师事务所
240	山东电力建设第三工程公司
241	上海新曼传感技术研究发展有限公司
242	宁波天生密封件有限公司
243	浙江久立特材科技股份有限公司
244	浙江创想节能科技有限公司
245	山东双轮股份有限公司
246	中国科学院合肥物质科学研究院
247	山西华钢贸易有限公司
248	上海电气凯士比核电泵阀有限公司
249	上海太比雅电力设备有限公司
250	杭州新纪元消防科技有限公司
251	中核新能源有限公司
252	深圳市创捷科技有限公司
253	江苏爵格工业设备有限公司
254	连云港经济技术开发区管理委员会
255	中国仪器进出口（集团）公司
256	四川沱江起重机有限公司
257	全南晶环科技有限责任公司
258	沧州隆泰迪管道科技有限公司
259	上海通用风机股份有限公司

续表

序号	单位
260	浙江电渣核材有限公司
261	中国船舶重工集团公司第七〇三研究所无锡分部
262	西陇化工股份有限公司
263	博天环境集团股份有限公司
264	中国核建高温堆控股有限公司
265	上海宝亚安全装备有限公司
266	青岛东卡环保工程技术有限公司
267	甘肃中核嘉华核设备制造有限公司
268	天津市贝斯特防爆电器有限公司
269	沧州惠邦机电产品制造有限责任公司
270	河北卓华环境工程有限公司
271	岳阳筑盛阀门管道有限责任公司
272	北京群菱能源科技有限公司
273	上海埃比埃斯技术检验有限公司
274	北京中伦律师事务所
275	河北翼凌机械制造总厂
276	山东鲁能软件技术有限公司
277	江苏亨通电力电缆有限公司
278	中核华电河北核电有限公司
279	武汉力地液压设备有限公司
280	北京市晨光防腐研究所
281	深圳市力狐工贸有限公司
282	辽宁伊菲科技股份有限公司
283	嘉兴市美克斯机械制造有限公司
284	北京海泰斯工程设备股份有限公司
285	睿虎品牌管理（北京）有限公司
286	南京德邦金属装备工程股份有限公司
287	宁波天安（集团）股份有限公司
288	丰泽工程橡胶科技开发股份有限公司

续表

序号	单位
289	徐工集团工程机械股份有限公司
290	新乡市佳华机械有限公司
291	江苏景泰石油化工装备有限公司
292	江浦不锈钢制造有限公司
293	紫光（北京）智控科技有限公司
294	杭州邦胜自动化科技有限公司
295	台山平安五金制品有限公司
296	中广核俊尔新材料有限公司
297	舟山市正源标准件有限公司
298	宁波奥崎仪表成套设备有限公司
299	浙江咸亨国际通用设备有限公司
300	中核浙能能源有限公司
301	北京群源电力科技有限公司
302	国核（北京）科学技术研究院有限公司
303	国核华清（北京）核电技术研发中心有限公司
304	滨州双峰石墨密封材料有限公司
305	北京优化佳控制技术有限公司
306	中广核达胜加速器技术有限公司
307	东莞市基一核材料股份公司
308	上海义邦聚合材料有限公司
309	无锡斐冠工业设备有限公司
310	中国核燃料有限公司
311	中核四川环保工程有限公司
312	四川华都核设备制造有限公司
313	北京雷蒙赛博机电技术有限公司
314	浙江嘉上控股有限公司
315	王子橡胶（江苏）有限公司
316	美核电气（济南）有限公司
317	河南神州精工制造股份有限公司

续表

序号	单位
318	杭州华能工程安全科技股份有限公司
319	华能霞浦核电有限公司
320	中核深圳凯利集团有限公司
321	成都核新动力科技有限公司
322	中国电建集团上海能源装备有限公司
323	上海昱章电气成套设备有限公司
324	上海闰铭精密技术有限公司
325	上海斯耐迪工程咨询有限公司
326	南京天创电子技术有限公司
327	河南核净洁净技术有限公司
328	颂锐机电科技（上海）有限公司
329	四川汇通能源装备制造股份有限公司
330	贝谷科技股份有限公司
331	山东远大特材科技股份有限公司
332	安徽天康（集团）股份有限公司
333	河北宏润核装备科技股份有限公司
334	四川省核工业辐射测试防护院
335	上海大学
336	中核检修有限公司
337	浙江英洛华装备制造有限公司
338	江苏省特种设备安全监督检验研究院无锡分院
339	中国电建集团核电工程公司
340	上海材料研究所
341	保定天威保变电气股份有限公司
342	国电南瑞科技股份有限公司
343	江苏淼鑫科技股份有限公司
344	大连金玛硼业科技集团股份有限公司
345	西安西电变压器有限责任公司
346	厦门科华恒盛股份有限公司

续表

序号	单位
347	咸宁核电有限公司
348	上海凯研机械设备有限公司
349	中核兰州铀浓缩有限公司
350	国核湛江核电有限公司
351	西安热工研究院有限公司
352	河北创科电子科技有限公司
353	中核启迪科技（北京）有限公司
354	扬州诚德钢管有限公司
355	上海纳川核能新材料技术有限公司
356	南方增材科技有限公司
357	核安核电装备技术有限公司
358	达华工程管理（集团）有限公司
359	厦门融福电子科技有限公司
360	江苏达科智能科技有限公司
361	北京博华信智科技股份有限公司
362	金瑞致达（北京）科技股份有限公司
363	上海紫德公共战略科技研究院
364	中国核工业集团公司苏州阀门厂
365	扬州工业职业技术学院
366	华北电力大学
367	工业和信息化部电子第五研究所
368	清华海峡研究院
369	中冶建筑研究总院有限公司
370	北京亚明联合技术发展有限公司
371	洛阳市琦安科技有限公司
372	沈阳三科泵阀工业有限公司
373	天津市申科技术开发有限公司
374	上海纳信实业有限公司
375	上海百富勤空调制造有限公司

序号	单位
376	河北亚明塑管有限公司
377	深圳市创致新能源科仪有限公司
378	上海核星核电科技有限公司
379	北京世纪三拓科技有限公司
380	沈阳中科腐蚀控制工程技术有限公司
381	德州艾荷过滤设备有限公司
382	福建省赛科赛思自动化科技有限公司
383	江苏华洋新思路能源装备股份有限公司
384	信和新材料股份有限公司
385	山东伊莱特重工股份有限公司
386	沈阳三科核电设备制造股份有限公司
387	江苏铁锚玻璃股份有限公司
388	中国人民财产保险股份有限公司
389	中广核核电运营有限公司
390	中核工程咨询有限公司
391	中核辽宁核电有限公司
392	江苏新华合金电器有限公司
393	湖南镭目科技有限公司
394	上海睦诚工程监理有限公司
395	上海莺千新材料科技发展有限公司
396	深圳海核实业控股有限公司
397	纳斯泰克核电技术有限公司
398	浙江中核金鼎不锈钢有限公司
399	EDF（中国）投资有限公司
400	劳氏瑞安咨询（北京）有限公司
401	日立（中国）有限公司
402	大连菱日电力设备有限公司
403	魏德米勒电联接国际贸易（上海）有限公司
404	莱茵检测认证（中国）有限公司

序号	单位
405	希西艾流体控制设备（上海）有限公司
406	广州司态结构监测技术咨询有限公司
407	欧安诺（北京）科技有限公司
408	瓦卢瑞克核电管材（广州）有限公司
409	伯合乐焊接产品贸易（上海）有限公司
410	美国赛瑞丹有限公司北京代表处
411	山特维克国际贸易（上海）公司
412	罗尔斯·罗伊斯商业（北京）有限公司
413	西屋电气（亚洲）有限公司北京代表处
414	颇尔过滤器（北京）有限公司
415	哈蒙冷却系统（天津）有限公司
416	艾默生电气（中国）投资有限公司
417	ABB（中国）有限公司
418	必维质量技术服务（上海）有限公司
419	康斐尔过滤设备（昆山）有限公司
420	富迪斯工程技术（上海）有限公司
421	励德爱思唯尔信息技术（北京）有限公司
422	北京泰纳通核电安全技术服务有限公司
423	浙江新航不锈钢有限公司
424	特雷克斯（中国）投资有限公司
425	鹰普（中国）有限公司
426	青岛太平洋海洋工程有限公司
427	威海克莱特菲尔风机股份有限公司
428	德瑞克斯安防产品（中国）有限公司
429	劳氏工业技术服务（上海）有限公司
430	利莱森玛电机科技（福州）有限公司
431	罗尔夫杰森消防技术咨询（上海）有限公司
432	乔达国际货运（中国）有限公司

网站与出版物

2018年，中国核能行业协会官网进行了全面升级改版：整合栏目，规划区域，内容上更加贴合形势发展，兼顾宣传行业与宣传协会两个功能；形式上更加简明美观，提高阅读便捷性。同时，对协会的网络资源进行整合，把协会其他业务专项网站/页（CINNO网、GIF中国网、科学技术奖网）与协会官网进行互联互动，实现资源共享和资源充分利用。此外，协会为了强化行业信息成果共享，官网开设了重大活动专题页面。2018年，协会举办了国际核技术应用产业大会、涉核公众沟通大会等活动，这些活动的成功举办产生了广泛的影响，为了使更多核工业从业者能得到分享，协会制作了以上活动的专题页面，发布会议成果，共享行业资讯。

2018年，按计划完成6期《中国核能》会刊、12期《核能新闻》电子月刊、《中国核能年鉴》2018年卷的编辑出版工作。

2018年，《中国核能》对改革开放40年、核电装备制造国产化、核燃料、核电人才培养、世界核电走势等内容进行了重点策划和深度报道；发布了《我国三代核电发展政治社会经济生态战略价值研究报告》《中国民用核技术发展现状与前景》等行业重大课题成果；对协会举办的中国可持续发展论坛——2018年春季高峰会议、国际核技术应用产业大会、涉核公众沟通大会等重大活动进行了重点宣传和报道，在以往对重大活动宣传做法的基础上，注重形式创新和内容的针对性，注重成果宣传和专家观点传播，最大程度扩大会议成果影响力。

2018年，协会首次策划编辑出版《中国核能行业智库丛书》（第一卷）。本书主要是软科学研究成果或优秀文章汇编，其定位和目标是打造核能行业高端智库文化品牌，为政府核能主管部门提供决策参考，为行业发展提供智力支持。该书发行后，引起了行业内的良好反响。

图书在版编目（C I P）数据

中国核能年鉴. 2019 年卷 / 中国核能行业协会编
—北京 : 中国原子能出版社 , 2019.12
ISBN 978-7-5221-0320-4

Ⅰ. ①中… Ⅱ. ①中… Ⅲ. ①核能 – 中国 – 2019 – 年鉴 Ⅳ. ① F426.23-54

中国版本图书馆 CIP 数据核字 (2019) 第 283765 号

中国核能年鉴 • 2019 年卷

出版发行　中国原子能出版社 (北京市海淀区阜成路 43 号 100048)
特邀编辑　何　玲
责任编辑　付　凯
责任校对　冯莲凤
责任印制　潘玉玲
印　　刷　北京画中画印刷有限公司
经　　销　全国新华书店
开　　本　787 mm × 1092 mm 1/16
印　　张　21.75　　字　　数　543 千字
版　　次　2019 年 12 月第 1 版　2019 年 12 月第 1 次印刷
书　　号　ISBN 978-7-5221-0320-4　　定　　价　188.00 元

网址：http://www.china-nea.cn/